Alterung im Raum

Alterung im Raum

Auswirkungen der Bevölkerungsalterung unter besonderer Berücksichtigung regionaler Aspekte

Jahrestagung der
Deutschen Gesellschaft für Demographie

Gustav-Stresemann-Institut, Bonn
vom 8. bis 10. März 2006

© Dezember 2007 — Deutsche Gesellschaft für Demographie
Umschlaggestaltung, Satz und Redaktion: Sybille Steinmetz
Herstellung und Verlag: Books on Demand GmbH, Norderstedt
Printed in Germany
Dieses Buch wurde im On-Demand-Verfahren hergestellt

ISBN 978-3-8334-8939-6

Inhalt

Vorwort 7

Bemerkungen zu Alterung und Raum
Rembrandt Scholz und Hansjörg Bucher, Rostock / Bonn 9

Regionale Auswirkungen der demographischen Alterung
Hansjörg Bucher, Bonn 15

Politische Implikationen der regionalen Entwicklung
Hans-Peter Gatzweiler, Bonn 49

Ausgewählte Konsequenzen der Alterung für Wohnen, Arbeiten
und regionale Entwicklung
Paul Gans, Mannheim 69

Räumliche Muster der demographischen Alterung und deren
Ursachen – Befunde aus der Raumordnungsprognose der BBR
Claus Schlömer, Bonn 85

Demographische Alterung der Weltbevölkerung
Frank Swiaczny, Wiesbaden 113

Alte Menschen im Raum: Raumspezifische Aspekte der
alternden Gesellschaft
Karl Martin Born und Elke Goltz, Berlin 131

Fiskalische Auswirkungen der Bevölkerungsalterung auf die
Kommunen im Umland von Hamburg
Jörg Pohlan und Jürgen Wixforth, Hamburg 159

Ergebnisse eines Methodenvergleiches – Prognosefehler und
quantitative Aussagen zur Personalstruktur von
Unternehmen in verschiedenen Regionen
Lars Weber und Doreen Schwarz, Cottbus 193

Auswirkungen der Bevölkerungsalterung unter besonderer
Berücksichtigung regionaler Aspekte
Frank Schröter, Braunschweig 209

Wahrnehmung und Auswirkungen des demographischen
Wandels in den saarländischen Städten und Gemeinden
Annette Spellerberg, Kaiserslautern 233

Demographischer Wandel und Anpassungsstrategien in
strukturschwachen ländlichen Räumen Brandenburgs
Harald Michel und Volker Schulz, Berlin 257

Kirchen im demographischen Wandel am Beispiel der
Landeshauptstadt Stuttgart
Joachim Eicken et al., Stuttgart 283

Überlegungen zu Kosten einer älter werdenden Gesellschaft
in Deutschland
Karl Schwarz, Wiesbaden 307

Die Visualisierung des demographischen Wandels mit dem
Pyramidengrafikprogramm GIZEH
Joachim Eicken et al., Stuttgart / Braunschweig 319

Kurzlebensläufe und Kontaktadressen der Autoren 347

Vorwort

Die Deutsche Gesellschaft für Demographie e.V. (DGD) führte ihre Jahrestagung 2006 vom 8. bis zum 10. März 2006 im Gustav-Stresemann-Institut in Bonn durch. Die Tagung war dem Thema „Auswirkungen der Bevölkerungsalterung unter besonderer Berücksichtigung regionaler Aspekte" gewidmet und sehr gut besucht.

Räumliche Auswirkungen der Alterung werden in Deutschland seit rund zwanzig Jahren wissenschaftlich aufgearbeitet. Der demographische Wandel hat tief greifende Auswirkungen auch auf die Gesellschaft und Ökonomie und ist somit als gesamtstaatliche Herausforderung anzusehen. Die einzelnen Komponenten des demographischen Wandels wirken auf die Regionen Deutschlands in unterschiedlicher Intensität und Kombination. Neben Unterschieden in der Fertilität und der Lebenserwartung leisten Wanderungen einen zusätzlichen Beitrag zu Verschiebungen der Altersstruktur zwischen den Regionen. Somit kommt es besonders auf kleinräumiger Ebene zu beachtlichen Differenzierungen. Vor allem in Ostdeutschland zeichnen dramatische Entwicklungen ab.

Diese Herausforderung erfordert vielfältige Anpassungsstrategien, nicht zuletzt in der Raum- und Stadtentwicklungspolitik der Ländern und Kommunen.

Drei grundlegende Referate von Hansjörg Bucher, Hans-Peter Gatzweiler und Paul Gans führten in das Thema ein. Im Hauptteil der Tagung konnte in vier Arbeitsgruppen die große Bandbreite der Thematik veranschaulicht werden, welche im vorliegenden Band dokumentiert ist.

Für die einzelnen Kapitel zeichnen die Autoren selbst verantwortlich. Wir bedanken uns bei denen, die an dem Gelingen des Bandes beteiligt waren.

Die Herausgeber:

Rembrandt Scholz und Hansjörg Bucher

im Dezember 2007

Bemerkungen zu Alterung und Raum

Rembrandt Scholz und Hansjörg Bucher

Neben der zeitlichen Differenzierung (Dimension Zeit) ist die Unterscheidung nach Regionen (Dimension Raum) ein wesentlicher Bezugsrahmen, um demographische Prozesse zu messen, zu erklären, zu prognostizieren und beeinflussen zu wollen. Die kontinuierliche Datensammlung (1) und die moderne Rechentechnik ermöglichen es, die mit der räumlichen Differenzierung anfallende Datenfülle zu bewältigen, sie geschickt zu nutzen und über sie zu neuen Einsichten sogar der Zukunft (2) zu gelangen.

Die Regionalisierung der Demographie ist weit mehr als lediglich das formale Hinzufügen einer weiteren Dimension. Sie hat auch eine wesentliche inhaltliche Bedeutung. Bereits die Bestimmungsgrößen der natürlichen Bewegungen, die Fertilität und die Lebenserwartung, weisen räumliche Unterschiede auf. Diese sind nicht beliebig, sondern sie bilden Muster, die ihrerseits erklärt werden können. Unmittelbar einsichtig ist die Bedeutung der Dimension Raum bei den räumlichen Bewegungen, den Wanderungen. Die Regionalisierung macht überhaupt erst das Phänomen der Binnenwanderungen zwischen den gebildeten Raumeinheiten sichtbar. Die administrative Grenze zwischen den Räumen ist ein wesentlicher Bestandteil der Definition von Wanderungen: Wechsel des Wohnstandortes zwischen Gemeinden oder Kreisen oder Bundesländern etc. Die Art der Abgrenzung entscheidet über das Volumen des betrachteten Prozesses, sie hat Einfluss auf die erfassten Wanderungsmotive und auf die innere Zusammensetzung der jeweils Wandernden.

Regionen stehen untereinander in einem vielfältigen Beziehungsgeflecht. Zwischen Gemeinden findet Arbeitsteilung statt, gibt es Spezialisierungen und Funktionstrennungen. Dadurch - und nicht nur über die Gemeindegröße - entsteht eine Hierarchie der Gemeinden, die ihrerseits wieder den demographischen Prozess beeinflusst. Wanderungen orientieren sich an den Spezialisierungen der Räume und führen zu Ent-

---

© Deutsche Gesellschaft für Demographie
In: R. Scholz; H. Bucher (Hrsg.): Alterung im Raum. Schriftenreihe der DGD, Bd. 2, Norderstedt 2007: BoD

mischungsprozessen der Bevölkerung. Mit der täglichen Mobilität (Pendeln) bringen viele Nutzer dieses räumliche Auseinanderfallen der Funktionen für ihre Alltagsorganisation „unter einen Hut". Die Standortqualität einer Gemeinde wird von ihrer großräumigen Lage mit geprägt. Ihre Nachbarschaft, die Erreichbarkeit des dortigen Angebotes an Infrastruktur u. ä. ist eine zentrale Eigenschaft der Kommune. Die Einschätzung der lokalen und regionalen Situation wird von den Nachbarn der Region mit bestimmt. Die unter manchen Journalisten beliebte Verwendung von Rankings, mit denen Gemeinden oder Kreise isoliert bewertet und in eine Rangfolge gebracht werden, ist allerdings eine Methode, bei der durch den Sortiervorgang gerade dieser räumliche Zusammenhang aufgelöst wird. Die Betrachtung einzelner Kreise muss zu falschen Bewertungen führen. Ein deutliches Beispiel räumlicher Verflechtung ist der Suburbanisierungsprozess, in dem vorwiegend junge Familien zwar - meist aus Wohnungsmarktgründen - die Kernstadt verlassen, jedoch im benachbarten Umland weiterhin am vielen Aktivitäten der Stadt (Einkommenserwerb, Konsum, Fortbildung) teilhaben.

Die wesentliche Ursache des demographischen Wandels ist der Rückgang der Fertilität auf ein Niveau unterhalb der Bestandserhaltung. Bereits die regionalen Unterschiede dieses Auslösers führen zu räumlichen Varianzen des demographischen Wandels. Die räumlichen Ausprägungen der anderen Ursachen zeigen - jede für sich - Muster, für die es plausible Erklärungen gibt. Der kontinuierliche Anstieg der Lebenserwartung, das Wohnstandortverhalten der aus dem Ausland Zuziehenden und schließlich die Binnenwanderungen und deren Altersselektivität leisten einen weiteren Beitrag zur Vielfalt in der Bevölkerungsdynamik, der Alterung und der Heterogenisierung der Bevölkerung.

Alle Komponenten des demographischen Wandels zeigen regionale Besonderheiten. Alterung, Dynamik und Internationalisierung besitzen unterschiedliche räumliche Schwerpunkte, die sich teils verstärken, teils aber auch gegenläufige Tendenzen zeigen können. Es lassen sich Teilräume identifizieren, in denen sich der demographische Wandel besonders auffällig vollzieht. Diese Konstellationen ergeben sich aus der Überlagerung der verschiedenen Teilaspekte und bilden besonders markante Muster: Die regionale Spaltung der Dynamik mit Bevölkerungszunahmen im Süden und Nordwesten, sowie in den Randbereichen der Agglomerationen stellt auch eine grundlegende Rahmenbedingung für die Alterung dar. In diesen wachsenden oder schrumpfenden Bevölkerungen findet zwar überall ein Alterungsprozess statt, der jedoch von Region zu Region unterschiedliche Ursachen hat und eine ebenso unterschiedliche Intensität aufweist. So ist in den meisten wachsenden Regionen weniger die Abnahme der jüngeren Altersgruppen als vielmehr die Zunahme der Zahl der alten Menschen von Bedeutung. Dies gilt für die Wachstumsräume der alten Länder und - weitgehend flächendeckend – auch für die neuen Länder.

In den meisten schrumpfenden Regionen sind dagegen Abnahmen der schulpflichtigen Jahrgänge zu verzeichnen. Wenn gleichzeitig eine starke Zunahme der Hochbetagten stattfindet, sind die altersstrukturellen Verwerfungen doppelt bedeutsam. Genau diese Konstellation gilt für weite Teile des ländlichen Raumes in den neuen Ländern. Hier kumulieren – mit Ausnahme der Internationalisierung – die Komponenten des demographischen Wandels in ihren deutlichsten Ausprägungen. Zweifellos handelt es sich um diejenigen Räume, in denen die umfangreichsten Anpassungsleistungen an die sich wandelnden demographischen Rahmenbedingungen erbracht werden müssen.

Räumliche Unterschiede im demographischen Wandel sind dann bedeutsam, wenn deren Konsequenzen Maßnahmen erfordern, die ebenfalls an einen bestimmten Standort gebunden sind. Häufig sind solche Konstellationen anzutreffen im Bereich der Daseinsvorsorge. Dort muss es zu einem Ausgleich kommen zwischen dem Standort von Infrastruktureinrichtungen, deren Auslastungsgrad und deren Erreichbarkeit durch die Nutzer. Der Entwurf von räumlichen Leitbildern und deren Diskussion wird als Anfang eines umfassenden Umgestaltungsprozesses gesehen. Der Blick fürs Ganze ist deshalb so wichtig, weil bei großflächiger Bevölkerungsabnahme eine Strategie der Konkurrenz mit dem Nachbarn um die knapper werdende Bevölkerung keine tragfähige Lösung darstellen kann. Nach dem heutigen Stand der Problemsicht sind eher kooperative Planungen und Handlungsweisen gefragt. Nicht mehr die Gemeinde, vielmehr die Region wird die Ebene sein, auf der zu handeln ist. Aus raumordnerischer Sicht sind neue Organisationsformen angemessen, mit denen großräumige Verantwortungsgemeinschaften als Gegenentwurf zum Konkurrenzkampf um die schrumpfende Bevölkerungszahl gebildet werden.

Alle Konzepte, mit denen man dem Alterungsprozess begegnen will, müssen insofern einen Raumbezug haben - und diesen sogar auf mindestens zwei Ebenen. Die Schaffung eines altengerechten Wohnumfeldes vollzieht sich in der Gemeinde und dort auf der Quartiersebene. Für die Abstimmung solcher Konzepte ist die Region angemessen. Aber selbst die gesamträumliche Ebene hat weiterhin ihre Bedeutung. Der demographische Wandel und die aus ihm resultierenden Probleme müssen auf die politische Agenda bei Bund und Ländern gesetzt werden. Denn Politikwechsel stellen sich nicht von alleine ein. Sie setzen voraus, dass sie zu einem ernsthaft diskutierten öffentlichen Thema werden.

Anmerkungen

(1) Die amtliche Statistik ist föderal organisiert. Die Zuständigkeit für Regionaldaten liegt bei den Statistischen Landesämtern. Wer die Bundesrepublik als Ganzes regionalisieren und dafür Daten beschaffen will, sieht sich deshalb vielen Datenquellen gegenüber. Indes gibt es seit einigen Jahren einen bundesweit kompletten Satz von Merkmalen in der Regionalstatistik des Statistischen Bundesamtes. Ein Teil davon ist sogar kartographisch aufbereitet und leistet so die optische Erfassung der so bedeutsamen Nachbarschaftseigenschaft.

Außerhalb der amtlichen Statistik war bereits vor dreißig Jahren ein räumliches Informationssystem entwickelt worden. Die Laufende Raumbeobachtung des Bundesamtes für Bauwesen und Raumordnung (BBR, früher: Bundesforschungsanstalt für Landeskunde und Raumordnung - BfLR) ist zweckgerichtet und theoriegestützt. Mit ihr sollen die räumlichen Lebensbedingungen ermittelt und bewertet werden. Die vielen Zuständigkeitsbereiche der räumlichen Politik werden so mit einer gemeinsamen Informationsbasis versehen. Demographische Indikatoren nehmen eine zentrale Stelle in diesem System ein.

Es gibt offensichtlich noch viele Datenquellen, in denen ein Potenzial zur regionalisierten Betrachtungsweise steckt, die indes nicht umfassend ausgewertet wurden. Zwei Beispiele für solche Informationssysteme, die für die Erklärung demographischer Prozesse Bedeutung haben, sind die Gesundheitsberichterstattung und die Sozialberichterstattung, in denen immerhin seit den 1990er Jahren auch regionale Indikatoren gebildet werden. Völlig neue Möglichkeiten, sich solche Datenquellen zu erschließen, ergeben sich seit 2004 mit der Einführung der Forschungsdatenzentren (FDZ) an den Statistischen Landesämtern, beim Statistischen Bundesamt und bei anderen zentralen Datenhaltern wie den Rentenversicherungsträgern und der Bundesagentur für Arbeit. Alle diese Organisationen machen ihre Datenbestände für die Verwendung in der Forschung zugänglich. Dadurch wird es einfacher, neben den standardisierten, regelmäßig bereitgestellten Datensätzen neue

Zugänge zu regionalen Daten zu eröffnen und neue Fragestellungen zu bearbeiten.

(2) Das räumliche Beobachtungssystem des BBR hat auch eine zukunftsgewandte Komponente, die Raumordnungsprognose. Gestützt auf Analysen der bisherigen Trends werden dort für ausgewählte Eckwerte der räumlichen Entwicklung in die mittelfristige Zukunft (ca. zwanzig Jahre) fortgeschrieben. Zentrale Modellteile sind die beiden demographischen Merkmale ‚Bevölkerung' und ‚private Haushalte'. Solche Prognosen werden als Daueraufgaben des BBR im Abstand von etwa drei Jahren neu durchgeführt. Auf die aktuelle Version wird in mehreren Beiträgen (Bucher, Schlömer, Gatzweiler) dieses Bandes zurückgegriffen.

Möglichkeiten der weiteren Information über das Internet

Raumbeobachtungssystem des BBR:
http://www.raumbeobachtung.de

Demographie BBR:
http://www.bbr.bund.de >> Forschen und Beraten >> Raumordnung >> Raumentwicklung Deutschland >> Demographie

Forschungsdatenzentren der Statistischen Ämter des Bundes und der Länder:
http://www.forschungsdatennetzwerk.de/

GENESIS-Online regional - Das statistische Informationssystem des Bundes und der Länder:
http://www.regionalstatistik.de

Forschungsdatenzentrum (FDZ) der Bundesagentur für Arbeit im Institut für Arbeitsmarkt- und Berufsforschung:
http://fdz.iab.de/

Forschungsdatenzentrum der Rentenversicherung (FDZ-RV):
http://forschung.deutsche-rentenversicherung.de/ForschPortalWeb/

Regionale Auswirkungen der demographischen Alterung

Hansjörg Bucher

Räumliche Auswirkungen der Alterung werden in Deutschland seit rund zwanzig Jahren wissenschaftlich aufgearbeitet. „Die älter werdende Gesellschaft" war bereits das Generalthema der 27. Arbeitstagung der Deutschen Gesellschaft für Bevölkerungswissenschaft in Bad Homburg v. d. Höhe im Jahr 1993. Nach dreizehn Jahren ist es durchaus angemessen, ein erneutes Fazit zu ziehen, zumal damals die demographischen Turbulenzen nach der Einigung einen halbwegs klaren Blick in die Zukunft erschwerten. Zwischenzeitlich ist eine gewisse Verstetigung der demographischen Verhaltensmuster eingetreten, die dem Prognostiker seine Arbeit wieder etwas erleichtern. Da allerdings nach wie vor erhebliche Ost-West-Unterschiede mannigfaltiger Art auftreten, ist eine räumliche Differenzierung sinnvoll.

In meinen Ausführungen greife ich zurück auf die aktuelle regionale Bevölkerungsprognose des Bundesamtes für Bauwesen und Raumordnung (BBR), für die ich als Projektleiter verantwortlich zeichne. Annahmen und Ergebnisse dieser Prognose sind bereits hinreichend dokumentiert, so dass ich mich auf ausgewählte Teilaspekte der Alterung konzentrieren darf. Im Verlauf der Tagung werden zwei weitere Mitarbeiter des BBR referieren und sich dabei ebenfalls auf diese Datenbasis beziehen. Zwischen den drei Referenten wurde auch eine gewisse thematische Arbeitsteilung vereinbart. In meinem Beitrag werde ich deshalb die Wanderungen als Ursachen für die regionale Alterung etwas kürzer streifen und auf den Beitrag von Claus Schlömer verweisen. Auf die politischen Implikationen der regionalen Alterung wird Hans-Peter Gatzweiler gesondert eingehen, so dass auch dieser Bereich bei mir gewollt knapp gehalten ist.

© Deutsche Gesellschaft für Demographie
In: R. Scholz; H. Bucher (Hrsg.): Alterung im Raum. Schriftenreihe der DGD, Bd. 2, Norderstedt 2007: BoD

Hansjörg Bucher

Definition und Operationalisierung der Alterung

Unter der demographischen Alterung versteht man Veränderungen in der inneren Zusammensetzung einer Bevölkerung nach ihrem Altersaufbau. Der Anteil älterer Menschen steigt, der Anteil jüngerer Menschen sinkt, das Durchschnittsalter der Bevölkerung nimmt zu. Ausgelöst werden diese Veränderungen durch die Bevölkerungsbewegungen der Geburten und der Sterbefälle. Auch die räumlichen Bewegungen zwischen den Regionen beeinflussen die Alterung zugleich in den Herkunfts- und in den Zielregionen, so dass in der räumlichen Gesamtschau kein Netto-Effekt entsteht.

Die Alterung der Bevölkerung ist eng mit dem Prozess des demographischen Übergangs verbunden. Insofern ist die Alterung ein säkularer Prozess, dessen Beginn schon zwei Jahrhunderte zurück liegt. Damals begann - aus verschiedenen Gründen - die Sterblichkeit zu sinken. Mehr Menschen erreichten ein höheres Alter, der Anteil der älteren Menschen nahm zu. Mit einiger zeitlicher Verzögerung nahm auch die Fertilität ab. Dadurch erhielt die Alterung eine zweite Ursache. Nicht nur wurden die Alten mehr, auch die Jungen wurden weniger. Der Alterungsprozess beschleunigte sich. Er bekam eine zusätzliche Qualität mit dem Eintritt in den Zweiten demographischen Übergang. Nun (in Deutschland war das 1970) sank die Fertilität unter das langfristige Bestandserhaltungsniveau. Zur Alterung kam die Schrumpfung der Bevölkerung hinzu: Der demographische Wandel hatte endgültig eingesetzt. Ergänzt wurde er um weitere Komponenten, die sich aus der Mobilität ergeben. Immer mehr Menschen haben einen Migrationshintergrund und tragen zur Heterogenisierung der Bevölkerung bei. Die zuwandernden Personen sind im Durchschnitt jünger als die bereits ansässige Bevölkerung. Wegen dieser Altersselektivität verzögern die internationalen Wanderungen den Alterungsprozess, die Binnenwanderungen wirken beschleunigend in Gebieten mit Wanderungsverlusten und bremsend in Gebieten mit Netto-Zuwanderung.

Alterung lässt sich auf verschiedene Weisen messen und operationalisieren. Für partielle Betrachtungen bieten sich die Anteile bestimmter Altersgruppen an. Für eine Gesamtbetrachtung der Bevölkerung empfehlen sich Mittelwert oder Median oder - hier benutzt - das Billeter-Maß. Die Bevölkerung wird für die Konstruktion dieses Indikators in drei Altersgruppen unterteilt, die grob den drei Generationen Kinder-Eltern-Großeltern entsprechen und zueinander ins Verhältnis gesetzt werden. Diese

Maßzahl ist dimensionslos und deshalb inhaltlich schwer interpretierbar, erlaubt indes gute Vergleiche zwischen Regionen und Zeitpunkten.

Die zeitliche Dimension der Alterung

Im Zusammenhang mit der Alterung sind zwei Zeitbegriffe zu unterscheiden, die Lebenszeit und die Kalenderzeit. (a) Lebenszeit: Der säkulare Rückgang der Sterblichkeit traf zunächst am stärksten die Kindersterblichkeit. Immer mehr Kinder erreichten das Stadium der Jugendlichen, überlebten die Risiken der frühen Lebensjahre. Denn noch 1910 war bereits bis zum ersten Geburtstag fast jedes fünfte Kind, bis zum zehnten Lebensjahr jedes vierte Kind seines Geburtsjahrgangs verstorben. Der Beginn der „Alterung" - die Zunahme des Durchschnittsalters der Bevölkerung - manifestierte sich deshalb zunächst überproportional in der Zunahme der Kinder und Jugendlichen. Nachdem diese Überlebenspotenziale längst weitgehend ausgeschöpft sind, konzentrieren sich nunmehr die Zuwächse auf die höheren Altersjahrgänge. Durch das Absinken der Alterssterblichkeit geht die Alterung der Bevölkerung auch einher mit steigenden Zahlen alter Menschen. (b) Kalenderzeit: Die Alterung verläuft zwar kontinuierlich, doch nicht gleichmäßig. Es gibt Perioden des schnellen und des langsamen Alterns. Die Ursachen solcher Tempowechsel liegen oft weit in der Vergangenheit und sind wohl bekannt. Denn sie ergeben sich aus der inneren Zusammensetzung der Bevölkerung. Insbesondere demographische Wellen wie Geburtenausfälle in Krisenzeiten oder der Babyboom der Wirtschaftswunderzeit samt deren Echoeffekte beschleunigen oder verlangsamen die Alterung.

Die räumliche Dimension der Alterung

Die politischen Diskussionen zur Alterung hatten lange Zeit ihren Schwerpunkt eher auf der gesamträumlichen Ebene. Viele Anpassungsstrategien für die Alterung haben zunächst keinen Raumbezug. Wenn soziale Sicherungssysteme einzig an Personen gebunden sind, dann besitzen sie nur indirekt eine räumliche Dimension, weil die Inhaber von Ansprüchen oder die Träger von Bedarfen sich auf bestimmte Weise im Raum verteilen. Der Raum wird dort bedeutsam, wo Standorte immobiler Einrichtungen zur Daseinsvorsorge beitragen und der

Konflikt zwischen Erreichbarkeit (aus Sicht des Nutzers) und Auslastung (aus Sicht des Betreibers) gelöst werden muss. Deshalb ist der optimale Raumbezug immer abhängig von den gerade betrachteten Inhalten. Bei den hier benutzten Materialien wurden durchweg administrative Einheiten gewählt, von der Gemeinde über Kreise bis hin zu Raumordnungsregionen, die sich aus Kreisen zusammensetzen und in der Regel funktional abgegrenzt sind. Gelegentlich sind die Raumeinheiten auch kategorisiert und zusammengefasst zu Typen ähnlicher Siedlungsstruktur.

Auf der Individualebene gewinnt die räumliche Dimension mit dem Älterwerden erheblich an Bedeutung. Einerseits sinkt mit dem Alter in der Regel die Mobilität. Andererseits verändern sich die Ansprüche älterer Menschen an ihr Wohnumfeld als Standort von Einrichtungen, die ihr Altern begleiten und ihnen ein möglichst langes Verbleiben im eigenen Haushalt ermöglichen. Anpassungsstrategien an den Alterungsprozess müssen dieser verminderten Mobilität Rechnung tragen, indem sie sich an den räumlichen Gegebenheiten der Gegenwart und der Zukunft ausrichten.

1. Die Bestimmungsgrößen der regionalen Alterung

Die Ursachen der Alterung sind in den Regionen dieselben wie im Gesamtgebiet, nämlich die Fertilität, die Mortalität und die Mobilität. Da diese Ursachen ihrerseits regionale Unterschiede aufweisen, ergibt sich aus diesen eine große Vielfalt an Konstellationen, wie dieser Alterungsprozess in den Regionen jeweils zustande kommt. Dies ist keineswegs von lediglich akademischer Bedeutung, sondern wichtig für die Entwicklung politischer Strategien zur Anpassung an oder zur Beeinflussung solcher Prozesse. Im Folgenden werden die Ursachen der Alterung in ihrer räumlichen Dimension skizziert.

Regionale Unterschiede in der Geburtenhäufigkeit

Die Fertilität beeinflusst den Alterungsprozess über die Zahl der Geburten. Räumliche Unterschiede der Fertilität zeigen sich im Niveau der Geburtenhäufigkeit wie auch in der Altersstruktur der Gebärenden. Wir konzentrieren uns hier auf das Fertilitätsniveau, gemessen durch die Zusammengefasste Geburtenziffer. Neben den räumlichen zeigen sich soziale Unterschiede der Fertilität. Beide sind nicht unabhängig vonein-

Regionale Auswirkungen ...

Karte 1: Räumliche Muster der Fertilität

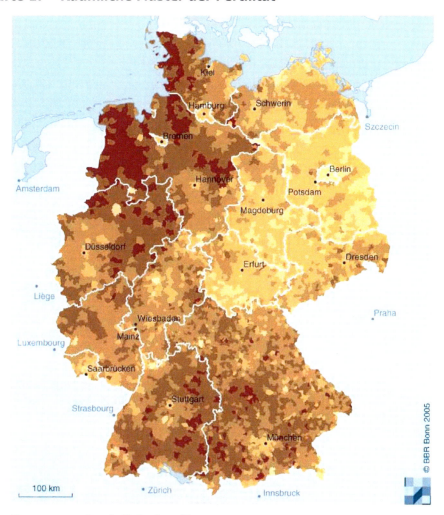

Zusammengefasste Geburtenziffer
Geburten je 1000 Frauen im gebärfähigen Alter, modellinterne Werte für 2003

bis unter 1000	1300 bis unter 1450
1000 bis unter 1150	1450 bis unter 1600
1150 bis unter 1300	1600 und größer

Verbandsgemeinden, Stand 31. 12. 2003
Quelle: Laufende Raumbeobachtung des BBR

ander, denn die räumliche Verteilung der sozialen Gruppen als Träger des Fertilitätsverhaltens leistet ihrerseits als Struktureffekt einen Beitrag zu den räumlichen Mustern. Allerdings haben Merkmale wie die Konfessionszugehörigkeit oder sozioökonomische Eigenschaften der Frauen einen großen Teil ihrer früheren Bedeutung verloren.

Geblieben ist der Einfluss der Wohn- und Siedlungsweise mit einem gespaltenen Fertilitätsniveau, niedrig in den Städten, hoch im Umland der Städte und auf dem Land. Diese Gefälle wird aufrecht erhalten durch kleinräumige Wanderungsströme, die selektiv bezüglich des Fertilitätsverhaltens wirken. Dies führt letztlich zu einer Entmischung der Bevölkerung nach ihren Lebensentwürfen. Personen mit Schwerpunkt Berufskarriere leben eher in der Stadt, Personen mit Familienkarrieren ziehen dagegen eher in Räume geringerer Verdichtung. Darauf deutet die hohe Korrelation zwischen dem Familienwanderungssaldo und dem Fertilitätsniveau hin. Es kommt - zumindest in den alten Ländern – immer mehr zu einer Spezialisierung der Regionen bezüglich der Lebensweisen.

Auf der Ebene der 440 Kreise zeigt die regionale Fertilität zunächst eine große Spannbreite. Die Zusammengefasste Geburtenziffer reicht von 1,87 (Cloppenburg, Ausreißer nach oben) bis 0,88 (Heidelberg, Ausreißer nach unten). Der größte Teil der Kreise liegt indes nahe beim Bundeswert von 1,35. 131 Kreise haben eine Abweichung von höchstens 5 % nach oben oder unten, weitere 112 Kreise kommen hinzu, wenn man diesen Streubereich auf 10 % verdoppelt. Die Ausreißer können gleichwohl als typisch für Kreise mit hoher bzw. niedriger Fertilität angesehen werden. Ländliche Kreise des westlichen Niedersachsen bilden fast ausschließlich die Spitzengruppe, während mittlere Städte mit großen Universitäten die niedrigsten Fertilitätsraten aufweisen. Denn dort konzentriert sich ein großer Teil der Frauen im gebärfähigen Alter eher auf die berufliche Qualifizierung und weniger auf die Familienbildung.

Fazit: Das Fertilitätsniveau trägt in allen Regionen dadurch zur Alterung bei, dass die Kindergenerationen kleiner als ihre Elterngenerationen sind. Im Durchschnitt beträgt dieser Generationenschwund ein Drittel, aber in immerhin 87 Kreisen ist er noch größer. Dort ist die fertilitätsbedingte Alterung besonders hoch. Der Geburteneinbruch in den neuen Ländern nach der Wende beschleunigte deren Alterung, der Wiederanstieg der Fertilitätsrate seit 1994 wird diesen Prozess nur leicht verlangsamen. Das siedlungsstrukturelle Gefälle des Fertilitätsniveaus bedingt, dass die Agglomerationen schneller altern als die ländlich geprägten Regionen, dass in den Agglomerationen ein Gefälle von den Kernstädten in die Randgebiete vorliegt, das zu einer beschleunigten Alterung der Städte führt. Eine Besonderheit des Ostens besteht darin, dass in den ländlichen Kreistypen bisher eine höhere Fertilität ausbleibt. Dort fand der anderswo beobachtete Aufholprozess weniger intensiv statt. In den Städten und den Umlandkategorien ist von der Ost-West-Lücke wenig übrig geblieben (Abweichung von weniger als 5 %). In den ländlichen Kreisen ist die Lücke hingegen immer noch größer als 10 %. Dort leistet daher die Fertilität ihren stärksten Beitrag zur Alterung.

Regionale Unterschiede in der Lebenserwartung

Empirische Befunde über die Sterblichkeit und deren Analysen haben in der bevölkerungswissenschaftlichen Forschung eine lange Tradition. Das demographische Modell der Sterbetafel ist bereits über dreihundert Jahre alt. In Kenntnis der jeweils vorliegenden geschlechts- und altersspezifischen Sterblichkeit lässt sich mit Hilfe der Sterberaten die mittlere Lebenserwartung von Neugeborenen ermitteln. Dieser Wert kann vielfältig interpretiert werden, er gilt als Indikator für die Lebensqualität im weitesten Sinne. Die Lebenserwartung hat sich in den letzten 140 Jahren mehr als verdoppelt. Der enorme Rückgang der Sterblichkeit wurde als „epidemiologischer Übergang" bezeichnet, weil er begleitet war von massiven Veränderungen der Krankheitsformen und Todesursachen.

Regionale Unterschiede der Lebenserwartung werden in Deutschland seit den 1930er Jahren sporadisch, seit den 1980er Jahren regelmäßig erfasst.

Die Erklärung dieser regionalen Muster ist schwierig. Denn deren Ursachen sind vielfältig. Sie können auf der individuellen Ebene (genetische, konstitutionelle und soziale Disposition) und/oder auf der Makro-Ebene mit den räumlichen Lebensverhältnissen der Betroffenen angesiedelt sein. Dort lassen sich wiederum ganze Bündel von Ursachen finden wie der Lebensstil, die Umwelt und die Gesundheitsversorgung. Schließlich führen auch die Wanderungen zu einer Entmischung der Bevölkerung nach guten und schlechten Risiken. Regionen mit Wanderungsgewinnen bei den jüngeren Erwerbspersonen profitieren langfristig davon, dass diese Zugewanderten im Durchschnitt robuster sind als die in den Herkunftsregionen zurückgebliebenen Sesshaften.

Karte 2: Regionale Muster der geschlechtsspezifischen Lebenserwartung

Quelle: BBR, INKAR 2005

Folgende Befunde lassen sich feststellen.

- Regionale Unterschiede in der Lebenserwartung variieren mit der Regionsgröße. Die Differenz beträgt auf Kreisebene 8,6 (Männer) bis 6,9 Jahre (Frauen), auf Raumordnungsregionsebene 5,1 bis 2,5 Jahre und auf Länderebene 3,8 bis 1,9 Jahre.
- Frauen haben eine (in Deutschland) um fünf bis sechs Jahre höhere Lebenserwartung als die Männer.
- Die Lebenserwartung der Männer zeigt weit größere regionale Unterschiede als die der Frauen.
- Im Süden der neuen Länder ist bereits eine höhere Lebenserwartung erreicht als im Norden. Sie verläuft damit entlang dem siedlungsstrukturellen Gefälle, d. h. dünn besiedelte Regionen verzeichneten einen langsameren Aufholprozess gegenüber dem Westen.
- In den alten Ländern haben altindustrialisierte Regionen an Ruhr und Saar besonders niedrige Lebenserwartungen. Der Süden mit großen Teilen Baden-Württembergs und dem bayerischen Voralpenland hat dagegen bereits eine höhere Lebenserwartung erreicht.

Die neuen Länder besitzen (noch) eine niedrigere Lebenserwartung als die alten Länder. Von den 97 Raumordnungsregionen liegen 23 im Osten. In der Rangfolge konzentrieren sie sich auf das Drittel mit der niedrigsten Lebenserwartung. Bei der Einigung hatte die Ost-West-Differenz noch ca. 2,5 Jahre betragen. Seit Jahren steigt die Lebenserwartung in den neuen Ländern schneller, die Lücke ist im Schließen begriffen. Dabei gibt es regionale, alters- und geschlechtsspezifische Besonderheiten. Die Frauen der neuen Länder haben ihren Aufholprozess gegenüber dem Westen schon weiter vorangetrieben als die Männer. Dadurch sind die geschlechtsspezifischen Unterschiede in den neuen Ländern größer als in den alten Ländern.

Als Grund für die rasche Senkung des Ost-West-Unterschieds wird die Angleichung der Lebensbedingungen gesehen. Von Bedeutung sind sozioökonomische, infrastrukturelle und sozialpsychische Ursachen. Mit dem Abbau von Disparitäten, z. B. durch den Ausbau der medizinischen Infrastruktur, werden Überlebenspotenziale insbesondere bei älteren Menschen stärker ausgeschöpft und bestimmte Todesursachen zurückgedrängt. Die regionalen Differenzen der Sterblichkeitsabsenkung wiesen zusätzlich auf die Erreichbarkeit medizinischer Einrichtungen als bestimmenden Faktor hin. Denn Regionen mit höherer Verdichtung und einem engeren Versorgungsnetz holten ihren Rückstand in der Lebenserwartung besonders schnell auf. Das Potenzial für eine weitere Angleichung an das westdeutsche Niveau der Lebenserwartung liegt bei den alten Menschen, bei den Männern im erwerbsfähigen Alter, liegt in den dünn besiedelten, ländlich peripheren Regionen.

Fazit: Die Dynamik in der Lebenserwartung verstärkt den Alterungsprozess. Die neuen Länder durchlaufen immer noch einen Aufholprozess an das westdeutsche Sterblichkeitsniveau. Neben dem Ost-West-Gefälle gibt es weitere räumliche Muster, die sich jedoch nicht so klar an der Siedlungsstruktur festmachen lassen wie jene der Fertilität. Lediglich in den neuen Ländern korreliert das Nord-Süd-Gefälle mit der Bevölkerungsdichte. Im Westen lassen sich Konvergenzen feststellen mit dem Ergebnis, dass die Disparitäten zwischen den Regionen kleiner werden. Kreise mit bisher geringerer Lebenserwartung legen stärker zu als solche mit bereits hohem Niveau. Die Ost-West-Unterschiede in der Dynamik der Lebenserwartung verbleiben als wichtige Ursache für die höhere Geschwindigkeit des Ostens im Alterungsprozess.

Regionale Unterschiede im Wanderungsverhalten

Keine der natürlichen Ursachen der Alterung hat einen solch direkten, bereits in der Definition angelegten räumlichen Bezug wie die Wanderungen. Da die Wandernden in der Regel eine andere altersmäßige Zusammensetzung haben als die Sesshaften, tragen sie zur Alterung bei. Neben dieser Altersselektivität der Wandernden sind die räumlichen Wanderungsmuster (Gewinnerregionen, Verliererregionen) bedeutsam für die regionalen Unterschiede der mobilitätsinduzierten Alterung. Bereits auf der gesamträumlichen Ebene wirken sich die internationalen Wanderungen auf die altersmäßige Zusammensetzung der Bevölkerung aus. Das Volumen der Zu- und Fortzüge entspricht in etwa dem der Geburten und Sterbefälle. Je feiner die räumliche Betrachtung gewählt wird, umso stärker übertrifft das Wanderungsvolumen die natürlichen Bewegungen. Der Einfluss der Wanderungen auf die Alterung gewinnt dadurch an Bedeutung.

Die Mobilität ist eng mit dem Lebenszyklus und dadurch mit dem Lebensalter verknüpft. Im Durchschnitt wandern jedes Jahr 3 % der Bevölkerung über Kreisgrenzen hinweg. Bei den jungen Menschen ist der Anteil der mobilen Personen etwa drei Mal so hoch, bei den alten Menschen

Regionale Auswirkungen ...

Karte 3: Bedeutung der Wanderungen für die Alterung bis 2020

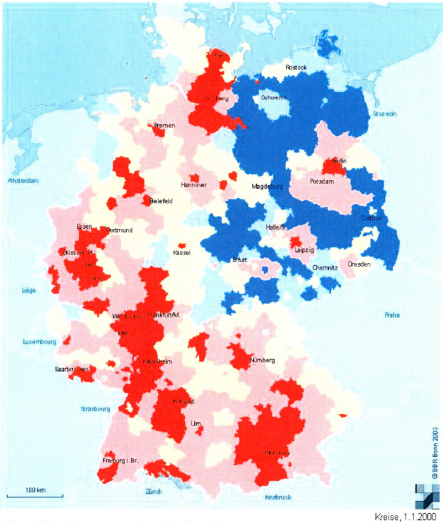

Ohne Wanderungen wäre die Bevölkerung
- deutlich älter
- älter
- gleich
- jünger
- deutlich jünger

Datenbasis: BBR-Bevölkerungsprognose 2002-2020/Exp-15

beträgt er nur ein Drittel des Durchschnitts. Die Wanderungsmotive orientieren sich an den Lebensabschnitten, die gerade durchlaufen werden. Bildungswanderer und Arbeitsplatzwanderer richten sich nach den Standorten der Bildungsinfrastruktur und der Angebotsseite der Arbeitsmärkte. Familienwanderungen reagieren auf die Rahmenbedingungen der Wohnungsmärkte. Altenwanderungen orientieren sich an den altenfreundlichen Push- und Pull-Faktoren, sie sind nicht mehr vom Erwerbsmotiv geprägt. Siedlungsstrukturell beschreiben die Wanderungsmuster im Lebensverlauf eine Pendelbewegung. Junge Leute vollziehen einen Konzentrationsprozess, allein in der Altersgruppe der 18- bis unter 25-Jährigen haben die Städte Wanderungsgewinne zu verzeichnen. Alle anderen Altersgruppen verlassen dagegen die Kernstädte und ziehen ins Umland oder gar in weiter entfernte Regionen. Selbst die alten Menschen vollziehen noch Dekonzentrationsprozesse.

Das Ausmaß der Binnenwanderungen auf den Alterungs- bzw. Verjüngungsprozess in den Regionen lässt sich modellhaft ermitteln. Das BBR machte dies unter Verwendung seines Bevölkerungsprognosemodells für den Zeitraum bis 2020. Es rechnete zwei Varianten - eine mit der erwarteten Mobilität, eine gänzlich ohne Wanderungen - und verglich die Ergebnisse miteinander. Unterschiede in der Altersstruktur sind dann auf die Binnenwanderungen zurückzuführen, wenn alle anderen Parameter konstant gehalten werden. Die Ergebnisse auf Kreisebene waren recht eindeutig. Die Alterungseffekte der Binnenwanderungen bis 2020 sind in Karte 3 dargestellt. Die rote Farbe bedeutet, dass die Kreise durch Binnenwanderungen eine relative Verjüngung - das ist in der Regel eine Verlangsamung der Alterung - erfahren. Die blau gezeichneten Kreise erwarten hingegen eine Beschleunigung des Alterungsprozesses.

Die Muster sind deutlich und plausibel. Durch Binnenwanderungen wird der Osten älter, der Westen jünger. Dies gilt allerdings nicht durchgängig für alle Kreise. Einige Städte und auch suburbanen Räume der neuen Länder profitieren von der Zuwanderung junger Familien. In den alten Ländern gewinnen die wirtschaftsdynamischen Räume Jugend hinzu, am stärksten die großen Zentren und deren hoch verdichtetes Umland. Selbst im weiter entfernten Umland sind noch Effekte messbar, die auf eine Verlangsamung der Alterung hin wirken. Lediglich die eher peripher gelegenen Kreise, die vor der Einigung als strukturschwach galten und selbst einer Abwanderung gegenüber standen, haben in der nächsten Zukunft keine Verjüngungseffekte aus Wanderungen zu erwarten.

Fazit: Die internationalen Wanderungen führen insgesamt zu einer Abschwächung des Alterungsprozesses. Wegen des Wohnstandortverhaltens der Zuwanderer gilt dies für die Agglomerationen und dort wiederum für die Kernstädte besonders stark. Die Wanderungen innerhalb Deutschlands führen wechselweise zu einer Beschleunigung oder zu einer Verlangsamung der Alterung. Die Städte profitieren zwar von ihren Wanderungsgewinnen bei den jüngeren Personen (zwischen 18 und 24 Jahren), doch alle anderen Altersgruppen zeigen Dekonzentrationstendenzen. In toto führt die Mobilität zu einer Altersstrukturgunst in den suburbanen Räumen und selbst in einigen ländlichen Regionen. Diese siedlungsstrukturellen Effekte werden überprägt von den Ost-West-Wanderungen, die sich eher aus den ökonomischen Disparitäten erklären lassen.

Gesamtfazit aus den Bevölkerungsbewegungen: Die Dynamik des Alterungsprozesses

Eine demographische Besonderheit von Bevölkerungen als Aggregat von Einzelpersonen besteht darin, dass für sie - im Gegensatz zu ihren Mitgliedern - die Uhr unterschiedlich schnell tickt oder sogar rückwärts läuft. Bevölkerungen können jünger werden oder zumindest unterschiedlich schnell altern, je nach Konstellation der Geburten, Sterbefälle und Wanderungen. Bevölkerungen altern besonders langsam, wenn viele Kinder geboren werden, wenn die Menschen nicht sehr alt werden, wenn junge Menschen zuwandern und/oder alte Menschen wegziehen. Außerdem bringen die Bevölkerungen aus der Dynamik ihrer Vergangenheit eine innere Zusammensetzung mit, die sich auf die künftige Geschwindigkeit der Alterung auswirkt.

Die folgenden beiden Karten sind den räumlichen Unterschieden der Alterungsdynamik und dem dann erreichten Zustand gewidmet. Karte 4 zeigt, wo die Alterung durchschnittlich (gelb), schneller (blau) oder langsamer (rot) verlaufen wird. Es ergibt sich ein sehr kleinräumiges Muster mit der engen Nachbarschaft aller drei Konstellationen. Doch sind auch großräumige Tendenzen wie der Ost-West-Unterschied oder kleinräumige siedlungsstrukturelle Gefälle zwischen den Kernstädten und ihrem Umland erkennbar. Am auffälligsten ist die beschleunigte Alterung in großen Teilen der neuen Länder. Sämtliche Komponenten der Bevölkerungsdynamik führen dort dazu, dass sich die Alterung schneller vollzieht: niedrigere Fertilität, stärkerer - weil nachholender –

Karte 4: Regionale Altersstrukturen 2002

Anstieg der Lebenserwartung, selektive Abwanderung jüngerer Erwerbspersonen in den Westen sowie die unterdurchschnittliche Beteiligung an den internationalen Wanderungsgewinnen.

In den alten Ländern werden die bisherigen Muster auf den Kopf gestellt. Zum Zeitpunkt der Einigung waren im Westen die Städte älter als deren Umland und die weiter entfernten ländlichen Kreise. Seither verlief der Alterungsprozess in den Städten langsam, in Land und Umland beschleunigt. Ab ca. 2010 werden die Städte jünger sein als die beiden anderen Kategorien. Im Jahr 2020 werden die westdeutschen Städte die relativ jüngsten Bevölkerungen haben. Im Mittelfeld liegen dann Umland- und ländliche Kreise des Westens und die Kernstädte des Ostens. Weit älter werden die ländlichen und die Umlandkreise des Ostens sein. Die jahrzehntelangen Dekonzentrationsprozesse im Westen, vor

Regionale Auswirkungen ...

Karte 5: Künftige Dynamik der Alterung

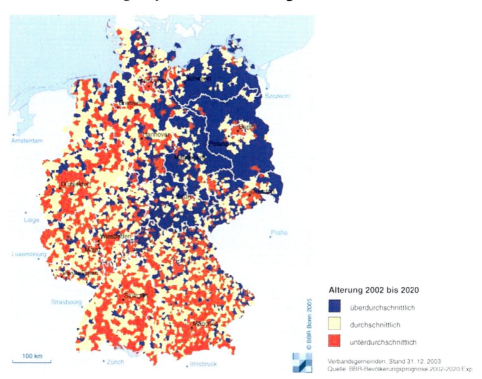

wiegend getragen durch die Familienwanderungen, führen nunmehr dazu, dass die Alterung in die Fläche geht. Allerdings ist das Ost-West-Gefälle so stark, dass dieses siedlungsstrukturelle Gefälle nur punktuell und in besonders krassen Fällen sichtbar wird.

Hansjörg Bucher

2. Räumliche Auswirkungen der Alterung

Die Alterung erhält eine regionalpolitische oder raumordnerische Bedeutung, sobald politische Maßnahmen Standortentscheidungen für immobile Gegenstände (sachliche Infrastruktur) umfassen, die womöglich eine hohe Lebensdauer und damit eine lange Kapitalbindung aufweisen. Solche Standortentscheidungen für öffentliche Investitionen konzentrieren sich auf die Politikbereiche Wohnen, Verkehr, Infrastruktur der sozialen Daseinsvorsorge im weiteren Sinne. Hier werden drei Bereiche ausgewählt, die einen besonders engen Bezug zur demographischen Entwicklung haben.

Karte 6: Künftige Dynamik der Pfleger/Bedürftigen-Relation

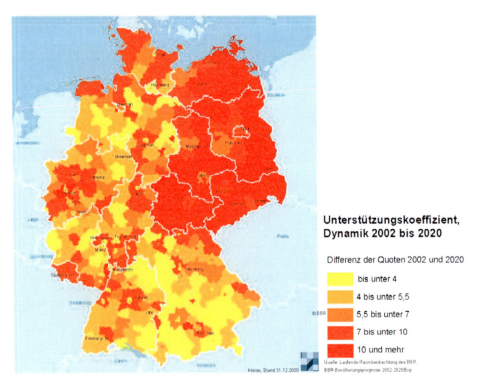

Regionale Auswirkungen ...

Alterung und soziale Infrastruktur

Der demographische Wandel führt zu einer Veränderung des Bedarfs an sozialer Infrastruktur, umso mehr, wenn es sich um altersspezifische Einrichtungen handelt. Die Alterung der Bevölkerung erzeugt in der Regel einen Neubedarf an Einrichtungen für alte Menschen und Überkapazitäten im Erziehungs- und Bildungssektor. Als eine zentrale öffentliche Aufgabe der Daseinsvorsorge wird die Anpassung öffentlicher Güter an die neue Bedarfssituation gesehen. Es gibt bereits zahlreiche Beste Beispiele für solche Anpassungsstrategien. Sie wählen zumeist einen regionalen oder einen sektoralen Blickwinkel, geben Empfehlungen für verschiedene politische Entscheidungsebenen. Ich möchte mich hier aus demographischer Sicht auf die personelle Infrastruktur konzentrieren.

Karte 7: Pfleger/Bedürftigen-Relation 2020

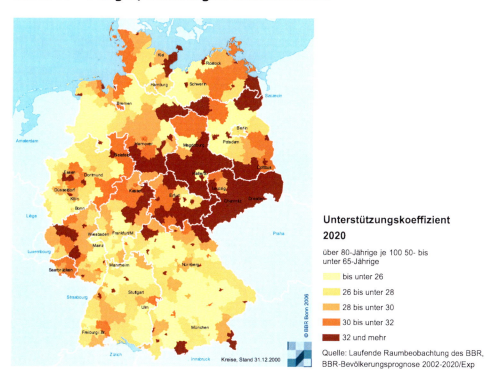

Mit der Alterung und der Zunahme der Hochbetagten steigt die Zahl der Pflegebedürftigen. Nach wie vor wird der größere Teil der Pflegeleistungen innerhalb der privaten Haushalte erbracht, haben diese Dienste einen geringen Institutionalisierungsgrad. Auf die sozialen Netze wird durch die Alterung eine stärkere Inanspruchnahme zukommen. Häusliche Pflege von Hochbetagten wird vorwiegend von deren Kindern und Schwiegerkindern geleistet. Diese gehören schwerpunktmäßig der Altersgruppe der 50- bis ca. 65-jährigen Personen an. Um das Ausmaß der demographischen Belastung der personellen Infrastruktur zu quantifizieren, ist es hilfreich, die pflegenden und die zu pflegenden Gruppen zueinander ins Verhältnis zu setzen.

Die Zahl der Hochbetagten (hier definiert als die über 80-jährigen) nimmt beträchtlich zu. Zum Zeitpunkt der Einigung waren es knapp 3,2 Mio., Ende 2002 bereits 3,4 Mio. und bis 2020 rechnet man mit ca. 5,6 Mio. Personen diesen Alters. Die Gruppe der potenziellen Betreuer dieser Hochbetagten, hier die 50- bis unter 65-jährigen, umfassten bei der Einigung 15,2 Mio. bei leicht wachsender Tendenz auf 15,5 Mio. (2002) und 19,4 Mio. bis 2020. Beide Gruppen wachsen, jedoch die Hochbetagten stärker. Damit verändert sich die Relation zwischen den beiden Gruppen zu Ungunsten der Hochbetagten. 1990 kamen auf 100 Personen der Pflegegeneration ca. 21 Hochbetagte. Bis 2020 werden es fast 29 Personen sein. Dies klingt zunächst nicht sehr alarmierend, ist aber in der räumlichen Differenzierung brisanter.

Derzeit besteht die knappste Situation an potenziellen Pflegern in mittleren bis kleinen Städten der alten Länder, speziell im Südwesten. Eine wesentlich bessere Situation mit 12 bis 16 zu Pflegenden haben die ländlichen Kreise der neuen Länder. Die demographischen Verwerfungen im Zuge der deutschen Einigung werden in relativ kurzer Zeit zu gravierenden Veränderungen führen. Die Veränderung des Unterstützungskoeffizienten (über 80-Jährige je 100 50- bis unter 65-Jährige) zeigt eindeutig, dass die sozialen Netze ausdünnen. (In diesem Indikator ist noch nicht berücksichtigt, dass der Anteil kinderloser Personen wächst und deren familieninterne Betreuung dadurch weniger wahrscheinlich wird.) Die stärksten Veränderungen werden in den neuen Ländern, in den altindustrialisierten Regionen des Westens und in zahlreichen Umlandkreisen großer Kernstädte erwartet.

Im Jahr 2020 werden in den Kreisen zwischen zwanzig und fünfzig Hochbetagte auf einhundert 50- bis unter 65-jährige Personen kommen. Die ungünstigste Relation entfällt auf die neuen Länder, insbesondere auf deren südlichen Teil. Im Westen sind vorwiegend solche Regionen betroffen, die auch bereits Bevölkerungsabnahme erfahren. Nach wie vor eine schlechtere Position halten viele Kernstädte, obwohl deren suburbane Nachbarkreise starke Veränderungen des Unterstützungskoeffizienten erwarten. Die besten Relationen werden gesehen für süddeutsche suburbane Räume und für die nordwestdeutschen Regionen mit hoher Fertilität.

Fazit: Die Alterung führt auch zu einer Verschiebung der Proportionen zwischen den potenziell Hilfsbedürftigen und den ihnen Hilfe leistenden Personen. Der Süden der neuen Länder und viele Kernstädte der alten Länder werden höheren Unterstützungsbedarf vorweisen. Die Städte werden davon profitieren, dass dort die altenspezifische Infrastrukturausstattung besser und der Institutionalisierungsgrad höher ist.

Alterung und Wohnungsmarkt

Die Wohnungsnachfrage ist auf der Individualebene eng verknüpft mit dem Familienzyklus der Nachfrager. Demographische Wellen lösen deshalb Nachfragewellen auf den Wohnungsmärkten und dessen Teilsegmenten aus. Für die Wohnungsmarktentwicklung sind die beiden Gruppen der jungen Erwachsenen und der alten Menschen - aus zwar unterschiedlichen, aber jeweils mit dem Familienzyklus zusammenhängenden Gründen - besonders bedeutsam. Gemeinsames Kriterium dieser beiden Gruppen ist, dass sie eine Phase durchleben, in der sich die Mitgliederzahl ihrer Familien verändert.

Junge Menschen verlassen ihr Elternhaus, um einen eigenen Haushalt zu gründen. Dabei leben sie allein, ziehen mit Partnern zusammen oder leben in Wohngemeinschaften. Trotz des zunehmenden Pluralismus der Lebensformen ist das Leben in Familien weiterhin die am häufigsten gewählte Form des Zusammenlebens. Über die Hälfte aller Personen in privaten Haushalte leben derzeit - unter Verwendung des im Mikrozensus benutzten (als Momentaufnahme zu sehenden) Lebensformen-Konzeptes - in Familien mit Kindern. Familien reagieren auf die Zunahme ihrer Mitglieder in der Regel mit der Ausweitung ihres Wohnflächenkonsums, häufig auch mit der Bildung von Wohneigentum. Insofern ist die Zahl der Personen in jener Lebensphase ein guter demographischer Indikator für die Neunachfrage nach großen Wohnungen.

Bei den älteren Familien verlassen die Kinder das Elternhaus, ein Partner verstirbt vor dem anderen. Die zurückbleibenden Familienmitglieder reagieren darauf in ihrem Wohnkonsumverhalten häufig passiv, sie verbleiben in der bisher bewohnten Wohnung. Dadurch erhöht sich der Wohnflächenverbrauch dieser Personen, ohne dass sie am Markt als Nachfrager aktiv geworden wären. Für dieses Verhaltensmuster der Sesshaftigkeit gibt es

- ökonomische Gründe, denn der Mietpreis je Flächeneinheit ist höher sowohl für kleinere Wohnungen als auch für jüngere Mietverträge
- städtebauliche Gründe, denn in Einfamilienhaussiedlungen mit homogenem Gebäudebestand werden kaum altengerechte Kleinwohnungen angeboten.

Wohnungswechsel führen deshalb häufig zu einer Verteuerung des Wohnens und erzwingen das Verlassen der vertrauten Umgebung. Beides sind eher die Mobilität hemmende Faktoren.

Alternde Bevölkerungen wie die der Bundesrepublik Deutschland sind deshalb tendenziell solche, die ihren individuellen Wohnflächenkonsum ausdehnen. Dieser Trend ist weitgehend abgekoppelt von aktuellen ökonomischen Entwicklungen. Die jeweilige Wohnungsversorgung alter Menschen spiegelt eher jene Wohnungsmarktsituation wider, die während des Bezugs der nunmehr unterbelegten Wohnungen und Eigenheime vorlag. Bis sich in Folge von Umzügen in den betreffenden Beständen wieder eine dichtere Belegung durchsetzt, besteht für einen längeren Zeitraum die Situation einer sehr geringen Belegungsdichte. Da aus biologischen Gründen die Auflösung der alten Haushalte wird eintreten müssen, ist die Zahl hoch betagter Frauen zugleich ein demographischer Indikator dafür, dass Wohnungen aus dem Bestand mittelfristig wieder an den Markt kommen werden.

Junge Familien haben zumeist einen Haushaltsvorstand zwischen 30 und 45 Jahren. Gegen Ende dieses Alters befinden sie sich in der Lebensphase, in der häufig die Familienbildung abgeschlossen wird, die Familie somit ihre maximale Größe erreicht. Es ist zugleich die Familienphase, in der

- die größte Wohnung bezogen,
- Wohneigentum gebildet und
- zumindest in Agglomerationsräumen verstärkt ins Umland abgewandert wird.

Regionale Auswirkungen ...

Karte 8: Künftige Dynamik der Eigenheimbauer

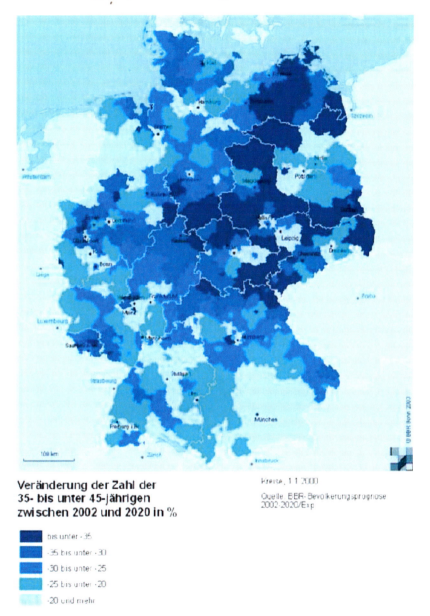

Veränderung der Zahl der
35- bis unter 45-Jährigen
zwischen 2002 und 2020 in %

Kreise, 1.1.2000
Quelle: BBR-Bevölkerungsprognose
2002-2020/Exp

- bis unter -35
- -35 bis unter -30
- -30 bis unter -25
- -25 bis unter -20
- -20 und mehr

35

Diese Altersgruppe ist - sofern sie Familie hat - hoch aktiv als Nachfrager großer Wohneinheiten auf den Wohnungsmärkten.

Zum Zeitpunkt der Einigung bildeten die Geburtsjahrgänge 1945 bis 1960 das Potenzial der Eigenheimerwerber. Diese Kohorten sind charakterisiert durch einen stetigen Anstieg vom Geburtenminimum bei Kriegsende bis fast zum Maximum des Babybooms. Die 1990er Jahre erlebten deshalb einen starken Anstieg der jungen Haushalte, bis zum Jahresende 2002 wuchs die Zahl der 30- bis unter 45-Jährigen von knapp 17 Mio. auf über 20 Mio., ein Plus von 18,5 %. Dies führte zu kräftigen Impulsen auf den Wohnungsmärkten. Nur wenige Kreise konnten daran nicht partizipieren, weniger als ein Prozent der jungen Familien lebte in Regionen, die eine Abnahme dieser Gruppe verzeichneten. Es waren fast ausschließlich Kreise der neuen Länder - und falls nicht, dann waren es strukturschwache, altindustrialisierte Kreise der Montan- oder Werftindustrie.

Zwischen 2002 und 2020 wird die Gruppe der 30- bis 45-Jährigen nunmehr gebildet aus den Geburtsjahrgängen 1957 bis 1990. In diese Zeit fielen zunächst der auslaufende Babyboom und gleich anschließend der starke Geburtenrückgang der Jahre 1964 bis 1975. Deshalb erwarten wir für die nächste Zeit einen raschen Rückgang der jungen Haushalte, repräsentiert durch eben die 30- bis 45-Jährigen. Glimpflich geht es dabei nur in Kreisen ab, die in dynamischen Agglomerationen und dort wiederum im suburbanen Raum liegen. Um über ein Fünftel, um rund 4 Mio. wird die Zahl dieser für die Wohnungsmärkte so bedeutsamen Altersgruppe abnehmen. In mehr als 240 Kreisen wird die Schrumpfung überdurchschnittlich stark sein, teilweise kommt es zu einer Halbierung der Zahlen. Und 2020 ist ja lediglich eine Momentaufnahme in diesem Prozess, keineswegs deren Endpunkt. Modellrechnungen deuten darauf hin, dass die Zahl der 30- bis unter 45-Jährigen weiter sinkt, wenn auch nicht mehr so stark.

Die Abnahme findet überall statt, doch im Westen schwächer als im Osten. Denn von diesen Kohorten wurden große Teile der Abwanderungen aus den neuen in die alten Länder getragen. Trotz der Abschwächung des Suburbanisierungsprozesses zeigen die Randlagen der großen Kernstädte weiterhin eine demographische Begünstigung in der Form, dass dort die Zahl der jüngeren Familien weniger stark abnehmen wird. Diese Effekte sind fast ausschließlich sehr kleinräumig zu sehen. Lediglich im Großraum um die Städte München und Stuttgart und entlang der Rheinschiene zeigt sich ein größeres zusammenhängendes Gebiet dieser relativen Dynamik.

Regionale Auswirkungen ...

Karte 9: Künftige Dynamik der Witwengeneration

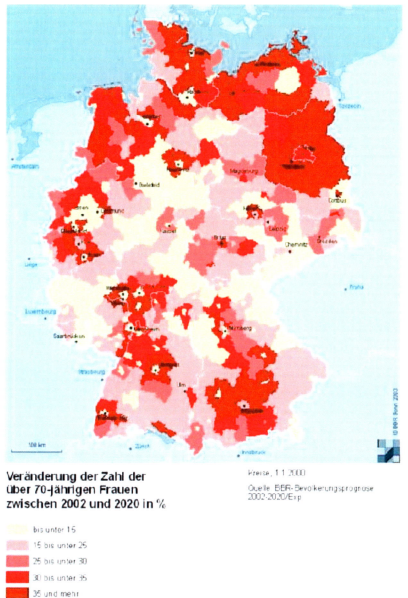

Veränderung der Zahl der
über 70-jährigen Frauen
zwischen 2002 und 2020 in %

Kreise, 1.1.2000
Quelle: BBR-Bevölkerungsprognose
2002-2020/Exp

- bis unter 15
- 15 bis unter 25
- 25 bis unter 30
- 30 bis unter 35
- 35 und mehr

Die Zahl der über 75-jährigen Frauen als Indikator für frei werdende Wohnungen und Eigenheime zeigt eine hohe Wachstumsdynamik. Sie steigt von knapp 4,3 Mio. (2002) auf 5,5 Mio. (2020), ein weiterer Anstieg auf fast 8 Mio. Mitte der 2040er Jahre ist realistisch. In rund 100 Kreisen steigt die Zahl der älteren Damen um mehr als die Hälfte. In Ostdeutschland zeigt dieser Prozess nur geringe regionale Unterschiede, hingegen fallen im Westen kleinräumige siedlungsstrukturelle Besonderheiten auf. Niedrige Zuwachsraten werden in den - bereits alten - kreisfreien Städten erwartet, hohe Zuwächse dagegen in jenen Kreisen, die Schauplätze der frühen Suburbanisierung waren: Die Nachbarkreise großer Städte (ganz vorne: München und Hamburg, Nürnberg und Stuttgart, Bremen, Düsseldorf und Frankfurt) erwarten die höchste Dynamik. Damit zeigen sich die Spätfolgen der selektiven Wanderungen, bei denen ab den 1960er Jahren junge Familien die Städte verließen und im näheren Umland neu fertig gestellte Wohnungen und Eigenheime bezogen. In jenen zwischenzeitlich hoch verdichteten Umlandkreisen wird der Familienzyklus jener frühen Suburbanisierer dazu führen, dass Bewegung in den Wohnungsmarkt kommt.

Einer abnehmenden Nachfrage bei den jungen Familien wird ein steigendes Angebot aus dem Wohnungsbestand gegenüberstehen. Wie wird sich dies auf das Marktergebnis auswirken? Hierzu bedarf es eines Vergleichs der absoluten, nicht der relativen Zahlen. Die Gruppe der jüngeren ist um ein Vielfaches größer als die der alten Frauen. Auf jede über 75-jährige kommen fast fünf Personen zwischen 30 und 44 Jahren. Aber diese Relation verschiebt sich rasch. Im Jahr 2020 werden nur noch knapp drei dieser jüngeren auf eine ältere Person kommen, im Minimum - es wird für die Mitte der 2040er Jahre erwartet - wird die Relation sogar unter zwei liegen. Dies bedeutet für die Wohnungsmärkte, dass aus demographischen Gründen ein steigender Anteil der Neunachfrage nach großen Familienwohnungen bzw. Eigenheimen durch Freisetzungen aus dem Bestand gedeckt werden kann. Ist diese neue Verfügungsmasse auch marktgerecht?

Zwei Eigenschaften jener Wohnungen gilt es besonders hervorzuheben: das Baujahr und der Standort. Ein Großteil ist in den 1960er Jahren fertig gestellt worden und repräsentiert den damaligen Standard, sofern nicht zwischenzeitlich Modernisierungsmaßnahmen durchgeführt wurden. Gegenüber den heutigen Ansprüchen deutet sich hier ein Nachholbedarf an Gebäude- und Wohnungsmodernisierung an. Der Standort dieser Wohnungen ist als ganz klarer Pluspunkt zu sehen. Sie waren und sind immer noch zentrumsnah gelegen und besitzen eine gute Erreichbarkeit für die städtische Infrastruktur. Mit steigenden Energiekosten erhält diese Eigenschaft eine immer größere ökonomische Bedeutung. Die erfolgreiche Behauptung solcher älterer Bestände an Wohnungen und Wohngebäuden auf dem Markt erscheint daher plausibel.

Fazit: Die Alterung macht sich auf den Wohnungsmärkten besonders stark bemerkbar. Denn die demographischen Gruppen, die die Alterung tragen, sind zugleich auch wichtige Akteure auf den Wohnungsmärkten. Das Nachfragerpotenzial nach Eigenheimen nimmt kräftig ab. Zugleich steigt das Angebot an älteren Wohnungen, das wegen der Haushaltsauflösungen wieder an den Markt kommt. Als ökonomische Auswirkungen auf die Bauwirtschaft sind die Abnahme der bedarfsorientierten Neubautätigkeit und zugleich eine steigende Nachfrage nach Modernisierungsleistungen zu erwarten. Im Bestand führt die Alterung zu einer weiteren Verminderung der Belegungsdichten. Die vielfach geäußerte Vermutung, dass die früheren Suburbanisierer im Alter wieder zurück in die Städte ziehen, hat sich als massenhafter Trend noch nicht gezeigt. Dagegen kann erwartet werden, dass bei der künftigen Suburbanisierung junger Familien die Wanderungsdistanzen geringer werden oder zumindest weniger stark zunehmen.

Alterung und Arbeitsmarkt

Der demographische Wandel führt zu alternden Arbeitsmärkten. Die Folgen gehen über das Älterwerden der Erwerbspersonen hinaus. An den demographischen Wandel werden sowohl Hoffnungen als auch Befürchtungen geknüpft. Die Hoffnung macht sich an einer Verringerung des Erwerbspersonenpotenzials fest, die zu einer Entspannung der Arbeitsmarktsituation führen soll. Wenn mit dem demographischen Wandel der Wechsel vom Wachstum zur Schrumpfung der Bevölkerung eintritt, bedeutet dies keineswegs zugleich eine Abnahme der Erwerbspersonenzahl. Wer bei hohen Arbeitslosenzahlen mit einer baldigen demographischen Entlastung der Arbeitsmärkte rechnet, sieht sich möglicherweise getäuscht. Die hinter den globalen Zahlen stehenden Altersgruppen erzeugen eine andere Dynamik, die die erwartete Trendwende weiter in die Zukunft hinaus verzögert.

Die zweite Komponente des demographischen Wandels, die Alterung, trifft indes bald und intensiv die Arbeitsmärkte. Mit ihr werden die Befürchtungen verknüpft. Alternde Belegschaften könnten wegen des

Hansjörg Bucher

Karte 10: Künftige Dynamik der unter 30-jährigen Erwerbspersonen

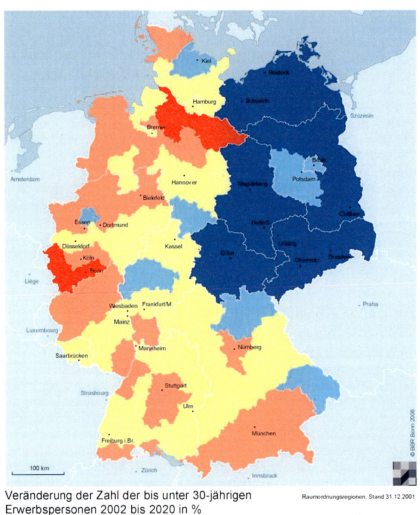

Veränderung der Zahl der bis unter 30-jährigen
Erwerbspersonen 2002 bis 2020 in %

Raumordnungsregionen, Stand 31.12.2001

- bis unter -30
- -30 bis unter -5
- -5 bis unter 5
- 5 bis unter 15
- 15 und mehr

Quelle: BBR-Erwerbspersonenprognose 2002-2020/Exp

personengebundenen technischen Fortschritts mit einer sinkenden Arbeitsproduktivität zu rechnen haben. Die Notwendigkeit von Maßnahmen, die zu einer lebenslangen Qualifizierung der älteren Beschäftigten führen, ist erkannt.

Auf den ersten Blick und rein quantitativ sieht die Entwicklung der Erwerbspersonen in Deutschland bis 2020 wenig problematisch aus. Ihre Zahl verändert sich kaum gegenüber dem Jahr 2002. Im Westen wird eine leichte Zunahme erwartet, im Osten eine ähnlich hohe Abnahme. Aber dort wird ja hierdurch eine Entspannung der Arbeitsmärkte erhofft. Unter qualitativen Gesichtspunkten wird die Entwicklung weniger günstig gesehen, weil die Altersstruktur starke Veränderungen erfährt. Die Zahl der jüngeren Erwerbspersonen sinkt, die des „höheren" Alters nehmen stark zu. Diese altersstrukturellen Veränderungen könnten durchaus Auswirkungen auf die Produktivität des Faktors Arbeit als Ganzes haben. Gemeinhin werden junge Erwerbspersonen gleichgesetzt mit ‚gut ausgebildet' (auf dem aktuellen Stand) und dadurch das neueste Know How einbringend. Ältere Erwerbspersonen werden assoziiert mit nicht mehr aktuellem Wissensstand und eingeschränkter Mobilität. Für die Zukunft wird deshalb erwartet, dass sich ein hoher Bedarf an beruflicher Fortbildung entwickeln wird, weil der technische Fortschritt immer mehr durch alternde Belegschaften umgesetzt werden muss.

Unter raumordnerischen Gesichtspunkten ist die prognostizierte Entwicklung dann bedenklich, wenn die gespaltene Dynamik nicht zu einer Konvergenz der Arbeitsmärkte, sondern vielmehr zu wachsenden Disparitäten führen sollte. Jenseits des Marktgleichgewichts und irgendwelcher Anpassungsmechanismen über Wanderungen steht zu befürchten, dass die demographische Dynamik und die ökonomische Dynamik zunächst einmal nicht kongruent sein und somit regionale Friktionen der Arbeitsmärkte sich eher verstärken werden. Relativ sicher sind dagegen die Alterung und deren regionale Inzidenz auf den Arbeitsmärkten.

Die Baby Boom Generation zählt bald zu den älteren Erwerbspersonen und lässt diese Gruppe enorm anwachsen, mindestens um ein Viertel gegenüber 2002, in einigen Regionen sogar auf das Doppelte. Im Jahr 2020 werden die Geburtsjahrgänge 1955 bis 1965 - und damit genau die Spitze des Babybooms - die Altersgruppe der 55- bis unter 65-Jährigen ausmachen. Ein funktionierender Arbeitsmarkt an dieser Altersgruppe vorbei – wie in den letzten Jahren praktiziert – ist schwer vorstellbar. Zumal in Regionen mit abnehmender Zahl junger Erwerbspersonen ist

Hansjörg Bucher

Karte 11: Künftige Dynamik der über 55-jährigen Erwerbspersonen

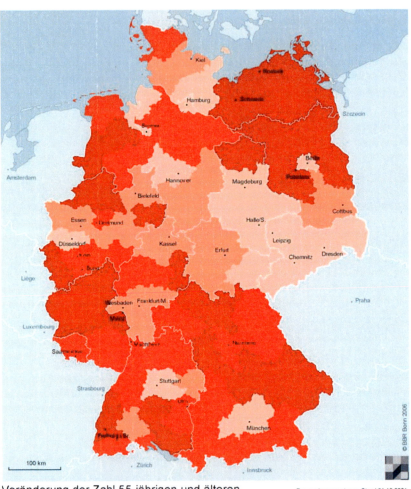

Veränderung der Zahl 55-jährigen und älteren
Erwerbspersonen 2002 bis 2020 in %

Raumordnungsregionen, Stand 31.12.2001

bis unter 40
40 bis unter 55
55 bis unter 70
70 und mehr

Quelle: BBR-Erwerbspersonenprognose 2002-2020/Exp

mit der Verknappung des Faktors Arbeit zu rechnen. Strategien zur beruflichen Weiterqualifikation setzen an jenen Altersgruppen an, deren Verbleib in der Region wegen ihrer niedrigen Mobilität wahrscheinlich ist.

Neben großen Teilen der neuen Länder haben im Westen am ehesten die weniger verdichteten, verstädterten Räume mit solch einer Entwicklung zu rechnen. Denn die Verknappung des Faktors Arbeit mit der Ausprägung „jung", die Dynamik der unter 30-jährigen Erwerbspersonen, zeigt ein räumliches Muster, das sehr stark vom demographischen Wandel dieser Zeit geprägt ist: Herausragend ist das Gefälle zwischen Ost und West, die Disparitäten innerhalb der alten Länder sind dagegen eher bescheiden. Alle drei Möglichkeiten der Dynamik sind vertreten, Wachstum, Stagnation und Schrumpfung. Sämtliche Regionen der neuen Länder erwarten bei den jungen Erwerbspersonen starke Abnahmen - um ein Viertel bis hin zur Halbierung, sehr häufig um die 40 % -, weil diese vom Geburteneinbruch der Wendezeit und den starken Abwanderungen in wirtschaftsstarke Regionen des Westens dezimiert sind. In den alten Ländern erwartet ca. die Hälfte der Regionen relative Stagnation (+/- 5 %) gegenüber der Ausgangssituation von 2002. Zwar erwarten einige wenige Regionen ebenfalls Abnahmen, doch weit unter dem Ausmaß des Ostens. Der Rest erwartet die Zunahme junger Erwerbspersonen, zumeist ein Plus von 7 % bis 12 %. Das muss nicht heißen, dass die Erwerbspersonen insgesamt dort jünger werden. Denn die älteren Arbeitnehmer haben dort noch weit höhere Zuwächse zu erwarten.

Etwa ein Fünftel aller Raumordnungsregionen erwartet Zunahmen der über 55-jährigen Erwerbspersonen von lediglich 40 % oder noch weniger. Aber fast einem Drittel aller Regionen steht ein Plus von mehr als 70 % bevor. Der Nordosten ist der Schwerpunkt dieser Alterung. Im Westen kommen eher ländliche Regionen - zumal wenn sie strukturschwach sind - in etwa an dieses Niveau heran. Doch handelt es sich immer um kleinere Arbeitsmärkte, niemals um größere zusammenhängende Gebiete.

Fazit: Die Gruppe der Erwerbspersonen wird immer älter, weil die jüngeren immer weniger und die älteren erheblich mehr werden. Fasst man beide Effekte zusammen, dann zeigen die nordostdeutschen Arbeitsmärkte die deutlichste Alterung bis 2020. Die meisten Regionen altern dagegen eher durchschnittlich. Eine geringere Alterung erwarten die dynamischen Arbeitsmärkte großer westdeutscher Metropolregionen, aber auch einige strukturschwache Ruhrgebietsstädte, die ihre

Alterung bereits zu großen Teilen hinter sich haben. Im Westen ist schnelles Altern eher die Ausnahme. Die Verknappung der jungen Erwerbspersonen birgt für die älteren eine Chance dann, wenn sie über eine laufende Fortbildung sich ihre Beschäftigungsfähigkeit bewahren. Gute Rahmenbedingungen für genau solche Fortbildungsmaßnahmen zu schaffen, muss Ziel öffentlicher Maßnahmen sein. Es konnte deutlich gemacht werden, dass die Anstrengungen hierfür - wenn sie bedarfsgerecht unternommen werden sollen - räumlich ungleich in den Regionen der Bundesrepublik Deutschland notwendig sind.

3. Synthese des demographischen Wandels

Die Alterung ist nur eine, wenn auch die aktuell brisante Komponente des demographischen Wandels. Sie wurde hier weitgehend isoliert betrachtet. Ihre politische Aufarbeitung muss dagegen einem integrierten Konzept folgen, das alle Effekte zugleich berücksichtigt. In der regionalen Betrachtung ist dies umso wichtiger. Denn der demographische Wandel besitzt sehr unterschiedliche räumliche Schwerpunkte, die sich teils überlagern, teils sogar gegenläufige Tendenzen zeigen. In Karte 12 wird die regionale Vielfalt innerhalb Deutschlands dargestellt und werden solche Teilräume identifiziert, in denen sich der demographische Wandel besonders auffällig vollzieht.

Die Karte offenbart selbst noch in ihrer generalisierten Darstellung die Komplexität der Konstellationen, die sich aus der Überlagerung der verschiedenen Teilaspekte ergeben und besonders markante Muster bilden: die regionale Spaltung der Dynamik mit Bevölkerungszunahmen im Süden und Nordwesten, sowie in den Randbereichen der Agglomerationen stellt auch eine grundlegende Rahmenbedingung dar. In diesen wachsenden oder schrumpfenden Bevölkerungen findet der Alterungsprozess statt, der unterschiedliche Ursachen hat und zudem eine variierende Intensität aufweist. So ist in den meisten wachsenden Regionen die Zunahme der Zahl der alten Menschen, weniger die Abnahme der jüngeren Altersgruppen von Bedeutung. Dies gilt nicht nur für die alten, sondern selbst für die neuen Länder.

In den meisten schrumpfenden Regionen sind dagegen Abnahmen der schulpflichtigen Jahrgänge zu verzeichnen. Wenn gleichzeitig eine starke Zunahme der Hochbetagten stattfindet, sind die altersstrukturellen Verwerfungen doppelt bedeutsam. Genau diese Konstellation gilt für weite

Teile des ländlichen Raumes in den neuen Ländern. Hier kumulieren - mit Ausnahme der Internationalisierung - die Komponenten des demographischen Wandels in ihren deutlichsten Ausprägungen. Auf der Karte können diese Regionen somit als Problemräume identifiziert werden. Auf jeden Fall handelt es sich um diejenigen Räume, in denen die umfangreichsten Anpassungen an die sich wandelnden demographischen Rahmenbedingungen stattfinden müssen.

Die Internationalisierung als dritte bedeutsame Veränderung der Zusammensetzung der Bevölkerung überlagert wiederum die beiden anderen Trends. Sie findet vorwiegend in den Städten statt, also dort, wo die Alterung bereits wieder eine geringere Dynamik erreicht. In den alten Ländern betrifft dies im Süden und Westen Deutschlands auch zunehmend kleinere Städte und höher verdichtete Kreise in den Agglomerationsräumen. In den neuen Ländern bleibt die Zunahme der Bevölkerungsgruppen mit Migrationshintergrund dagegen in der näheren Zukunft noch auf wenige Kernstädte beschränkt.

Die Vielfalt des demographischen Wandels lässt bereits erahnen, dass es keine Patentrezepte gibt, ihm problemadäquat zu begegnen. Doch soll dies niemanden schrecken. Der demographische Wandel stellt mittel- und langfristig eine der wichtigsten Herausforderungen für die Raum- und Stadtentwicklung dar. Der sich aus dem demographischen Wandel ergebende Handlungsbedarf wird deshalb für die nächsten Jahrzehnte nicht mehr von der politischen Tagesordnung verschwinden. Schrumpfende Regionen und Städte werden Strategien und Konzepte des Umbaus bis hin zum Rückbau entwickeln müssen. Viele Städte und Stadtregionen, vor allem die wachsenden, werden ihre Anstrengungen zur stadträumlichen Integration der anhaltenden Zuwanderung aus dem Ausland verstärken müssen. Alle Regionen, Städte und Gemeinden haben sich darauf einzustellen, die Leistungen der öffentlichen Daseinsvorsorge an eine rasch alternde Gesellschaft anzupassen und zu sichern.

Es ist längst an der Zeit, Handlungsmöglichkeiten unmittelbar und aktiv anzugehen und umzusetzen. Denn Handlungsspielräume ergeben sich in der Situation des rechtzeitigen Agieren-Könnens, nicht mehr jedoch in der Zwangslage des Reagieren-Müssens. Wird der demographische Wandel alsbald aktiv gestaltet, dann können auch mehr Optionen systematisch identifiziert, diskutiert und abgewogen werden. Der demographische Wandel ist zwar eine fachpolitik-übergreifende Herausforderung, doch fehlt es innerhalb der Bundesregierung noch an einer konzertierten, ressortübergreifenden Initiative. Dies darf nicht so bleiben.

Hansjörg Bucher

Karte 12: Der demographische Wandel im Raum - eine Synthese

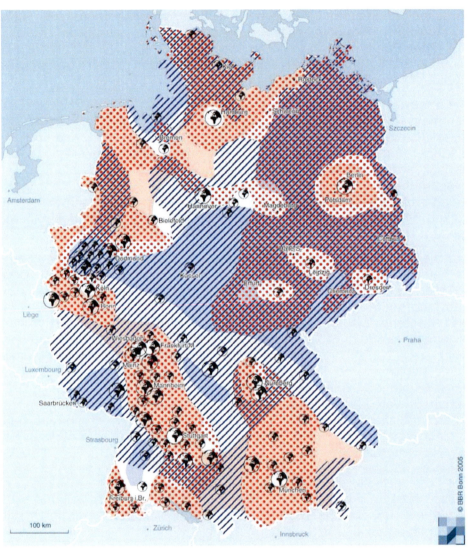

Ausprägung von Komponenten des demographischen Wandels bis 2020

Bevölkerungsdynamik — Alterung — Internationalisierung

- deutliche Abnahme
- deutliche Zunahme
- starke Abnahme der Schulpflichtigen
- starke Zunahme der Hochbetagten
- stark
- sehr stark

Quelle: BBR-Bevölkerungsprognose 2002-2020/Exp

Denn Politikwechsel stellen sich nicht von alleine ein. Sie setzen voraus, dass sie zu einem ernsthaft diskutierten öffentlichen Thema werden. Die räumlichen Folgen des demographischen Wandels und deren Bewältigung scheinen diesen Status noch nicht erreicht zu haben. Lediglich im Osten Deutschlands ist Schrumpfung als dringendes Problem erkannt und angenommen. Doch auch im Westen wird es zunehmend Regionen und Städte mit Schrumpfungstendenzen geben. Dort sind Anpassungsprozesse noch schwierig zu kommunizieren, zumal wenn es um langfristige Entwicklungen geht. Deshalb ist es wichtig, umfassend und laufend über den demographischen Wandel und seine räumlichen Folgen zu informieren und die Diskussion darüber zu intensivieren.

Literatur

Akademie für Raumforschung und Landesplanung (ARL) (Hg.) (2006): Folgen des demographischen Wandels für Städte und Regionen in Deutschland - Handlungsempfehlungen. Positionspapier 62, Hannover

Beirat für Raumordnung (2004): Raumordnung und demographischer Wandel. Empfehlung vom 9. November 2004, Berlin

Birg, Herwig und E.-Jürgen Flöthmann (2002): Langfristige Trends der demographischen Alterung in Deutschland. In: Zeitschrift für Gerontologie und Geriatrie 5: 387-399

Brunow, Stephan und Georg Hirte (2006): Age Structure and Regional Economic Growth: In: Jahrbuch für Regionalwissenschaft 26:3-23

Bucher, Hansjörg (1993): Regionale Aspekte der Alterung der Bevölkerung. In: Otto, Johannes (Hg.): Die älter werdende Gesellschaft. Deutsche Gesellschaft für Bevölkerungswissenschaft - 27. Arbeitstagung vom 25. bis 27. Februar 1993 in Bad Homburg vor der Höhe. Bundesinstitut für Bevölkerungsforschung, Materialien zur Bevölkerungswissenschaft 80. Wiesbaden: 41-51

Bundesamt für Bauwesen und Raumordnung (BBR) (Hg.) (2006): Raumordnungsprognose 2020/2050. Berichte Band 23, Bonn

Gans, Paul (2006): Die regionale Vielfalt des demographischen Wandels in Europa. In: Raumforschung und Raumordnung 3: 200-205

Kemper, Franz-Josef (2006): Komponenten des demographischen Wandels und die räumliche Perspektive. In: Raumforschung und Raumordnung 3: 195-199

Mäding, Heinrich (2003): Demographischer Wandel: Herausforderung an eine künftige Stadtpolitik. In: Stadtforschung und Statistik 1: 63-72

Politische Implikationen der regionalen Entwicklung

Hans-Peter Gatzweiler

Der Alterungsprozess der Bevölkerung setzt sich fort. Immer weniger junge werden immer mehr älteren Menschen gegenüber stehen. Die Ergebnisse der aktuellen regionalen Bevölkerungsprognose 2020 des BBR belegen, dass dieser Prozess überall stattfindet, in Nord und Süd, in West und Ost, in Stadt und Land – jedoch mit unterschiedlicher Dynamik und Intensität (1).

Bis 2020 geht die Zahl der Jugendlichen im Westen um fast 20 % zurück, im Osten wird der niedrigste Wert schon um 2010 erreicht, wobei der ländliche Raum mit einer Abnahme um ca. 30 % besonders betroffen sein wird. Die Zahl älterer Menschen über 60 Jahre wird dagegen im Westen (um über 20 %) wie im Osten (um über 30 %) in allen Gebieten stark zunehmen, insbesondere aber in den stadtnahen Kreisen, im Umland, und in den ländlichen Kreisen um jeweils ca. 30 % und mehr. Der Grund ist vor allem eine rapide Zunahme der Hochbetagten, der über 75-Jährigen mit einer Zunahme von rund 45 % im Westen und rund 75 % im Osten.

Die Doppelwirkung aus anhaltend niedriger Geburtenhäufigkeit und steigender Lebenserwartung zumal der „Babyboomjahrgänge" der 1950er und 1960er Jahre führt insgesamt in eine rasch alternde Gesellschaft, im Osten stärker und schneller als im Westen, im Umland und ländlichen Raum stärker als in den Kernstädten (siehe Abb. 1).

Auswirkungen und Aufgaben

Der Trend in eine alternde Gesellschaft ist eine gesamtstaatliche Herausforderung, im Besonderen aber auch eine Herausforderung für die Raum- und Stadtentwicklungspolitik in Bund und Ländern. Warum?

© Deutsche Gesellschaft für Demographie
In: R. Scholz; H. Bucher (Hrsg.): Alterung im Raum. Schriftenreihe der DGD, Bd. 2, Norderstedt 2007: BoD

Hans-Peter Gatzweiler

Abb. 1: Auf dem Weg in eine alternde Gesellschaft

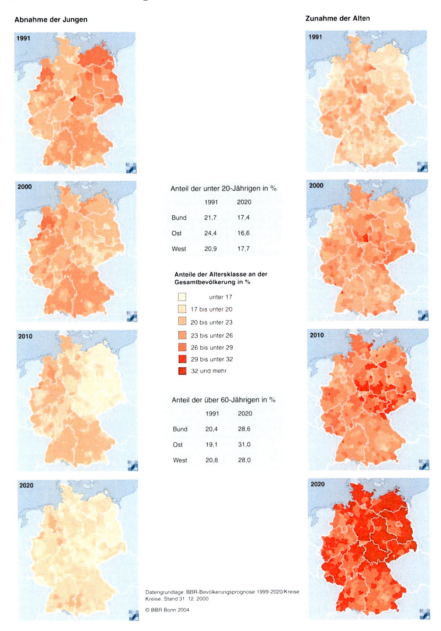

Aus der Alterung der Bevölkerung resultieren aus meiner Sicht drei große Aufgaben:

Anpassungsleistungen im Bereich der öffentlichen Daseinsvorsorge

Offenkundig und für jeden nachvollziehbar sind die Konsequenzen für die sozialen Sicherungssysteme (Rente, Gesundheit, Pflege). Wichtig für die Regionen und Städte als Wirtschafts- und Lebensräume ist das infrastrukturelle Leistungsangebot. Dies gilt es zu sichern, besser noch, qualitativ weiterzuentwickeln. Die rasche und hohe Bevölkerungsalterung erfordert mehr oder weniger in allen Städten und Regionen Anpassungsleistungen im Bereich der öffentlichen Daseinsvorsorge, speziell auf den Feldern **Gesundheit/Pflege**, **Wohnen** und **Verkehr**.

Gesundheit/Pflege: Der sich künftig verstärkt fortsetzende demographische Alterungsprozess wird primär von der rapiden Zunahme der Zahl hoch betagter Menschen (über 75-Jährige) getragen.

Für den Gesundheits- und Pflegebereich ist dies von besonderer Bedeutung. Denn mit zunehmender Hochaltrigkeit wächst das Risiko, zu einem Pflegefall zu werden: es muss mit einer rasch wachsenden Zahl Pflegebedürftiger gerechnet werden. Dem wird ein abnehmendes familiales Pflegepotenzial gegenüberstehen, d. h., die Nachfrage nach professionellen Pflegeleistungen wird steigen. Insgesamt erfordert dies in allen Regionen einen mehr oder weniger starken weiteren Ausbau der ambulanten und stationären Pflege.

Gestützt wird diese Einschätzung von den Ergebnissen der jüngst veröffentlichten „Population Policy Acceptance Study" des Bundesinstitutes für Bevölkerungsforschung (BIB), einer repräsentativen Bevölkerungsumfrage zu „Einstellungen zu demographischen Trends und zu bevölkerungsrelevanten Politiken" (2). Danach ist das Altern der Bevölkerung der Themenbereich, der den Befragten die meisten Probleme bereitet und wo die Regierung, die Politik, am stärksten in der Verantwortung gesehen wird. Neben einer angemessenen Gesundheitsversorgung werden vor allem Maßnahmen und Regelungen für wichtig gehalten, die die familiale Pflege erleichtern, gefolgt vom Ausbau der ambulanten Pflegedienste.

Wohnen: Alterung der Bevölkerung und zunehmende Individualisierung der Gesellschaft führen zu mehr kleineren Haushalten. Für die kleinen Haushaltstypen, d. h. Ein- und Zweipersonenhaushalte sind noch erhebliche Zunahmen durchaus realistisch, selbst in Städten und Regionen mit größeren Bevölkerungsabnahmen. Für die großen Haushalte sind dagegen im Umkehrschluss die Schrumpfungs- und Stagnationsszenarien umso plausibler. Zu- und Abnahme der Wohnungsnachfrage finden also gleichzeitig statt und sorgen für eine weitgehende räumliche Ausdifferenzierung der Wohnungsmärkte. Dies macht es notwendig, in den Regionen individuelle Anpassungsstrategien z. B. der Wohnungsversorgung zu verfolgen. Speziell geht es dabei um eine seniorengerechte Wohnungsanpassung. Die meisten Menschen möchten gerade im Alter in ihrer vertrauten Umgebung wohnen bleiben. Die Förderung von Wohnmodellen und wohnungsbezogener Infrastruktur für ein selbstständiges, selbst bestimmtes Leben im Alter ist deshalb eine wichtige wohnungspolitische Zukunftsaufgabe.

Verkehr: Grundlage von Mobilität ist die Verfügbarkeit von Verkehrsmitteln. Als Durchschnittswert über alle Altersgruppen überschreitet die Autonutzung inzwischen die 60 % Marke. Die nicht motorisierten Fortbewegungsformen und der öffentliche Verkehr liegen nur noch bei knapp 40 % der Verkehrsleistung. Eine Status-quo-Fortschreibung der Verkehrsmittelnutzung dürfte aber zu kurz greifen. Auch wenn ein zunehmender Anteil älterer Menschen über ein Auto verfügt, werden künftig gerade viele ältere Menschen aus gesundheitlichen oder finanziellen Gründen ohne Auto leben müssen. Gleichzeitig entstehen aber aufgrund der Zunahme disperser und entdichteter Siedlungsstrukturen sowie der Lockerung zeitlicher, sozialer und räumlicher Bindungen zunehmend Mobilitätszwänge mit längeren Wegen. Sie können zunehmend schlechter durch konventionelle Formen des ÖPNV bedient werden. Nahmobilität erhalten und fördern, Bus- und Bahnangebote verbessern, sind deshalb künftig wichtiger werdende verkehrspolitische Aufgaben für eine alternde Gesellschaft.

Grundsätzlich wird also die Entwicklung altengerechter Infrastrukturangebote und Dienstleistungen als Querschnittsthema verschiedener Politikfelder an Bedeutung gewinnen.

Aktivierung der wirtschaftlichen und gesellschaftlichen Potenziale einer alternden Gesellschaft

In der aktuellen Diskussion um die Folgen der Alterung dominiert der Belastungsdiskurs. Er verstellt den Blick dafür, das Alterung auch als Chance für Wachstum, Beschäftigung und gesellschaftliche Entwicklung gesehen und gestaltet werden kann. So wird die Alterung zu gesamtwirtschaftlichen Veränderungen der Nachfrage führen. Die Älteren werden als Konsumentengruppe an Bedeutung gewinnen. Wachsende Sektoren könnten Bereiche wie Tourismus, Gesundheit und Wellness, sowie der Kulturbereich sein. Hier liegen also für Regionen und Städte mit entsprechenden Potenzialen durchaus auch Chancen. Auch solche Dienstleistungen, die die Wohn- und Lebensqualität älterer Menschen erhöhen und ihnen ein möglichst langes Leben in Selbstbestimmung ermöglichen, werden eine steigende Nachfrage erfahren.

Angesichts der Tatsache, dass die Alterung des Erwerbspersonenpotentials ein irreversibler Trend ist, gilt es zudem Wege aufzuzeigen, wie im Bereich von Bildung und Arbeitswelt die Potenziale älterer Menschen für Wirtschaft und Gesellschaft besser genutzt werden können. Die künftigen Herausforderungen der Arbeitswelt müssen mit insgesamt älteren Belegschaften bewältigt werden, denn die demographischen Wellen durchlaufen auch die Gruppe der Erwerbspersonen: Die Zahl der Erwerbspersonen, vor allem der Jüngeren (unter 45-jährigen), nimmt rasch ab, während die Zahl älterer Erwerbspersonen rasant ansteigt, vor allem in den westlichen Bundesländern (siehe Abb. 2, Künftige Dynamik der Erwerbspersonen).

Abb. 2: Künftige Dynamik der Erwerbspersonen

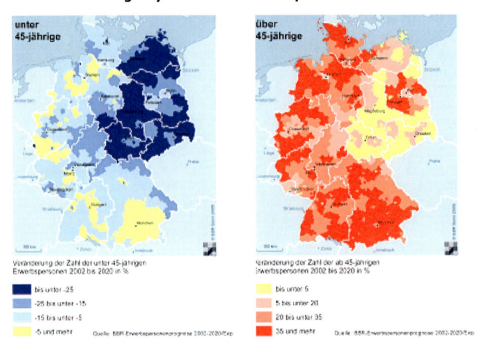

Investitionen in Bildung und Qualifizierung kommt deshalb künftig eine zentrale Bedeutung zu. Zwei wichtige politische Aktionsfelder sind „Lebenslanges Lernen" und „Beschäftigung älterer Menschen" (3). Lebenslanges Lernen ist eine der wesentlichen Voraussetzungen für eine dauerhafte Beschäftigungsfähigkeit in allen Lebensphasen. Seit 2001 werden einschlägige Aktivitäten des Bundes in einem Aktionsprogramm „Lebensbegleitendes Lernen für alle" gebündelt (u. a. Förderprogramm „Lernende Regionen – Förderung von Netzwerken"). Was die Beschäftigung älterer Menschen/Erwerbspersonen angeht, sind insbesondere schon im Rahmen der Agenda 2010 eine Vielzahl von gesetzlichen Maßnahmen eingeleitet worden, um Fehlanreize für ein frühzeitiges Ausscheiden aus dem Arbeitsmarkt systematisch abzubauen und (Wieder-)Eingliederungschancen älterer Erwerbspersonen zu verbessern. Im Ergebnis geht es darum, die Zahl älterer Erwerbstätiger an der Gesamtzahl der Erwerbstätigen zu erhöhen.

Schaffung von mehr Wohn- und Lebensqualität für Kinder und Familien

Ausschließlich Anpassungspolitik an gegebene demographische Prozesse zu betreiben, kann nicht genug sein. Es muss auch darum gehen, in Regionen und Städten Lebensqualitäten zu schaffen, die wieder zu mehr Kindern führen. Dazu gehören Betreuungsangebote für Kinder und Jugendliche, welche die Vereinbarkeit von Familie und Beruf erleichtern (Kindertageseinrichtungen, Ganztagsschulen usw.), dazu gehört ein Wohnungsangebot, das für Familien mit Kindern angemessen und finanzierbar ist und ein kindgerechtes Wohnumfeld besitzt. Die Schaffung von mehr Lebensqualität für Kinder und Familien berührt das gesamte Umfeld, angefangen vom Wohnen über Kindergarten, Schule, Verkehr bis hin zu den Freizeitmöglichkeiten. Wohnungs- und Städtebaupolitik müssen sich deshalb auch als konsequente Familienpolitik verstehen.

Ziele und Handlungsgrundsätze

Ziele: Der demographische Wandel und die Bewältigung der damit verbundenen Folgen haben in denn vergangenen Jahren zu einem raum- und stadtentwicklungspolitischen Paradigmenwechsel vom „gesteuerten Wachstum" hin zum „gestaltenden Umbau" der Regionen und Städte in Deutschland beigetragen. Dies ist u. a. auch Anliegen und zentrale Botschaft eines 2004 vom Bundesministerium für Verkehr, Bau und Stadtentwicklung (BMVBS) und BBR eingebrachten und veröffentlichten Kabinettberichts „Herausforderungen des demographischen Wandels für die Raum- und Stadtentwicklung in Deutschland" (4). Die Akzeptanz und der Erfolg von Strategien und Konzepten des Umbaus werden dabei umso größer sein, je mehr sie sich an folgenden Zielen orientieren:

➢ Angemessene Lebensqualität in Städten und Regionen erhalten

Das Ziel, gleichwertige regionale Lebensverhältnisse zu gewährleisten, bedeutet nicht, dass überall die gleichen Versorgungsstandards und Leistungsangebote vorhanden sein müssen. Vielmehr geht es um ein den jeweiligen Nachfragen und Auslastungsverhältnissen angepasstes und zumutbares Niveau der Daseinsvorsorge.

➤ Effizienz der öffentlichen Daseinsvorsorge steigern

Es gilt, eine gute, aber finanzierbare örtliche und überörtliche Infrastrukturversorgung unter den Bedingungen einer abnehmenden und alternden Bevölkerung zu gewährleisten. Bei enger werdenden Finanzspielräumen von Bund, Ländern und Gemeinden zwingt dies zu Kosteneinsparungen, zu mehr Wirtschaftlichkeit durch Effizienzsteigerung öffentlicher Dienstleistungen.

➤ Dezentrale Versorgungsstrukturen sichern

Bei allen Bemühungen, Wirtschaftlichkeit und Effizienz der öffentlichen Daseinsvorsorge zu verbessern, gilt es aber, dezentrale, wohnortnahe Versorgungsstrukturen aufrecht zu erhalten. Sie sind familien- sowie altenfreundlich und oft auch ökologisch eher nachhaltig.

➤ Wahlfreiheit für räumliche Mobilität ermöglichen

Für die Möglichkeit, individuelle Versorgungsnotwendigkeiten erledigen und sich Aktivitätswünsche erfüllen zu können, wird mit fortschreitender Alterung der Bevölkerung der öffentliche Verkehr eine zunehmend größere Rolle spielen. Ziel sollte sein, trotz schwieriger werdender Finanzlage den ÖPNV als flexibles Flächensystem mit kleinteiligen Basismaschen auszubauen.

➤ Wohn- und Lebensqualität für Familien in Städten und Regionen verbessern

Es gilt, der primären Ursache von Bevölkerungsabnahme und Alterung, der niedrigen Geburtenhäufigkeit, entgegenzuwirken. Ziel von Städten und Regionen muss sein, die Wohn- und Lebensqualität speziell für Kinder und Familien zu verbessern, ein generationenübergreifendes Arbeiten und Zusammenleben zu ermöglichen.

Handlungsgrundsätze: Aus der Sicht der Raum- und Stadtentwicklungspolitik sind die genannten Ziele um so eher zu erreichen, je mehr sich politisches Handeln an folgenden Grundsätzen orientiert:

➤ Öffentliches Problembewusstsein schaffen

Die notwendigen Anpassungsprozesse in den Städten und Regionen müssen zu einem öffentlichen Thema werden. Denn sie werden sich nicht von alleine einstellen. Die Probleme der von diesem Wandel besonders betroffenen Regionen, Städte und Gemeinden gehören auf die politische Agenda von Bund und Ländern.

Politische Implikationen ...

➢ Regional und lokal angepasste Lösungen unterstützen

Lösungen müssen auf regionaler und lokaler Ebene gefunden werden. Dort können Handlungserfordernisse am verlässlichsten erkannt und am besten gebündelt werden. Aufgrund unterschiedlicher Siedlungsstrukturen, Erreichbarkeitsverhältnisse, wirtschaftlicher Möglichkeiten usw., aber auch wegen unterschiedlicher Ansprüche und Präferenzen der Bevölkerung gibt es keinen Königsweg zur Gestaltung zukunftsfähiger Angebote. Es bedarf immer solcher Lösungen, die auf die regionalen und lokalen Bedingungen zugeschnitten sind.

➢ Gewährleistungs- statt Erfüllungsverantwortung übernehmen

Es geht auch um ein neues Aufgabenverständnis regionaler und örtlicher Ebenen, was die Sicherung der Daseinsvorsorge für ihre Bürger betrifft. Statt Aufgaben der öffentlichen Daseinsvorsorge wie bisher meist selbst - im Wege der so genannten Erfüllungsverantwortung - wahrzunehmen, soll sich die öffentliche Hand künftig zunehmend auf eine Gewährleistungsverantwortung konzentrieren. Das heißt, sie gewährleistet nur noch eine funktionstüchtige Infrastruktur durch die Vorgabe von Regeln und Bedingungen, überlässt aber ihre Bereitstellung zunehmend nichtstaatlichen Akteuren oder begründet Kooperationsverhältnisse mit ihnen.

➢ Integrierte Umbaustrategien für Regionen und Städte entwickeln

Viele Regionen und Städte haben mittlerweile erkannt, dass gerade knapper werdende Ressourcen zu einer integrierten Planung und Gestaltung der zukünftigen Entwicklung zwingen. Zudem erfordern die öffentliche Haushaltssituation und die immer komplexeren regionalen und städtischen Problemlagen eine stärkere fachliche Ressourcenbündelung. Das bedeutet: Stärker als bisher müssen die verschiedenen Ressorts ihr Handeln koordinieren und muss der Einsatz finanzieller Ressourcen aus unterschiedlichen Politikfeldern abgestimmt werden. Die Basis hierfür liefern integrierte regionale Handlungskonzepte.

➢ Bevölkerung aktiv beteiligen

Schließlich gilt es, die Bevölkerung am Umgestaltungsprozess aktiv zu beteiligen. Sie muss in die Diskussion über die Notwendigkeit und die Art von Veränderungen frühzeitig mit einbezogen werden.

Handlungsfelder und -möglichkeiten

Raum- und Stadtentwicklung legen zwar vorwiegend im Zuständigkeitsbereich der Länder und Kommunen. Der Bund kann jedoch finanzielle Unterstützung leisten im Rahmen von einschlägigen Finanzhilfen, sich mit den Ländern auf gemeinsame Aktivitäten verständigen und den rechtlichen Rahmen den neuen Herausforderungen anpassen. Zudem kann er in Form von **Modellvorhaben** beispielhafte Lösungswege aufzeigen. Dies möchte ich exemplarisch an einigen ausgewählten Modellvorhaben/Forschungsfeldern verdeutlichen, soweit sie in unserem bzw. im Zuständigkeitsbereich des BMVBS liegen, also vor allem die Politikbereiche Raumordnung und Städtebau berühren.

Raumordnung

Patentrezepte zur Lösung der aus dem demographischen Wandel resultierenden Herausforderungen gibt es nicht. Die jeweiligen Lösungsansätze müssen vielmehr vor Ort und in der Region gesucht werden. Dabei stehen verschiedene Handlungsoptionen zur Verfügung. Insbesondere bieten sich eine Erhöhung der Erreichbarkeit der Einrichtungen bzw. Angebote, deren Verkleinerung, Dezentralisierung oder Zentralisierung oder auch umfassende Neustrukturierungen an. Möglich sind darüber hinaus auch temporär-mobile Formen der Leistungserbringung. Mit dem **Aktionsprogramm Modellvorhaben der Raumordnung (MORO)** verfügt der Bund über ein Instrument, konkrete innovative Handlungsansätze bzw. Lösungswege auf kommunaler und regionaler Ebene zu erproben.

In diesem Rahmen wurde von 2001 bis 2004 das Modellvorhaben „Anpassungsstrategien für ländliche/periphere Regionen mit starkem Bevölkerungsrückgang in den neuen Ländern" durchgeführt (5). Seit 2003 laufen zudem eine Reihe weiterer Modellvorhaben zum Thema „**Infrastruktur und demographischer Wandel**", die insbesondere solche Fragen bzw. Aufgaben aufgreifen, die sich aus dem gesellschaftlichen Alterungsprozess ergeben. Schließlich wurde 2005 zudem noch ein Modellvorhaben auf den Weg gebracht, in dessen Mittelpunkt regionalplanerische Ansätze zur Sicherung der Daseinsvorsorge stehen.

Politische Implikationen ...

Allen Modellvorhaben (siehe Abb. 3) gemeinsam sind die interkommunale Kooperation bei der Entwicklung und die intersektorale und interinstitutionelle Abstimmung der Konzeptideen. Als Zielrichtung für alle Modellvorhaben gilt: vom gesteuerten Wachstum zum gestaltenden Umbau (6).

Abb. 3: Modellvorhaben der Raumordnung „Sicherung der Daseinsvorsorge"

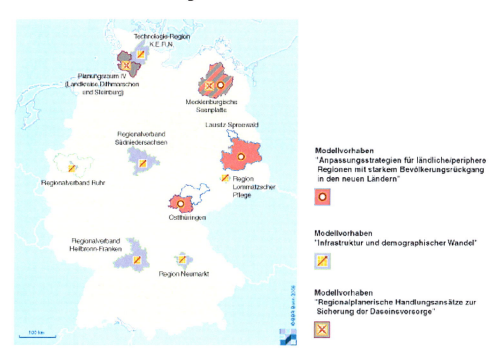

Drei ausgewählte Beispiele (7):

Zukunft für Senioren in der Region

Das Modellvorhaben **„Aufbau von dualen Netzwerkstrukturen für Senioren im Landkreis Neumarkt/Oberpfalz"** stellt einen innovativen Baustein bei der Verwirklichung einer nachhaltigen Regionalentwicklung des Landkreises Neumarkt dar.

Als eine Komponente des „dualen" Netzwerkes wird ein „reales" regionales Seniorennetzwerk aufgebaut und parallel ein Leitbild entwickelt. Denn es hat sich gezeigt, dass bei den Initiativen und Organisationen im Bereich Altenhilfe ein großer Bedarf nach Kooperation und einer Austauschplattform besteht. Inhaltlich stehen u. a. Fragen der verkehrs-technischen Mobilität der Senioren im ländlichen Raum, der Aktivierung der „jungen Alten" und einer besseren Verzahnung von Ehrenamt und professionellen Akteuren im Vordergrund.

Als zweiter Baustein wird ein „virtuelles" Netzwerk erstellt: Das Internet soll genutzt werden, um den Beteiligten – interessierten Seniorinnen und Senioren wie regionalen Akteuren der Seniorenarbeit – die Möglichkeit zu geben, ihre Bedürfnisse, Ideen oder Projekte öffentlich zu machen und dafür Partner zu finden. Das Angebot erschöpft sich somit nicht in einer reinen Darstellung der Aktivitäten. Vielmehr soll es als eine Art interaktiver Marktplatz allen Beteiligten die Möglichkeit geben, eigene Bedürfnisse anzumelden oder Angebote zu machen.

Die bislang vorliegenden Ergebnisse zeigen, wie wichtig es gerade im Seniorenbereich ist, die Erfahrungen aller Beteiligten zu erfassen und die genauen Bedürfnisse der Betroffenen zu erfahren. Dadurch können zielgenaue Maßnahmen und Programme konzipiert und umgesetzt werden. Oft sind solche Aktivitäten keine Frage der Finanzierung sondern der Information, Kommunikation und Koordination. Mit dem Internet wird dafür ein zugleich zeitgemäßes und zukunftsweisendes Instrument genutzt.

„Chancen des Mehr" sehen und nutzen

Anliegen des Modellvorhabens **„Seniorenorientierter Wirtschaftsraum K.E.R.N."** ist es, die Potenziale einer alternden Gesellschaft als Wettbewerbsvorteile einzusetzen. Das strategische Ziel der Kernregion (ein Verbund der Städte Kiel, Eckernförde, Rendsburg und Neumünster) heißt „Lebensqualität ein Leben lang". Neben den Folgen des „Weniger" (Bevölkerungsabnahme) liegt der Schwerpunkt auf Chancen des „Mehr" (Wachstumsmarkt Senioren).

Ein seniorenorientierter Wirtschaftsraum bedeutet eine Flexibilisierung und Modernisierung der Wirtschaftsstruktur für demographisch veränderte Bedarfe und Märkte (Nachfragepotenzial älterer Menschen als ökonomische Chance). Notwendig hierfür sind Sensibilisierung und Bewusstseinsbildung sowie Vernetzung der Unternehmen, Kommunen und Infrastrukturträger (= Kompetenznetzwerk/Standort Seniorenwirtschaft).

Die grundlegende regionale Handlungsstrategie für einen seniorenorientierten Wirtschaftsraum lässt sich wie folgt formulieren:

- Schaffung attraktiver Standortbedingungen für älter werdende Menschen, um diese in der Region zu halten und parallel dazu Anreize für Wanderungen/Umzüge in die Region zu bieten, um neue Bürger und Bürgerinnen hinzuzugewinnen.
- Sensibilisierung der Unternehmen, Produkte und Dienstleistungen für mehr Lebensqualität im Alter zu entwickeln und zu vermarkten, mehr Ältere zu beschäftigen und deren Erfahrungswissen zu nutzen.
- Sensibilisierung der Kommunen für die anstehenden Zukunftsaufgaben. Denn eine unter den zukünftigen demographischen Bedingungen tragfähige und effiziente kommunale Infrastruktur ist eine wichtige Voraussetzung für die Funktionstüchtigkeit eines Lebens- und Wirtschaftsraumes.

Infrastrukturangebote für den Zusammenhalt der Generationen

Ziel des Modellvorhabens „**Modellplanung zur generationsübergreifenden Infrastrukturentwicklung**" in Südniedersachsen ist die Schaffung eines Netzwerks für eine nachhaltige Familien- und Bevölkerungspolitik. Hauptproblem des demographischen Wandels in Südniedersachsen ist der drastische - wiewohl bundesdurchschnittliche - Rückgang der Jungfamilien (30- bis 44-Jährige) um ein Drittel. Junge Familien werden zum knappen Faktor der Regionalentwicklung. Durch die Doppelbelastung von Erwerbsarbeit und Familienarbeit wird diese Generation gesellschaftlich und wirtschaftlich überfordert und der soziale Zusammenhalt zwischen den Generationen bedroht. Es gilt daher, die schwindenden jüngeren Generationen durch die wachsenden älteren Generationen zu entlasten und ein neues solidarisches Gleichgewicht im Dialog zu entwickeln.

Der intergenerative Leistungsaustausch kann am besten auf Gemeindeebene im Rahmen von Selbsthilfe- und Dienstleistungsnetzwerken in sog. Familien-/Generationszentren bzw. Agenturen organisiert werden. Solche Zentren bieten für alle Generationen Angebote zur Information, Begegnung, Betreuung, Vermittlung, Beratung und Fortbildung. In einer alternden und schrumpfenden Gesellschaft sind solche Zentren, die die Infrastruktur als wesentliche „Stellschraube" nutzen, ein zukunftsweisendes Modell zur Förderung von „work-life-balance". Sie werden vom Land Niedersachsen schon seit längerem und demnächst wohl auch bundesweit gefördert.

Wie schon gesagt – einen Königsweg zur Sicherung der öffentlichen Daseinsvorsorge unter den Bedingungen des demographischen Wandels gibt es nicht. Jede Region muss vielmehr vor dem Hintergrund ihrer spezifischen Bedingungen eigene Schlussfolgerungen für die Anpassung und Umgestaltung ziehen. Dennoch lassen sich einige allgemeingültige Erfahrungen aus den bisherigen Modellvorhaben der Raumordnung für andere Regionen ziehen (siehe Abb. 4).

Abb. 4: Zehn Anforderungen an eine erfolgreiche Strategieentwicklung

1 Die Region ist eine zentrale Ebene für die Sicherung der öffentlichen Daseinsvorsorge unter den Bedingungen des demographischen Wandels.

2 Regionale Strategien zur Anpassung der Infrastruktur an veränderte Bevölkerungsstrukturen müssen von den Bewohnern der Region mitgetragen werden.

3 Der Umdenkungsprozess auf reale Entwicklungsperspektiven muss schrittweise und mit zunehmender Verbindlichkeit und ländlicher Integration erfolgen.

4 Anpassungsstrategien für die Infrastruktur erfordern gleichzeitig die Überprüfung und ggf. Anpassung vorhandener regionaler Entwicklungsziele.

5 Regionale Anpassungsstrategien der Infrastrukturentwicklung sind informelle Pläne und bedürfen der Umsetzung in Regionalpläne neuen Typs.

6 Zentrale Orte sind geeignete Instrumente zur Sicherung einer angemessenen Infrastrukturversorgung, wenn damit nicht feste Ausstattungskataloge, sondern strukturadäquate Versorgungsangebote verbunden sind.

7 Die Aufrechterhaltung einer differenzierten zentralörtlichen Gliederung in den ländlichen/ peripheren Regionen muss überprüft werden.

8 Anpassungsprozesse dürfen sich nicht auf eine Reduzierung des Angebots beschränken, sondern müssen neue Angebotsformen und effizientere Organisationsstrukturen hervorbringen.

9 Regionale Anpassungsstrategien können nur als kooperative Planungen entwickelt werden, wobei die regionalen Akteure zur Umsetzung innovativer infrastruktureller Versorgungsansätze lokale oder sektorale Egoismen überwinden müssen.

10 Die Erarbeitung konsensfähiger regionaler Anpassungsstrategien muss in einem strukturierten und differenzierten Kommunikations- und Dialogprozess moderiert werden (Lenkung durch Moderation).

Städtebau

Mit dem **Forschungsprogramm Experimenteller Wohnungs- und Städtebau (ExWoSt)** bieten sich auch der Stadtentwicklungspolitik des Bundes Möglichkeiten, in Form von Studien und Modellvorhaben einerseits die besonderen Anforderungen älterer Menschen an Wohnung, Wohnumfeld und Wohn-/Stadtquartier zu erkunden und andererseits Konzepte und Maßnahmen zur Verbesserung ihrer Wohn- und Lebensbedingungen in Wohn-/Stadtquartieren zu erproben.

Mit dieser Zielsetzung wurden so schon Anfang der 1990er Jahre im **Forschungsfeld „Ältere Menschen und ihr Wohnquartier"** 21 städtebauliche Modellvorhaben durchgeführt. Im Einzelnen ging es darum, Voraussetzungen für den Verbleib in der vertrauten Wohnung und Umgebung zu verbessern, Selbständigkeit und selbstbestimmte Lebensführung zu fördern, Selbsthilfe und Nachbarschaftshilfe zu ermöglichen, gesellschaftliche Mitgestaltung und ungehinderte Teilnahme am gesellschaftlichen Leben zu unterstützen sowie Möglichkeiten für das Zusammenleben aller Generationen zu erweitern.

Die vor rund zehn Jahren gewonnenen Erkenntnisse sind auch heute noch aktuell. Differenziert nach städtebaulichen Themenschwerpunkten liegt der primäre Handlungsbedarf im Quartierstyp der innerstädtischen Altbauquartiere in den Bereichen der Wohnungsanpassung und der Wohnumfeldverbesserung. In den Wohnsiedlungen bzw. Großwohnsiedlungen haben kleinräumige Ergänzungen der kommerziellen und sozialen Versorgungseinrichtungen Priorität, während auf dem Land und im Umland von Städten vorrangiger Handlungsbedarf gleichermaßen im Bereich der Versorgungseinrichtungen sowie im Bereich der Wohnungs- und Gebäudeanpassung besteht.

Weitere wichtige Erkenntnisse beziehen sich auf **Umgestaltungs- und Anpassungsprozesse**

➤ in Wohnungen und an Gebäuden

- Wesentliche Anforderungen an altengerechten Wohnraum sind: ausreichende Wohnungsgröße (ein Zimmer mehr als Personen im Haushalt) einschließlich der erforderlichen Flächen für den Fall der Pflegebedürftigkeit, wohnungsbezogene Freiräume, ergonomisch angepasste Wohnungsausstattung, barrierefreie Erschließung.

- Der Umzug in eine bedarfsgerechte Wohnung kann die individuelle Wohnsituation verbessern. Kommunale und unternehmensbezogene Belegungsstrategien können jedoch nur erfolgreich sein, wenn sie das Prinzip der Freiwilligkeit garantieren, bedarfsgerechte Wohnungsalternativen im vertrauten Quartier anbieten und die nötige Beratung und Unterstützung beim Umzug gewähren.
- Alternativen zur „Normalwohnung" oder zum Altenheim bestehen in generationen- und sozialgruppenübergreifenden Wohnformen. Solche integrative Wohnprojekte verlangen insbesondere vielfältige und veränderbare Wohnungstypen, Gemeinschaftsräume sowie barrierefreien Zugang.

➢ im Wohnumfeld

- Bei der Wohnumfeldgestaltung ist der Grundsatz der Barrierefreiheit einzuhalten. Fuß- und Radwege sind mit dem Ziel direkter Wegeführung zu ergänzen, sicher und bequem zu gestalten. Im Rahmen der Verkehrsberuhigung ist die Verkehrsbelastung, die Nutzungskonkurrenz und die Geschwindigkeit des Kfz-Verkehrs zu vermindern.
- Im Wohnumfeld ist ein vielfältiges Angebot an privat und öffentlich nutzbaren Freiflächen zu schaffen. Im öffentlichen Raum sind verstärkt Möglichkeiten für Aufenthalte, Begegnungen und freizeitbezogene Nutzungen zu entwickeln. Im Wohnungsnahbereich sind auch funktionsungebundene Freiräume für spontane Aktivitäten zum Verweilen und zur Muße erforderlich.

➢ in Quartieren

- Auf der Quartiersebene ist ein breites Spektrum an Wohnungstypen anzustreben, um eine vielfältige Mischung an Haushaltstypen, Alters- und Sozialgruppen zu ermöglichen und so vor allem den älteren Menschen ein durchlässiges Angebot unterschiedlicher Wohnformen im vertrauten Quartier zu eröffnen.
- Bei Versorgungs- und Infrastruktureinrichtungen ist die Nähe zum Ort bzw. Quartierskern und eine gute Erreichbarkeit für die älteren Menschen aus dem Einzugsgebiet zu berücksichtigen. Nach Möglichkeit sollten Einrichtungen für Versorgung, Betreuung und Pflege mit räumlichen Angeboten für Freizeitaktivitäten und Begegnungsmöglichkeiten kombiniert werden.
- Für die praktische Umsetzung altenorientierter Quartiersentwicklungskonzepte ist die Kooperation von Wohnungsunternehmen, Trägern so-

zialer Einrichtungen, Kommunen, Quartiersbewohnern und -bewohnerinnen erforderlich. Diese Zusammenarbeit muss sich durch den gesamten Prozess ziehen, von der Untersuchungsphase über die Planung und Realisierung bis hin zur Nutzungsphase.

Die Verbindung wohnungs- und städtebaulicher mit sozialplanerischen Strategien ist auch heute noch eine Erfolg versprechende Herangehensweise. Wichtige Fragen sind aber, welche Erfahrungen man bei der Umsetzung und im alltäglichen Gebrauch mit den damals entwickelten Konzepten gewonnen hat, wie sich veränderte gesellschaftliche und rechtliche Rahmenbedingungen auswirken und welche neuen Ansätze es mittlerweile gibt, um den besonderen Anforderungen älterer Menschen zu entsprechen.

Deshalb laufen zurzeit Nachuntersuchungen unter dem Titel **„Attraktive Stadtquartiere für das Leben im Alter"** (8). Sie verfolgen einerseits das Ziel, den weiteren Verlauf in den 21 Modellvorhaben aufzuarbeiten, andererseits neuere Ansätze zu dokumentieren, mit denen Quartiere den Bedürfnissen Älterer angepasst werden (Gewinnung guter Beispiele). Daraus lassen sich Schlussfolgerungen ableiten, unter welchen Bedingungen welche Ansätze zu erfolgreichen Lösungen führen.

Auch die neue Bundesregierung will laut Koalitionsvertrag zur Bewältigung des demographischen Wandels Städte mit Modellvorhaben dabei unterstützen, Wohnquartiere kinder- und familienfreundlich zu gestalten und die Infrastruktur barrierefrei und altengerecht umzubauen. Ziel ist eine dem Prinzip der Nachhaltigkeit Rechnung tragende ganzheitliche Politik: „Familie umfasst alle Generationen".

Zur Umsetzung dieser politischen Ziele haben BMVBS und BBR 2006 ein neues Modellvorhaben **„Innovationen für familien- und altengerechten Städtebau"** im Rahmen des ExWoSt begonnen (9). In einer ersten Phase werden vorbildliche Projekte zur Schaffung und Sicherung lebenswerter Stadtquartiere für jung und alt dokumentiert. Als Ergebnis der Recherchen sollen bis Mitte Juni 2006 Vorschläge für zu vertiefende Fallstudien und für förderwürdige Modellvorhaben vorliegen. In einer zweiten Phase sollen eine Auswahl und Förderung von Modellvorhaben erfolgen. Zentrales Anliegen des Modellvorhabens ist es, innerstädtische Quartiere als Wohnort und Erlebnisraum lebenswert zu gestalten und durch bauliche Maßnahmen den gewandelten Anforderungen anzupassen. Besonderes Anliegen ist es dabei, die räumlichen Bedingungen dafür zu schaffen, dass Familien in den Städten wohnen bleiben wollen oder wieder zurückkehren. Dies gilt in gleicher Weise für die zahlenmäßig stark zunehmenden älteren Menschen, die die urbanen Qualitäten städtischer Quartiere schätzen oder wiederentdecken. Es geht letztlich darum, attraktive Lebenswelten im urbanen Kontext für alle Generationen zu sichern und zu stärken.

Das Modellvorhaben „Innovationen für familien- und altengerechten Städtebau" versteht sich als Beitrag des Wohnungs- und Städtebaus, die Herausforderungen des demographischen Wandels offensiv anzunehmen. Es trägt damit auch dazu bei, die Positionen des siebten Familienberichts des BMFSFJ zur familienfreundlichen Stadtentwicklungspolitik umzusetzen.

Ein Fazit – Agieren können statt Reagieren müssen

Der gesellschaftliche Alterungsprozess ist nicht mehr aufzuhalten. Er stellt mittel- wie langfristig eine der zweifellos wichtigsten Herausforderungen für die Raum- und Stadtentwicklung dar. Demographisch gesehen ist es dreißig Jahre nach zwölf (Birg), politisch (hoffentlich) erst fünf Minuten vor zwölf.

Zweifellos ist jetzt die Zeit gekommen, Handlungsmöglichkeiten unmittelbar und aktiv anzugehen und umzusetzen. **Denn Handlungspotenziale ergeben sich gerade aus dem Agieren-Können statt aus einem Reagieren-Müssen.** Wird der demographische Wandel frühzeitig aktiv gestaltet, dann ergeben sich größere Handlungsspielräume, denn verschiedene Optionen können noch systematisch identifiziert, diskutiert und abgewogen werden.

Unbestritten handelt es sich um eine fachpolitik-übergreifende Herausforderung. Mehrere Länder (z. B. Bayern, Brandenburg, Hessen, Nordrhein-Westfalen, Sachsen, Schleswig-Holstein, Thüringen) haben bereits interministerielle Arbeitsgruppen eingerichtet oder Enquetekommissionen (z. B. Baden-Württemberg, Hessen, Niedersachsen) eingesetzt, die sich mit dem demographischen Wandel befassen. Auf Bundesebene gab es zwar schon vor Jahren eine Bundestags-Enquetekommission zum demographischen Wandel, doch abgesehen von Ansätzen im Rahmen der Nationalen Nachhaltigkeitsstrategie fehlt es bis heute innerhalb der Bundesregierung an einer konzertierten, ressortübergreifenden Initiative. Die Bundesregierung beschränkt sich dort auf die sicherlich wichtige Frage der Mobilisierung der Potenziale älterer Menschen in der Arbeitswelt.

Politikwechsel stellen sich nicht von alleine ein. Sie setzen voraus, dass sie zu einem ernsthaft diskutierten öffentlichen Thema werden. Deshalb ist es wichtig, umfassend und laufend über den demographischen Wandel und seine räumlichen Folgen zu informieren, die Diskussion darüber zu intensivieren und Handlungsmöglichkeiten aufzuzeigen. Es geht darum, den vom demographischen Wandel besonders betroffenen Räumen und räumlichen Handlungsebenen die notwendige Aufmerksamkeit zu sichern und ihre Probleme auf die politische Agenda bei Bund und Ländern zu bringen. Vielleicht kann ja auch diese Jahrestagung der Deutschen Gesellschaft für Demographie dazu ein wenig beitragen. Zu wünschen wäre es jedenfalls.

Anmerkungen

(1) Raumordnungsprognose 2020/2050. BBR-Reihe „Berichte", Bd. 23

(2) BIB-Studie „Einstellungen zu demographischen Trends und zu bevölkerungsrelevanten Politiken", Sonderheft. Wiesbaden 2005, S. 56 f.

(3) Fortschrittsbericht 2002 der nationalen Nachhaltigkeitsstrategie, Perspektiven für Deutschland, S. 143 ff.
www.bundesregierung.de/Anlage925899/BT_Nachh2004.pdf

(4) Kabinettbericht „Herausforderungen des demographischen Wandels für die Raumentwicklung in Deutschland". Bericht von BMVBW und BBR
www.bmvbs.de/-,15.01.21260/Bericht-zu-den-Herausforderung.htm

(5) Anpassungsstrategien für ländliche/periphere Regionen mit starkem Bevölkerungsrückgang in den neuen Ländern. BBR, Reihe Werkstatt: Praxis, Heft 38/2005

(6) BMVBS/BBR-Broschüre „Öffentliche Daseinsvorsorge und demographischer Wandel". Berlin/Bonn 2005. Die Broschüre steht nur noch als pdf-Datei zum download zur Verfügung
www.bbr.bund.de/index.html?/veroeffentlichungen/sonderveroeff/daseinsvorsorge.htm

(7) Weitere Informationen zu den drei ausgewählten Modellvorhaben finden sich auf der Website des BBR unter:
www.bbr.bund.de/moro/index.html

(8) Weitere Informationen zur ExWoSt-Nachuntersuchung „Attraktive Stadtquartiere für das Leben im Alter" siehe unter:
www.bbr.bund.de/exwost/studien/fg-index.html

(9) Weitere Informationen zum Modellvorhaben „Innovationen für familien- und altengerechte Stadtquartiere" finden sich unter:
www.bbr.bund.de/exwost/forschungsfelder/ff_index.html

Ausgewählte Konsequenzen der Alterung für Wohnen, Arbeiten und regionale Entwicklung

Paul Gans

In den vergangenen Jahren hat der demographische Wandel mit seinen Komponenten Bevölkerungsrückgang und -alterung, Singularisierung und Heterogenisierung eine wachsende Aufmerksamkeit in Deutschland erfahren. Die Diskussionen in den Medien befassen sich z. B. mit Fragen nach der Finanzierung der sozialen Sicherungssysteme, nach den Konsequenzen einer anhaltenden Zuwanderung aus dem Ausland für erforderliche Integrationsbemühungen oder nach den Folgen für die wirtschaftliche Entwicklung. Die Komponenten des demographischen Wandels beziehen sich jedoch nicht nur auf die Bevölkerungsstruktur und ihre Dynamik, sondern sie sind auch durch eine z. T. außerordentliche räumliche Variabilität gekennzeichnet und stellen damit raumspezifische Herausforderungen.

So erhöht sich der Altenquotient in Hessen um 8 Punkte, von 43 im Jahre 2002 auf 51 im Jahre 2020 (Tab. 1). Einen Anstieg von höchstens fünf Punkten registrieren nur die vier südhessischen Kernstädte. Sie profitieren von hohen Wanderungsgewinnen bei jungen Erwachsenen aus dem In- und Ausland. Der Altenquotient erhöht sich um mindestens 12 Punkte in Kreisen, die sowohl in Nord- als auch in Südhessen liegen. In Nordhessen (Vogelsberg-, Schwalm-Eder- oder Werra-Meißner-Kreis) geht die schon 2002 fortgeschrittene und zukünftig sich noch beschleunigende Alterung vor allem auf die Abwanderung junger Menschen und auf die unterproportionalen Migrationsgewinne mit dem Ausland zurück. Bei den Umlandkreisen in Südhessen (Kreis Darmstadt-Dieburg, Main-Kinzig-, Odenwald- und Rheingau-Taunus-Kreis) sowie beim Landkreis Kassel ist dagegen hauptsächlich eine relativ hohe Immobilität der Haushalte aufgrund von Wohneigentum und damit ein *ageing in place* der Suburbanisierer aus den 1960er und 1970er Jahren zu beachten.

Tabelle 1 verdeutlicht aber nicht nur die regional unterschiedliche Intensität der Alterung, sondern auch das Zusammentreffen verschiedener Kombinationen der beiden Komponenten Alterung und Dynamik (Kemper 2006).

Dieses auf Kreisebene nicht nur für Hessen zu beobachtende raumbezogene Mosaik bei Ausmaß und Verlauf der Alterung wirft z. B. Fragen nach zukünftigen Chancen und Risiken der regionalen Entwicklung auf. Denn Bevölkerungsrückgang und -alterung wirken sich je nach Ausprägung z. B. in unterschiedlicher Intensität auf das Angebot von Arbeitskräften aus und beeinflussen die Wettbewerbsfähigkeit von Betrieben in den verschiedenen Teilgebieten. Nachfrageseitig ändert sich u. a. die Situation auf dem Wohnungsmarkt, denn Ältere stellen andere Anforderungen an die Wohnausstattung und Wohnumgebung als Jüngere. Im Folgenden stehen die beiden Themenfelder Arbeits- und Wohnungsmarkt im Vordergrund der Betrachtungen, deren zukünftige Entwicklung eng verknüpft sind mit sowohl den angebots- als auch den nachfrageseitigen Konsequenzen, die aus dem regional differenzierten Ausmaß der Alterung resultieren. Zunächst soll jedoch kurz der Frage nachgegangen werden, „wie alt man ist, wenn man ‚alt' ist" (Thane 2005: 17).

Altersbilder

Statistische Kennziffern wie Altenquotient, Lastindex oder Billeter-Maß erfassen die demographische Alterung der gesamten Bevölkerung in einer Raumeinheit (Mai 2005). Die Indices beziehen sich auf Altersgrenzen, die sozialpolitisch vorgegeben sind und die den Lebenslauf einer Person im Allgemeinen in drei Phasen unterteilen. Alt sind nach dieser arbeitsmarktorientierten Differenzierung alle Personen, die sich im Ruhestand befinden, ein Lebensalter etwa zwischen 60 und 65 Jahren erreicht haben. Diese Zäsur zwischen Erwerbs- und Ruhestandsphase kann sehr markant für den Einzelnen sein und ist – wie Vergangenheit und Gegenwart zeigen – variabel: 1882 lag im Deutschen Reich die Erwerbsquote der 65- bis 69-jährigen Männer bei fast 60 %, im Jahre 2000 bei nur 4,4 % (Schimany 2003). Harper/Laws (1995) verweisen auf Vilcabamba, einem Tal in den südecuadorianischen Anden, wo früher wie heute 120-Jährige keine Seltenheit sind und wo die 90- bis 100-Jährigen noch in der Landwirtschaft arbeiten. Dort ist Ruhestand ein unbekanntes Konzept.

Die beiden Beispiele verweisen auch darauf, dass die heutige Zäsur zwischen Erwerbstätigkeit und Ruhestand eine Konsequenz des Übergangs von der Agrar- zur Industriegesellschaft ist. Noch im 19. Jahrhundert spiegelte in Europa die Lebenstreppe die idealisierte Vorstellung, dass Personen zunächst körperliche wie geistige Kräfte sammeln, die sie dann, nach Überschreiten eines Kulminationspunktes, wieder langsam verlieren. Die Lebenstreppe bildet das Altern als einen individuellen biologischen Prozess ab, als stufenförmige, aber doch als relativ kontinuierliche Entwicklung. Im Verlauf der Transformation zur Industriegesellschaft gelang es, ökonomische und soziale Risiken mit ihren Auswirkungen auf die Lebensbedingungen des Einzelnen insgesamt zu mindern, zugleich wurde der Lebenslauf einer Person zunehmend institutionalisiert (Schimany 2003: 311) und durch relativ starre Zäsuren in verschiedene Abschnitte gegliedert. Denn seit 1900 schwankt das Renteneintrittsalter nur wenig um 60 Jahre, so dass sich bei steigender Lebenserwartung die Ruhestandphase auf heute ca. 25 bis 30 Jahre verfünffachte (Schimany 2003: 331).

Trotz dieser außerordentlichen Verlängerung dieser Lebensphase setzte eine sprachliche Unterscheidung wie z. B. „junge Alte" und „alte Alte" erst in den vergangenen Jahren ein; diese Differenzierung ist zugleich ein Schritt hin zu einem weniger institutionalisierten und mehr individuellen Verständnis des Alterungsprozesses. So verwies schon der alte Kephalus in seiner Antwort auf die Frage von Sokrates, ob das Alter eine schwierige Lebensphase sei, auf den Charakter des Menschen, der an vielen Übeln im Alter schuld ist: „Sind sie nämlich in guter Verfassung und zufrieden, dann ist auch das Alter nur eine mäßige Last; im andern Fall, Sokrates, ist einem solchen Menschen beides beschwerlich, das Alter und die Jugend" (Thane 2005: 14). Das Altern gibt es nicht, jede Person altert anders (Staudinger 2003: 36). Dieser Individualität, die sich in Zukunft aufgrund des gesellschaftlichen Wandels eher noch intensivieren werde, komme eine Deinstitutionalisierung des Lebenslaufes nahe. Sie könnte sich in einer Flexibilisierung des Ruhestandseintrittsalters nach individuellen Erfordernissen oder Wünschen ausdrücken, da die Alterung von Älteren immer weniger „chronologisch-kalendarisch bestimmt wird, sondern von einer Vielzahl sozialer, gesundheitlicher, psychischer und ökonomischer Faktoren abhängig ist" (Börsch-Supan et al. 2005: 7). Passt man zukünftig das Renteneintrittsalter z. B. kontinuierlich dem Anstieg der Lebenserwartung bei Geburt an, dann fällt im Jahre 2020 nach Berechnungen von Börsch-Supan/Reil-

Held (2005) der Altenquotient für Hessen 7 Prozentpunkte geringer aus als bei nicht-dynamischer Anpassung.

Arbeitsmarkt

Die Bevölkerungsalterung wirkt sich sowohl auf die Nachfrage- als auch auf die Angebotsseite des Arbeitsmarktes aus. Der Übergang von der Erwerbstätigkeit in den Ruhestand ändert die Rahmenbedingungen für Aktivitäten einer Person bzw. eines Haushaltes:

1. Es erhöht sich das frei zur Verfügung stehende Zeitbudget, das z. B. zu vermehrten Freizeitaktivitäten genutzt werden kann.
2. Das Einkommen verringert sich.

Die Konsequenzen äußern sich in einem Wandel der Nachfrage nach Gütern und Dienstleistungen. Aus nahe liegenden Gründen wenden Personen im Ruhestand im Vergleich zu Erwerbstätigen z. B. mehr für Gesundheit und weniger für Verkehrsleistungen auf. Ältere Menschen geben auch weniger aus als jüngere, was sich negativ auf die Anzahl der Anbieter wie z. B. aus dem Einzelhandel oder aus den personenbezogenen Dienstleistungen – ohne Pflege – auswirkt (Rosenfeld 2006) und auch die technischen und sozialen Infrastrukturangebote beeinflusst. Die demographische Alterung ändert das Konsumverhalten der Bevölkerung insgesamt und hat dadurch unterschiedliche Konsequenzen für die einzelnen Branchen der Ökonomie (Lührmann 2005).

Bei der dabei zugrunde liegenden nationalen Perspektive bleiben die Auswirkungen der regional sehr unterschiedlichen Dynamik der Bevölkerungsalterung unberücksichtigt. So fällt am Beispiel von Hessen auf, dass die kreisfreien Städte mit unterdurchschnittlicher Alterung eine positive Entwicklung bei den Einwohnerzahlen verzeichnen, während die Umlandkreise in Südhessen mit einer hohen Zunahme des Altenquotienten positive wie negative Trends erwarten können. Für die eher ländlich geprägten Kreise in Nordhessen treffen sowohl überproportionale Alterung als auch z. T. kräftige Bevölkerungsverluste zusammen. Dieser regionale Trend gefährdet dort nicht nur Quantität wie Qualität des Infrastrukturangebotes, sondern auch die Bedingungen für unternehmerische Aktivitäten. Denn ein Rückgang der Nachfrage ist insbesondere im ländlichen Raum mit erhöhten Kostenbelastungen verbunden, da aufgrund der geringen Bevölkerungsdichte die deutlich größer werdende Distanz zwischen Anbieter und Konsument zu einem höheren Transportaufwand als in den Agglomerationen führt (Rosenfeld 2006). Diese Entwicklung kann schon heute bestehende Probleme bei der Gewährleistung der Daseinsvorsorge intensivieren und als Konsequenz die gegenwärtig bestehenden regionalen Disparitäten verstärken.

Auf Dauer wird im nördlichen Hessen wie in anderen strukturschwachen ländlichen Räumen eine Anpassung der Infrastruktur an die quantitativen wie qualitativen Nachfrageänderungen kaum zu verhindern sein, um den Anstieg der Versorgungskosten je Einwohner abzuschwächen. Hierzu kann nach den Ergebnissen der Modellvorhaben der Raumordnung unter Leitung des Bundesamtes für Bauwesen und Raumordnung (BBR) das Zentrale-Orte-System als Orientierung dienen, da es einen geeigneten Ansatzpunkt zur räumlichen Bündelung von Einrichtungen bildet und zugleich über verschiedene Handlungsoptionen die bisherige Leistungsbereitstellung modifizierend aufrechterhalten kann (BBR 2005):

1. Eine Verbesserung der Verkehrsanbindung durch optimierte ÖPNV-Netze oder nachfrageorientierte Taktzeiten erhöht die Auslastung von Einrichtungen. Der Rückgang der Schülerzahlen verringert z. B. die Nachfrage nach ÖPNV-Leistungen insbesondere in ländlichen Räumen und gefährdet damit den Linienbetrieb. Gefragt sind zeitlich flexible, vom Liniendienst unabhängige Bedienungsformen, deren Wirtschaftlichkeit sich vor allem dann verbessert, wenn möglichst viele Funktionen an einem Standort erreichbar sind.

2. Eine Zentralisierung von unterausgelasteten Einrichtungen kann sinnvoll sein. So stoßen z. B. Bildungsinfrastrukturen immer mehr an ihre Rentabilitätsgrenzen. Die Zusammenlegung und Kooperation von Schulen sind in städtischen Räumen sicherlich leichter zu realisieren als in ländlichen Gebieten. Dort entstehen eher Versorgungslücken. Alternative Unterrichtskonzepte können längere Schulwege durchaus verhindern.

3. Das Dienstleistungsangebot wird auf das adäquate Maß der Nachfrage reduziert. Im Rahmen des Stadtumbaus können Wohnungen oder Wohngebäude gezielt vom Markt genommen werden, um andere Wohngebiete zu stabilisieren.

4. Sind z. B. bei Netzinfrastrukturen die Kosten für den Anschluss einer Gemeinde an eine zentrale Einrichtung zu hoch, kann es sinnvoll sein, dezentrale Strukturen zu schaffen. Allerdings ist die Nachfrage vor Ort wie beim Wasserverbrauch nur bedingt an die demographi-

sche Entwicklung gekoppelt. Auch ein modularer Aufbau der Infrastruktur bietet eine Möglichkeit, die Angebote der zukünftigen Nachfrage aufgrund des demographischen Wandels anzupassen.

5. Dienstleistungen und Infrastrukturen können zeitlich befristet angeboten werden. Entsprechende temporär-mobile Lösungsansätze sind z. B. Vor-Ort-Sprechstunden von Ärzten, Hauslieferungen von Medikamenten durch Apotheken oder mobile Bäcker.

6. Das Angebot von Dienstleistungen und Gütern kann auch neu strukturiert oder substituiert werden wie z. B. der Einkauf über das Internet. Im Hinblick auf die steigenden Kosten in der Gesundheitsversorgung ist eine hohe Auslastung vorhandener Apparate mit einer flächendeckenden Versorgung zu verknüpfen. Hierzu kann ein standortübergreifendes Informations- und Kommunikationssystem zwischen dezentralen Angeboten vor Ort und großen Einrichtungen in den zentralen Orten hilfreich sein.

Unterbleibt eine Anpassung des Infrastrukturangebots, können die zum Teil kleinräumig differenzierten Kostensteigerungen für die Inanspruchnahme zu einer Verlagerung unternehmerischer Aktivitäten und damit zu einer Intensivierung regionaler Disparitäten führen. Eine solche Entwicklung kann vor allem dann erwartet werden, wenn sich das Arbeitskräfteangebot wie im nördlichen Hessen verringert und altert (Tab. 1).

Denn neben den nachfrageseitigen Auswirkungen des demographischen Wandels auf die Entwicklung von Regionen in Abhängigkeit von ihrer Siedlungs- und Wirtschaftsstruktur sind auch seine Konsequenzen für das Arbeitskräfteangebot zu bedenken. Aus nationalökonomischer Perspektive gibt es hierzu eine Vielzahl von Publikationen (z. B. Börsch-Supan 2002; Reinberg/Hummel 2002; Bellmann/Leber 2004; Fuchs 2005), die insbesondere auf die Alterung, auf den Rückgang des Erwerbstätigenpotenzials und auf den steigenden Bedarf von Hochqualifizierten aufgrund des technischen und organisatorischen Wandels sowie der Globalisierung hinweisen. Eine Differenzierung der demographischen Entwicklung auf regionaler Ebene unterbleibt, wenn man von Ost-West-Unterschieden und Aussagen für einzelne Bundesländer absieht. Das Beispiel Hessen belegt aber für die Kreise sehr deutlich, dass in Zukunft erhebliche räumliche Abweichungen des Arbeitskräfteangebots hinsichtlich Zahl und Struktur zu erwarten sind (Tab. 1), die durchaus bei Standortentscheidungen von Unternehmen einfließen. Negative Konsequenzen in unterschiedlicher Intensität für die regionalen Ökonomien ergeben sich vor allem aus quantitativen und strukturellen

Aspekten, da sich die räumlich differenzierte Abnahme jüngerer Personen im erwerbsfähigen Alter auch in rückläufigen Zahlen hoch qualifizierter Arbeitskräfte ausdrücken (Reinberg/Hummel 2002) und damit die Wettbewerbsfähigkeit der Betriebe in den verschiedenen Regionen beeinflussen wird.

Tab. 1: Bevölkerungsentwicklung und Alterung in ausgewählten hessischen Kreisen (2002-2020)

	Altenquotient			Bevölkerungsentwicklung (in %; 2002-2020)		
	2002	2020	Zunahme	Insgesamt	20-40 Jährige	40-60 Jährige
Hessen	43	51	8	+0,7	-10,3	+8,3
Kreise mit Zunahme des Altenquotienten bis zu 5 Punkten						
Frankfurt/Main	37	39	2	+2,4	-7,5	+12,7
Offenbach	38	40	2	+5,9	-2,2	+12,8
Darmstadt	40	45	5	+2,6	-6,2	+8,5
Wiesbaden	43	46	3	+4,1	-7,0	+15,6
Kreise mit Zunahme des Altenquotienten von mind. 12 Punkten						
Darmstadt-Dieburg	38	51	13	+4,5	-9,7	+11,6
Main-Kinzig-Kreis	42	55	13	+0,2	-12,3	+4,7
Odenwaldkreis	46	59	13	+2,1	-6,3	+5,7
Rheingau-Taunus-Kreis	42	55	13	-1,3	-16,3	+4,5
Vogelsbergkreis	50	62	12	-5,9	-16,1	+0,3
Landkreis Kassel	49	64	15	-5,5	-19,2	+0,1
Schwalm-Eder-Kreis	48	61	13	-5,3	-17,0	+0,2
Werra-Meißner-Kreis	55	67	12	-11,7	-22,7	-5,6

Quelle: Eigene Berechnungen nach Angaben des Bundesamtes für Bauwesen und Raumordnung (Okt. 2005)

Die Alterung wird dagegen weniger problematisch gesehen. „Ältere sind nicht weniger, sondern anders leistungsfähig als Jüngere" (Bellmann et al. 2003: 30). Nach dem IAB-Betriebspanel aus dem Jahre 2002 schätzen die Personalverantwortlichen der Betriebe bei älteren Beschäftigten Erfahrungswissen, Arbeitsmoral und Arbeitsdisziplin, Qualitätsbewusstsein und Loyalität hoch ein, während Jüngeren Vorteile bei körperlicher Belastung, Lernfähigkeit und Lernbereitschaft sowie Kreativität zugewiesen werden. Aus Sicht der Betriebe sind die Jüngeren nur wenig mehr als die Älteren teamfähig. Bellmann et al. (2003) schlagen aufgrund dieser Ergebnisse altersgemischte Teams zur Optimierung von Leistungspotenzialen vor. Die Älteren stehen für Kontinuität und Transfer von Erfahrungen, die Jüngeren bringen aufgrund ihres stärkeren Karrierestrebens eher neue Ideen in die Betriebe ein, deren Wettbewerbsfähigkeit ständig durch einen immer stärker beschleunigten Technologie- und Wissenswandel herausgefordert wird. Damit sollten zugleich traditionelle Einstellungen, die in Formulierungen wie „Gelernt ist gelernt" zum Ausdruck kommen, der Vergangenheit angehören.

Alterung und Bevölkerungsrückgang sind schon heute eher in ökonomisch benachteiligten Gebieten zu beobachten. Die abweichenden Wachstumschancen sollten nach Rosenfeld (2006) jedoch nicht die heutige staatliche Förderung z. B. über undifferenzierte Steuererleichterungen zugunsten strukturschwacher Regionen fortführen. Nach seiner Meinung ist es vorteilhafter, Standorten mit Wachstumschancen bzw. ökonomischen Entwicklungskernen eine nachhaltige Wirtschaftsentwicklung zu ermöglichen. Diese Überlegungen, die an eine Wachstumspolpolitik erinnern, sind durch eine interkommunale Kooperation und intersektorale Koordination zur Stärkung endogener Potenziale zu ergänzen. Am Beispiel von Nordhessen wären die günstige Erreichbarkeit innerhalb Deutschlands und Europas oder die naturnahen, touristisch attraktiven Räume für die Generation 50+ zu nennen. Es geht hier nicht nur darum, Fahrradwege auszubauen, Kulturdenkmäler aufzumöbeln oder spezifische Events zu organisieren. Vielmehr müssen Fremdenverkehrsverbände, Gemeinden und Kreise touristische Angebotspakete zielgruppenorientiert entwickeln und für ältere Menschen auf eine zwischen Wohnung und Zielen überall barrierefreie Erreichbarkeit der Standorte achten.

Zudem gibt es in Nordhessen Standorte mit spezifischen Kompetenzen wie z. B. Medizintechnik, überregional bedeutende Gesundheitseinrichtungen oder Kurorte. Diese Standorte könnten systematisch verstärkt werden, z. B. indem Lücken in den regionalen Wertschöpfungsketten durch die gezielte Anwerbung von Firmen oder die Unterstützung von Firmenneugründungen geschlossen werden. Auch Maßnahmen zur Verbesserung des Bildungs- und Weiterbildungsangebots an diesen Stand-

Regionen voranbringen. Die alleinige Konzentration der Akteure der Wohnungswirtschaft, insbesondere die Wohnungsunternehmen, aber auch aller Akteure auf staatlicher Ebene wie Kommunen, Länder und Bund auf Konzepte der quantitativen Anpassung an die zukünftigen Einwohner- bzw. Haushaltszahlen ist unzureichend. Die qualitativen Chancen, die im demographischen Wandel mit Blick auf die Herausforderungen der alternden Gesellschaft liegen, müssen genutzt werden und das heißt, dass die spezifischen Potenziale älterer Menschen wie Erfahrungswissen und Zeitbudget nicht vergeudet werden dürfen: Leitbilder wie „Junge Stadt" oder „Region der Seniorenwirtschaft" sind auf Dauer kaum tragfähig und daher wenig zukunftsfähig (Bertelsmann-Stiftung 2005). Die quartiersbezogene Einbindung älterer Menschen kann den Problemen, die aus der sich ändernden Bevölkerungsstruktur resultieren, entgegenwirken. Denn diese Einbindung unterstützt den Grundsatz „Erhalt der Selbständigkeit von Älteren so lange wie möglich, und Pflege nur dann, wenn unbedingt nötig".

Eine alternde Gesellschaft konfrontiert die Privatwirtschaft wie die öffentliche Verwaltung mit der Frage nach einer altengerechten Wohnraumversorgung. Sie stellt sich vor allem in ökonomisch benachteiligten Regionen als drängendes Problem, da dort die Abwanderung junger Erwachsener den grundlegenden, überall zu beobachtenden Trend der Alterung regionalspezifisch noch verstärkt, zukünftig aber auch vermehrt in den Umlandkreisen (Tab. 1). Eine altengerechte Wohnraumversorgung hängt sehr eng mit den Wohnbedürfnissen älterer Menschen zusammen. Nach Oswald (2002) umfassen Wohnbedürfnisse sowohl Grundbedürfnisse, notwendige Anforderungen an das Wohnen wie z. B. die seniorengerechte Ausstattung der Wohnung, als auch Wachstumsbedürfnisse, die aus persönlichen Vorlieben und Wohnwünschen resultieren.

Schon Ende der 1990er Jahre haben Befragungen zum Thema „Wohnen im Alter" von Mietern und Eigentümern in der Nordweststadt in Frankfurt am Main die wesentlichen Aspekte für das subjektive Empfinden der Wohnsituation ermittelt (Schader-Stiftung 1998): Wohnausstattung und Wohnungsgröße, bei Mietern auch die Lage der Wohnung innerhalb von Mehrfamilienhäusern, der Zugang zur Wohnung sowie die wohnungsnahen Einkaufsmöglichkeiten und sozialen Kontakte. Es bleibt festzuhalten, dass sich diese Kategorien inhaltlich auf die Durchführung notwendiger Alltagsaktivitäten beschränken und dass die Umsetzung altengerechter Wohnungen und Wohnumwelten den Wohnwert für alle Mieter – auch für Singles und Familien – erhöht: Denn altengerechtes Wohnen dient allen.

Neben der Gewährleistung einer möglichst modernen Grundausstattung von Wohnungen können also konkrete Anpassungsmaßnahmen durchaus helfen, Wohnbedürfnisse zu erfüllen, damit ältere Menschen möglichst lange selbständig und selbstbestimmt in der angestammten Wohnung verbleiben, auch und gerade wenn Einbußen vorliegen. Trotzdem lehnen ältere Personen diese Maßnahmen auch ab, weil sie keine Veränderungen ihrer Wohnbedingungen wollen. Dieser Wunsch hängt nach Oswald (2002) damit zusammen, dass über die Bedeutung von Wohnbedürfnissen, „die sich nicht unmittelbar auf die Durchführung nötiger Alltagsaktivitäten beziehen" (Oswald 2002: 103), im Hinblick auf die Wohnzufriedenheit wenig bekannt ist.

Die Vielfalt im Erleben der Wohnumwelt drückt sich in den Sinnzuweisungen aus. Neben den räumlich-dinglichen Aspekten wie Wohnlage oder Wohnausstattung spielen Ansichten des Wohnverhaltens wie die Anpassung an bauliche Gegebenheiten eine Rolle, zudem kognitive Betrachtungsweisen wie Vertrautheit mit der Wohnumgebung, emotionale Gesichtspunkte wie Geborgenheit und soziale Kontakte oder gegenseitige Hilfe. Nach Untersuchungen von Oswald (2002), nennen Gesunde häufiger als Gehbehinderte räumlich-dingliche Aspekte des Wohnens wie die Wohnlage und die Anbindung des Wohnstandortes an das Stadtgebiet. Personen mit Beeinträchtigungen betonen dagegen stärker als Gesunde kognitive Ansichten des Wohnerlebens wie die Vertrautheit mit der Wohnumwelt oder die Rolle von Erinnerungen an zurückliegende Wohnerlebnisse. Bei verhaltensbezogenen, emotionalen und sozialen Aspekten treten vernachlässigbare Unterschiede auf. Allerdings ist nach Oswald (2002) je nach Einbuße eine abweichende Gewichtung dieser Kategorien von Sinndeutungen zu erwarten.

Viele der heutigen und auch künftigen Senioren wollen möglichst lange in der gewohnten Wohnungssituation wohnen bleiben. So wird heute die Pflege noch überwiegend durch Angehörige vollbracht. Diese Situation wird sich aufgrund des demographischen Wandels (Vereinzelung, fehlender Nachwuchs) ändern. Die Expansion unseres Pflegesystems in der heutigen Form ist aber nicht finanzierbar. Konzepte zu wohngemeinschaftsfähigen Projekten sollten vorangetrieben werden – auch unter dem Gesichtspunkt, dass dezentrale und quartiersbezogene Lösungen angeboten werden müssen: für kleine Ortsteile in ländlichen Gebieten, für großstädtische Nachbarschaften oder für Eigenheimsiedlungen im suburbanen Raum. Lösungen erfordern bürgerschaftliches Engagement, Ressourcen der Älteren etwa soziale Netze oder Wohngruppen als Alternative zum Heim – müssen aus sozialen wie aus ökonomischen Gründen einbezogen werden. Bei diesen Lösungen geht es auch um die Neubestimmung zentraler Paradigmen unseres Zusammenlebens:

- weg von der einseitigen Wachstumsfokussierung, hin zu Konsolidierung und Qualitätsorientierung;
- weg von der Ressortzentrierung und Segmentierung, hin zu Kooperation und integrierendem Vorgehen;
- weg von kurzfristiger Orientierung der Politik, hin zu langfristig orientiertem Handeln.

Ältere Menschen sind eine heterogene Gruppe. Es bestehen große Unterschiede zwischen den individuellen Alternsprozessen, in den Lebenslagen und Lebensstilen, die sich in individuell verschiedenartigen Wohnbedürfnissen ausdrücken. Zu bedenken sind auch gesellschaftliche Veränderungen und die fortschreitende Technisierung der Lebenswelten. Dieser Wandel wirkt sich nach Mollenkopf et al. (2004a) in verschiedenartigen neuen Person-Umwelt-Konstellationen aus. Bereits die heutige Generation der 60- bis 70-Jährigen hat in Beruf und Freizeit, im häuslichen Alltag Wohn- und Mobilitätserfahrungen gemacht, andere Kompetenzen erworben und entsprechend andere Erwartungen und Verhaltensweisen entwickelt als die Generationen vor ihnen. Dies wird umso mehr bei den nachrückenden Generationen der Fall sein, für die der Umgang mit PC und Internet schon fast selbstverständlich ist. Auf diese Verschiedenartigkeit – auch zwischen aufeinander folgenden Generationen – muss bei Anpassungsmaßnahmen im Wohnbereich eine Antwort gefunden werden.

Fazit

Insgesamt sind die Konsequenzen der Alterung vielschichtig: Sie betreffen die Personen, die Haushalte, die Kommunen und Regionen sowie den Staat in unterschiedlicher Weise. Dabei stellen sich die Herausforderungen nicht nur sektoral im Hinblick auf Reformen in der Alters- und Gesundheitsvorsorge sowie auf allgemeine wirtschaftliche Problemlagen (Börsch-Supan/Reil-Held 2005), sondern auch in regionalspezifischen Ausprägungen. Diese räumliche Variabilität der Problemstellungen erfordern integrierende, Fachressorts übergreifende Lösungen, wozu es in Deutschland, aber auch im europäischen Ausland Ansätze gibt.

Literatur

BBR, Bundesamt für Bauwesen und Raumordnung, (Hrsg.) 2005: Anpassungsstrategien für ländliche/periphere Regionen mit starkem Bevölkerungsrückgang in den neuen Ländern. In: Werkstatt: Praxis H. 38, Bonn: Selbstverlag des Bundesamtes für Bauwesen und Raumordnung

Bellmann, Lutz; Kistler, Ernst; Wahse, Jürgen, 2003: Betriebliche Sicht- und Verhaltensweisen gegenüber älteren Arbeitnehmern. In: Aus Politik und Zeitgeschehen B 20: 26-34

Bellmann, Lutz; Leber, Ute, 2004: Ältere Arbeitnehmer und betriebliche Weiterbildung. In: Schmid, Günther; Gange, Markus; Kupka, Peter (Hrsg.): Arbeitsmarktpolitik und Strukturwandel: Empirische Analysen [Beiträge zur Arbeitsmarkt- und Berufsforschung, 286] Nürnberg: IAB: 19-36

Bertelsmann-Stiftung, Bundesvereinigung der Deutschen Arbeitgeberverbände, (Hrsg.) 2005: Beschäftigungschancen für ältere Arbeitnehmer. Internationale Vergleiche und Handlungsempfehlungen. 3. Aufl., Gütersloh: Bertelsmann-Stiftung

Börsch-Supan, Axel, 2002: Labour market effects of population aging. MEA Discussion paper 011-02, Mannheim

Börsch-Supan, Axel; Reil-Held, Anette, 2005: Die ökonomischen Auswirkungen der Alterung in Hessen. MEA Discussion paper 067-05, Mannheim

Börsch-Supan, Axel; Düzgün, Ismail; Weiss, Matthias, 2005: Altern und Produktivität: Zum Stand der Forschung. MEA Discussion paper 073-05, Mannheim

Fuchs, Johann, 2002: Prognosen und Szenarien der Arbeitsmarktentwicklung im Zeichen des demographischen Wandels. In: Kistler, Ernst; Mendius, Hans Gerhard (Hrsg.): Demographischer Strukturbruch und Arbeitsmarktentwicklung. Probleme, Fragen, erste Antworten. Stuttgart: Deutsche Vereinigung für Sozialwissenschaftliche Arbeitsmarktforschung: 120-137

Fuchs, Johann, 2005: Auswirkungen des demographischen Wandels auf das Arbeitskräftepotenzial. In: Demographischer Wandel – Auswirkungen auf das Handwerk, Duderstadt: Mecke: 25-51

Harper, Sarah; Law, Glenda, 1995: Rethinking the geography of ageing. In: Progress in Human Geography 19, 2: 199-221

Kemper, Franz-Josef, 2006: Komponenten des demographischen Wandels und die räumliche Perspektive. In: Raumforschung und Raumordnung 64, 3: 195-199

Lührmann, Melanie, 2005: Population aging and the demand for goods and services. In: Essays on the impact of demographic change on capital, goods and labour markets. Diss., Mannheim: Universität Mannheim: 34-63

Mai, Ralf, 2005: Demographische Alterung in Deutschland. Die Entwicklung von 1871 bis 2050 und der Einfluss von Sterblichkeit und Zuwanderung auf die Alterung. In: Zeitschrift für Bevölkerungswissenschaft 30, 1: 43-80

Mollenkopf, Heidrun; Oswald, Frank; Wahl, Hans-Werner, 2004a: Neue Person-Umwelt-Konstellationen im Alter: Wohnen, außerhäusliche Mobilität und Technik. In: Sozialer Fortschritt 11, 12: 301-310

Mollenkopf, Heidrun; Oswald, Frank; Wahl, Hans-Werner; Zimber, Andreas, 2004b: Räumlich-soziale Umwelten älterer Menschen: Die ökogerontologische Perspektive. In: Kruse, Andreas; Martin, U. (Hrsg.): Enzyklopädie der Gerontologie. Bonn/Göttingen: 343-361

Oswald, Frank, 2002: Wohnbedingungen und Wohnbedürfnisse im Alter. In: Schlag, Bernhard; Megel, Katrin (Hrsg.): Mobilität und gesellschaftliche Partizipation im Alter [Schriftenreihe des Bundesministeriums für Familie, Senioren, Frauen und Jugend 230] Stuttgart: Kohlhammer: 97-115

Persson, Lars Olof, 2003: Anpassungsstrategien für Regionen mit starkem Bevölkerungsrückgang – Gibt es solche Strategien in Schweden? In: Informationen zur Raumentwicklung 2006, 12: 719-723

Reinberg, Alexander; Hummel, Markus, 2002: Zur langfristigen Entwicklung des qualifikationsspezifischen Arbeitskräfteangebots und -bedarfs in Deutschland. Empirische Befunde und aktuelle Projektionsergebnisse. In: Mitteilungen aus der Arbeitsmarkt- und Berufsforschung 35, 4: 580-600

Rosenfeld, Martin T. W., 2006: Demographischer Wandel, unternehmerische Standortentscheidungen und regionale Disparitäten der Standortentwicklung. In: Gans, Paul; Schmitz-Veltin, Ansgar (Hrsg.): Demographische Trends in Deutschland. Folgen für Städte und Regionen [Forschungs- und Sitzungsberichte, 226] Hannover: Akademie für Forschungs- und Landesplanung: 65-83

Schader-Stiftung, (Hrsg.) 1998: Ergebnisbericht zu einer qualitativen Unersuchung mit Bewohnern der Nordweststadt Frankfurt zum Thema „Wohnen im Alter". Frankfurt am Main: Schader-Stiftung

Schimany, Peter, 2003: Die Alterung der Gesellschaft, Ursachen und Folgen des demographischen Umbruchs. Frankfurt/New York: Campus Verlag

Staudinger, Ursula M., 2005: Das Alter(n): Gestalterische Verantwortung für den einzelnen und die Gesellschaft. In: Aus Politik und Zeitgeschichte 20: 35-42

Thane, Pat, 2005: Einführung – Der alte Mensch im Wandel der Zeit. In: Thane, Pat (Hrsg.): Das Alter – eine Kulturgeschichte. Darmstadt: wissenschaftliche Buchgesellschaft: 9-29

Räumliche Muster der demographischen Alterung und deren Ursachen - Befunde aus der Raumordnungsprognose des BBR

Claus Schlömer

1. Einleitung

1.1 Thematik

Der demographische Wandel in Deutschland ist nicht nur ein gesamtstaatliches Phänomen, sondern stellt sich bei einer regional differenzierten Betrachtung bezüglich Ausprägung und Verlauf höchst unterschiedlich dar. Dies trifft nicht zuletzt für die Alterung der Bevölkerung zu. Wenn der Fokus der Untersuchung zudem auf die zukünftige Entwicklung in den nächsten beiden Jahrzehnten gerichtet wird, dann ist die demographische Alterung diejenige Komponente des demographischen Wandels, mit der die markantesten Änderungen im Aufbau der Bevölkerung verbunden sein werden. Für eine Betrachtung der regionalen Unterschiede bedeutet dies zusätzliche demographische Verschiebungen zwischen den Regionen, Städten und Landkreisen.

1.2 Die Raumordnungsprognose des BBR

Die Datengrundlagen für die weiteren Ausführungen sind das Bevölkerungsmodell innerhalb der Raumordnungsprognose des BBR, zu dem kürzlich mehrere Veröffentlichungen erschienen sind (vgl. Bucher/ Schlömer 2006, BBR 2006). In diesen Publikationen sind insbesondere methodische Einzelheiten sowie Details zur Annahmensetzung und zu den Rahmenbedingungen der Prognose erläutert. Diese ist grundsätzlich als Status-Quo-Prognose konzipiert. In der Gegenwart und der jüngeren Vergangenheit beobachtete demographische Verhaltensparameter und deren Trends werden dementsprechend in die Zukunft fortgeschrieben und bestimmen so die prognostizierte Bevölkerungsentwicklung. Zentrale Datenbasis für die Prognose ist das Informationssystem der Laufenden Raumbeobachtung des BBR. Auch die nicht auf die Zukunft bezogenen Daten in diesem Beitrag stammen aus dieser Quelle.

Die Raumordnungsprognose wird regelmäßig aktualisiert. Eine Auswertung der Ergebnisse erfolgt nach Möglichkeit im Rahmen einer zeitlichen Gesamtbetrachtung, die einen Bogen von der Vergangenheit seit der deutschen Vereinigung 1990 bis zum jeweiligen Prognosehorizont spannt. Die modellierten demographischen Prozesse können damit als kontinuierliche Entwicklung gesehen und dargestellt werden, was die Einschätzung der Plausibilität und das Verständnis für die Ergebnisse verbessern hilft.

Die Prognose ist regionalisiert und umfasst das Bundesgebiet flächendeckend für 440 Kreise (Landkreise und kreisfreie Städte). Der Prognosehorizont ist gegenwärtig das Jahr 2020. Ermöglicht werden damit insbesondere Aussagen zur demographischen Entwicklung der kommenden 15 bis 20 Jahre unter dem Blickwinkel von räumlichen Fragestellungen. Der eigentliche Prognosezweck ist die Beratung der Bundesregierung in Bereichen mit räumlich-demographischen Bezügen. Gleichwohl reicht der tatsächliche Nutzerkreis der Prognose weit darüber hinaus. Er geht von Forschung und Lehre im Hochschulbereich bis hin zur betriebswirtschaftlichen Marktforschung.

Das Kernmodell der Raumordnungsprognose hat bezüglich der zeitlichen und räumlichen Dimensionen an einigen Stellen eine Erweiterung erfahren. So wurde erstmals eine zusätzliche Langfristrechnung bis 2050 durchgeführt, die aber nur in stark reduzierter sachlicher und räumlicher Gliederung und für grobe, tendenzaufzeigende Aussagen verwendet und ausgewertet wird. Der Schwerpunktsetzung auf die regionalen Ausprägungen der Bevölkerungsentwicklung folgend wurde des Weiteren für einen Teil der Ergebnisse eine Ausdifferenzierung von der Kreisebene auf die Ebene von ca. 4800 Gemeinden und Gemeindeverbänden durchgeführt. Dieser Schritt ist jedoch in erster Linie für kartographische Darstellungen und weniger für quantitative Analysen konzipiert. Der Beitrag von H. Bucher in diesem Band enthält einige Karten mit entsprechenden gemeindebezogenen Inhalten.

1.3 Maße für die demographische Alterung

Die Altersstruktur einer Bevölkerung ist prinzipiell ein mehrdimensionales Merkmal. Sie beinhaltet die Anteile einzelner Altersgruppen an der Gesamtbevölkerung, beziehungsweise die Relationen der Altersgruppen zueinander. Veränderungen der Altersstruktur können somit dann als Alterung interpretiert werden, wenn der Anteil von jungen Menschen abnimmt oder der Anteil von alten Menschen zunimmt, vor allem aber, wenn beides zugleich zutrifft. Die Abbildung 1 zeigt die in der Raumordnungsprognose des BBR prognostizierte Veränderung von zwei Altersgruppen (unter 20-Jährige, 60-Jährige und Ältere) im Ost-West-Vergleich bis zum Jahr 2050. Sie beinhaltet damit bereits einige grundlegende Eigenschaften des bisherigen und künftigen Alterungsprozesses, bleibt bei der Frage nach einer räumlichen Differenzierung aber auf die markanten und mittlerweile auch in der Literatur recht gut dokumentierten Unterschiede zwischen den alten und den neuen Ländern beschränkt. Sie zeigt vor allem, dass sich in den neuen Ländern die Alterung in der Zunahme der älteren Bevölkerungsgruppen und gleichzeitigen Abnahme der Zahl der jüngeren ausdrückt, während im Westen die Abnahme der unter 20-Jährigen einen geringeren Beitrag zu dieser Entwicklung leistet.

Bei einer stärkeren regionalen Differenzierung würde eine solche Berücksichtigung dieser oder gar noch weiterer Altersgruppen kaum noch übersichtlich und vermittelbar sein. Daher ist es zweckdienlich, eine einzelne Maßzahl anzugeben, die eine Bevölkerung als ganzes hinsichtlich ihrer Altersstruktur charakterisiert, so dass Vergleiche zwischen verschiedenen Regionen oder Zeitpunkten einfacher werden. Nahe liegende Maße wären sicherlich das Durchschnittsalter (arithmetisches Mittel) oder das Medianalter. Eine andere Kennziffer stellt das Billeter-Maß (vgl. Billeter 1954) dar, für das hier einige wichtige Eigenschaften aufgelistet werden.

Claus Schlömer

Abb. 1: Dynamik von Jung und Alt im Ost-West-Vergleich

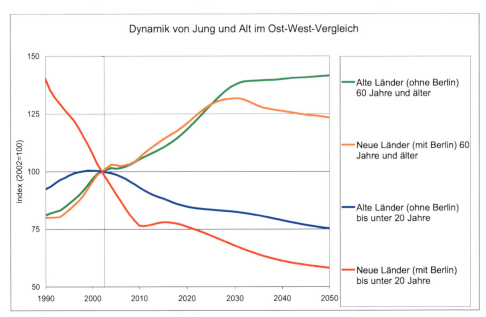

Quelle: BBR-Bevölkerungsprognose 2002-2020/Exp

Das Billeter-Maß B ist definiert als:

B = ((unter 15-Jährige) − (50-Jährige und Ältere)) / (15- bis unter 50-Jährige)

Es berücksichtigt junge und alte Bevölkerungsgruppen, wird mithin also der gleichzeitigen Betrachtung mehr als einer Altersklasse gerecht. Das Billeter-Maß ist für die Analyse regionaler Unterschiede der Altersstruktur und deren Veränderung besonders gut geeignet, eine Erkenntnis die unter anderem bei Heigl (1998) bestätigt wird. Auch für Auswertungen der Raumordnungsprognose des BBR hat sich diese Kennziffer bewährt (Bucher/Schlömer 2006). Sie ist, da sie nur drei Altersgruppen beinhaltet, relativ einfach zu berechnen. Als dimensionslose Größe ist sie jedoch zuweilen etwas schwierig zu interpretieren. Gleichwohl ermöglicht das Billeter-Maß Aussagen zu treffen, die eine Bevölkerung pauschal als "jünger" oder "älter" charakterisieren. Darüber hinaus weist das Maß eine hohe (betragsmäßige) Korrelation mit dem - leichter interpretierbaren - Durchschnittsalter auf. Diese Aussage gilt zumindest für die Varianz über die hier betrachteten Raumeinheiten

(Kreise) und Zeitpunkte. Für andere Fragestellungen mit möglicherweise stärkeren Gegensätzen in der Altersstruktur muss dies nicht so sein. So können etwa für einen weltweiten Vergleich von Altersstrukturen durchaus andere Maße besser geeignet sein.

Versteht man unter Alterung den Prozess der sich wandelnden Zusammensetzung einer Bevölkerung von "jüngeren" zu "älteren" Altersstrukturen, dann ist die Veränderung des Billeter-Maßes im Zeitverlauf die entscheidende Variable, mit der im folgenden die Alterung in kompakter Form abgebildet werden soll.

2. Räumliche Muster der Alterung in Vergangenheit und Zukunft

Karte 1 zeigt das Billeter-Maß in den Kreisen Deutschlands für vier Zeitpunkte. Diese entsprechen den Zuständen zum Zeitpunkt der deutschen Einigung 1990 und dem Basisjahr der Prognoserechnungen 2002, sowie den beiden prognostizierten Zuständen 2010 und 2020. Neben der generellen, flächendeckend wirkenden Alterung offenbart die Karte markante kleinräumige Unterschiede, die sowohl die Ausgangssituation als auch die beobachtete und prognostizierte Entwicklung betreffen.

Die Ausgangslage zum Zeitpunkt der Wiedervereinigung 1990 zeigt folgendes Bild: Großräumig erweist sich Mecklenburg-Vorpommern als besonders jung. In den alten Ländern war um 1990 vor allem das westliche Niedersachsen durch eine überdurchschnittlich junge Bevölkerung gekennzeichnet. In beiden Fällen handelt es sich um Regionen mit (zumindest vor 1990) hoher Fertilität und folglich einem hohen Anteil von Kindern. Des Weiteren sind die Städte der alten Länder durch eine relativ alte Bevölkerung gekennzeichnet, während in den neuen Ländern gerade eine junge Bevölkerung typisch war. Diese gewissermaßen spiegelbildliche Verteilung der Altersstrukturen innerhalb des siedlungsstrukturellen (d. h. Stadt-Umland) Gefälles geht vor allem auf die unterschiedlichen Wohnstandorte von Familien in Ost und West zurück. Entscheidend ist hier die langjährige Suburbanisierung (Stadt-Umland-Wanderung) von Familien im früheren Bundesgebiet, die in der DDR fehlte. Familienorientierter Wohnungsbau fand dort primär in den Städten selbst statt. Dies gilt vor allem für die Großwohnsiedlungen mit den typischen Plattenbauten, die häufig an innenstadtnahen Standorten zu finden waren und sind.

Claus Schlömer

Im Jahr 2002, dem Basisjahr der Prognoserechungen, sind bereits die Folgen der deutschen Wiedervereinigung zu sehen. Die neuen Länder, 1990 noch durch eine jüngere Bevölkerung geprägt, haben eine deutlich schnellere Alterung als der Westen erfahren. Hauptgrund ist der massive Einbruch der Fertilität in der ersten Hälfte der 1990er Jahre. Auch der Anstieg der Lebenserwartung im Osten und Wanderungsverluste von jüngeren Altersgruppen haben tendenziell zu diesem Bild beigetragen. In den alten Ländern sind dagegen nur geringe Änderungen gegenüber 1990 erkennbar.

Für den Prognosezeitraum gilt zunächst, dass sich bis 2010 das Ost-West-Gefälle kontinuierlich verfestigt. Bei einer kleinräumigeren Betrachtung zeigt sich, dass innerhalb des Westens die lange prägenden siedlungsstrukturellen Unterschiede allmählich verschwinden. Dagegen beginnt sich die Alterung in altindustrialisierten Regionen wie dem Ruhrgebiet oder dem Saarland in den Vordergrund zu schieben. Auch innerhalb der neuen Länder ist eine weitere räumliche Ausdifferenzierung erkennbar. Bis 2020 setzt sich dieser Trend weiter fort. Dies hat einigen Fällen zu Folge, dass sich die Rangfolgen der Kreise gegenüber der Ausgangslage teilweise umgekehrt haben. Einige der 1990 jüngsten Kreise weisen 2020 die ältesten Bevölkerungen auf. Diese Umkehr gilt nicht nur im großräumigen Maßstab, etwa bei einer Betrachtung der ländlichen Kreise Mecklenburg-Vorpommerns, sondern auch für den Gegensatz zwischen Stadt und Land in weiten Teilen der alten Länder. Dagegen haben auch einige Regionen ihre relative Position mit einer vergleichbar jungen Bevölkerung halten können. Dazu zählen Teile des westlichen Niedersachsens und Oberbayern.

Räumliche Muster der ...

Karte 1: Veränderung der Altersstrukturen 1990 bis 2020

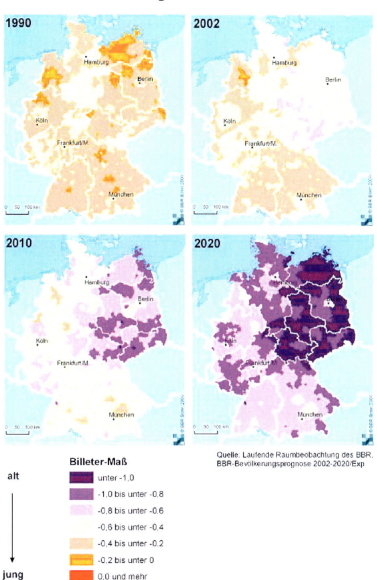

Quelle: Laufende Raumbeobachtung des BBR; BBR Bevölkerungsprognose 2002–2020/Exp

Karte 2 zeigt auf der linken Seite die Veränderung des Billeter-Maßes zwischen 2002 und 2020. Dies entspricht einer Differenz der beiden Teilkarten für 2002 und 2020 aus der Karte 1. Dargestellt ist somit die Alterung in den Kreisen im Prognosezeitraum. Die Aussagen zu diesem Prozess werden damit nochmals verdeutlicht.

Karte 2: Regionale Alterung 2002-2020

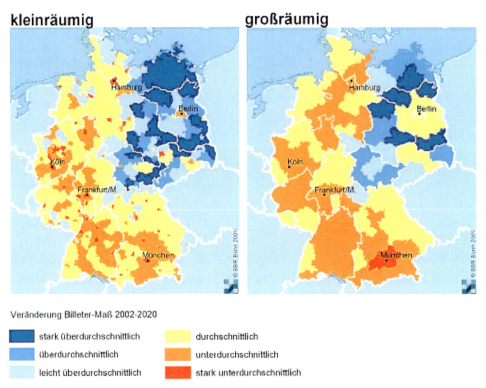

Quelle: Laufende Raumbeobachtung des BBR; BBR Bevölkerungsprognose 2002–2020/Exp

Die rechte Teilkarte zeigt das gleiche Merkmal mit den identischen Klassengrenzen, allerdings aggregiert für die sogenannten Analyseregionen des BBR. In diesen Regionen werden jeweils kreisfreie Städte mit den sie umgebenden Landkreisen zusammengefasst. Das in den bisherigen Karten beobachtete Gefälle zwischen Städten und ihrem Umland wird dadurch nivelliert. Für die Betrachtung von räumlichen Unterschieden ist bei demographischen - ebenso wie bei zahlreichen anderen - Merkmalen die Frage der Maßstabsebene somit von zentraler Bedeutung. Für diesen Beitrag heißt dies, dass die grundsätzlichen kleinräumigen Unterschiede zwischen Städten, suburbanen und ländlichen Kreisen hier explizit Gegenstand der Untersuchung sind. Dies bedeutet nicht eine Interpretation von Daten für einzelne Stadt- oder Landkreise, sondern beinhalt vor allem die Konzentration auf Unterschiede zwischen verschiedenen Typen von Kreisen, die freilich auch durch Gemeinsamkeiten hinsichtlich der siedlungsstrukturellen Kategorie definiert werden können.

3. Ursachen

Die regionalen Unterschiede im Alterungsprozess haben mehr als eine Ursache. Grundsätzlich werden die Altersstruktur und deren Veränderung durch alle Komponenten des Bevölkerungsprozesses beeinflusst. Dazu zählen die Ausgangslage und die bestehenden Strukturen selbst, aber auch das demographisch relevante Verhalten der Bevölkerung in den Bereichen Fertilität, Mortalität und Migration. Es ist daher sinnvoll, die Bedeutung dieser verschiedenen Aspekte näher zu beleuchten. Besonderes Augenmerk liegt in diesem Beitrag auf den Wanderungen.

3.1 Ausgangslage

Schon bei einer rein deskriptiven Auseinandersetzung mit dem Alterungsprozess muss unterschieden werden, ob etwa eine bereits alte Bevölkerung weiter altert oder eine bisher junge Bevölkerung ihre Altersstruktur verändert. Alterung lässt sich also vor allem relativ zur Ausgangslage beurteilen. Diese Ausgangslage steht aber auch in direktem Zusammenhang mit dem eigentlichen Alterungsprozess. Die Alten der Gegenwart werden sukzessive ersetzt durch bisher jüngere Menschen, die in eine solche Altersgruppe "hineinaltern". Ähnliches gilt für den Sockel der Bevölkerungspyramide, wo die älter gewordenen Kinder durch die neu Geborenen ersetzt werden. Somit hat auch die Ausgangslage der Altersstruktur selbst einen maßgeblichen Einfluss auf die künftige Alterung. Die Veränderung der Altersgruppen basiert also zunächst auf einer Eigendynamik der Bevölkerung. Erst durch den deterministischen Charakter dieser Prozesse bekommen Prognosen einen

Großteil ihrer Zuverlässigkeit. Diese prinzipiell wirkenden Mechanismen werden schließlich durch Unterschiede in der Fertilität, Mortalität und im Wanderungsverhalten mehr oder weniger stark modifiziert.

3.2 Fertilität und Mortalität

Die Fertilität beeinflusst konsequenterweise über die Zahl der Geburten den Alterungsprozess. Für die jüngere Vergangenheit ist dieser Effekt anhand der Folgen des massiven Fertilitätseinbruchs in den neuen Ländern nach der Wende in den Ergebnissen besonders deutlich sichtbar. Im Prognosezeitraum erfolgt eine Angleichung zwischen den Regionen der alten und neuen Länder. Dabei bleiben regionale Unterschiede im Niveau innerhalb des Ostens wie innerhalb des Westens weitgehend bestehen. Diese Unterschiede werden etwa von siedlungsstrukturellen Gegensätzen geprägt, die sich zum Beispiel in den vergleichsweise hohen Geburtenraten vieler ländlicher Räume widerspiegeln. Auch konfessionelle Bindungen der Bevölkerung können einen Einfluss auf die Fertilität haben. Eine Karte der Fertilität findet sich im Beitrag von H. Bucher in diesem Band. Dort werden auch weitergehende Informationen zur Bedeutung der Fertilität für den regionalen Alterungsprozess vorgestellt.

Die Existenz regionaler Unterschiede in der Mortalität ist zwar unbestritten, ihre Einbeziehung in die Analysen beschränkt sich in diesem Beitrag allerdings auf grobe Aussagen zur Angleichung zwischen Ost und West. Der Abbau der Unterschiede in der Lebenserwartung zwischen den alten und den neuen Ländern ist plausibel und für die jüngere Vergangenheit auch belegt. Für stärker ins Detail gehende Prognoseannahmen fehlen allerdings bisher sowohl theoretische als auch empirische Hintergrundinformationen. Auch die Datenlage muss hier als unzureichend bezeichnet werden. Eine kartographische Bestandsaufnahme der in die Prognose eingehenden regionalen Muster der Lebenserwartung ist ebenfalls im Beitrag von H. Bucher zu finden, ohne dass dabei aber kleinräumige Unterschiede innerhalb des allgemeinen Sterblichkeitsrückgangs näher dokumentiert sind. In dem Bewusstsein, dass in die Raumordnungsprognose keine fundierten Erkenntnisse zu solchen künftigen Prozessen eingeflossen sind, wird der Einfluss einer kleinräumig unterschiedlichen Veränderung der Mortalität an dieser Stelle auch nicht weiter diskutiert.

3.3 Wanderungen

Bereits bei einer Betrachtung der Bevölkerungsbewegungen auf der gesamträumlichen Ebene gilt, dass die (internationalen) Wanderungen in ähnlicher Größenordnung stattfinden wie die natürlichen Bewegungen (Geburten, Sterbefälle). Dazu kommen pro Jahr etwa 2,6 Mio. Wanderungen über die Kreisgrenzen innerhalb Deutschlands. Allein deshalb haben die Wanderungen bei einer räumlich differenzierten Prognoserechnung einen massiven Einfluss auf die Bevölkerungsdynamik. Wenn die in eine Region zuziehenden oder die aus einer Region fortziehenden Menschen eine mit der Bevölkerung der Regionen identische Alters- und Geschlechtsstruktur hätten, wäre ein direkter Einfluss der Wanderungen auf die Alterung allerdings nicht vorhanden. In der Praxis ist es aber gerade die Altersselektivität der Wanderungen, die einen entscheidenden Beitrag zu regionalen Unterschieden der Altersstruktur leistet. Dies beinhaltet zum einen die unterschiedliche Mobilität, also die Häufigkeit, mit der Personen eines bestimmten Alters eine Wanderung durchführen, zum anderen die Frage, welche Regionen durch diese Wanderungen betroffen sind.

Die Altersgruppen werden in der Regel mit bestimmten Wanderungsmotiven verbunden, die zumindest schwerpunktmäßig die Bevorzugung bestimmter Regionen oder Raumtypen durch die jeweilige Gruppe zur Folge haben. Dabei lassen sich drei Hauptgruppen unterscheiden, die auch Grundlage der Karte 3 sind:

- Familienwanderer (unter 18-jährige und 30- bis unter 50-jährige): Die im Wohnungsmarkt begründete Suburbanisierung ist das dominierende Muster. Wanderungsgewinne weist vor allem das Umland der Städte auf.
- Bildungs- und Arbeitsmarktwanderer (18- bis unter 30-jährige): In dieser Altersgruppe haben die meisten Städte Wanderungsgewinne.
- Altenwanderung (über 50-Jährige): Das Kartenbild ähnelt demjenigen der Familienwanderer. Allerdings zeigt sich eine deutlichere Bevorzugung von ländlichen Regionen.

Diese spezifischen Wanderungsmuster der unterschiedlichen Altersgruppen sind prinzipiell auch die Grundlage für die Prognose der Wanderungen bis 2020. Weitergehende analytische Aussagen zu den Binnenwanderungen in Deutschland finden sich etwa bei Kemper (2003) oder Schlömer (2004). Die Karte 3 zeigt zudem einige Kreise, die als

Sonderfälle gekennzeichnet sind. Hierbei handelt es sich um Kreise, in denen Erstaufnahmeeinrichtungen für Aussiedler liegen. Die Wanderungsstatistik beinhaltet für diese Fälle vor allem die staatlich gelenkte Wohnortzuweisung der Aussiedler.

Die Verteilung der Zuzüge aus dem Ausland schließlich ist in der Karte 4 dargestellt Diese sind in der Karte hier zwar nicht nach dem Alter unterschieden, in der Prognose ist aber, aufbauend auf Werten der jüngeren Vergangenheit ebenfalls berücksichtigt, dass die Zuwanderer jünger sind als die ortsansässige Bevölkerung. Somit erfahren Regionen mit starker Zuwanderung aus dem Ausland prinzipiell eine Verjüngung ihrer Bevölkerung. Dies betrifft in besonderem Maße die Agglomerationsräume der alten Länder, vorwiegend im Süden und Westen. Außerhalb dieser Räume können, wie auch in Ostdeutschland, nur wenige Großstädte im nennenswerten Umfang von den internationalen Wanderungen profitieren. Besonders am ländlichen Raum der neuen Länder gehen die Außenzuzüge fast völlig vorbei.

Neben ihren direkten Folgen - dem Zuzug oder Fortzug von bestimmten Altersgruppen - haben Wanderungen auch einen indirekten Einfluss auf die Veränderung der Altersstrukturen. Dies ist dadurch begründet, dass sich mit jeder Wanderung die Ausgangslage für die anschließenden Zeiträume ändert. Wenn junge Menschen in eine Region hinziehen, dort alt werden (weil sie nicht wieder fortziehen) bewirkt dies mit einer entsprechenden Verzögerung eine Zunahme der Zahl alter Menschen in den ursprünglich "jungen" Zuwanderungsgebieten. Die beobachteten wie prognostizierten deutlichen Verschiebungen in der Altersstruktur zwischen der Stadt- und der Landbevölkerung sind nicht zuletzt ein Ergebnis solcher Wanderungsprozesse.

Für die Beantwortung der Fragestellungen ist es nun von Bedeutung, welche Folgen die Wanderungen auf die Alterung der Bevölkerung im Prognosezeitraum haben. Um dies zu klären, wurde eine Prognoserechung durchgeführt, die ohne Wanderungen arbeitet, die also keine räumliche Mobilität beinhaltet. Durch den Vergleich dieser Prognosevariante mit der eigentlichen Prognose kann dann der Einfluss der Wanderungen auf die Alterung isoliert werden. Dabei werden auch die indirekten Wirkungen berücksichtigt, die sich durch die demographische Verrechnung der gewanderten Bevölkerungsgruppen ergeben. Alle anderen Parameter und Annahmen des Prognosemodells bleiben bei dieser Sensitivitätsanalyse unverändert.

Die Karte 5 zeigt in der linken Teilkarte den Zustand hinsichtlich der Altersstrukturen, der sich bei dieser Variante ohne Wanderungen im Jahr 2020 gebildet hat. Diese Karte muss mit der entsprechenden Karte der Raumordnungsprognose (Karte 1, rechts unten) verglichen werden. Die rechte Teilkarte zeigt genau dieses Merkmal. Sie demonstriert folglich, welche Regionen durch den Gesamteffekt der Wanderungen eine weniger intensive oder auch bescheunigte Alterung erfahren. Insgesamt überwiegen auf der Karte die Regionen, in denen die Migration die Alterung bremst. Dies ist auch darauf zurückzuführen, dass für Deutschland insgesamt ein positiver Wanderungssaldo besteht, der pauschal eine Verjüngung bewirkt. Diese Wirkung der Zuwanderung ist aber nicht nur regional unterschiedlich (vgl. Karte 4), sie wird vor allem überlagert durch die bedeutenden Binnenwanderungen (vgl. Karte 3) mit ihren altersspezifischen Mustern. Im Ergebnis zeigt sich, dass die Wanderungen vor allem für die Städte eine Verlangsamung der Alterung bewirken. In den wirtschaftlich stärkeren Regionen wie München, Stuttgart oder dem Rhein-Main-Gebiet trifft dies auch für Teile des Umlands zu. In den neuen Ländern sind es die ländlichen Regionen, in denen die Wanderungen den Alterungsprozess noch beschleunigen. Die Agglomerationsräume des Ostens können dagegen von den Wanderungen dahingehend profitieren, dass hier zumindest eine geringfügig reduzierte Alterung stattfindet. Einzelne Kreise, in denen die Wanderungen auch einen erheblichen Einfluss auf die Alterung oder deren Verlauf haben durchbrechen die angesprochenen Muster. Hierbei handelt es sich aber fast durchweg um Sonderfälle, die auch in der Karte 3 schon identifiziert worden sind. Für diese Kreise soll die Sensitivitätsanalyse nicht weiter interpretiert werden.

Claus Schlömer

Karte 3: Kleinräumige Effekte der Binnenwanderungen verschiedener Altersgruppen

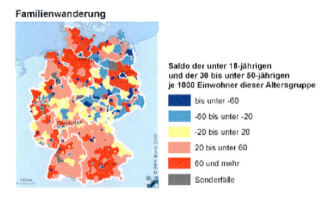

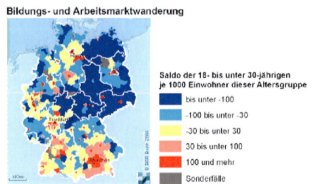

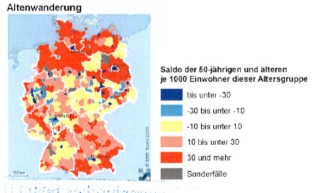

Quelle: Laufende Raumbeobachtung des BBR

Räumliche Muster der ...

Karte 4: Außenzuzüge 2000-2002

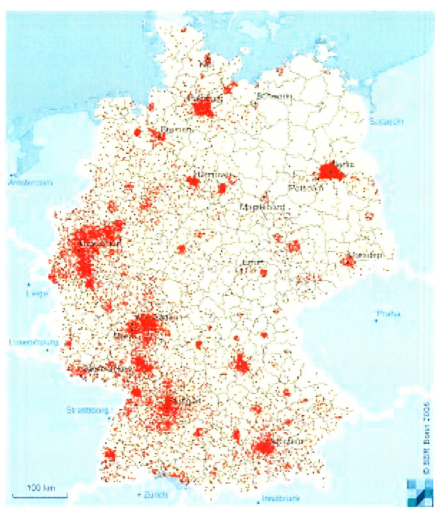

Zuzüge aus dem Ausland 2000 bis 2002.
Ein Punkt entspricht ca. 76 Personen p.a.

Quelle: Laufende Raumbeobachtung des BBR

Geographisches Institut
der Universität Kiel

Karte 5: Bedeutung der Wanderungen für die Alterung bis 2020

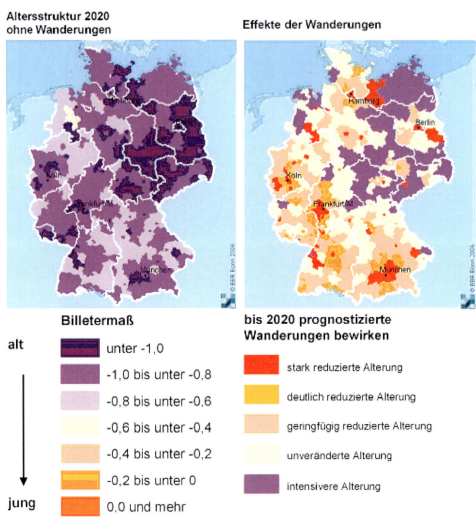

Quelle: Laufende Raumbeobachtung des BBR; BBR Bevölkerungsprognose 2002–2020/Exp

4. Typisierung von Regionen

4.1 Ziel

Die Alterung ist ein mehrdimensionaler Prozess, bei dessen Zustandekommen ein ganzes Bündel von Ursachen beteiligt ist. Gleichzeitig steigt durch die räumliche Betrachtungsweise der Umfang der zu beschreibenden Daten erheblich an. Diese Komplexität des Untersuchungsgegenstands legt es nahe, eine systematische Zusammenfassung räumlicher Muster der Alterung im Sinne einer Typisierung zu bilden. Diese Bildung von Typen ist dabei zunächst ein Hilfsmittel, die komplexe Vielfalt der Realität zu ordnen, zu durchdringen und auf ihre wesentlichen Inhalte zu reduzieren.

Des Weiteren ist auch der Charakter der Raumordnungsprognose selbst, aus der wesentliche Inhalte für eine solche Aufgabenstellung stammen, für diese Vorgehensweise zweckdienlich. Da die Prognose keinesfalls den Anspruch hat, individuelle Ergebnisse für einzelne Kreise oder Regionen zu liefern, kann gerade die Bildung von Typen die gewünschte systematische Gesamtschau erzeugen.

Ziel der Typisierung ist es, die Kreise Deutschlands bezüglich der unterschiedlichen Ausprägung der Alterung seit 1990 und im Prognosezeitraum zu gruppieren und zudem die hinter diesen Unterschieden stehenden (demographischen) Ursachen zu berücksichtigen. Eine solche Gruppierung von Raumeinheiten wird auch als Regionalisierung bezeichnet. Dieses Ziel wird mit mithilfe einer Clusteranalyse erreicht. Zwar existiert in der Literatur eine umfassende Zahl von methodischen Ansätzen, die zumindest theoretisch einer entsprechenden Anforderung gerecht werden, in der Praxis wird für vergleichbare, inhaltlich orientierte Fragestellungen allerdings nur ein eher geringes Spektrum von Verfahren verwendet. Da in diesem Beitrag keine methodische Diskussion geführt werden soll, kommt auch hier eine weitgehend standardisierte Vorgehensweise zum Einsatz. Dies hat den Vorteil, dass die verwendete Methodik bezüglich ihrer Eigenschaften und damit ihrer Aussagekraft relativ gut dokumentiert ist.

4.2 Verfahren

Ausgangsvariablen für die Typisierung sind 16 demographische Indikatoren für die 440 Kreise, die im Wesentlichen folgende Inhalte abdecken:
- Ausgangssituation, Altersstruktur 1990 und 2002
- Veränderung in der Vergangenheit (1990-2002)
- Veränderung im Prognosezeitraum (2002-2020)
- Verhaltensmerkmale aus den Bereichen Wanderungen und Fertilität
- Die Mortalität als dritter in Frage kommender Verhaltensparameter bleibt wegen der unzureichenden Datengrundlagen unberücksichtigt. Tabelle 1 enthält eine genaue Zusammenstellung der verwendeten Variablen.

Tab. 1: Variablen für die Typisierung

Anteil80_1990	Anteil über 80-Jähriger 1990
Anteil80_2002	Anteil über 80-Jähriger 2002
Billeter_1990	Billeter-Maß 1990
Billeter_2002	Billeter-Maß 2002
DiffAnt80_0220	Differenz Anteil über 80-Jähriger 2020 - Anteil über 80-Jähriger 2002 (Prognoseergebnis)
DiffBill_0220	Differenz Billeter-Maß 2020 - Billeter-Maß 2002 (Prognoseergebnis)
DynU20Verg	Veränderung der unter 20-Jährigen 1990 - 2002 in %
DynU20Zuk	Veränderung der unter 20-Jährigen 2002 - 2020 in % (Prognoseergebnis)
Dyn60pVerg	Veränderung der über 60-Jährigen 1990 - 2002 in %
Dyn60pZuk	Veränderung der über 60-Jährigen 2002 - 2020 in % (Prognoseergebnis)
Dyn80pverg	Veränderung der über 80-Jährigen 1990 - 2002 in %
Dyn80pzuk	Veränderung der über 80-Jährigen 2002 - 2020 in % (Prognoseergebnis)
Fam_r	Binnenwanderungssaldo 1997 bis 2004 der unter 18-Jährigen und 30- bis unter 50-Jährigen je 1000 Einwohner dieser Altersgruppe

Fortsetzung Tab. 1

BerBil_r	Binnenwanderungssaldo 1997 bis 2004 der 18- bis unter 30-Jährigen je 1000 Einwohner dieser Altersgruppe
Alte_r	Binnenwanderungssaldo 1997 bis 2004 der 50-Jährigen und älteren je 1000 Einwohner dieser Altersgruppe
TFR2020	Zusammengefasste Geburtenziffer 2020 (Prognoseannahme)

Schon die inhaltliche Auseinandersetzung mit den Variablen und den durch sie beschriebenen Sachverhalten lässt auf relativ hohe Zusammenhänge zwischen den Merkmalen schließen. Dies ergibt sich allein schon aus den zuvor beschriebenen Ergebnissen. Auch unter formalen Gesichtspunkten bestätigt sich diese Annahme. Eine durchgeführte Hauptkomponentenanalyse zeigt, dass sich ein Großteil der in den 16 Variablen enthaltenen Varianz durch nur drei Hauptkomponenten reproduzieren lässt.

Werden die Variablen zu den Verhaltensgrößen (Fertilität, Wanderungen) weggelassen, bleiben nur zwei Hauptkomponenten mit einem entsprechend großen Anteil an erklärter Varianz übrig. Dies zeigt nochmals in gewisser Weise, dass der Begriff der Alterung im regionalen Kontext auf zwei wesentliche Komponenten zurückgeführt werden kann, die eng mit den sich verändernden Anteilen von jungen Menschen einerseits und älteren Menschen andererseits verbunden sind, während andere, stärker ins Detail gehende Merkmale, von nachgeordneter Bedeutung zu sein scheinen.

Die Clusteranalyse wurde mit den Hauptkomponentenwerten als Werten unter Verwendung des Ward-Verfahrens durchgeführt. Dabei erwies sich eine Lösung mit fünf Gruppen als besonders sinnvoll. Zwar zeigen formale Kriterien - wie die Zunahme der Heteregonitätsmaße - im vorliegenden Fall nur bedingt eindeutige Hinweise auf eine optimale Clusterzahl. Dafür sind die Ergebnisse - auch mit Blick auf das zuvor dargestellte Erkenntnisziel - aber gut interpretierbar. Dazu ist keine der fünf Gruppen nur mit Einzelfällen besetzt, so dass auch von dieser Seite her das Ziel einer Bildung von solchen Typen, die Einzelergebnisse möglichst sinnvoll zusammenfassen, erreicht wird. Das Fehlen von Ausreißern und Sonderfällen ist in gewisser Weise eine Eigenschaft des Ward-Verfahrens, weil dort mögliche Ausreißer vergleichsweise früh im

Clusterungsprozess assimiliert werden. (vgl. Fischer 1982, S. 124, Bahrenberg et al. S. 303) Dies ist aber für die vorliegende Fragestellung unproblematisch. Gerade bei Verwendung von Prognoserechnungen, die eine Vielzahl "mechanischer" und nicht mehr individuell interpretierbarer Ergebnisse beinhalten, sollte den Extremfällen ohnehin keine allzu große inhaltliche Beachtung geschenkt werden.

Die Ergebnisse der Clusteranalyse wurden anschließend mithilfe einer Diskriminanzanalyse endgültig optimiert. Dieser häufig anzutreffende Schritt dient letztlich einer Verbesserung der im Zuge der hierarchischen Clusterbildung gebildeten vorläufigen Lösung. Darüber hinaus leistet die Diskriminanzanalyse hier noch einen weiteren Beitrag zur Beschreibung der Gruppierung. So dient sie der Identifizierung von Kreisen, deren Zuordnung zu den Typen zwar formal im Sinne einer disjunkten Partition eindeutig ist, die durchaus aber auch mit anderen Gruppen große - wenn auch nicht die größten - Ähnlichkeiten aufweisen. Bei einer probabilistischen Interpretation (nach der die Diskriminanzanalyse formal gesehen vorgeht) sind dies die Fälle, bei denen die Wahrscheinlichkeit, in die jeweilige Gruppe eingeordnet zu werden, vergleichsweise gering, wenn auch größer als für die anderen Gruppen ist. Der in der Karte 6 verwendete Schwellenwert beträgt 0,55. Für die so gekennzeichneten Raumeinheiten gilt folglich, dass für sie die Merkmale der Gruppe, der sie angehören, nur in eingeschränktem Maße zutreffen.

Räumliche Muster der ...

Karte 6: Typen der künftigen regionalen Alterung

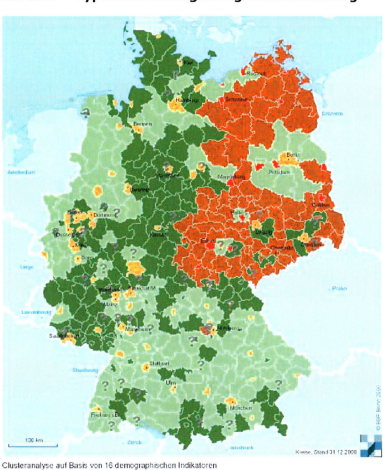

Clusteranalyse auf Basis von 16 demographischen Indikatoren

Quelle: Laufende Raumbeobachtung des BBR; BBR Bevölkerungsprognose 2002–2020/Exp

4.2 Ergebnisse

Der Verlauf der Alterung in den fünf Typen, wiederum operationalisiert durch das Billeter-Maß in den Jahren von 1990 bis 2020 ist in der Abbildung 2 dargestellt. Die Karte 6 zeigt dazu die räumliche Verteilung. Schon in der Gesamtschau werden dabei einige zentrale Eigenschaften der zuvor dargestellten Einzelergebnisse sichtbar. So ist neben der großräumigen Trennung zwischen zumindest weiten Teilen der alten und der neuen Länder auch die Separation der meisten kreisfreien Städte von den durch Landkreise gebildeten Typen charakteristisch. Andere Merkmale werden dagegen erst bei einer näheren Betrachtung der einzelnen Typen deutlich. Die Ausprägung der 16 ursprünglichen Variablen für die fünf Typen ist in der Tabelle 2 nochmals zusammengestellt.

Abb. 2: Verlauf der Alterung 1990 bis 2020 in den Typen

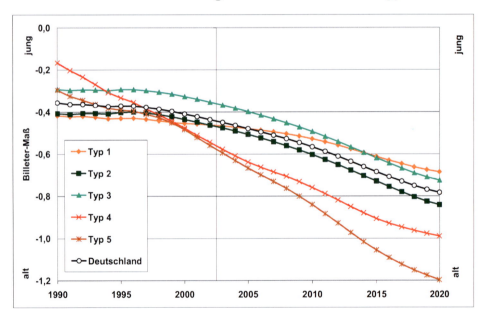

Quelle: eigene Berechnung

Typ 1 wird schwerpunktmäßig von den Städten der alten Länder gebildet. Auffallend ist aber, dass mit Dresden, Leipzig und Berlin die drei größten Städte Ostdeutschlands auch in diese Gruppe eingeordnet wurden. Die Alterung verläuft - trotz einer niedrigen Fertilität - langsamer als in den übrigen Typen. Mehr als alle anderen Typen profitieren diese Städte dabei von Wanderungen, die eine merkliche Verlangsamung der Alterung bewirken. Diesem Umstand ist es auch zu verdanken, dass Typ 1 1990 noch die älteste, 2020 aber insgesamt die jüngste Bevölkerung aufweist.

Typ 2 ähnelt bezüglich des Verlaufs am ehesten der Gesamtentwicklung in Deutschland. Ihn bilden vor allem Landkreise in Nachbarschaft der altindustrialisierten Städte, auch im östlichen Niedersachsen, zum Teil aber auch ausgesprochen ländliche Räume. Dazu kommen die ostdeutschen Umlandkreise von Leipzig und Dresden.

Typ 3 bedeckt zusammen mit Typ 2 den größten Teil des früheren Bundesgebiets mit Ausnahme der meisten kreisfreien Städte. Einige suburban geprägte Kreise der neuen Länder, allen voran das Umland von Berlin, ergänzen diese Gruppe. Der Verlauf der Alterung stellt sich insgesamt parallel zur Gesamtentwicklung und zum Typ 2 dar. Allerdings ist das Niveau durchweg jünger als der Bundeswert. Dies korrespondiert nicht zuletzt mit der relativ hohen Fertilität in diesem Typ. Die Alterung basiert deshalb auch in erster Linie auf der Zunahme der Zahl älterer Menschen und weniger auf einer Abnahme bei den jüngeren. Die meisten der als "nicht eindeutig zuzuordnen" gekennzeichneten Kreise fallen in die Typen 2 und 3. Dies zeigt auch, dass diese am ehesten durch graduelle Unterschiede zu den anderen Typen und weniger durch besonders markante Auffälligkeiten gekennzeichnet sind.

In **Typ 4** fallen die meisten Städte der neuen Länder ohne Leipzig, Dresden und Berlin. Diese waren um 1990 besonders jung. Bis zur Gegenwart hat dort aber eine besonders rasche Alterung stattgefunden. Dieses Tempo wird sich in der Zukunft bis 2020 aber deutlich abschwächen, und es findet nur noch eine mäßige Alterung statt. Dieser weitere Verlauf der Alterung ist nur noch durchschnittlich. Gleichwohl ist allein durch das bisher erreichte Niveau der prognostizierte Endzustand 2020 durch eine vergleichsweise alte Bevölkerung gekennzeichnet. Insbesondere dadurch unterscheiden sie sich von den Städten der alten Länder (dem Typ 1).

Typ 5 umfasst den größten Teil der neuen Länder ohne die Städte und deren unmittelbar benachbarte Umlandkreise. Er entspricht damit weitgehend dem ländlichen Raum der neuen Länder. Hier findet in Zukunft der deutlichste Alterungsprozess statt. Dieser basiert mehr als bei allen anderen Typen auf der Abnahme der Anteile von jüngeren Menschen.

Der Typ zeigt zugleich eine Übereinstimmung mit jenen Regionen, in denen die Wanderungen, ebenfalls vornehmlich durch den Fortzug jüngerer Personen eine zusätzliche Beschleunigung der Alterung bewirken.

In der Fortsetzung der Clusterbildung wird Typ 5 im nächsten Schritt mit Typ 4 vereinigt. Ein Zusammenschluss mit den Gruppen des Westens erfolgt dagegen erst im letzten Schritt. Folglich sind die Gemeinsamkeiten innerhalb der neuen Länder zwischen Stadt und Land tendenziell größer als die Gemeinsamkeiten zwischen Ost und West innerhalb vergleichbarer siedlungsstrukturellen Kategorien. Auch dies ist ein Hinweis auf die Besonderheiten der räumlichen Bevölkerungsverteilung in der DDR und die flächendeckenden Einschnitte der frühen 1990er Jahre in Ostdeutschland. Schließlich werden an diesem Beispiel auch die nachhaltige Wirkung und die Trägheit demographischer Prozesse deutlich.

Gleichwohl ist ein zentrales Ergebnis auch darin zu sehen, dass die Agglomerationsräume der neuen Länder, und zwar die Städte (zum Typ 1) **und** die jeweiligen Umlandkreise (zu den Typen 2 und 3) weitgehend "westdeutschen" Typen zugeordnet werden. Für die Regionen Leipzig und Dresden ist somit ebenso wie für den Sonderfall der Region Berlin eine gewisse Normalisierung der demographischen Alterung zu erwarten. Umso stärker fallen dadurch die außerhalb der von den Metropolen geprägten Regionen liegenden Gebiete des Ostens auf. Innerhalb der neuen Länder findet demnach eine deutliche Polarisierung hinsichtlich der demographischen Alterung statt.

Tab. 2: Ausprägung der Merkmale zur Alterung in den Typen

	Typ 1	Typ 2	Typ 3	Typ 4	Typ 5	Insgesamt
Anzahl Kreise	62	155	136	16	71	440
Variable (vgl. Tabelle 1)						
Anteil80_1990	4,58	4,35	3,41	2,69	3,64	3,92
Anteil80_2002	4,72	4,52	3,55	3,54	4,01	4,13
Billeter_1990	-0,43	-0,42	-0,29	-0,15	-0,29	-0,35
Billeter_2002	-0,47	-0,47	-0,35	-0,55	-0,56	-0,45
DiffAnt80_0220	1,99	2,80	2,55	5,81	4,99	3,07
DiffBill_0220	-0,24	-0,38	-0,39	-0,50	-0,65	-0,41
DynU20Verg	0,14	4,93	10,22	-46,08	-31,91	-1,91
DynU20Zuk	-11,60	-19,53	-14,09	-28,35	-32,14	-19,09
Dyn60pVerg	11,68	21,75	35,08	41,04	23,88	25,50
Dyn60pZuk	8,96	16,33	31,38	18,80	17,79	20,27
Dyn80pverg	3,59	9,11	17,52	9,19	-0,07	9,45
Dyn80pzuk	38,63	59,81	84,42	130,14	94,64	72,61
Fam_r	-57,61	31,51	61,10	-172,87	-27,68	11,12
BerBil_r	163,68	-44,07	-9,99	-125,28	-265,78	-42,99
Alte_r	-21,18	19,44	29,19	-39,19	3,63	12,05
TFR2020	1,22	1,40	1,43	1,18	1,35	1,37

5. Fazit

Demographische Alterung ist ein mehrdimensionaler Prozess, dessen Beschreibung allein schon mit einer großen Komplexität verbunden ist. Dies liegt nicht zuletzt daran, dass in diesem Zusammenhang mehr als eine demographische Größe von Bedeutung ist. Bei einer zusätzlichen Berücksichtigung von regionalen Besonderheiten, wenn also die Alterung verschiedener Bevölkerungen gegenübergestellt und miteinander verglichen werden soll, steigt die Komplexität des Untersuchungsgegenstandes nochmals erheblich. Diese Voraussetzungen machen es erforderlich, sich auf systematische und typisierende Erkenntnisse zu konzentrieren.

Neben der Feststellung, dass Alterung künftig (fast) überall stattfinden wird, steht die Frage nach den regionalen Gegensätzen bei diesem Prozess im Vordergrund. Das Ausmaß der regionalen Alterung hängt dabei auch von der betrachteten Maßstabsebene ab. Je kleinräumiger die Betrachtungsweise, umso größer können die Gegensätze ausfallen. Analysen auf der Ebene der Stadt- und Landkreise zeigen daher häufig solche Ergebnisse, in die besondere Eigenschaften der Stadtbevölkerung hinsichtlich der Altersstruktur und deren Veränderung einfließen. Unter diesen Rahmenbedingungen bestehen die hervorstechenden regionalen Unterschiede a) zwischen Ost und West und b) zwischen Stadt und Land. Mit diesen vergleichsweise groben Kategorien lassen sich die eigentlich komplexen räumlichen Muster der demographischen Alterung und deren verschiedene Ursachen in komprimierter Form aufbereiten und erörtern.

6. Literatur

Bahrenberg, Gerhard / Giese, Ernst / Nipper, Josef (2003): Statistische Methoden in der Geographie 2. 2.Auflage. Berlin; Stuttgart

Billeter, Ernst P. (1954): Eine Maßzahl zur Beurteilung der Altersverteilung einer Bevölkerung. In: Schweizerische Zeitschrift für Volkswirtschaft 90, S. 496-505

Bucher, Hansjörg (2006): Regionale Auswirkungen der demographischen Alterung. In: Schriftenreihe der Deutschen Gesellschaft für Demographie, B. 2/2007, S. 15-45

Bucher, Hansjörg / Kocks, Martina / Schlömer, Claus (2002): Künftige internationale Wanderungen und die räumliche Inzidenz von Integrationsaufgaben. In: Informationen zur Raumentwicklung, H. 8.2002, S. 415-430

Bucher, Hansjörg / Schlömer, Claus (2006): Die Bevölkerung. In: Bundesamt für Bauwesen und Raumordnung: Raumordnungsprognose 2020/2050. Bonn, S. 7-38

Bundesamt für Bauwesen und Raumordnung (2006): Raumordnungsprognose 2020/2050. Bonn 2006. (Berichte Band 23).

Bundesamt für Bauwesen und Raumordnung: Raumordnungsprognose 2020/2050. CD-ROM. Bonn 2006

Fischer, Manfred M. (1982): Eine Methodologie der Regionaltaxonomie: Probleme und Verfahren der Klassifikation und Regionalisierung in der Geographie und Regionalforschung. Bremen. (=Bremer Beiträge zur Geographie und Raumplanung Heft 3)

Heigl, Andreas (1998): Determinanten regionaler Altersstrukturdifferenzen in Bayern. Eine sozio-demographische Analyse. Frankfurt a. M.

Kemper, Franz-Josef (2003): Binnenwanderungen in Deutschland: Rückkehr alter Muster? In: Geographische Rundschau 55, H. 6, S. 10-15

Schlömer, Claus (2004): Binnenwanderungen seit der deutschen Einigung. In: Raumforschung und Raumordnung, H. 2/2004, S. 96-108

Demographische Alterung der Weltbevölkerung

Frank Swiaczny

Die Alterung der Weltbevölkerung stellt in globaler Perspektive eine gegenwärtig noch selten thematisierte Entwicklung dar (vgl. Schulz 2000, UN 2002a, UN Population Division 2005). Während in vielen Industrieländern die Alterung der Bevölkerung bereits weit fortgeschritten ist und das natürliche Wachstum negative Werte annimmt, wachsen bei einer über dem Erhaltsniveau liegenden zusammengefassten Geburtenziffer (TFR) die Bevölkerungen der Entwicklungsländer noch immer. In einigen Ländern wird sich die Bevölkerung nach den Ergebnissen der *UN World Population Prospects* bis 2050 (UN 2005) sogar vervielfachen.[1]

Die Entwicklungsländer weisen derzeit ein noch geringes Medianalter auf und der Altersaufbau ihrer Bevölkerungen wird durch zahlenmäßig starke junge Kohorten geprägt, die durch Echoeffekte (demographische Trägheit) auch künftig für ein nur langsam zurück gehendes jährliches Bevölkerungswachstum sorgen werden. Mit dem Rückgang der TFR hat die Alterung der Bevölkerung aber auch in der Mehrzahl der Entwicklungsländer bereits begonnen. Durch die zahlenmäßig starken jungen Geburtsjahrgänge wird sich der Abhängigenquotient bei sinkenden Geburtenzahlen in den nächsten Jahren in den Entwicklungsländern zu-

---

[1] Alle Daten Schätzungen und mittlere Variante der Modellrechnungen nach UN 2005. Vgl. zu den Annahmen auch Swiaczny 2005, zu den demographischen Grundlagen u.a. Ahmad et al. (Hrsg.) 1997, Bulato et al. 1985, Haub 2002, Kelley 2001, Preston et al. 2001, Vallin 2002 und Weeks 1996 und zu Daten und Übersichtsdarstellungen z. B. Council of Europe 2005, Population Reference Bureau 2004, UN 1999, 2002b, 2004 a/b, 2005, UNDP 2005, UNFPA 2004 und Weltbank 2005.

nächst günstig entwickeln. Die resultierende „demographische Dividende" dauert jedoch nur vergleichsweise kurz. Vor allem Länder mit schnell rückläufiger TFR zeigen bereits heute Anzeichen einer beschleunigten Bevölkerungsalterung, wie das Beispiel China zeigt. Dort führt der Erfolg der „Ein-Kind-Politik" zu einer raschen Alterung der Bevölkerung, bis 2050 wird China ein Medianalter erreichen, das nur wenig unter dem der industrialisierten Länder liegen wird. Die vergleichsweise kurze Phase mit günstigen Abhängigen- und Altenquotienten und einer auf diese folgenden raschen demographischen Alterung stellt die Entwicklungsländer künftig vor große Herausforderungen.

Der Beitrag stellt die globale Alterung anhand der Modellrechnungen der *UN World Population Prospects* dar. Abschnitt 1 gibt einen Überblick der demographischen Alterung der Weltbevölkerung nach dem Entwicklungsstand und Abschnitt 2 erläutert die regionalen Alterungsmuster anhand thematischer Karten. Abschnitt 3 setzt schließlich die Entwicklung des Medianalters, des Abhängigenquotienten und des Anteils der über 60-Jährigen in Beziehung zum Rückgang der TFR. Der letzte Abschnitt beschäftigt sich mit den Folgen der demographischen Alterung in den Entwicklungsländern.

1. Alterung der Weltbevölkerung – Ein Überblick

Die demographische Alterung der Weltbevölkerung äußert sich bis 2050, wie in Abbildung 1 dargestellt, in einem starken zahlenmäßigen Wachstum und einer höheren Wachstumsgeschwindigkeit der mittleren und älteren Bevölkerungsteile sowie in einer Verschiebung des Anteils an der Gesamtbevölkerung zugunsten der mittleren und besonders der älteren Altersgruppen. Zwischen 2005 und 2050 bleibt die Zahl der Kinder und Jugendlichen nach der mittleren Variante der aktuellen *World Population Prospects* mit rund 1,8 Mrd. unter 15-Jährigen etwa konstant, wobei die Zahl der Jungendlichen zwischen 5 und 14 Jahren noch leicht steigt, während die Zahl der Kinder unter 4 absolut leicht abnehmen wird. Die Zahl der 15-64-Jährigen wird im gleichen Zeitraum um etwa 1,6 Mrd. Menschen weiter stark zunehmen, zwischen 2005 und 2050 erhöht sich die Bevölkerung dieser Altersgruppe damit etwa um den Faktor 1,4. Der Anteil an der Gesamtbevölkerung geht aber trotz des starken absoluten Zuwachses zwischen 2005 und 2050 von 64,5 auf 63,7 % leicht zurück, da die Zahl der über 64-Jährigen überproportional wächst. Nach den UN Modellrechnungen nimmt die Zahl der über 64-Jährigen zwischen 2005 und 2050 um knapp 1 Mrd. zu, die Anzahl wird sich damit mehr als verdreifachen. Für die über 79-Jährigen wird eine Entwicklung auf das 4,5-Fache und bei den über 89-Jährigen sogar eine auf das 6,7-Fache erwartet. Der Anteil der über 64-Jährigen an der Gesamtbevölkerung wird sich von 2005 7,4 auf 2050 16,1 % in den kommenden 45 Jahren mehr als verdoppeln.

Abb. 1: Weltbevölkerung nach Altersgruppen 1950 – 2050

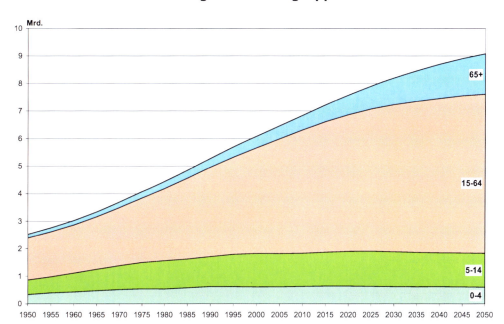

Abbildungsquelle: UN World Population Prospects 2004 Rev., Medium Variant

Eine Betrachtung nach dem Stand der Entwicklung zeigt, dass die Alterung in den Industrieländern (DCs) bereits weit fortgeschritten ist. Zwischen 2005 und 2050 werden sich die Bevölkerungsanteile der Kinder und Jugendlichen unter 15 Jahren kaum noch verändern, der Anteil der Bevölkerung zwischen 15 und 64 Jahren wird sich hingegen um 10 %-Punkte auf 2050 58 % verringern und der Anteil der über 64-Jährigen um 11 %-Punkte auf 2050 26 % erhöhen (Abb. 2a). Die Alterung der Bevölkerung der weniger entwickelten Länder (LDCs) wird sich zwischen 2005 und 2050 vor allem in einem Rückgang bei den Kindern unter 5 Jahren von 10 auf 6 % und bei den Jugendlichen unter 15 Jahren von

19 auf 13 % sowie der Erhöhung des Anteils der über 64-Jährigen von 6 auf 17 % zeigen. Der Anteil der 15-64-Jährigen an der Gesamtbevölkerung bleibt hingegen mit 2050 rund 64 % nahezu konstant (Abb. 2b). In den am wenigsten entwickelten Ländern (LLDCs) wird für die Zukunft ebenfalls mit einem starken Rückgang des Bevölkerungsanteils bei Kindern von 16 auf 10 % und bei Jugendlichen von 26 auf 19 % zwischen 2005 und 2050 gerechnet. Dennoch stehen diese Werte auch 2050 noch für eine sehr junge Bevölkerung. Die derzeit noch starken Geburtenjahrgänge werden bis 2050 in das erwerbsfähige Alter hineingewachsen sein und damit zum Anstieg des Anteils der 15-64-Jährigen von 55 auf 64 % beitragen. Auch in den am wenigsten entwickelten Ländern wird sich der Anteil der über 64-Jährigen mehr als verdoppeln, der Anteil mit 7 % 2050 aber noch recht niedrig bleiben (Abb. 2c).

Demografische Alterung ...

Abb. 2: Bevölkerungsanteile nach Altersgruppen

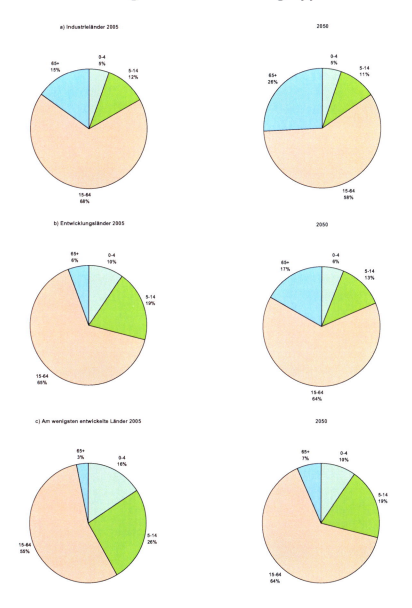

Abbildungsquelle: UN World Population Prospects 2004 Rev., Medium Variant

Abbildung 3 zeigt die beschriebenen Prozesse der demographischen Alterung am Beispiel eines sehr stark alternden (Ukraine) und eines auch 2050 noch sehr jungen Landes (Uganda) anhand der jeweiligen Bevölkerungspyramiden. Die Altersstruktur der Ukraine spiegelt 2005 (blaue Balken) den mit dem Zusammenbruch der Sowjetunion einsetzenden Geburtenrückgang, der in stark rückläufigen Altersjahrgängen unter 15 Jahren resultiert. Im Jahr 2050 (rote Linie) stehen die letzten geburtenstarken Jahrgänge der 2005 15-19-Jährigen kurz vor dem Ruhestandsalter. Die nachfolgenden Jahrgänge werden nach den Modellrechnungen der UN für die Ukraine stetig kleiner werden. Der sehr schnelle Rückgang der Geburten nach 1990 wird nach 2055 zu einem weiteren schnellen Anstieg der über 65-Jährigen führen. Uganda hingegen zeigt sowohl 2005 als auch 2050 eine sehr junge und weiter wachsende Bevölkerung, bei der die jüngeren Jahrgänge noch stets stärker besetzt sind als die älteren. Obwohl die für die Modellrechnung zugrunde gelegte TFR von 2005 7,1 auf 2050 3,36 zurückgeht, zeigt die Bevölkerungspyramide Ugandas nur geringe Zeichen einer Alterung.

Abb. 3: Bevölkerung nach Altersgruppen 2005 und 2050 für die Ukraine und Uganda

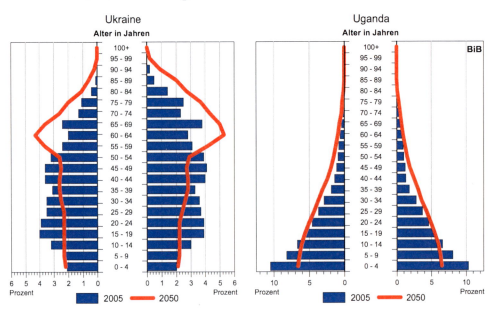

Abbildungsquelle: UN World Population Prospects 2004 Rev.

Demografische Alterung ...

Die Veränderung der relativen Bevölkerungsanteile der Altersgruppen, wie sie weiter oben dargestellt wurden, schlägt sich auch im Medianalter nieder (Abb. 4). Das Medianalter der Weltbevölkerung wird zwischen 2005 und 2050 von 28,1 auf 37,8 Jahr steigen. Die Industrieländer weisen entsprechend ein Medianalter von 38,6 und 45,5 Jahren auf. Aber auch die Entwicklungsländer und selbst die am wenigsten entwickelten Länder zeigen deutlich steigende Medianalter, die Entwicklungsländer altern von 25,6 auf 36,6 und die am wenigsten entwickelten Länder von 18,9 auf 27,3 Jahre.

Abb. 4: Medianalter in Jahren 1950 – 2050 nach Entwicklungsstand und für Indien und China

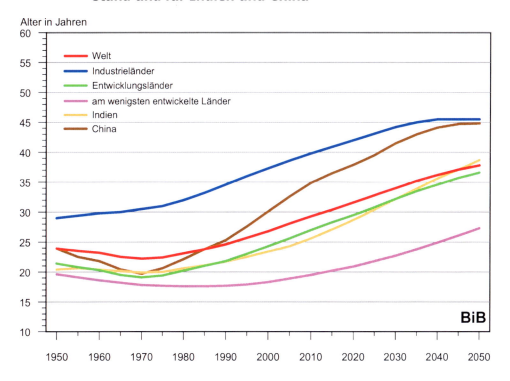

Abbildungsquelle: UN World Population Prospects 2004 Rev.

Ein Vergleich der Länder Indien und China zeigt, dass China, mit einem sehr schnellen Rückgang der TFR seit den 1970er Jahren, auch sehr schnell altert. Das Medianalter Chinas nimmt von 32,6 Jahren 2005 auf 44,8 Jahre 2050 stark zu und erreicht fast das Niveau des Durchschnitts der Industrieländer, während Indien mit einem langsameren Rückgang der TFR nur wenig schneller als der Durchschnitt der Weltbevölkerung altert. Das Medianalter Indiens steigt von 24,3 Jahren 2005, etwas unter dem Durchschnitt, auf 38,7 Jahre 2050, etwas über dem Durchschnitt der Weltbevölkerung.

Zusammenfassend lässt sich feststellen, dass die demographische Alterung nach den Ergebnissen der *UN World Population Prospects* in den Jahren bis 2050 die gesamte Weltbevölkerung erfassen wird. Neben den Industrieländern, in denen dieser Trend gegenwärtig schon deutlich zu erkennen ist, wird auch die Mehrheit der Entwicklungsländer stark bis sehr stark altern, abhängig von dem für die Modellrechnungen angenommenen Umfang und der Geschwindigkeit des Rückgangs der TFR. Für die am wenigsten entwickelten Länder mit einer derzeit noch sehr hohen TFR wird für die UN Modellrechnungen ein sehr schneller Rückgang der TFR für die Zukunft angenommen. Treffen diese Annahmen zu, werden die am wenigsten entwickelten Länder ebenfalls schnell altern, aufgrund der sehr jungen Ausgangsbevölkerung bis 2050 jedoch nur ein vergleichsweise niedriges Medianalter erreichen, das etwa dem derzeitigen Durchschnitt der Weltbevölkerung entspricht (vgl. auch Swiaczny 2005 und Schulz/Swiaczny 2005).

2. Regionale Alterungsmuster

Die Karte des Medianalters 2005 (Abb. 5) zeigt die bereits erläuterten Muster der Altersverteilung nach einzelnen Ländern (vgl. auch Bähr 2004, Plane/Rogerson 1994 und Woods/Reeds 1986). Die ältesten Bevölkerungen nach dem Medianalter sind in den Industrieländern Nordamerikas, Europas und Ozeaniens zu finden. In Asien weist neben Japan auch China 2005 ein Medianalter von über 32,5 Jahren auf. Mittlere Medianalter zwischen 22,5 und 32,5 Jahren sind in Asien, Nordafrika und Lateinamerika weit verbreitet. Hinzu kommen Südafrika, die Türkei und Albanien. Sehr junge Bevölkerungen mit einem Medianalter unter 22,5 Jahren sind durchgehend in Schwarzafrika zu finden, dort liegen neben Afghanistan, Palästina und dem Jemen auch alle Länder mit einem Medianalter unter 17,5 Jahren. Sehr junge Bevölkerungen konzentrieren sich weiterhin im Gebiet der arabischen Halbinsel und in Mittelamerika. In Südamerika gehören Paraguay und Bolivien zu dieser Ländergruppe, in Asien Pakistan, Nepal, Butan, Bangladesch, Laos, Kambodscha, die Philippinen und Papua Neu Guinea. Vergleicht man die räumliche Verteilung des Medianalters mit einer Karte des Human Development Index und der Verbreitung der Least Developed Countries (vgl. Swiaczny 2005), so fällt insbesondere für Schwarzafrika eine enge Korrelation zwischen den Least Developed Countries nach der Definition der UN, einem sehr niedrigen Human Development Index unter 0,5 und sehr jungen Bevölkerungen auf.

Die räumlichen Muster des Anstiegs des Medianalters zwischen 2005 und 2050 (Abb. 5) weisen gegenüber der aktuellen räumlichen Verteilung des Medianalters zahlreiche Besonderheiten auf. Generell lässt sich festhalten, dass der Zuwachs des Medianalters bis 2050 nach den UN Modellrechnungen dort vergleichsweise gering ausfällt (weniger als 120 % des Wertes von 2005), wo 2005 bereits sehr alte Bevölkerungen (über 32,5 Jahre) zu finden waren. Dies gilt für Nordamerika, Australien, Russland sowie Nord-, West- und Mitteleuropa (mit der Ausnahme Irlands). Für Südeuropa, Irland sowie weite Teile Osteuropas, China und Neuseeland werden Zuwächse des Medianalters auf zwischen 120 und 140 % des Niveaus von 2005 erwartet, für Osteuropa vereinzelt auch auf zwischen 140 und 160 %. Für Lateinamerika lässt sich zusammenfassend festhalten, dass dort die 2005 jungen Bevölkerungen stark altern, während die Bevölkerungen mit einem 2005 bereits etwas höheren Medianalter bis 2050 nicht mehr so stark altern. Für Nordafrika, die arabische Halbinsel und weite Teile Asiens gilt dies ebenfalls. Hier wirken sich die Annahmen zu den Modellrechnungen der UN Population Division aus, die davon ausgehen, dass die TFR in Ländern mit derzeit noch hohen Werten künftig beschleunigt zurückgehen wird (vgl. Swiaczny 2005), was zu einer schnellen Alterung beiträgt. Für Schwarzafrika muss allerdings auch die Kombination von jungen Bevölkerungen und geringem Wachstum des Medianalters konstatiert werden. Diese Länder, häufig mit einem sehr geringen Entwicklungsstand, haben derzeit noch eine sehr hohe und künftig nur langsam zurück gehende TFR, aufgrund der demographischen Trägheit weiter hohe absolute Geburtenzahlen und weisen daher zugleich auch sehr hohe jährliche Bevölkerungswachstumsraten auf.

Abb. 5: Medianalter 2005 und Veränderung des Medianalters 2005 – 2050 (2050 = 100) nach Ländern

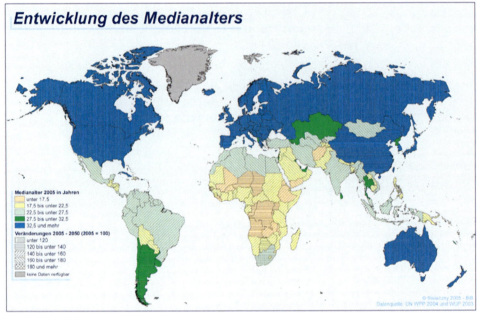

Datenquelle: UN World Population Prospects 2004 Rev. und World Urbanisation Prospects 2003

3. Demographische Dividende

Die vorangegangenen Betrachtungen haben verdeutlicht, dass es einen engen ursächlichen Zusammenhang zwischen der aus der Fertilitätsentwicklung der Vergangenheit resultierenden Altersstruktur der Bevölkerung, dem Umfang und der Geschwindigkeit des Geburtenrückgangs und der Alterung der Bevölkerung gibt (vgl. auch Fußnote 1). Betrachtet man das für die ökonomische Entwicklung wichtige Verhältnis zwischen noch nicht und nicht mehr erwerbstätiger Bevölkerung zur Bevölkerung im erwerbsfähigen Alter, den Abhängigenquotienten, so zeigt dieser bei rückläufiger TFR einen U-förmigen Verlauf mit einer Phase eines historisch niedrigen Abhängigenquotienten. Während dieser Phase stehen, weil nur relativ wenige Kinder und Jugendliche sowie

Rentner von einer zahlenmäßig starken Erwerbsbevölkerung versorgt werden müssen, gesamtgesellschaftlich besonders hohe Anteile des Volkseinkommens für Investitionen zur Verfügung, so dass auch von einer demographischen Dividende gesprochen wird (vgl. Bloom et al. 2003 und Bongaarts 2004). Idealtypisch weisen junge, wachsende Bevölkerungen mit hoher TFR auch einen hohen Abhängigenquotienten auf, der aus einem hohen Anteil an Kindern und Jugendlichen resultiert. Beginnt die TFR zu sinken, werden die Geburtsjahrgänge sukzessive kleiner während gleichzeitig starke Jahrgänge in das erwerbsfähige Alter eintreten und es noch wenige Senioren gibt. In dieser Phase geht der Abhängigenquotient zurück. Treten schließlich die starken Jahrgänge aus dem erwerbfähigen Alter heraus, so steigt der Abhängigenquotient wieder an, diesmal aufgrund einer zahlenmäßig starken älteren Bevölkerung. Verstärkt wird diese Entwicklung noch, wenn gleichzeitig, wie nach dem Konzept des demographischen Übergangs zu erwarten, die Lebenserwartung steigt.

Abbildung 6 zeigt diese Zusammenhänge für die Weltbevölkerung, die Industrie- und Entwicklungsländer sowie für China. In den Industrieländern ist der Rückgang des Abhängigenquotienten nicht sehr ausgeprägt, dort hat der Rückgang der Fertilität bereits lange vor dem Beginn des Beobachtungszeitraums begonnen. Für die Industrieländer insgesamt geht die Phase der demographischen Dividende mit dem laufenden Jahrzehnt zu Ende, um danach vergleichsweise schnell wieder hohe Werte anzunehmen. Interessant ist dabei der Vergleich zur Höhe des Abhängigenquotienten, wie er in den Entwicklungsländern als Höhepunkt in den 1970er Jahren herrschte.

Der Verlauf der demographischen Dividende in den Entwicklungsländern ist hingegen von einem deutlichen Rückgang seit den 1970er Jahren geprägt, die Phase mit niedrigen Werten dauert dabei bis zum Ende des Modellrechnungszeitraums, wobei ab den 2020er Jahren ein langsamer Anstieg einsetzt. Deutlich ausgeprägter ist hingegen die Entwicklung in China, die von einem mit den Entwicklungsländern vergleichbaren Ausgangsniveau sehr schnell zu einem Wert von unter 40 zu Beginn des kommenden Jahrzehnts führen wird. Danach geht der Quotient für China sehr schnell in die Höhe und erreicht, wie bereits erwähnt, bis 2050 fast das Niveau der Industrieländer.

Abb. 6: Abhängigenquotient* 1950 – 2050 nach Entwicklungsstand und für China

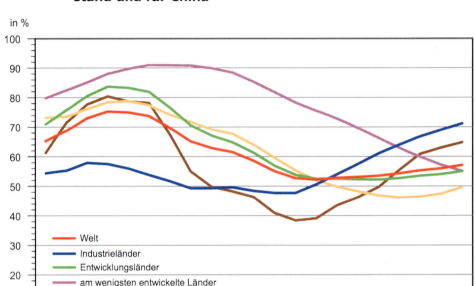

* 0-14-Jährige und über 64-Jährige zu 15-64-Jährige

Abbildungsquelle: UN World Population Prospects 2004 Rev., Medium Variant

Den Zusammenhang von TFR, Bevölkerungswachstumsrate, Medianalter, und Abhängigenquotient zeigen die Abbildungen 7 und 8 für China und Indien im Vergleich. In China nahm das Bevölkerungswachstum in den 1960er Jahren stark zu, obwohl die Fertilität nahezu konstant blieb (Echoeffekt) und das Medianalter ging zurück. Mit dem Rückgang der Fertilität durch die „Ein-Kind-Politik" seit den 1970er Jahren begann das Bevölkerungswachstum stark zurückzugehen und das Medianalter stieg parallel zum Rückgang der Fertilität an. Interessant ist der Verlauf des Abhängigenquotienten, der nach einem Anstieg parallel zum Bevölkerungswachstum zu Beginn der 1980er Jahre wieder das Niveau des Indexjahres 1950 erreichte um danach auf unter 75 % zu fallen. Nach rund 50 Jahren wird der Quotient gegen Ende der 2030er Jahre erneut das Niveau des Indexjahres erreichen und danach weiter ansteigen. Für Indien, dessen

Demografische Alterung ...

demographische Indizes weniger deutliche Ausschläge zeigen, stellt sich die Entwicklung des Abhängigenquotienten günstiger dar. Die TFR geht in Indien zunächst nur sehr langsam zurück, erst seit den 1970er Jahren zeigt sich hier eine Beschleunigung der Entwicklung. Parallel dazu steigt auch in Indien das Medianalter an. Das Bevölkerungswachstum und der Abhängigenquotient steigen aber zunächst deutlich langsamer an, als in China. Beide Werte erreichen zu Beginn der 1980er Jahre wieder das Niveau des Indexjahres 1950. Der Abhängigenquotient geht künftig weiter zurück und wird um die Mitte der 2030er Jahre ein etwa vergleichbares Niveau aufweisen wie China um 2010. Der folgende Anstieg verläuft dann allerdings sehr langsam. Aus den Modellrechnungen ergibt sich somit für China eine Phase von rund 50 Jahren, in denen der Abhängigenquotient unter dem Wert des Indexjahres 1950 liegt, für Indien bis zum Ende des Modellrechnungszeitraums bereits eine Dauer von 70 Jahren. Dabei wird das Bevölkerungswachstum von China bis 2030 auf null zurückgehen, die Bevölkerung Indiens wird 2050 mit 0,3 % noch leicht wachsen und China zahlenmäßig überholen.

Abb. 7: **TFR, Medianalter, Bevölkerungswachstumsrate und Abhängigenquotient* 1950 – 2050 (1950 = 100) für China**

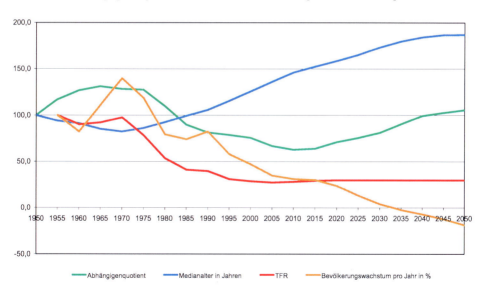

* 0-14-Jährige und über 64-Jährige zu 15-64-Jährige
Abbildungsquelle: UN World Population Prospects 2004 Rev., Medium Variant

Abb. 8: TFR, Medianalter, Bevölkerungswachstumsrate und Abhängigenquotient* 1950 – 2050 (1950 = 100) für Indien

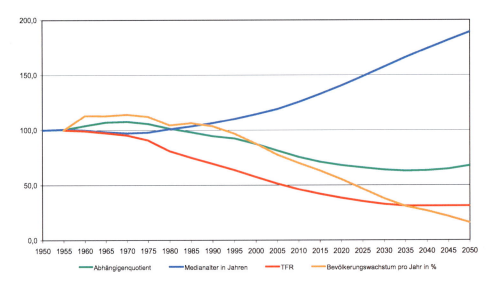

* 0-14-Jährige und über 64-Jährige zu 15-64-Jährige
Abbildungsquelle: UN World Population Prospects 2004 Rev., Medium Variant

4. Konsequenzen der demographischen Alterung?

Der Vortrag sollte zeigen, dass der globale Alterungsprozess bis 2050 nach den Modellrechnungen der UN zu einer historisch beispiellosen Zahl an Älteren führen wird. Entsprechend nimmt in Zukunft die Zahl der Älteren schneller zu als die Gesamtbevölkerung. Nach den Annahmen der UN wird es 2050 weltweit auch mehr Ältere über 64 als Jüngere unter 15 Jahren geben. Die Zahl der Hochbetagten nimmt dabei weltweit überproportional zu. Dieses aus den Industrieländern bekannte Szenario wird in Zukunft somit auch für viele Entwicklungsländer zutreffen, die Alterung in den Entwicklungsländern verläuft dabei schneller als in den Industrieländern.

Für die Entwicklungsländer ergibt sich hieraus eine große Herausforderung. Wie in den Industrieländern wird die demographische Alterung auch in den Entwicklungsländern vermutlich negative Auswirkungen auf die Innovationsfähigkeit, das Wirtschaftswachstum usw. haben (vgl. auch Champion 1994, UN 2001 und Swiaczny 2006). Beim zu erwartenden Rückgang der Bedeutung familialer Unterstützungssysteme in den Entwicklungsländer wird die Alterung der Bevölkerung dort die – noch kaum vorhandenen und wenig leistungsfähigen – sozialen Sicherungssysteme vor eine enorme Herausforderung stellen. In den Entwicklungsländern bedeutet ein steigender Abhängigenquotient, dass die Konkurrenz zwischen unterschiedlichen Entwicklungszielen um knappe Investitionen tendenziell stärker sein wird, als ohne das Wachstum des Abhängigenquotienten. Auch die Konkurrenz unterschiedlicher Gruppen und Generationen um den Ertrag solcher Investitionen oder beschränkter staatlicher Mittel wird eher zunehmen. So stellt sich als eine unter vielen Fragen im Zusammenhang mit der demographischen Alterung in den Entwicklungsländern, wie dort eine wachsende Zahl an Hochbetagten betreut und angemessen medizinisch versorgt werden soll. Offensichtlich sind die Herausforderungen der Alterung in den Entwicklungsländern künftig größer, als in den heute schon durch eine Alterung ihrer Bevölkerung betroffenen Industrieländern.

Die hier präsentierten unterschiedlichen Entwicklungstrajektorien von China und Indien werfen dabei die Frage auf, ob eine etwas weniger ausgeprägte, dafür länger dauernde demographische Dividende, wie in Indien, bei höherem Bevölkerungswachstum einer stärkeren aber dafür kürzeren demographischen Dividende mit geringerem Bevölkerungswachstum – und einem früheren Ende des Wachstums –, wie in China, vorzuziehen ist. Ob eine langsamere Alterung wie in Indien langfristig größere Möglichkeiten bietet, sich auf die Alterung der Bevölkerung vorzubereiten und eine nachhaltigere wirtschaftliche Entwicklung erlauben wird, muss die Zukunft zeigen.

Literatur

Ahmad, Aijazuddin et al. (Hrsg.) 1997: Demographic Transition. The Third World Scenario. Jaipur

Bähr, Jürgen, 2004: Bevölkerungsgeographie. 4. Aufl., Stuttgart: UTB

Bloom, David E.; Canning, David; Sevilla, Jaypee, 2003: The Demographic Dividend. Santa Monica

Bongaarts, John, 2004: Population Aging and the Rising Cost of Public Pensions. In: Population and Development Review 30,1: 1-23

Bulatao, Rodolfo A.; Elwan, Ann., 1985: Fertility and Mortality Transition. Patterns, Projections, and Interdependence. Washington: World Bank

Champion, Anthony G., 1994: International Migration and Demographic Change in the Developed World. In: Urban Studies 31: 653-677

Council of Europe, 2004: Recent Demographic Developments in Europe. Strasbourg: Council of Europe Publishing

Haub, Carl, 2002: Dynamik der Weltbevölkerung 2002. Berlin: Balance Verlag

Kelley, Allen C., 2001: The Population Debate in Historical Perspective. In: Birdsall, Nancy. et al. (Hrsg.): Population Matters. Oxford/New York: 24-54

Plane, David A.; Rogerson, Peter A. (1994): The Geographical Analysis of Population. With Applications to Planning and Business. New York: Wiley

Population Reference Bureau, 2004: Transition in World Population. Population Bulletin 59,1

Preston, Samuel H.; Heuveline, Patrick; Guillot, Michel, 2001: Demography. Measuring and Modeling Population Processes. Oxford: Blackwell

Schulz, Reiner, 2000: Die Alterung der Weltbevölkerung. In: Zeitschrift für Bevölkerungswissenschaft 25,2: 267-289

Schulz, Reiner; Swiaczny, Frank, 2005: Bericht zur demographischen Lage in der Welt 2005. In: Zeitschrift für Bevölkerungswissenschaft (in Vorbereitung)

Swiaczny, Frank, 2005: Aktuelle Aspekte des Weltbevölkerungsprozesses. Materialien zur Bevölkerungswissenschaft, H. 117. Wiesbaden: BiB

Swiaczny, Frank, 2006: Internationale Wanderung als globales Phänomen und seine Auswirkungen auf den demographischen Wandel in den Industrieländern. In: Swiaczny, Frank; Haug, Sonja (Hrsg.): Neue Zuwanderergruppen in Deutschland. Vorträge der 7. Tagung des Arbeitskreises Migration - Integration - Minderheiten der Deutschen Gesellschaft für Demographie (DGD) in Zusammenarbeit mit dem Soziologischen Institut der Universität Erlangen in Erlangen am 25. November 2005. Materialien zur Bevölkerungswissenschaft, H. 118. Wiesbaden: BiB

UN, 1999: World Population Monitoring 1999: Population Growth, Structure and Distribution. New York: UN

UN, 2001: Replacement Migration. Is it a Solution to Declining and Ageing Populations? New York: UN

UN, 2002a: World Population Ageing 1950-2050. New York: UN

UN, 2002b: World Population Prospects. The 2000 Revision. Volume III: Analytical Report. New York: UN

UN, 2004a: World Economic and Social Survey 2004. New York: UN

UN, 2004b: World Population Policies 2003. New York: UN

UN, 2005: World Population Prospects. The 2004 Revision. Highlights. New York: UN

UN Population Division, 2005: The Diversity of Changing Population Age Structures in the World. UN Expert Group Meeting on Social and Economic Implications of Changing Population Age Structure. UN Population Division 31. Aug. - 28. Sept. 2005. New York: UN

UNDP, 2005: Human Development Report. New York: UN

UNFPA, 2004: Weltbevölkerungsbericht 2004. Hannover: DSW

Vallin, Jaques, 2002: The End of the Demographic Transition. In: Population and Development Review 28,1: 105-120

Weeks, John R., 1996: Population: An Introduction to Concepts and Issues. 6. ed., Belmont: Wadsworth

Weltbank, 2005: Weltentwicklungsbericht 2005. Bonn: bpb

Woods, Robert; Rees, Philip, 1986: Population Structures and Models. Developments in Spatial Demography. London: Allen & Unwin

Alte Menschen im Raum: Raumspezifische Aspekte der alternden Gesellschaft

Karl Martin Born und Elke Goltz

Die Alterung der Bevölkerung – maßgeblich angetrieben durch ein bereits 30-jähriges Verharren der Fertilität auf nur noch zwei Drittel des Bestandserhaltungsniveaus, verstärkt durch einen seit Jahrzehnten ungebrochenen Anstieg der Lebenserwartung - gerät seit mehreren Jahren zu einer der Schlüsselfragen politischer und intellektueller Eliten: So wird diese Frage sowohl in zahlreichen parlamentarischen und exekutiven Kommissionen (z. B. im Bundestag, in Hessen, in Nordrhein-Westfalen, Sachsen oder in Baden-Württemberg) behandelt als auch in Form von Essays und Büchern (vgl. Deutsch 2006, Schirrmacher 2004 und 2006) diskutiert und in ihren kurz- und mittelfristigen Auswirkungen bewertet. Aus wissenschaftlicher Perspektive hat sich die Alternsforschung etabliert, die sich mit „Lebenslagen, Lebenssituationen und Lebensstilen älter werdender Menschen im gesellschafts- und sozialpolitischen Kontext" (Deutsches Zentrum für Altersfragen 2005) befasst und somit sozial- und wirtschaftwissenschaftliche Ansätze mit (sozial-) medizinischen Ansätzen zusammenführt. Darüber hinaus haben sich auch innerhalb der jeweiligen Einzelwissenschaften Schwerpunktbildungen einer Altenforschung entwickelt (u. a. Gans/Schmitz-Veltin 2005, Badura 2003, Wöhlcke 2004, Höpflinger 1997, Höpfinger/Stuckelberger 1999).

Die Bedeutung des Phänomens der alternden Gesellschaft lässt sich auch vom Standpunkt einer Raumwissenschaft betrachten, die die Wesenszüge dieser demographischen Entwicklung in ihren raum-zeitlichen Ausprägungen analysieren kann. Als Betrachtungsfoci lassen sich hier soziodemographische, sozioökonomische und administrative Aspekte differenzieren, die in unterschiedlich strukturierten Räumen unterschiedliche Ausprägungen annehmen und somit auch in ihrer Bedeutung differenziert bewertet werden können.

© Deutsche Gesellschaft für Demographie
In: R. Scholz; H. Bucher (Hrsg.): Alterung im Raum. Schriftenreihe der DGD, Bd. 2, Norderstedt 2007: BoD

Die räumliche Dimension der alternden Gesellschaft ist hierbei hinlänglich bekannt und wird im Wesentlichen auf zwei Diskursebenen geführt: Zum einen werden ostdeutsche und westdeutsche Regionen gegenübergestellt und hierbei insbesondere der besonders starke Alterungsprozess in Ostdeutschland als Vorläufer einer in Westdeutschland ebenfalls zu erwartenden Entwicklung interpretiert; zum anderen werden auf regionaler Ebene Stabilitätsinseln von Regressionsregionen in einer Zentrum-Peripherie-Betrachtung differenziert. Als ein Beispiel für eine derartige räumliche Differenzierung kann der Metropolraum Berlin-Brandenburg gelten, in dem ein rasch überalternder Peripherraum einen relativ „jungen" Kernraum umschließt. Im Zuge dieser Betrachtung werden dann auch auf kleinräumiger Maßstabsebene Gegensätze zwischen urbanen, suburbanen und ländlichen Räume angeführt, die im wesentlichen durch die in den jeweiligen Lebensphasen unterschiedlichen Standortanforderungen geprägt sind.

Zur weiteren Vertiefung dieser raumwissenschaftlichen Auseinandersetzung mit der alternden Gesellschaft bieten sich zunächst drei Fragestellungen an, denen wir nachfolgend nachgehen möchten.

Erstens ist danach zu fragen, wie sich die Ausstattung der betroffenen Räume der alternden – und schrumpfenden - Gesellschaft mit ihren quantitativ und qualitativ differenzierten Nachfrageniveaus anpasst. Können wir Prozesse einer gleichmäßigen quantitativ ausgeglichenen Schrumpfung von Infrastrukturen beobachten, oder vollzieht sich hier ein Prozess, der euphemistisch als „klientelorientierter Restrukturierungsprozess" interpretiert werden kann. Auch hier stellt sich die Frage, ob und in welcher Intensität unterschiedlich strukturierte Räume mit vergleichbarer demographischer Dynamik von derartigen Prozessen betroffen sind.

Aus der Perspektive der betroffenen alten Menschen soll zweitens untersucht werden, wie sie sich in den unterschiedlichen Gebietskategorien auf diese veränderten Bedingungen eingestellt haben und welche Faktoren wesentlich zu räumlichen Mobilitätsmustern und zur individuellen Zufriedenheit beitragen. Die hier gewählten Parameter Mobilität und Zufriedenheit sind sowohl durch infrastrukturelle, administrativ initiierte Prozesse als auch durch gesellschaftliche bzw. nachbarschaftliche Bedingungen beeinflusst und können so weiterführend raumdifferenzierende Elemente aufzeigen.

Drittens bedarf es in diesem Kontext auch der Exploration der altenbezogenen Konzepte der öffentlichen und privaten Akteure in den unterschiedlichen Gebietskategorien. Die Intensität der Wahrnehmung und der Auseinandersetzung mit dem Phänomen der überalternden Gesellschaft und die Suche nach tragfähigen Lösungen kann ebenso im Raum differenziert ausgeprägt sein wie die ersten beiden Fragestellungen und somit eine zusätzliche Ebene altenbezogener Problematiken bilden.

Die hier vorgestellten Ergebnisse basieren auf einem im Sommer 2005 durchgeführten Studienprojekt mit dem Titel „Geographische Aspekte der alternden Gesellschaft" am Institut für Geographische Wissenschaften der Freien Universität Berlin. Im Mittelpunkt der theoretischen und praktischen Arbeit stand die Erfassung der Lebenssituation älterer Menschen in unterschiedlich geprägten Teilräumen. Zunächst verdeutlichte eine Kartierung der altenbezogenen Infrastrukturangebote in den ausgewählten innerstädtischen Wohnquartieren, den suburbane Wohngebieten und den ländlich-periphere Regionen differenzierte Ausstattungsniveaus.

An diese Erkenntnisse anknüpfend wurde in einem vergleichenden Ansatz mit Hilfe eines standardisierten Fragebogens, der in 33 überwiegend geschlossenen Fragen versuchte, die individuellen Lebensumstände älterer Menschen zu ergründen, erhoben, wie ältere Menschen ihre Umwelt wahrnehmen, sich in ihr bewegen und ihre individuelle Lebensqualität bewerten. Hierzu wurden insgesamt 271 Befragungen durchgeführt, davon 88 im städtischen Zentrum Berlins, 75 in den westlich Berlins gelegenen suburbanen Gemeinden Brieselang und Falkensee und 108 im ländlich-peripheren Amt Lenzen-Elbtalaue in der Prignitz.

Um neben der Sicht der Betroffenen auch die Perspektive der Akteure erfassen zu können, wurden Expertengespräche mit Repräsentanten der örtlichen Politik, der öffentlichen und privaten Träger altenbezogener Dienstleistungen und mit Pflegeinstitution vereinbart. Im Mittelpunkt dieser Gespräche standen Fragen der Einschätzung der Bedeutung der demographischen Entwicklung für die jeweilige Institution, der gegenwärtigen Schwerpunktsetzung und der zukünftigen Projekte. Diese Expertengespräche sollten nicht nur die durchaus auch raumbezogen changierenden Bewertungen und Interpretationen des Phänomens der alternden Gesellschaft herausarbeiten, sondern auch darstellen, wie differenziert die jeweiligen Akteure in derselben Gebietskategorie mit diesem Phänomen umgehen.

Anhand der Ergebnisse aus Kartierung, Befragung und Expertengesprächen sollen sich dann letztlich Ableitungen für eine altengerechte Weiterentwicklung bestehender infrastruktureller und administrativer Angebote und Problemlösungsstrategien destillieren lassen.

Altenbezogene Infrastruktur in den Untersuchungsgebieten

Zur Verdeutlichung der hier verfolgten These einer weitergehenden Binnendifferenzierung scheinbar ähnlicher oder in Bezug auf das Bevölkerungssegment der alten Menschen gleichrangig ausgestatteten innerstädtischer Quartiere wurden mit Pankow und Zehlendorf zwei Quartiere ausgewählt, die nicht nur durch die Zugehörigkeit zum Ost- und Westteil der Stadt differenziert sind. Tatsächlich zeigt der Vergleich zwischen Zehlendorf und Pankow für den städtischen Raum Berlins eine deutliche Differenzierung beider, in der Bevölkerungszahl etwa gleich liegender Gebiete.

Tab. 1: **Ausgewählte Indikatoren für Pankow und Zehlendorf**

	Pankow	Zehlendorf
Personen im Alter von 65 und mehr Jahren je 100 E [a]	16,3 %	20,4 %
Empfänger von Rente/ Pension je 100 E [a]	28,1 %	27,3 %
Dichte E/km^2 [b]	7.215	4.137
Gebietsstruktur [b]	Blockrandbebauung	Ein- und Mehrfamilienhäuser, hoher Grünanteil
Lebenserwartung Männer/ Frauen 1998-2000 [b]	75,6/81,5	75,3/80,6
Sozialindex (Rang von 297) [b]	71	35
Wanderungsgeschehen für 65+ (1994-2002) [a]	-9 je 1000 E	+8 je 1000 E

[a]: Daten für Bezirk
[b]: Daten für das statistische Gebiet
Quelle: Sozialstrukturatlas Berlin 2005

Die hier untersuchten Gebiete in Zehlendorf und Pankow können als Referenzgebiete für zwei grundsätzliche Typen städtischer „Altenmilieus" gelten: Zehlendorf weist einen höheren Überalterungsgrad auf, geringe Dichtezahlen, gute soziale Bedingungen und einen positiven Wanderungssaldo bei alten Menschen. Demgegenüber ist Pankow von hohen Bevölkerungsdichten, durchgehender Blockrandbebauung, negativem Wanderungssaldo und einem geringeren – aber immer noch günstigen – Sozialindex geprägt.

Alte Menschen im Raum ...

Abb. 1: **Raummuster des Angebotes für den allgemeinen Bedarf in Zehlendorf und Pankow**

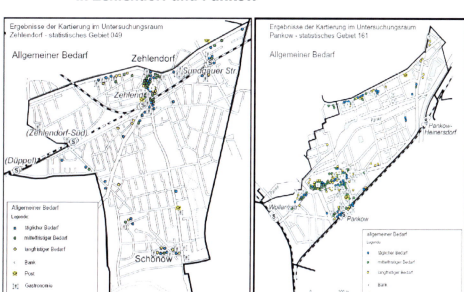

Quelle: Eigene Kartierung (2005)

Abb. 1 verdeutlicht für beide Untersuchungsgebiete eine deutliche Differenzierung der Raummuster des Angebotes für den allgemeinen Bedarf. Während in Zehlendorf das Angebot deutlich bipolar auf die Standorte S-Bahnhof Zehlendorf und dem Dorfkern Schönow verteilt sind, zeigen sich in Pankow andere, eher linienförmige Muster entlang der Breiten Straße in Pankow und der Blankenburger-Straße im nördlichen Untersuchungsgebiet.

Abb. 2: Raummuster des Angebots medizinischer Dienstleister in Zehlendorf und Pankow

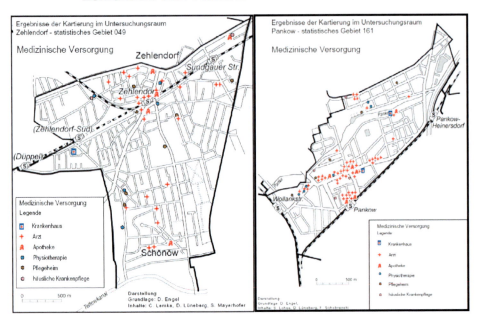

Quelle: Eigene Kartierung (2005)

Demgegenüber weicht die Verteilung der medizinischen Dienstleistungen von dieser Verteilung ab und zeigt eine wesentlich stärkere räumliche Streuung (Abb. 2); für den Bereich Pankow kommt hier allerdings noch eine stärkere Konzentration an den Einzelhandelsstandorten hinzu. Für die Senioren in beiden Untersuchungsgebieten ergeben sich hierdurch unterschiedliche Mobilitätsanforderungen, die für Güter des täglichen und mittelfristigen Bedarfs längere Wege erfordern als für die weniger häufigen Besuche bei medizinischen Dienstleistern.

Abb. 3: Raummuster des Angebots an Waren und Dienstleistungen in Brieselang

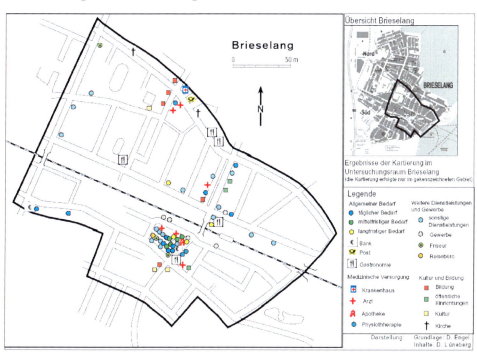

Quelle: Eigene Kartierung (2005)

Mit Brieselang im westlichen Speckgürtel Berlins wurde eine Gemeinde ausgewählt, die auf zwei Suburbanisierungswellen zurückblicken kann: Die im Nordwesten gelegenen Wohnbereiche – allgemeine Wohngebiete – entstammen größtenteils der Zwischen- und Nachkriegszeit – 1927 wurde Brieselang zu einer an den Idealen der Gartenstadt orientierten Gemeinde, während die südlichen Bereiche erst nach 1990 als nachholende Suburbanisierung und als reine Wohngebiete entstanden; von 1990 bis 2002 stieg die Einwohnerzahl Brieselangs von ca. 4000 auf 8800. Dementsprechend konzentrieren sich die Angebote an Waren und Dienstleistungen an der „Pendlerikone" DB-Haltestelle bzw. rund um das Krankenhaus und die Kirche im nördlichen Teil des Gebietes (Abb. 3). Schon anhand dieser Darstellung werden die Versorgungsschwierigkeiten für alte Menschen in Brieselang deutlich; gleichzeitig zeigt sich, dass die Anbieter von Infrastrukturen die Pendler als Hauptkonsumenten ansprechen. Sicherlich spielt die Errichtung eines Einkaufszentrums eine Rolle: dieses ist allerdings deutlich auf die Bevölkerung im südlichen Teil dieser durch die Bahntrasse zerschnittenen Ortes bezogen.

Abb. 4: Raummuster des Angebots altenbezogener Waren und Dienstleistungen im Amt Lenzen

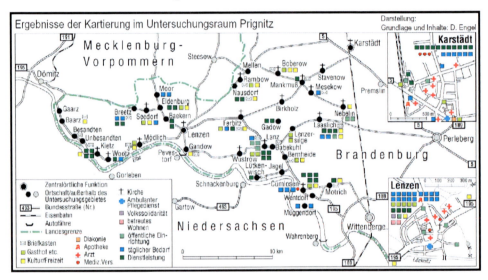

Quelle: Eigene Kartierung (2005)

Die Erhebung der Infrastruktur im Amt Lenzen in der Prignitz (Abb. 3) zeigt hingegen ein Bild, wie es inzwischen in vielen peripheren Gebieten vorherrscht: Versorgungseinrichtungen des täglichen Bedarfs sind nicht in allen Orten vorhanden, medizinische Versorgungsunternehmen wie Physiotherapeuten, Massagepraxen etc., Ärzte, Apotheken und Pflegedienste finden sich nur in der Stadt Lenzen und in Karstädt – natürlich weisen Perleberg, Wittenberge und Dömitz eine deutlich differenziertere altenbezogene Infrastruktur auf. Zwar erscheint das hier gezeigte Bild nicht so lückenhaft wie bpsw. in Gebieten in Vorpommern, doch zeigen sich auch hier Cluster oder Ketten unversorgter Orte wie zwischen Kietz und Gaarz an der Elbe oder um Nausdorf, Rambow und Mankmuß im Norden. Gerade für die in den kleinen Ortschaften lebenden Senioren ergeben sich demnach erhebliche Schwierigkeiten bei der Versorgung, die entweder in Eigeninitiative mit dem eigenen PKW, dem ÖPNV oder durch ambulante Händler bewältigt werden. Gerade für die Nutzung des ÖPNV ergeben sich hierbei erhebliche Zeitansätze, wobei für die abseits der Hauptstrecken liegenden Orte die maximalen Fahrzeiten allerdings bis zu 60 Minuten bei Frequenzen von 2 bis 4 Abfahren pro Tag betragen.

Aktionsräume älterer Menschen

Welche individuellen Aktionsräume Menschen im Alter „aufspannen", wie weit sich diese erstrecken - etwa auf die Wohnung bzw. den Wohnort beschränken bzw. darüber hinaus ausdehnen – hängt von verschiedenen Faktoren ab. Zu ihnen gehören neben persönlichen Interessen und Neigungen die spezifische infrastrukturelle Ausstattung des Wohnortes (etwa mit medizinischen, kulturellen oder sozialen Einrichtungen bzw. dem Angebot an öffentlichem Nah- und Fernverkehr), die individuelle Ausstattung der Haushalte mit Verkehrsmitteln, das Vorhandensein von familiären und außerfamiliären Netzwerken und natürlich der Gesundheitszustand der älteren Menschen. Aus anthropogeographischer Perspektive, d. h. der Betrachtung von menschlichen Handlungen in räumlichen Zusammenhängen, ist dabei insbesondere von Interesse, wie vielfältig ältere Menschen außerhalb ihrer Wohnung aktiv sind, in welchen über Zeit und Entfernung abzugrenzenden Räumen sie agieren und welche Unterschiede gegebenenfalls zwischen den Befragten in den hier unterschiedenen Siedlungsräumen sichtbar werden. Die Probanden wurden daher gefragt, welches die weiteste Strecke ist, die sie regelmäßig (d. h. mindestens einmal im Monat) zurücklegen, welche Gründe es dafür gibt und welches Verkehrsmittel dazu benutzt wird.

Es ließ sich zunächst feststellen, dass fast alle Befragten ihre Wohnung regelmäßig verlassen, um - neben der Grundversorgung - einer oder mehrerer anderer Aktivitäten nachzugehen Soziale Kontakte stellten dabei die mit Abstand wichtigste Komponente dar. Fast jeder zweite Befragte nannte dies als Grund für das Verlassen der Wohnung. Die Bandbreite der unter diesem Aspekt subsumierten Antworten reichte dabei vom Besuch der Familie in unmittelbarer Nachbarschaft bis hin zur organisierten Busfahrt mit Freunden und Bekannten zu einem weiter weg gelegenen Ausflugsziel.

Tab. 2: Aktivitäten außerhalb der Wohnung (außer Grundversorgung) nach Siedlungsräumen (N = 271) – Mehrfachnennungen

Aktivität	Gesamt Abs.	% *	städtisch Abs.	% *	suburban Abs.	% *	ländlich Abs.	% *
Soziale Kontakte	120	48,2	42	50,0	34	54,0	44	43,1
Erledigungen	85	34,1	13	15,5	24	38,1	48	47,4
Arztbesuch (Facharzt)	63	25,3	15	17,9	10	15,9	38	37,3
Hobby	60	24,1	24	28,6	19	30,2	17	16,7
anderes	18	7,2	6	7,1	4	6,3	8	7,8
Befragte, die mindestens eine Aktivität nannten	249		84		63		102	
Befragte, gesamt	271		88		75		108	

Quelle: eigene Erhebung (2005); * Basis: gültige Fälle

Die Versorgung mit Gütern des erweiterten Bedarfs bzw. die Inanspruchnahme von Dienstleistungen stellt ebenfalls einen wichtigen Grund dar, sich außerhalb der Wohnung aufzuhalten. Diese Arten von Aktivitäten wurden unter zu dem Begriff „Erledigungen" zusammengefasst. Durchschnittlich 31 % der Befragten legen dazu die insgesamt weiteste Strecke von der Wohnung aus zurück. Während bei dem Motiv „Soziale Kontakte" nur geringe Unterschiede zwischen den Siedlungsräumen auftraten, zeigten sich bei „Erledigungen" (etwa Friseurbesuch, Geldabholen, Einkauf von Kleidung) deutliche, jedoch nicht überraschende, Unterschiede in den Antworthäufigkeiten. Während sich für 47,4 % der Befragten in dem ländlichen Untersuchungsgebiet die weiteste Entfernung von der Wohnung aus diesem Grunde ergibt, war dies nur bei 15,5 % der in Berlin interviewten Personen der Fall. Ähnliche Differenzierungen – d. h. mit zunehmenden Anteilen in Richtung der peripheren Siedlungsräume - zeigten sich auch beim Besuch von (Fach-) Ärzten. Dieses Ergebnis leitet sich unmittelbar aus der infrastrukturellen Ausstattung der Siedlungsräume ab. Verfügen etwa die Berliner Stadtbezirke bzw. auch das Berliner Umland über eine entsprechende Dichte an Dienstleistungseinrichtungen oder Fachärzten, so konzentrieren sich solche Angebote im ländlichen Raum auf die wenigen zentralen Orte. Entsprechend unterschiedlich sind der damit verbundene zeitliche Aufwand und die zurückzulegenden räumlichen Distanzen für Bewohner der verschiedenen Siedlungsräume. Bei dem Motiv „Hobby", dem vierten wichtigen Grund zum Verlassen der Wohnung über eine größere Entfernung, zeigte sich dagegen ein umgekehrtes Bild. Bei etwa jedem vierten in Berlin Befragten resultiert der maximale Aktionsraum aus der Tatsache, dass einem bestimmten Hobby nachgegangen wird. Bei Probanden aus dem ländlichen Raum traf dies dagegen nur auf 16,7 % zu.

Neben der Betrachtung der Aktivitäten im Einzelnen können weitere Erkenntnisse zu den individuellen Aktionsräumen und -mustern über eine mehrdimensionale Betrachtung der Antwortmuster, also der von den Befragten genannten Kombinationen von Aktivitäten außerhalb der Wohnung, gewonnen werden. 249 Personen benannten mindestens eine Aktivität. Dabei ergaben sich insgesamt 26 verschiedene Antwortmuster. Zur Analyse, insbesondere aber zur Veranschaulichung der aufgetretenen Antwortmuster wurde das Verfahren der Formalen Begriffsanalyse genutzt. Es baut auf Erkenntnissen der Verbandstheorie auf und wurde von Wille (1987) theoretisch gegründet und als Verfahren entwickelt. Es ermöglicht eine Verknüpfung geographischer Objekte (hier die befragten Personen und somit eher Subjekte) mit ihren Merkmalen (hier die Antwortmuster) in einem Kontext. Nach Saupe/Ziener (1994) besteht ein wesentlicher Vorteil dieses Verfahrens in der Betrachtung von Merkmalen geographischer Objekte (Gegenstände) in ihrer qualitativen Ausprägung u. a. dann, wenn komplexere Fragestellungen zu untersuchen sind. Bei der Auswertung von Befragungen betrifft dies beispielsweise Fragen, die mehrere Antworten zulassen.

Der Begriffsverband wurde an dieser Stelle nur aus denjenigen Antwortmustern gebildet, die mindestens eine der vier am häufigsten genannten Aktivitäten außerhalb der Wohnung enthält. Damit repräsentiert der in Abb. 5 dargestellte Begriffsverband bzw. das Liniendiagramm als seine Veranschaulichung die 15 verschiedenen Antwortmuster von 233 Befragten (86 %).

Das Liniendiagramm besteht aus Knoten und Linien. Die Knoten repräsentieren jeweils eine Gruppe von Befragten mit gleichem Antwortmuster. Die Linien zeigen alle Verknüpfungen der jeweiligen Werte miteinander. Der oberste Knoten, er würde für die Befragten stehen, die keine der vier Aktivitäten genannt hatten, bleibt leer. Einzelantworten (Fälle, in denen die Befragten nur eine Aktivität nannten) sind im oberen Teil des Verbandes angeordnet. Zur besseren Lesbarkeit sind diese Antwortmuster hier jeweils einfarbig dargestellt.

Abb. 5: **Aktivitätsmuster aus den vier am häufigsten genannten Aktivitäten außerhalb der Wohnung (ohne Grundversorgung) – N = 233**

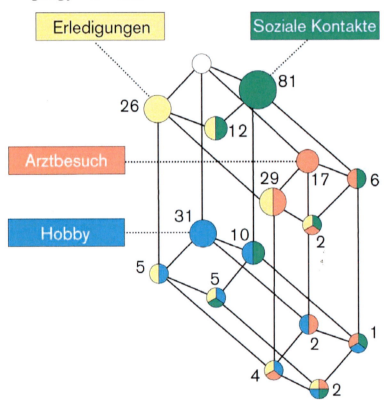

Quelle: eigene Erhebung (2005)

Der größte Knoten repräsentiert alle 81 Befragten, deren größter Aktionsraum ausschließlich aufgrund sozialer Kontakte entsteht. Der Begriffsverband ist so konstruiert, dass die Zahl der miteinander kombinierten Werte nach unten hin zunimmt. So steht der gelb-orangefarbene Knoten für 29 Befragte, die einen (Fach-)Arztbesuch mit Erledigungen verbinden. In dem senkrecht darunter liegenden Knoten wird das Aktivitätsmuster (Fach-)Arztbesuch, Erledigungen und Hobby abgebildet (4 Probanden). Der unterste Knoten schließlich symbolisiert die Befragten, die alle vier Aktivitäten anführten. Dies waren bei dieser Untersuchung zwei Probanden.

Warum ist nun auch von Interesse, in wieweit ältere Menschen Aktivitäten außerhalb der Wohnung miteinander verbinden? Häufig sind solche Unternehmungen mit einer gewissen körperlichen Anstrengung verbunden bzw. es besteht auch ein bestimmter Organisationsbedarf (ggf. muss dazu auch die Hilfe anderer in Anspruch genommen werden). Aufgrund dessen wurde angenommen, dass ältere Menschen verstärkt bemüht sind, bestimmte Aktivitäten sinnvoll miteinander zu verbinden, insbesondere um körperlichen, zeitlichen und finanziellen Mehraufwand zu vermeiden. Diese Hypothese ließ sich durch die Erhebung nicht bestätigen. Wie aus der Abb. 5 hervorgeht, wird die Wohnung mehrheitlich aus einem einzigen Grund verlassen - einfarbige Knoten: 155 Befragte bzw. 66,5 % der hier betrachteten 233 Befragten. Nur ein Drittel der Befragten verbindet also zwei bzw. mehr Aktivitäten miteinander. Signifikante Unterschiede zwischen den Siedlungsräumen traten nur insofern auf, dass die Verbindung des Arztbesuches mit Erledigungen (29 Befragte) hauptsächlich durch Probanden aus dem ländlichen Raum genannt wurde (in 21 von 29 Fällen bzw. 73 %).

Mit Ausnahme dieser auffällig häufigen Kombination von Aktivitäten im ländlichen Raum – sie erklärt sich wiederum durch die Konzentration von Einrichtungen auf wenige zentrale Orte – besteht offensichtlich (noch) nicht grundsätzlich der Bedarf bzw. die Notwendigkeit, mehrere Aktivitäten miteinander an einem Tag oder auf einer Wegstrecke zu verbinden. Andererseits können diese aber auch bewusst vermieden werden, um körperliche Anstrengungen gering zu halten. So gaben etwa einige Befragte aus Berlin an, dass sie an einem Tag zum Arzt gehen und an einem anderen zum Einkaufen in ein Kaufhaus fahren: beides an einem Tag zu erledigen, wäre ihnen dagegen zu anstrengend.

Neben der Betrachtung der Aktionsräume nach inhaltlichen Aspekten - also der Beschreibung dessen, was die älteren Menschen außerhalb ihrer Wohnung regelmäßig tun – ist aus raumwissenschaftlicher Perspektive von Bedeutung, wie weit sich diese Aktionsräume zeitlich bzw. distanziell von der Wohnung aus erstrecken und welche Verkehrsmittel zur Raumüberwindung genutzt werden. Die Erhebung ergab, dass sich die Aktionsräume von 42 % der Befragten über Einrichtungen und Orte ausdehnen, die von der eigenen Wohnung aus in maximal einer halben Stunde erreicht werden. Weitere 24 % der Befragten bewegen sich regelmäßig in einem zeitlichen Raum von mehr als einer halben, höchstens aber einer Stunde Entfernung von der Wohnung. In Abhängigkeit vom benutzten Verkehrsmittel überwinden somit zwei Drittel der Befragten Räume von maximal ca. 2-4 km (bei einer Fortbewegung zu

Fuß), etwa 8-10 km (bei Nutzung des Fahrrades) bzw. 20-40 km (bei Fahrten mit dem öffentlichen Nahverkehr bzw. dem Pkw).

Abb. 6: Benutzte Transportmittel für regelmäßige Aktivitäten außerhalb der Wohnung (außer Grundversorgung) – nach Siedlungsräumen (N=249)

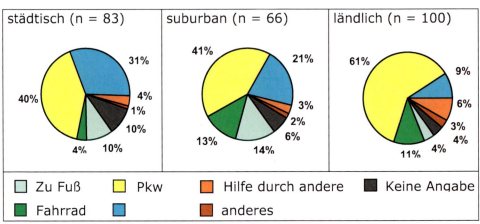

Quelle: eigene Erhebung (2005)

Bei der Rangfolge der Verkehrsmittelnutzung fällt auf, dass in allen drei Siedlungsräumen das Auto am häufigsten in Anspruch genommen wird. Dennoch sind deutliche Unterschiede in der Häufigkeit der Pkw-Nutzung zu erkennen. Während etwa 40 % der Befragten im städtischen und suburbanen Untersuchungsgebiet angaben, mit dem Auto zu fahren, tat dies im ländlichen Raum mehr als die Hälfte (Abb. 6). In der gleichen Zeit legen also viele Befragte aus dem ländlichen Untersuchungsgebiet weitere Wege zurück als in den beiden anderen Siedlungskategorien.

Anhand der dagegen unterdurchschnittlich häufigen Nutzung des ÖPNV im ländlichen Raum wird das reduzierte Angebot (in der Regel nur Bus, geringe Taktzeiten) deutlich. Öffentliche Verkehrsmittel werden nur dann genutzt, wenn es keine anderen Alternativen gibt. Interessant ist, dass die weiteste, mindestens einmal im Monat zurückgelegte Strecke durchaus auch zu Fuß erfolgt. Im städtischen und suburbanen Raum ist etwa jeder Zehnte zu Fuß unterwegs, auf dem Land sind es dagegen nur 4 %. Dafür nutzen Befragte im ländlichen Raum wesentlich häufiger das Fahrrad als die in Berlin interviewten Probanden. Ein ebenfalls nicht zu vernachlässigender Aspekt ist die Unterstützung durch Familienangehörige, Freunde oder Nachbarn. Auch wenn diesbezügliche Unterschiede zwischen den Siedlungsräumen nicht signifikant sind, können Befragte im ländlichen Raum tendenziell häufiger solche Hilfe in Anspruch nehmen (6 % gegenüber 3 % bzw. 4 %).

Allgemeine Zufriedenheit bzw. Zufriedenheit mit Wohnort

Um letztlich auch Aussagen darüber treffen zu können, wie ältere Menschen die Lebensbedingungen an ihrem Wohnort wahrnehmen und bewerten, wurden sie im weiteren Verlauf der Erhebung gebeten, ihren persönlichen Grad der Zufriedenheit einzuschätzen. Die Quantifizierung erfolgte auf einer zehnstufigen Skala, wobei der Wert zehn den höchsten Grad an Zufriedenheit dokumentiert. Dieser Form der Messung von Zufriedenheit liegt maßgeblich das theoretische Konzept zu Grunde, dass Einschätzungen entweder nach dem Bottom-Up bzw. Top-Down-Prinzip erfolgen (Veenhoven. 1995, S. 19-21). Nach dem Bottom-Up-Ansatz werden relevante Lebensbereiche (etwa Gesundheit, Familie, Wohnsituation) zunächst einzeln bewertet. Die allgemeine Zufriedenheit wird dann anschließend in Abwägung bzw. Gewichtung der einzelnen Bereichszufriedenheiten ermittelt. Dem 'Top-Down-Ansatz' zufolge trifft der Mensch eher spontan eine Aussage über seine allgemeine Zufriedenheit. Davon ausgehend, erstreckt sich seine Zufriedenheit auch auf einzelne Lebensbereiche. Wie sich im Rahmen dieser Untersuchung herausstellte, schätzten die Befragten ihre Zufriedenheit mehrheitlich nach dem Top-Down-Ansatz ein. In die Einschätzungen flossen aber auch noch andere Formen der Bewertung ein. So verglich eine Reihe von Befragten die eigene Lebenssituation mit der anderer Personen – etwa anderer Familienmitglieder, Nachbarn oder Freunden. Je nachdem, wie dieser Vergleich ausfiel, wurde dann entweder ein sehr hoher oder sehr niedriger Skalenwert genannt. Das letztgenannte Vorgehen korrespondiert insbesondere mit der Annahme, dass „die Auseinandersetzung des Menschen mit seiner ihn umgebenden Umwelt im Wesentlichen das Ergebnis sozialer Vergleichsprozesse ist" (Goltz, 2001, S. 33 in Bezug auf Michalos, 1985). Insofern stellt die Zufriedenheit ein Maß dafür dar, inwieweit Abweichungen zwischen Wünschen oder Bedürfnissen einerseits und der Realität bzw. Realisierungschancen andererseits wahrgenommen werden.

Grundsätzlich brachten die meisten Befragten zum Ausdruck, dass sie im Allgemeinen (sehr) zufrieden sind. Männer und Frauen unterschieden sich in ihren Einschätzungen kaum. Auch das Alter stellte keine differenzierende Variable dar. Im Durchschnitt wurde ein Zufriedenheitswert von 8,0 ermittelt. Lagen die individuellen Einschätzungen unter diesem Wert, so waren dafür fast ausschließlich gesundheitliche Gründe bzw. in geringerem Maße Negativaspekte des Wohnortes ausschlaggebend. Im statistischen Sinne zeigten sich zwar signifikante und inhaltlich auch plausible Unterschiede in der Zufriedenheit zwischen den Siedlungsräumen, der Wohnform bzw. der Wohndauer der Befragten (siehe Abb. 7). Dennoch sollten diese bei der Interpretation nicht überbewertet werden, denn die Differenzen der Zufriedenheitswerte bewegen sich meist nur zwischen 0,2 und 0,5 Skalenpunkten.

Abb. 7: Allgemeine Zufriedenheit der Befragten

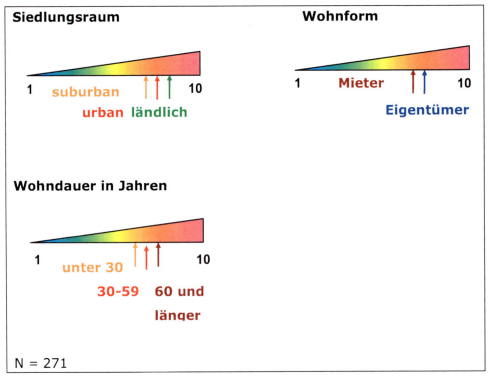

N = 271

Quelle: eigene Erhebung (2005)

Dass die Beschaffenheit des Wohnumfeldes wesentlich zur allgemeinen Zufriedenheit der im städtischen, suburbanen bzw. ländlichen Kontext befragten älteren Menschen beiträgt, kann sowohl am Antwortspektrum als auch an den Antworthäufigkeiten auf die offen gestellten Fragen „Was gefällt Ihnen an ihrem Wohnort?" bzw. „Was stört Sie hingegen?" abgelesen werden. Während fast alle Befragten mindestens einen positiven Aspekt nannten (253 von 271 Probanden), äußerten sich 173 Befragte in gewisser Weise negativ. Zudem war die Anzahl positiver Nennungen mit 509 fast doppelt so hoch, wie die Erwähnung negativer Sachverhalte (287 Nennungen). Die zum Teil sehr umfassenden Antworten ließen sich dennoch zu einer überschaubaren Anzahl von Kategorien zusammenfassen:

- **Alles** - allgemeine Zufriedenheit, ohne weitere Begründung
- **Eigentum/Wohnung** - Größe, Ausstattung, eigene Investitionen diesbezüglich, Finanzen bzgl. Wohnung, Verhältnis zum Vermieter
- **Einkaufsmöglichkeiten** - Entfernung; Vielfalt, Service von Geschäften
- **Heimat** - Geburtsort, Geborgenheit, lange Wohndauer Ortsverbundenheit
- **Lebensqualität** - Ruhe/Idylle, saubere Luft, Sauberkeit; Hektik, Stress; Dreck, Lärm (u. a. Verkehr, spielende Kinder)
- **Menschen/soziale Kontakte** - Nachbarschaftshilfe; (Nähe von) Familie und/oder Freunden
- **Politik** - Bewertung der Gemeindevertreter, Stadtverordneten
- **Soziale Infrastruktur** - Vorhandensein und Erreichbarkeit von Ärzten, Pflegediensten, Apotheke; Vielfalt an Freizeitangeboten für Ältere; Arbeit der Träger der Altersfürsorge (etwa Volkssolidarität, Kirche)
- **Sozioökonomische Lage** - Abwanderung/Leerstand; Arbeitslosigkeit
- **Technische Infrastruktur** - Straßenzustand, -anbindung, ÖPNV (Entfernung Angebot; Taktzeiten)
- **Räumliche Lage** - Zentralität; Abgeschiedenheit
- **Umweltqualität** - Natur, Landschaft, grün, Offner Blick; Verbauung, Stadtbild
- **Sonstiges**

Da die einzelnen Aspekte unterschiedlich häufig, zum Teil nur von einigen Befragten, genannt wurden konzentrieren sich die nachfolgenden Aussagen auf eine Betrachtung der jeweils fünf am häufigsten genannten Positiv- bzw. Negativmerkmale. In allen drei Untersuchungsgebieten wurden Umwelt- und Lebensqualität besonders häufig als etwas Positives erwähnt (Tab. 3). Dass sich auch im städtischen Untersuchungsgebiet sehr viele Befragte diesbezüglich positiv äußerten, war so nicht zu erwarten gewesen. Dieses - für Gesamtberlin nicht repräsentative - Ergebnis dürfte jedoch auf die jeweilige räumliche Lage innerhalb der Stadt, die Bebauungsstruktur und die Nähe zu Parks und größeren Grünanlagen (im Gebiet Berlin-Pankow zum Beispiel der Schlosspark) zurückzuführen sein. An dritter Stelle hoben die Berliner Befragten das ÖPNV-Angebot positiv hervor; für die im Umland bzw. in der Peripherie interviewten älteren Menschen waren es dagegen die Kontakte zu Nachbarn und Freunden bzw. im ländlichen Raum auch das Heimatgefühl. Im Vergleich der drei Untersuchungsräume ließ sich somit feststellen, dass mit abnehmender Urbanität die sozialen Aspekte an Bedeutung gewinnen.

Tab. 3: **Die fünf wichtigsten positiven bzw. negativen Aspekte des Wohnortes - nach Siedlungsraum**

a) Positiver Aspekt	Nennungen Gesamt		nach Siedlungsraum Städtisch		suburban		Ländlich	
	Abs.	% *	Abs.	% *	Abs.	% *	Abs.	% *
Umweltqualität	165	78,9	69	89,6	43	81,1	53	67,1
Lebensqualität	91	43,5	42	54,5	14	26,4	35	44,3
Soziales Umfeld	50	23,9	11	14,3	11	20,8	28	35,4
Technische Infrastruktur	39	18,7	22	28,6	14	26,4	3	3,8
Heimat	24	11,5	3	3,9	5	9,4	16	20,3
Summe aller Nennungen	369	-	147	-	87	-	135	-
durch .... Befragte	209		77		53		79	

Fortsetzung Tab. 3

b) Negativer Aspekt	Nennungen Gesamt		nach Siedlungsraum Städtisch		suburban		Ländlich	
	Abs.	% *	Abs.	% *	Abs.	% *	Abs.	% *
Lebensqualität	75	54,3	30	65,2	33	76,7	12	24,5
Technische Infrastruktur	53	38,4	24	52,2	16	37,2	13	26,5
Einkaufsmöglichkeiten	35	25,4	11	23,9	10	23,3	14	28,6
Soziale Lage	22	15,9	-		4	9,3	18	36,7
Soziale Infrastruktur	21	15,2	1	2,2	7	16,3	13	26,5
Summe aller Nennungen durch	206	-	66	-	70	-	70	-
Befragte	138		46		43		49	
Befragte, gesamt	271		88		75		108	

Quelle: eigene Erhebung (2005) * Basis: jeweils gültige Fälle

Lebensqualität und das Angebot an öffentlichen Verkehrsmitteln wurden im städtischen und suburbanen Untersuchungsgebiet zwar einerseits häufig als Qualitätsmerkmal des Wohnumfeldes deklariert, andererseits gab es diesbezüglich auch eine Reihe von unzufriedenen Befragten. Begründungen dafür waren der Verkehrslärm oder auch die als zu lang empfundenen Taktzeiten beim Bus (z. B. nur drei Abfahrten in der Stunde). Für die Befragten im ländlichen Raum standen dagegen die sozialen Verhältnisse in der Nachbarschaft - die Wahrnehmung von Arbeitslosigkeit, divergierenden Einkommensverhältnissen oder zunehmender Anwanderung - sowie die eingeschränkten Einkaufsmöglichkeiten an erster und zweiter Stelle der Negativmerkmale. Auch der Straßenzustand bzw. die unzureichende Anbindung an das Nahverkehrsnetz lösten z. T. Unzufriedenheit aus. Im Gegensatz zu diesbezüglicher Kritik im städtischen Raum handelt es sich dabei um ernsthafte raumstrukturelle Probleme. So verkehren öffentliche Busse in vielen Dörfern in der Prignitz nur während der Schulzeit. Wie sich bei der räumlichen Mobilität der Befragten gezeigt hat, sind zwar gegenwärtig noch 61 % mit dem eigenen Fahrzeug mobil; fraglich ist jedoch, wie sie ihren Einkauf erledigen oder zum Arzt fahren, wenn sie z. B. aufgrund gesundheitlicher Einschränkungen nicht mehr allein mit dem Auto fahren können.

Mittel- und langfristig werden sich also raumordnungspolitische und raumplanerische Überlegungen insbesondere darauf konzentrieren müssen, wie eine zunehmend älter werdende Bevölkerung - auch im Fall eingeschränkter räumlicher Mobilität - hinreichend versorgt werden kann. Auf Unterstützungsleistungen aus der Familie und/oder dem Freundeskreis allein kann dabei nicht gesetzt werden. Zwar gaben die Befragten mehrheitlich an, gute bis mittelmäßige Kontakte zu Nachbarn zu besitzen (zwischen 87 % im suburbanen und 92 % im ländlichen Raum). Jeweils nur ein Drittel der Befragten im städtischen und suburbanen Raum bewertete diese Beziehungen zu anderen Einwohnern jedoch als so stark, dass daraus auch potenziell Erwartungen an Unterstützungsleistungen geknüpft werden. Im ländlichen Raum fühlen sich zwar 60 % der Befragten stark in die Nachbarschaft eingebunden. Aber auch dort beschränken sich Unterstützungsleistungen in der Regel auf unregelmäßige Aktivitäten, etwa der Hilfe beim Einkauf. Das potenziell dichte Netz an familiären und außerfamiliären Netzwerken (Abb. 8) - hier gemessen über die räumliche Nähe zu den Befragten - darf keinesfalls überbewertet werden. Sie stellen allenfalls eine Alternative für sporadische Hilfe im Haushalt, beim Einkauf oder bei der Inanspruchnahme von Dienstleistungen dar. Zur Betreuung der älteren Menschen im Pflegefall müssen andere Strategien entwickelt werden, denn potenzielle Pflegekräfte rekrutieren sich innerhalb der Familie nur aus einem sehr kleinen Kern (in der Regel Töchter, Schwiegertöchter, Söhne).

Abb. 8: Potentielle familiäre und außerfamiliäre Netzwerke

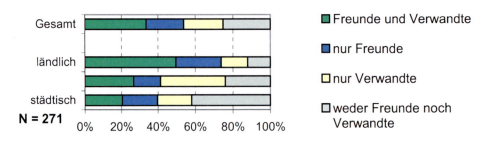

Quelle: eigene Erhebung (2005)

Die Perspektive der Akteure

Neben der Darstellung der differenzierten Raumausstattung in den einzelnen Raumkategorien Stadt, suburbaner und ländlicher Raum und der Analyse der Anpassungsstrategien und Gewöhnungsniveaus alter Menschen darf in einer Darstellung der raumspezifischen Aspekte der alternden Gesellschaft der Blick auf die Akteure nicht fehlen. Eine solche Betrachtung ist insofern notwendig, als eine Reflexion deren Handelns Erklärungshintergründe für die Raumausstattung und eventuell auch für die Raumbewertung durch die Betroffenen liefern kann. Außerdem kann hier vermutet werden, dass die Konfrontation mit dem Phänomen der alternden Gesellschaft in den einzelnen Teilräumen durchaus unterschiedliche Intensität annehmen kann. Letztlich sollen hier auch die zukünftigen Planungen der Akteure Berücksichtigung finden.

Die von uns in diesem Zusammenhang befragten Akteure des Handlungsfeldes „Alternde Gesellschaft" können in vier Gruppen eingeteilt werden: Politischer Bereich der Entscheidungsträger auf Bezirks- und Ämterebene, öffentlicher sozialmedizinischer Bereich, privater sozialmedizinischer Bereich und Dienstleistungen mit unmittelbarem Bezug auf die Bedürfnisse älterer Menschen. Diese Matrix aus Akteuren und Raumbezug ermöglicht es, horizontal die Aktivitäten zu vergleichen und vertikal den Raumbezug herzustellen.

Grundsätzlich wird von den hier befragten Akteuren das Phänomen der alternden Gesellschaft durchaus wahrgenommen, es gibt allerdings prägnante Unterschiede zwischen den Akteuren und den Räumen. So setzen sich die Akteure des sozialmedizinischen Bereiches durch ihre stärkere Betroffenheit zwangsläufig intensiver mit dem Phänomen auseinander. Bei medizinischen Einrichtungen ist die Konzentration auf die Hochaltrigkeit besonders auffällig, denn hier liegt das größte Kundenpotential bzw. die größte Herausforderung. Die intensive Auseinandersetzung mit der Thematik lässt sich für die Akteure des sozialmedizinischen Bereichs allerdings sowohl als reflexives Handeln im Rahmen des ungewollten Anstiegs der Versorgungsfälle als auch als aktives Handeln zur Vergrößerung der eigenen Kundenbasis verstehen und daher deutlich in staatliche und private Akteure differenzieren.

In den Gesprächen mit den politischen Entscheidungsträgern entstand allerdings auch der Eindruck, dass auf der politischen Ebene der Bezirke, Gemeinden und Ämter das Phänomen in seinen komplexen Zusammenhängen unzureichend intensiv und differenziert diskutiert wird; hier ergibt sich eine erhebliche Diskrepanz zur öffentlichen Diskussion und zur intensiven politischen Behandlung der Thematik auf Länder- und Bundesebene (z. B. durch die Einrichtung des Referats „Demographischer Wandel" in der Staatskanzlei des Landes Brandenburg). Insbesondere im ruralen Bereich gibt es diesbezüglich Auffälligkeiten.

Die politischen Akteure lassen in ihrer Wahrnehmung und Bewertung der demographischen Entwicklung überwiegend private Erfahrungen mit in die Meinungsbildung einfließen und nutzen diese als Referenz für ihre Entscheidung. Insofern ergibt sich hier einerseits eine wichtige Rückkoppelung auf die jeweilige räumliche Ebene mit ihren spezifischen Ausprägungen der Problematik, anderseits fehlen aber so wichtige Einblicke in grundsätzliche Aspekte des Phänomens der alternden Gesellschaft. Die Akteure der sozial-medizinischen Ebene und Dienstleistungen hingegen lassen persönliche Erfahrungen weitestgehend außen vor, so dass in ihrer Bewertung Professionalität und die damit verbundenen Perspektiven aus Versorgungsnotwendigkeit und Kundenorientierung überwiegt. Sozialmedizinische Dienste und Dienstleister bewerten das Phänomen der alternden Gesellschaft aus einer wirtschaftlichen Perspektive, wobei allerdings die Auseinandersetzung von unterschiedlichen Parametern geprägt zu sein scheint: Unternehmen mit dominierendem wirtschaftlichem Verwertungsinteressen (z. B. Vivantes) sehen ihr Unternehmen im Mittelpunkt und legen diese Perspektive auch dar, während Unternehmen aus dem Zwischenbereich Wirtschaft-Caritativ (Stiftungen) eine andere Gewichtung vornehmen. Die befragten Dienstleister des Verkehrssektors (Berliner Verkehrs Gesellschaft, Taxiunternehmen) zeichneten sich durch eine starke „selbstbezogene" Perspektive aus. Die Wahrnehmung des Phänomens scheint auch davon bestimmt zu sein, dass die eigene Perspektive und der eigene Tätigkeitsbereich in den Mittelpunkt gerückt werden. Diese spezifische Herangehensweise kann einerseits von den ökonomischen Verwertungsinteressen determiniert sein, andererseits aber auch als reaktives Handeln begriffen werden. Problem- und klientelorientierte Wahrnehmungen finden sich dementsprechend bei den medizinischen Dienstleistern des privaten und öffentlichen Bereichs.

Räumliche Differenzierungen

Neben dieser akteurs- und aufgabenorientierten Differenzierung im Umgang mit dem Phänomen der alternden Gesellschaft konnten zusätzlich Unterschiede und Gemeinsamkeiten zwischen den einzelnen räumlichen Ebenen identifiziert werden.

Für den ländlichen und suburbanen Raum ist auffällig, dass bezüglich der Pflege älterer Menschen in hohem Maße auf soziale Netzwerke rekurriert wird. Anhand der Aussagen der Befragten drängt sich der Eindruck auf, dass die Politik die Pflege durch soziale Netzwerke geradezu postuliert; in diesem Postulat manifestieren sich zum einen die bereits beobachteten praktischen und tragfähigen Erfahrungen mit derartigen selbstorganisierten Strukturen und zum anderen die mangelnden Handlungsspielräume kommunaler Entscheidungsträger angesichts der knappen Finanzmittel und extern regulierter Pflegeangebote. Bei medizinischen Akteuren im ländlichen Raum steht die Bedeutung der mobilen Pflege aufgrund der Entfernungen und der Weigerung der Menschen, das Leben in gewohnter Umgebung aufzugeben, im Vordergrund. Wegen fehlenden Wohneigentums und geringer Dichte sozialer Netzwerke (Familie) werden Pflegedienste und Heime im urbanen Raum intensiver in Anspruch genommen.

Die Befragten aller räumlichen Ebenen sind sich weitgehend darin einig, dass das Problem der Überalterung aus finanziellen Gründen nicht vom Staat alleine getragen werden kann und somit auf soziale Netzwerke zurückgegriffen werden muss. So wird die „Hilfe zur Selbsthilfe" von allen politischen Institutionen propagiert und insbesondere im ländlichen Bereich davon ausgegangen, dass dieser Ansatz fruchtbringend eingesetzt werden kann, da feste Familienstrukturen bestehen und die Pflege von Mitgliedern der älteren Generation durch jüngere Familienangehörige tradiert ist. Aufgrund der verbreiteten Pflege durch Angehörige kann die Relevanz des Themas aus politischer Sicht somit leicht verdrängt werden und wird häufig sogar als nicht vorhanden beschrieben. Dies ist im städtischen Gebiet nicht der Fall: Hier werden eher Pflegeformen postuliert, in denen auf ehrenamtlicher Grundlage ältere Menschen durch Jüngere gepflegt und versorgt werden sollen; in diesem Diskurs wird häufig auf die in den Medien dargestellten Modellprojekte von Alten-WGs etc. zurückgegriffen. Im suburbanen Raum wird hingegen auch angesichts der erst verspäteten eintretenden Überalterung ein Zusammenleben von Jung und Alt gefördert, ohne direkt auf Pflegeaspekte einzugehen.

Eine zukünftig intensivere Zusammenarbeit von Pflegeinstitutionen und der politischen Ebene wird von nahezu allen Beteiligten als notwendig erkannt. Insbesondere die sozial-medizinischen Einrichtungen in allen Räumen haben bereits jetzt eine aktive Orientierung zur Gruppe der Hochaltrigen und/oder Demenzkranken begonnen, da diese zum einen die größte Nachfragergruppe darstellen werden und zum anderen vergleichsweise hohe und sichere Einkommensquellen generiert werden können. Auch ist hier insbesondere im ländlichen und suburbanen Raum eine Spezialisierung auf mobile Pflege angebracht.

Wie sind diese Ergebnisse zu bewerten? Zunächst ergeben sich durch die klientelbezogene Fixierung erhebliche Konfliktfelder zwischen den einzelnen Akteuren: Öffentliche und private sozialmedizinische Einrichtung setzen sich mit dem Problem der alternden Gesellschaft aus der Perspektive der medizinischen und sozialen Notwendigkeiten auseinander und konzentrieren ihre Kräfte auf die Pflegebedürftigen unterschiedlicher Intensitätsstufen. Demgegenüber verweist die politische Ebene einerseits auf die sozialstaatlich geregelte Versorgung der Hochaltrigen und andererseits auf die Notwendigkeit der Selbstorganisation und Eigeninitiative der jüngeren, aktiveren Alten. Der hier vorgenommene Rekurs auf Eigeninitiative, Selbstorganisation und familiäre bzw. nachbarschaftliche Netzwerke erweist sich allerdings bei einer eingehenden Betrachtung als geographisch und zeitlich beschränkt: Im suburbanen Raum scheinen derartige Kooperationsform erst im Entstehen zu sein, während sich städtische und ländliche Räume in ihrer Kooperationsform dergestalt unterscheiden, als dass in städtischen Räumen nicht-familiäre und in ländlichen Räumen familiäre Netzwerke präferiert werden. Die Hoffnung, die Schwierigkeiten bei der Versorgung älterer Menschen durch derartige freiwillige Dienste meistern zu können, erscheint allerdings aus mehreren Gründen zweifelhaft: Zum einen sind städtische Gesellschaften von höheren Veränderungen durch Zuzug und Wegzug betroffen als ländliche Räume, wodurch die Etablierung von Netzwerken schwierig wird. Zum anderen muss für periphere ländliche Räume die starke Überalterung der Bevölkerung durch den Wegzug der jüngeren Generation gesehen werden: Familiäre Strukturen zerfallen, während immer älter werdende junge Alte die alten Alten pflegen sollen. Gleichzeitig sehen die befragten Akteure des politischen Bereichs keine Konzepte zur Förderung nachbarschaftlichen Engagements – sie verweisen vielmehr reflexhaft auf die Zwänge, die solche Handlungsweisen quasi automatisch hervorbringen würden und die sich als nicht oder nur schwer steuerbar herausstellen würden. Politisches Handeln auf diesem Feld erschöpft sich in der Erarbeitung umfangreicher Seniorenratgeber und der pflichtgemäßen Berücksichtigung und Abwägungen der Einwände des jeweiligen Seniorenbeirats.

Die bisherigen Ergebnisse unserer Untersuchung erlauben nun erste Rückschlüsse auf raumspezifische Aspekte der alternden Gesellschaft.

In Bezug auf die infrastrukturelle Ausstattung mit altenbezogenen Dienstleistungen kommt dem Raum eine entscheidende, differenzierende Bedeutung zu – lagebezogene Parameter sind hier entscheidend.

Problemadressierte Sensibilisierungen – ablesbar an der Zufriedenheit der Betroffenen – und Aktivitätsmuster bzw. –reichweite streuen ebenfalls im Raum, sind aber nicht eindeutig bestimmten Raumkategorien zuzuordnen. Die Befragung der alten Menschen in den drei Teilräumen lässt vielmehr den Schluss zu, dass hier eine Differenzierung nach individuellen oder höchstens gruppenbezogenen Sensibilisierungsintensitäten vorgenommen werden muss.

Raumbezogene Parameter prägen hingegen das Handeln der Akteure aus Politik, öffentlicher und privater Versorgung und Dienstleistern nur in partieller Weise: Klientel- bzw. tätigkeitsbezogene Fixierungen überwiegen hier im Sektor der Versorgungsunternehmen, während politische Entscheidungsträger korporatistische Konzepte unterschiedlicher Intensität verfolgen.

Allerdings muss an dieser Stelle auch erwähnt werden, dass grundsätzlich die Auseinandersetzung mit dem Phänomen der alternden Gesellschaft dem geographischen Grundmuster der regellosen Streuung folgt: das in Brandenburg verfolgte Konzept der Etablierung und Förderung sog. „Lebendiger Dörfer" beinhaltet auch eine starke demographische Komponente - die Zahl dieser Dörfer scheint allerdings dünn gestreut. Ebenso verfolgen einzelne Gemeinden und Regionen mit Hilfe des LEADER+-Programmes ehrgeizige Ziele der Kompensation des demographischen Wandels. Inwieweit hier von einzelnen Modellregionen und Modelldörfern ein Effekt auf die umgebenden Bereiche ausgeht, kann hier nicht angeschätzt werden.

Schlussfolgerungen und Empfehlungen

Zunächst ist hier festzuhalten, dass einfache, an Raumkategorien Stadt, Umland und Peripherie festgemachte Bewertungen und Prognosen der Lebenssituation älterer Menschen nicht pauschalisierbar sind, sondern vielmehr die spezifischen lokalen Umstände zu berücksichtigen sind.

Die Erkenntnis, dass die individuelle Lebenssituation älterer Menschen durch Aktivitäts-, Mobilitäts- und Integrationsintensitäten geprägt ist und mithin die individuelle Zufriedenheit von Gewöhnungs-, Duldungs- und manchmal Leidensprozessen dominiert wird, verlangt nach entsprechend angepassten Lösungsansätzen. Insofern enttäuscht der Rekurs auf netzwerkbezogene Unterstützungs- und Pflegeleistungen in allen untersuchten Räumen, da hier differenzierte Bedingungen vorherrschen: Die Vorstellung, dass in kleinen, in starkem Maße von Überalterung und Schrumpfung betroffenen Gemeinden Eigeninitiative zur Lösung demographischer Probleme beitragen soll, erscheint zu kurz gegriffen. Als ein Beispiel für diese undifferenzierte Herangehensweise muss auch der Umgang mit dem ÖPNV gesehen werden: Während die BVG in Berlin Busse, Haltestellen, Fahrpläne und Umsteigezeiten auf mobilitätsbeschränkte Klienten optimiert, werden in ländlichen Regionen Verbindungen gestrichen oder Haltestellen um 1,5 km verlegt – vom Dorfmittelpunkt an die Hauptstraße.

Raumausstattung ist also auch auf Mikroebene zu betrachten: Gerade der Kontrast zwischen Pankow und Zehlendorf innerhalb Berlins verdeutlicht Unterschiede in der Erreichbarkeit von Einrichtungen; für den ländlichen Raum wird dies noch einprägsamer, wenn man Orte nach ihrem Versorgungsgrad in permanent versorgte, periodisch versorgte oder nicht versorgte Orte differenziert.

Somit ergeben sich aus geographischer Perspektive die nachfolgend genannten Forderungen:

Die Behandlung der Probleme der demographischen Entwicklung muss im Kontext von Regionen geschehen.

Die Ansätze zur Abmilderung der Folgen der demographischen Entwicklung müssen im wahrsten Sinne des Wortes „vor Ort" abgestimmt auf die örtlichen Gegebenheiten gestaltet werden.

Die Gebietskörperschaften müssen bestehende Erkenntnisdefizite zur Versorgung und Pflege älterer Menschen aufarbeiten: Wie ist die ambulante Versorgung und Pflege organisiert? Welche Netzwerke bestehen und wie können sie gefördert werden? Wo ist die kritische Masse zur Selbsthilfe unterschritten oder wird in absehbarer Zeit unterschritten werden?

Wie können Versorgung und Pflege besser und effizienter organisiert werden? In manchen Dörfern der Peripherie wird das Verkehrsgeschehen ausschließlich von Pflegediensten dominiert; Anbieter ambulanter Dienstleistungen sprechen sich nicht ab.

Dieser Beitrag stellt auf der Grundlage einer Fallstudie einen Überblick über die raumspezifischen Aspekte der alternden Gesellschaft dar. Die hier erläuterten Ergebnisse können nicht ohne weiteres auf andere Gemeinden und Regionen übertragen werden; dennoch erscheinen uns diese Ergebnisse insofern als fruchtbar, als dass sie weiteren Forschungsbedarf aufzeigen.

Literaturverzeichnis

Badura, Bernhard (2003). Demographischer Wandel: Herausforderung für die betriebliche Personal- und Gesundheitspolitik: Zahlen, Daten, Analysen aus allen Branchen der Wirtschaft. Berlin: Springer

Deutsch, Dorette (2006) Schöne Aussichten fürs Alter. München: Piper

Deutsches Zentrum für Altersfragen (o.J.). Satzung des Deutschen Zentrums für Altersfragen. Berlin.

Gans, Paul; Schmitz-Veltin, Ansgar (Hrsg.) (2005): Demographische Trends in Deutschland – Folgen für Städte und Regionen. Räumliche Konsequenzen des demographischen Wandels. Hannover: ARL

Goltz, Elke (2001): Regionale Bevölkerungsprozesse im Wirkungsbereich kommunaler Akteure - Beispiele aus ländlich peripheren Räumen des Landes Brandenburg / Landkreis Prignitz. Potsdamer Geographische Forschungen 20. Potsdam: Universität Potsdam

Michalos, Alex C. (1985): Multiple Discrepancies Theory (MDT). In: Social Indicators Research. 16. S. 347-413

Höpflinger, François (1997): Bevölkerungssoziologie : eine Einführung in bevölkerungssoziologische Ansätze und demographische Prozesse. Weinheim: Juventa

Höpflinger, François; Stuckelberger, Astrid (1999): Demographische Alterung und individuelles Altern : Ergebnisse aus dem nationalen Forschungsprogramm Alter. Zürich: Seismo

Saupe, Gabriele; Ziener, Karen (1994): Begriffsverbände zur Analyse von Nachfragestrukturen in Erholungs- und Freizeitgebieten. In: Aurada, K.D. (Hrsg.): Beiträge des 10. Kolloquiums für Theorie und quantitative Methoden in der Geographie (Göhren auf Rügen, 23.-26.02.1994). Greifswalder Geographische Arbeiten. Band 11. S.80-88.

Schirrmacher, Frank (2004): Das Methusalem-Komplott. München: Blessing

Schirrmacher, Frank (2006): Minimum: Vom Vergehen und Neuentstehen unser Gemeinschaft. München: Blessing

Statistisches Bundesamt der Bundesrepublik Deutschland: Statistisches Jahrbuch. Wiesbaden.

Veenhoven, Ruut (1995):Development in satisfaction Research. Wissenschaftszentrum Berlin für Sozialforschung

Wille, Rudolf (1987): Bedeutungen von Begriffsverbänden. Beiträge zur Begriffsanalyse. Mannheim

Wöhlcke, Manfred (2004): Demographische Entwicklung in und um Europa: Politische Konsequenzen. Baden-Baden: Nomos

Fiskalische Auswirkungen der Bevölkerungsalterung auf die Kommunen im Umland von Hamburg

Jörg Pohlan und Jürgen Wixforth

Einleitung

Bislang werden die finanziellen Auswirkungen des demographischen Wandels überwiegend auf nationalstaatlicher Ebene diskutiert, wobei insbesondere die Konsequenzen für die Sozialversicherungssysteme im Vordergrund stehen. Sofern räumliche Aspekte berücksichtigt werden, konzentrieren sich die Ausführungen zu demographischen Veränderungen und Finanzen im Wesentlichen auf Ostdeutschland mit den dort z. T. extrem starken Bevölkerungsverlusten sowie auf wenige Regionen in Westdeutschland (z. B. das Ruhrgebiet).

In unserem Beitrag auf der DGD-Jahrestagung 2006 haben wir Ergebnisse der Untersuchung von Auswirkungen der Alterung der Bevölkerung – als eine der wesentlichen Komponenten des demographischen Wandels – auf die kommunalen Haushaltslagen präsentiert, die sich auf den westdeutschen suburbanen Raum beziehen. Das Umland der Stadtregion Hamburg wurde beispielhaft als Untersuchungsraum ausgewählt, da dort – bei insgesamt wachsender Bevölkerung – besonders starke Alterungsprozesse zu beobachten sind und auch für die Zukunft prognostiziert werden.

Thesen und Ziele

In diesem Beitrag werden zwei Behauptungen aus der Literatur einer empirischen Überprüfung unterzogen. Sie besagen beide in ihrer Essenz, dass den Kommunen durch die alternde Bevölkerung höhere finanzielle Belastungen entstehen.

© Deutsche Gesellschaft für Demographie
In: R. Scholz; H. Bucher (Hrsg.): Alterung im Raum. Schriftenreihe der DGD, Bd. 2, Norderstedt 2007: BoD

Die erste These lautet, dass ältere Bevölkerung für die Kommunen relativ höhere Kosten verursacht, wie dies ansonsten nur bei der bildungsrelevanten Bevölkerung der Fall ist:

„Die wenigen bislang hierzu vorliegenden Untersuchungen scheinen darauf hinzudeuten, dass die „Alterstrukturkostenprofile" vielfach U-förmig verlaufen, d. h. ein großer Teil der öffentlichen Leistungen wird einerseits besonders von jungen Menschen in Anspruch genommen (z. B. das Bildungssystem) und andererseits von den „Alten" (insbesondere im Gesundheitswesen, der Altenpflege usw.)" (Baum/Seitz/ Worobjew 2002: 153).

Die zweite These besagt, dass eine Zunahme des Anteils der älteren an der gesamten Bevölkerung generell auf der Ausgabenseite zu einer höheren Belastung der betroffenen Städte und Gemeinden führt:

„Eine alternde Gesellschaft wird wachsende Pro-Kopf-Ausgaben für Gesundheit und Pflege benötigen[…]. Gerade vor dem Hintergrund des medizinisch-technischen Fortschritts, der steigenden Zahl und Quote der Hochbetagten (80 Jahre/85 Jahre und älter) und deren Morbidität und angesichts der Tatsache, dass die Kommunen über ihre Beteiligung an Krankenhäusern und Alteneinrichtungen und vor allem über ihre Ausgabenverantwortung für die Sozialhilfe an diesen Ausgaben beteiligt bleiben werden, wird sicher ein Teil des Einnahmewachstums pro Kopf durch vermehrte Gesundheitsausgaben pro Kopf aufgezehrt werden" (Mäding 2004: 94).

Dabei bezieht sich der Autor in seinen Ausführungen zu den wachsenden Pro-Kopf-Ausgaben für Gesundheit und Pflege auf die bereits zitierte Untersuchung von Baum/Seitz/Worobjew (2002) und bemängelt die „leider oft […] unkommentierten contra-intuitiven Vorzeichen" (Mäding 2004: 94). In der Studie von Baum/Seitz/Worobjew wurden ökonometrische Tests für Deutschland für den Zeitraum von 1980 bis 1998 durchgeführt, die die o. g. These von Mäding für den Bereich „Soziales" bestätigen, nicht jedoch im Bereich „Gesundheit".

„Die absehbare Alterung der Bevölkerung hat nach den Schätzergebnissen zur Folge, dass die gesamten Pro-Kopf-Ausgaben auf Ebene der Länder und Kommunen sinken werden, wobei der Ausgabenrückgang bei den Gemeinden ausgeprägter ist. Allerdings zeigt die Betrachtung der einzelnen Aufgabenbereiche eine sehr differenzierte Entwicklung. […] Im „Sozialbereich" ist sowohl auf Landes- als auch auf Gemeindeebene mit einem weiteren Anstieg der Sozialhilfeausgaben zu rechnen.

Da dieser Bereich auf der Gemeindeebene den Aufgabenbereich der „Sozialen Sicherung" dominiert, steigen die Sozialausgaben auf kommunaler Ebene insgesamt auch deutlich an. [...] Sinkende Ausgaben sind auf beiden Ebenen im Bereich „Gesundheit, Sport und Erholung" (ohne Krankenhäuser) zu erwarten" (Baum/Seitz/Worobjew 2002: 157ff.).

Doch untersuchen die Autoren nicht explizit die altersbezogenen Hilfen der sozialen Sicherungssysteme, sondern überprüfen den Einfluss demographischer Faktoren lediglich für das Gesamtspektrum der sozialen Leistungen und die darin enthaltene Sozialhilfe (Hilfe zum Lebensunterhalt). Aufgrund dieser zusammenfassenden Betrachtungen können differenziert Aussagen zu den wahrscheinlich besonders sensibel auf Alterungsprozesse reagierenden Aufgabenbereichen (insbesondere die Hilfe zur Pflege) nicht gemacht werden und es bleibt unklar, welchen Stellenwert die altersbezogenen Hilfearten innerhalb der Sozialhilfe an den prognostizierten Ausgabensteigerungen haben.

Die z. T. widersprüchlichen Angaben und der Umstand, dass in der Forschung generell noch „relativ wenig Einvernehmen" (Baum/Seitz/Worobjew 2002: 153) über die fiskalischen Effekte der Alterung besteht, gaben den Anlass, auf der Basis detailliert aufbereiteten Datenmaterials beispielhaft rückblickend für den Zeitraum 1997 bis 2002 zu überprüfen, wie sich die demographische Komponente der Alterung der Bevölkerung v. a. auf die Auf- und damit auch Ausgabenbereiche von Kommunen auswirkt.

Methodisches Vorgehen

Zur besseren Veranschaulichung des überaus komplexen Wirkungsgefüges zwischen demographischer Alterung einerseits sowie den Auswirkungen auf die Einnahmen und insbesondere auf die Ausgaben für die Kommunen im Stadt-Umland-Kontext andererseits wird das Verfahren des „Heranzoomens" gewählt. Diese Methode der Annäherung findet sowohl auf räumlicher als auch auf inhaltlicher Ebene Anwendung. In einem ersten Schritt erfolgt die Einordnung der demographischen Entwicklungen in der Stadtregion Hamburg im bundesweiten Vergleich. Im Anschluss daran werden die auf der Kreisebene aufgezeigten Entwicklungen lokal weiter ausdifferenziert. Dazu wurde ein umfangreicher Satz an Kennziffern gebildet, der in ausgewählte statistische Verfahren zur Gemeindetypisierung einfloss. Die demographisch „auffälligen" Typen werden vertiefend vorgestellt. Anhand von sechs innerhalb der Typen ausgewählten „Extremgemeinden" werden die im suburbanen Raum der Stadtregion Hamburg identifizierten demographischen Strukturen und Entwicklungen beispielhaft illustriert. Die im Anschluss stattfindenden fiskalischen Analysen beschränken sich aus Vergleichbarkeitsgründen auf die Gemeindetypen und Extremgemeinden in Schleswig-Holstein. Dieser Abschnitt wird zudem noch in die Einnahme- und Ausgabenseite untergliedert, wobei der Schwerpunkt der Analysen gemäß den Thesen und Zielen auf der Ausgabenseite liegen wird. Der achte und letzte Abschnitt beinhaltet eine kurze Zusammenfassung und ein Fazit.

Die Entwicklung demographischer Komponenten im suburbanen Raum

In der Abbildung 1 sind zunächst die Entwicklungen der Bevölkerungszahlen im Untersuchungszeitraum 1995 bis 2002 für die Stadtregion Hamburg im Vergleich zu 17 weiteren ausgewählten Stadtregionen und ihren Teilräumen „Kern" und „Rand" dargestellt (1).

Während die Bevölkerung in der Bundesrepublik insgesamt um durchschnittlich 0,9 % gewachsen ist, vollzogen sich die Entwicklungen in Westdeutschland (+2,1 %) und Ostdeutschland (-3,6 %) gegenläufig. Noch deutlicher werden die vor allem auch kleinräumig äußerst unterschiedlichen Verläufe der Entwicklungen bei der vergleichenden Betrachtung der ausgewählten Stadtregionen und ihrer Teilräume. Die Abbildung zeigt, dass im hier betrachteten Zeitraum generell die Entwicklung „günstiger" in den Randgebieten der Großstadtregionen verläuft, während insbesondere die Kernstädte in der Stadtregion Bremen, im Ruhrgebiet und in Ostdeutschland z. T. erhebliche Bevölkerungsverluste verkraften mussten. Hamburg gehört zu den in allen Teilräumen an Einwohnerzahl wachsenden Stadtregionen, wobei die Bevölkerungszunahme am stärksten ausgeprägt im „Umland" (hier: die sechs direkt angrenzenden Kreise) stattfand.

Fiskalische Auswirkungen der ...

Abb. 1: Die Entwicklung demographischer Komponenten in ausgewählten Stadtregionen

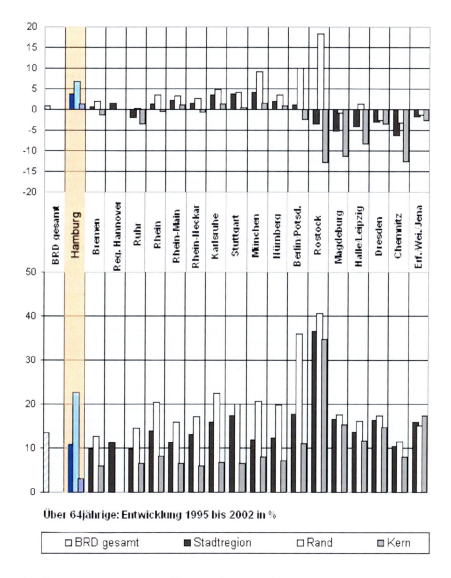

Quelle: Eigene Darstellung nach Daten des BBR 2005

Im zweiten Teil der vergleichenden Betrachtung von 18 ausgewählten Stadtregionen in Abbildung 1 wird gezeigt, dass das „Umland" der Stadtregion Hamburg bei der Zunahme der Zahl der über 64-Jährigen im Zeitraum 1995 bis 2002 mit knapp 23 % die höchste Entwicklungsdynamik unter den westdeutschen Randgebieten aufweist (dicht gefolgt vom Karlsruher Umland) (vgl. hierzu und im Folgenden Pohlan 2005: 250f.). Zudem steigt die Zahl der Älteren deutlich stärker im suburbanen Raum an als in der Kernstadt (3,1 %) und der Anstieg liegt auch weit über dem Bundesdurchschnitt (13,4 %). Somit veranschaulichen diese Zahlen, dass generell das Umland der Großstadtregionen überproportional stark von der Alterung betroffen ist, wobei diese Entwicklung in Hamburg besonders stark ausgeprägt ist.

Auch für die Zukunft wird in verschiedenen Prognosen davon ausgegangen, dass der suburbane Raum der Stadtregion Hamburg von einer besonders starken Zunahme des Anteils der älteren Bevölkerung betroffen sein wird (vgl. BBR 2004, Bertelsmann-Stiftung 2006).

Abb. 2: Altersstruktur der Bevölkerung in der Stadtregion Hamburg 2003 und 2020

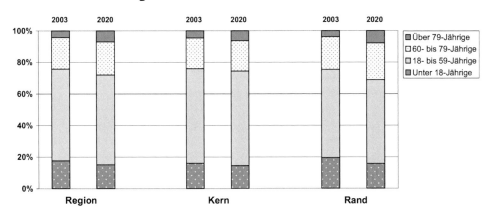

Quelle: Eigene Darstellung nach Daten der Bertelsmann-Stiftung

In Abbildung 2 wird gezeigt, dass in den Randkreisen der Stadtregion Hamburg der Anteil der 60-Jährigen und Älteren von 24,6 % im Jahr 2003 um 6,5 %-Punkte auf 31,1 % im Jahr 2020 erheblich ansteigen wird, während in der Kernstadt der Zuwachs mit 1,5 %-Punkten auf 25,6 % deutlich niedriger ausfällt. Dabei wir sich der Anteil der „Hochbetagten" (80 Jahre und älter) an der Gesamtbevölkerung in den Umlandkreisen bis 2020 auf 7,8 % verdoppeln. Gleichzeitig soll der Anteil der Einwohner unter 18 Jahren um 3,8 %-Punkte auf unter 16 % stark absinken. Der Anteil der Erwerbsfähigen (18 bis 59 Jahre) wird sich um 2,6 %-Punkte auf 52,3 % geringfügig reduzieren.

Vor dem Hintergrund dieser Entwicklungen und Prognosen erscheint der suburbane Raum Hamburgs besonders gut für eine empirische Überprüfung der Effekte der Alterung auf die Haushaltslagen geeignet. Hinzu kommt, dass in diesem Untersuchungsraum die Effekte der Alterung nicht durch kumulierte Problemlagen (2), etwa durch eine gleichzeitige starke Abnahme der Gesamtbevölkerung, überlagert werden.

Ausdifferenzierung des suburbanen Raumes von Hamburg

Die Darstellungen der Entwicklungen im vorangegangenen Abschnitt basieren auf Durchschnittswerten auf Kreisebene. Jedoch verlaufen aufgrund lokal spezifischer Entwicklungspfade die demographischen Prozesse in den einzelnen Gemeinden der Kreise sehr unterschiedlich. Daher bedarf der suburbane Raum einer gemeindespezifisch differenzierten Betrachtung.

Dazu wurde in einem ersten Schritt eine Regionsbegrenzung durchgeführt (3). Die hierdurch dem Hamburger Umland zugeordneten 80 Städte und Gemeinden (auf Ebene kommunaler Verwaltungsgemeinschaften unterhalb der Kreisebene: Gesamtgemeinden in Niedersachsen, Ämter in Schleswig-Holstein) wurden anschließend einer Typisierung unterzogen, um unterschiedliche Struktur- und Entwicklungstypen zu identifizieren. Ziel war es, die Vielzahl der Städte und Gemeinden in wenigen – möglichst unterschiedlichen – Gruppen zu vereinen, wobei die jeweiligen Gruppen weitgehend homogene demographische und sozioökonomische Strukturen und Dynamiken aufweisen sollten. Mit einer Auswahl von insgesamt 15 Struktur- und Entwicklungsindikatoren wurde eine umfassende Klassifizierung zur Einordnung der Städte und Gemeinden in verschiedene Gruppen vorgenommen, die in engem Zusammenhang zur Suburbanisierung der Bevölkerung und Beschäftigung stehen. Darunter befanden sich auch folgende Indikatoren zur demographischen Struktur und Entwicklung:

- Kurzfristige Bevölkerungsentwicklung: Bevölkerungsentwicklung von 1997 bis 2002 in %,

- Langfristige Bevölkerungsentwicklung: Bevölkerungsentwicklung von 1992 bis 2002 in %,
- Anteil der „Jungen": Anteil der Bevölkerung bis 15 Jahre an der Gesamtbevölkerung 2002 in %,
- Anteil der „Alten": Anteil der Bevölkerung über 64 Jahre an der Gesamtbevölkerung 2002 in %,
- Entwicklung der „Alten": Entwicklung des Anteils der Bevölkerung über 64 Jahre von 1997 bis 2002 in %-Punkten,
- Natürliche Saldorate: Geburten minus Sterbefälle je 1000 der Bevölkerung 2002.

Als Verfahren zur Bildung der unterschiedlichen Städtetypen auf der Basis der beschriebenen Indikatoren wurde eine Methodenabfolge aus Hauptkomponenten-, Cluster- und Diskriminanzanalyse gewählt. Diese Verfahren sind sehr gut geeignet, um möglichst homogene Gruppen zu identifizieren, die sich wiederum möglichst deutlich voneinander unterscheiden (4).

Dabei zeigte sich im Ergebnis, dass in der Stadtregion Hamburg die demographische Komponente „Alterstruktur" einen stark prägenden Einfluss auf zumindest zwei von fünf identifizierten Gemeindetypen hatte, die zwar beide in einem insgesamt deutlich wachsenden Umland lagen, deren Bevölkerungswachstum in den Jahren 1992 bis 2002 indes weit hinter der durchschnittlichen Entwicklung zurückblieb.

Für den einen Typus, der als „früh suburbanisierte Kommunen" umschrieben wird, ist ein starker Anstieg der Zahl der älteren Bevölkerung zu identifizieren (3,1 %-Punkte gegenüber 2 %-Punkte in der Gesamtregion), obwohl der Anteil der Bevölkerung über 64 Jahre in diesem Typ bereits über dem Mittelwert der Gruppe lag. Gleichzeitig ist der Anteil der jungen Menschen unter 15 Jahren mit 14,8 % (Region 16,4 %) unterdurchschnittlich. Diese demographischen Strukturen sowie die räumliche Lage der Gemeinden am Stadtrand von Hamburg lassen vermuten, dass es sich bei diesem Typus um frühzeitig von der Wohnsuburbanisierung erfasste Kommunen handelt, die derzeit eine starke Alterung der Bevölkerung erfahren. Die höchste Beschäftigtenquote aller Gemeindetypen (35,3 gegenüber 34 % in der Gesamtregion) deutet darauf hin, dass in diesen Kommunen ein überproportionaler Anteil einer Elterngeneration wohnt, bei der nach dem Auszug der Kinder und somit dem Ende der Erziehungsaufgaben wieder beide Teile berufstätig sein können.

Fiskalische Auswirkungen der ...

Abb. 3: Gemeindetypen im Hamburger Umland

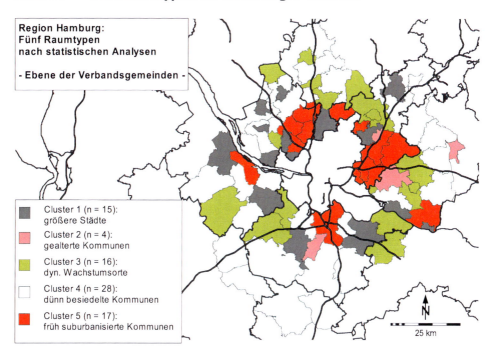

Quelle: Eigene Darstellung auf Grundlage von Daten der Statistischen Landesämter und der Bundesagentur für Arbeit

Der andere Typus hat bereits einen sehr hohen Anteil älterer Einwohner erreicht (23,3 gegenüber 16,5 % in der Region). Da dieser Wert ganz erheblich über dem Regionsmittel liegt, wird dieser Cluster mit dem Etikett „gealterte Kommunen" bezeichnet. Auch der extrem negative Bevölkerungssaldo von -7‰ (Region: -0,7‰) und die weit unterdurchschnittliche Beschäftigtenquote von unter 29 % (Region: 34 %) verweisen auf eine stark gealterte Einwohnerschaft in den entsprechenden Kommunen. Diese Sachverhalte sowie die räumliche Lage der Orte lassen vermuten, dass es sich bei diesen Städten und Gemeinden auch um gezielt ausgesuchte Alterswohnsitze handelt.

Abbildung 3 zeigt die Lage der suburbanen Gemeindetypen. Auffällig ist dabei noch das räumliche Muster der Verteilung der Gemeinden: Gemeindetypen mit einer stark alternden Bevölkerung sind v. a. im nördlichen (schleswig-holsteinischen) Umland zu finden. Dies kann mit der frühzeitiger eingesetzten Suburbanisierung in den Hamburger Norden erklärt werden.

Demographische Analyse ausgewählter suburbaner Gemeindetypen und Gemeinden

Nachdem die von der Alterung der Bevölkerung stark betroffenen Gemeindetypen innerhalb des Hamburger suburbanen Raumes identifiziert worden sind, werden für diese Typen als nächstes ausgewählte demographische Strukturen und Entwicklungen näher betrachtet. Dies geschieht zum einen für die in Abbildung 3 aufgeführten Gemeindetypen, zum anderen werden aus den jeweiligen Gemeindetypen ergänzend noch „Extremgemeinden" ausgewählt, die vergleichend Beispielkommunen aus dem kontrastierenden Cluster „dynamische Wachstumsorte" gegenübergestellt werden (5). Die jeweils ausgewählten „Extremgemeinden" sowie ihre räumliche Lage sind in Abbildung 4 dargestellt.

Abb. 4: Ausgewählte Extremgemeinden im Hamburger Umland

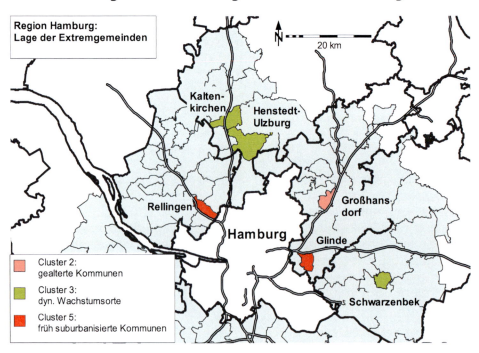

Quelle: Eigene Darstellung auf Grundlage von Daten der Statistischen Landesämter und der Bundesagentur für Arbeit

Fiskalische Auswirkungen der ...

Die auf die beiden Dekaden 1982 bis 1992 und 1992 bis 2002 konzentrierte Betrachtung der Bevölkerungsdynamik in den Gemeindetypen zeigt (vgl. Abb. 5), dass die beiden Typen mit den stärksten Alterungstendenzen der Bevölkerung gleichzeitig die niedrigsten Bevölkerungszunahmen der jüngeren Vergangenheit aufweisen. Die „früh suburbanisierten Kommunen" wuchsen im 20-Jahres-Zeitraum um 10,6 %. Bei den „gealterten Kommunen" lag die Dynamik mit 11,2 % nur unwesentlich höher. Auch die „größeren Städte" wiesen mit einer Bevölkerungsdynamik von 12,7 % im Zeitraum von 1982 bis 2002 eine für das Hamburger Umland ähnliche, vergleichsweise verhaltene Dynamik auf. Die „dynamischen Wachstumsorte" hingegen hatten ein Bevölkerungsplus von 34 %, und auch die „dünn besiedelten Kommunen" haben sich mit einem Bevölkerungszuwachs von über 25 % von 1982 bis 2002 außerordentlich dynamisch entwickelt.

Abb. 5: Veränderung der Bevölkerung in den Gemeindetypen von 1982 bis 2002

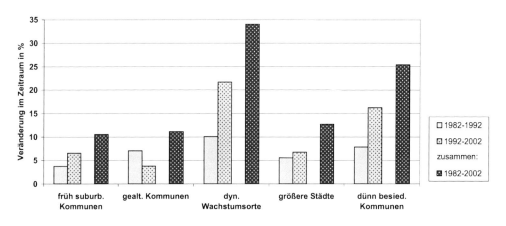

Quelle: Eigene Darstellung auf Grundlage von Daten der Statistischen Landesämter

Lange Datenreihen ermöglichen für die ausgewählten Extremgemeinden sogar eine Langzeitbetrachtung der Bevölkerungsentwicklung in einem Zeitraum von über 50 Jahren (Abb. 6). Die Eckdaten der Beobachtungszeiträume orientieren sich zunächst an den Zeitpunkten der Durchführung zweier Volkszählungen (1961 und 1970), danach wurden bis 2002 ungefähr in 10 Jahres-Schritten drei weitere Zeiträume festgelegt.

Abb. 6: Veränderung der Bevölkerung in den Extremgemeinden der Stadtregion Hamburg von 1950 bis 2002

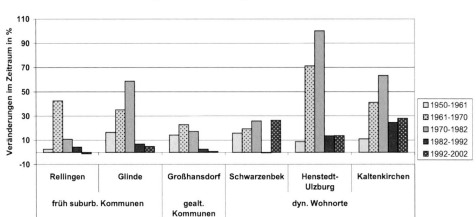

Quelle: Eigene Darstellung auf Grundlage von Daten der Statistischen Landesämter

In der Abbildung 6 ist zu erkennen, dass die Extremgemeinden mit besonders starken Alterungstendenzen (Rellingen, Glinde und Großhansdorf) zwischen 1950 und 1982 die stärksten Zuzugsdynamiken aufwiesen haben. Seitdem verläuft das Wachstum auf einem für das Hamburger Umland vergleichsweise niedrigen Niveau. Im Fall von Rellingen, lässt sich zwischen 1992 bis 2002 sogar eine geringfügige Bevölkerungsabnahme feststellen. Unter den drei extrem gealterten Gemeinden stellt Rellingen nochmals einen Sonderfall dar: Die mit Abstand höchste Dynamik verzeichnete diese Gemeinde mit einem Wachstum von 42,5 % in den neun Jahren zwischen 1961 und 1970, während für die Beobachtungszeiträume sowohl davor als auch danach maximal ein Viertel der Zuwachsrate zu identifizieren ist. In Glinde und noch deutlicher in Großhansdorf sind die Bevölkerungszuwächse innerhalb ihrer dynamischsten drei Jahrzehnte (1950 bis 1982) wesentlich ausgeglichener über den Zeitraum verteilt. Ein einmaliger und in einem so kurzen Zeitraum so stark konzentrierter Bevölkerungszuwachs wie in Rellingen führt innerhalb der Gemeinde zu relativ homogenen Altersstrukturen, da davon auszugehen ist, dass sich die Zuziehenden überwiegend in einem ähnlichen Alter von 30 bis 40 Jahren befanden. Dies weisen verschiedene Suburbanisierungsstudien nach (vgl. Aring/Herfert

2001). Derartige Entwicklungen der Vergangenheit führen in den davon betroffenen Gemeinden heutzutage zu kollektiven Alterungsprozessen.

Anders zeigt sich die Situation in den Extremgemeinden der „dynamischen Wohnorte". Dabei stellt Schwarzenbek mit einer geringfügigen Bevölkerungsabnahme vor der deutschen Wiedervereinigung einen Sonderfall dar. In Henstedt-Ulzburg und Kaltenkirchen sind die quantitativ bedeutsamsten Zugewinne an Bewohnern auch in den 1960er und 1970er Jahren festzustellen. Zudem haben sich die Wachstumsraten ab 1982 in diesen beiden Gemeinden merklich abgeschwächt. Somit weisen diese Gemeinden ähnlich dynamische Muster wie die Kommunen mit Alterungstendenzen auf. Dass sich die „dynamischen Wohnorte" dennoch von den überproportional alternden/gealterten Gemeinden unterscheiden, lässt Abbildung 6 bereits erahnen, da die Entwicklungsdynamiken ab 1981 auf einem höheren Niveau verbleiben als bei den „früh suburbanisierten" und „gealterten Kommunen". Das heißt insbesondere für Henstedt-Ulzburg, dass dort der großen Anzahl an alten Bewohnern aus den frühen Suburbanisierungsphasen viele junge Bewohner durch den anhaltenden Familienzuzug in der jüngeren Vergangenheit gegenüberstehen (Menzl 2005), so dass die Alterszusammensetzung der Bevölkerung dort „ausgewogener" ist. Noch deutlicher werden die Unterschiede aber bei der Betrachtung von Abbildung 7, in der die Bevölkerungsdynamik seit 1991 für einzelne kürzere Zeiträume abzulesen ist.

Abb. 7: Veränderung der Bevölkerung in den Extremgemeinden von 1991 bis 2003 und Prognose bis 2020

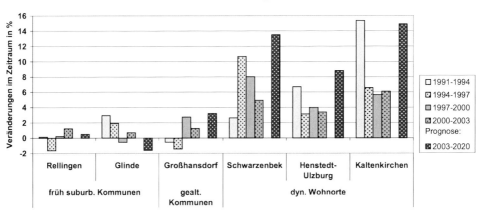

Quelle: Eigene Darstellung auf Grundlage von Daten der Statistischen Landesämter und der Bertelsmann-Stiftung

Es ist zu erkennen, dass in den zwölf Jahren zwischen 1991 und 2003 die Dynamik in den Typen mit Alterungstendenzen erheblich geringer war als in den „dynamischen Wohnorten". Auch die Prognosen bis 2020 sagen für den erstgenannten Typus einen Trend mit lediglich geringen Bevölkerungszuwächsen voraus. Auffallend ist indes, dass selbst in diesen Extremkommunen mit Alterungstendenzen eine Abnahme der Bevölkerungszahl kaum erwartet wird; lediglich für Glinde wird bis 2020 eine geringfügige Schrumpfung um 2 % vorhergesagt. Den Extremgemeinden aus dem Cluster der „dynamischen Wohnorte" werden weitere Bevölkerungsgewinne bis zum Jahr 2020 von sogar 9 bis 15 % prognostiziert. Die erwarteten hohen Wanderungsgewinne der „dynamischen Wohnorte" sind weiterhin zu einem Großteil durch die Randwanderung von jungen Familien verursacht – trotz dort dann insgesamt weniger homogenen Bevölkerungen (vgl. Aring/Herfert 2001). Somit wird die innere Zusammensetzung der Bevölkerung in diesen Gemeinden dadurch charakterisiert, dass einer wachsenden Zahl an älteren Bürgern noch relativ viele Kinder, Jugendliche und Personen im Erwerbsalter gegenüberstehen. Dies ist auch aus der Gegenüberstellung der Altersstruktur in den Gemeindeclustern für die Jahre 1992 und 2002 in Abbildung 8 ersichtlich.

Abb. 8: Altersstruktur der Bevölkerung in den Gemeindetypen 1992 und 2002

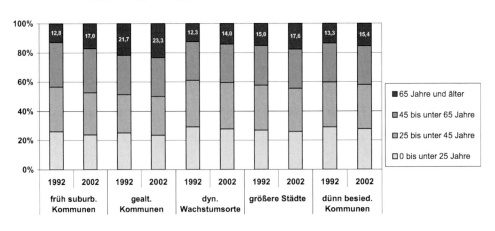

Quelle: Eigene Darstellung auf Grundlage von Daten der Statistischen Landesämter

Bei der Charakterisierung der Gemeindetypen in Abschnitt 5 wurde bereits darauf hingewiesen, dass sich die „früh suburbanisierten Kommunen" durch eine besonders hohe Zunahme des Anteils der älteren Bewohner auszeichnen, der Cluster „gealterten Kommunen" dagegen durch einen bereits weitaus höheren Anteil älterer Einwohner. Dieser Sachverhalt wird in Abbildung 9 veranschaulicht, in der die Veränderung der Alterstrukturen im Untersuchungszeitraum für die ausgewählten Extremgemeinden dargestellt ist.

Abb. 9: Altersstruktur der Bevölkerung in den Extremgemeinden 1992 und 2002

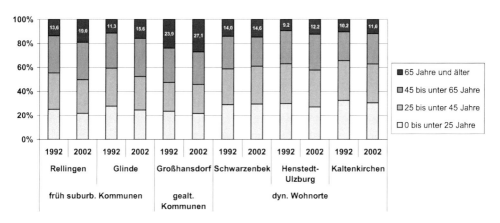

Quelle: Eigene Darstellung auf Grundlage von Daten der Statistischen Landesämter

Exemplarisch lassen sich an Rellingen und Schwarzenbek die erheblich unterschiedlichen Entwicklungen zeigen: Im Jahr 1992 lag der Anteil der Über-64-Jährigen in beiden Gemeinden bei einem etwa gleich hohen Anteilswert (in Schwarzenbek mit 14 % sogar noch leicht höher als in Rellingen). Im darauf folgenden Jahrzehnt ist jedoch der Anteil in Rellingen um über 5 %-Punkte angewachsen, in Schwarzenbek dagegen nur um 0,6 %-Punkte. Ähnliche und entsprechend ihrer Clusterzugehörigkeit „typische" Entwicklungen weisen auch die anderen ausgewählten Gemeinden auf.

Diese unterschiedlich gearteten Entwicklungen der Bevölkerungsdynamik und -struktur in den einzelnen Gemeinden machen deutlich, dass eine differenzierte Betrachtung des Aggregates „Umland" sinnvoll und notwendig ist. Vor dem Hintergrund der identifizierten unterschiedlichen

Ausprägungen der Alterung werden im folgenden Abschnitt die daraus ableitbaren fiskalischen Auswirkungen in den zuvor identifizierten Gemeindetypen einer näheren Betrachtung unterzogen.

Fiskalische Analyse

Wie bereits eingangs dargestellt, liegt diesem Abschnitt die Annahme zugrunde, dass den Kommunen durch ihre alternde und gealterte Bevölkerung höhere finanzielle Belastungen entstehen. Diese These wird im Folgenden einer empirischen Überprüfung unterzogen, wobei das Augenmerk auf den alternden/gealterten Gemeindetypen liegen wird. Wie schon in Abschnitt 3 angesprochen, beziehen sich die folgenden Ausführungen zu den fiskalischen Kosten der Alterung ausschließlich auf die Kommunen im schleswig-holsteinischen Umland von Hamburg. Diese Eingrenzung ist notwendig, um den Einfluss länderspezifischer Ausgestaltungen einzelnen Einnahmen- und Ausgabenpositionen auszuschließen, da diese erhebliche Auswirkungen auf die Ergebnisse einer solch stark disaggregierten Betrachtung einzelner Finanzpositionen bewirken können.

Einnahmen der Kommunalhaushalte

Bevor die Ergebnisse der Untersuchung der Effekte der Alterung auf die Ausgaben dargestellt werden, sollen zuvor noch einige Ausführungen zu den zu erwartenden Auswirkungen auf die kommunale Einnahmeseite dargelegt werden. Dazu wird der Gemeindeanteil an der Einkommensteuer betrachtet, da es sich hierbei um eine Personensteuer handelt, bei der die Höhe der Steuer von den persönlichen Verhältnissen des Steuerzahlers abhängig ist. Als Hauptdeterminanten der kommunalen Einkommensteuerhöhe können somit neben sozioökonomischen (Vorhandensein eines entsprechend steuerpflichtigen Beschäftigungsverhältnisses, Lohnniveau) auch soziodemographische Bedingungen (Alter der Bewohner) angeführt werden, da im Untersuchungszeitraum bis 2002 im Wesentlichen Personen im erwerbsfähigen Alter Einkommensteuer gezahlt haben. Allerdings wurden zudem auch die Pensionen von Beamten und aus betrieblicher Altervorsorge nahezu in voller Höhe der Einkünfte besteuert. Bei anderen Rentenarten wurde lediglich der so genannte Ertragsanteil versteuert. Seit 2005 wird durch das Alterseinkünftegesetz zur nachgelagerten Besteuerung übergegangen. Dies hat zur Folge, dass nun auch Einkünfte aus der gesetzlichen Rentenversicherung, berufsständischen Versorgungswerken etc. in voller Höhe der Einkommenssteuer (abzüglich Freibeträge) unterworfen werden. Im Gegenzug werden die Aufwendungen zum Erwerb des Rentenanspruchs durch Abzug als Sonderausgaben einkommenssteuerlich frei gestellt. Der Übergang erfolgt schrittweise bis 2040.

Abb. 10: Gemeindeanteil an der Einkommenssteuer von 1990 bis 2002

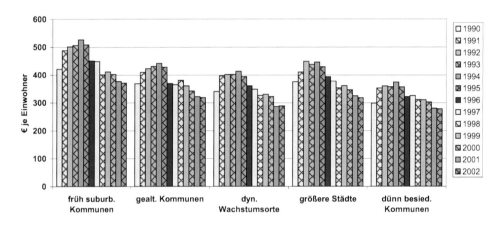

Quelle: Eigene Berechnungen nach den Ergebnissen der Jahresrechnungen

Das in allen Gemeindetypen zu beobachtenden Absinken des Pro-Kopf-Aufkommens an der Einkommenssteuer ist v. a. auf gesetzliche Maßnahmen seitens des Bundes zurückzuführen. So wurde z. B. mit der Steuerreform im Jahr 2000 die Absenkung des Einkommenssteuertarifs beschlossen.

Bei den „früh suburbanisierten Kommunen" ist die höchste Einkommenssteuerleistung je Einwohner festzustellen (Abb. 10). Da der Gemeindeanteil der Einkommenssteuer der Wohnsitzgemeinde der Steuerpflichtigen zusteht, kann die hohe Ausprägung der Pro-Kopf-Werte damit begründet werden, dass dort überproportional viele Haushalte wohnen, die bereits vor mehreren Jahrzehnten ins Umland gezogen sind und bei denen inzwischen die Kinder das Elternhaus verlassen haben. Dies ermöglicht es beiden Elternteilen, einer Erwerbstätigkeit nachzugehen, was sich auch in der höchsten Ausprägung der Beschäftigtenquote (Abschnitt 5) aller Gemeindecluster zeigt. Die positive Beschäftigungssituation führt wiederum zu einer entsprechend relativ geringen Arbeitslosigkeit. Über einen hohen Anteil von Gemeindebürgern mit einem zu versteuernden Einkommen erzielen diese Gemeinden hohe Schlüsselzahlen (kommunalspezifischer Anteil am landesweiten Gesamtaufkommen), die für die Verteilung der Einnahmen aus dieser Steuer von zentraler Bedeutung sind. Die ebenfalls zu vermutenden überproportional hohen Einkommen werden jedoch nur bis zu einer festgelegten Sockelgrenze angerechnet.

Bei den „dynamischen Wachstumsorten" lässt sich die vergleichsweise niedrige Höhe der Einnahmen aus der Einkommenssteuer vor allem mit soziodemographischen Determinanten erklären: Da dieser Cluster auch die größten Anteile junger – nicht erwerbstätiger – Bevölkerung aufweist, verringern sich hierdurch die Werte bei der relativierenden Pro-Kopf-Betrachtung der Steuereinnahmen.

Auch weitere Indikatoren (z. B. zur Höhe der Gewerbesteuer oder zum Anteil der Schlüsselzuweisungen an den Gesamteinnahmen) bestätigen eine hohe Steuereinnahmekraft der Städte und Gemeinden in den Clustern der „früh suburbanisierten" und „gealterten Kommunen". Dies sind deutliche Hinweise darauf, dass sich diese Gemeinden durch strukturelle Vorteile in ihrer Bewohner- und Wirtschaftsstruktur auszeichnen.

Jedoch sind weder die Bewohner- noch die Wirtschaftsstruktur statisch, und das Alter und somit der individuelle Status eines jeden Gemeindebürgers entweder als Erwerbstätiger oder als Nicht-Erwerbstätiger (Kind, Rentner, etc.) hat Auswirkungen auf den Gemeindeanteil an der Einkommenssteuer. Da insbesondere die „früh suburbanisierten Kommunen" bezüglich ihrer Altersstruktur relativ homogen sind und derzeit einen starken Alterungsprozess durchlaufen, bei dem ein zunehmender Anteil der Bewohner in einer relativ kurzen Zeitspanne in das Rentenalter eintritt, wird sich die zukünftig ausbleibende Steuerleistung dieser Einwohner auf die Gemeindeeinnahmen aus der Einkommenssteuer auswirken. Das ist auch insofern von Bedeutung, da gerade für Umlandgemeinden der Gemeindeanteil an der Einkommenssteuer die quantitativ wichtigste Steuereinnahmequelle darstellt. Der Anteil der Einkommenssteuer an den Gesamtsteuereinnahmen in den betrachteten schleswig-holsteinischen Umlandkommunen betrug im Jahr 2002 49 %, während die Gewerbesteuer lediglich einen Anteil von 31 % ausmachte (eigene Berechnungen auf Grundlage der Ergebnisse der Jahresrechnungen). Den Verlauf der Einkommenssteuerleistung im Zusammenhang mit dem Lebenszyklus zeigt Abbildung 11.

Fiskalische Auswirkungen der ...

Abb. 11: Einkommenssteuerzahlungen im Lebenszyklus

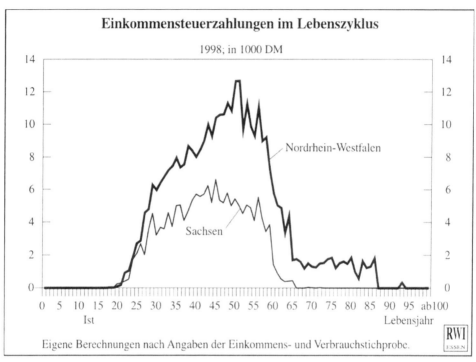

Quelle: von Loeffelholz/Rappen 2002: 27

Dieser Zusammenhang lässt sich auch für die hier betrachteten Gemeinden des suburbanen Raumes der Stadtregion Hamburg empirisch nachweisen: In den Gemeindetypen mit Alterungstendenzen sind die Pro-Kopf-Einnahmen aus dem Gemeindeanteil an der Einkommenssteuer im Zeitraum von 1991 bis 2000 bereits überproportional abgesunken. Auch der Cluster der „größeren Städte" hatte einen ähnlich hohen Rückgang der Einnahmen je Einwohner aus der Einkommenssteuer zu verzeichnen. Neben einer ebenfalls niedrigen Bevölkerungsdynamik seit 1982 (Abschnitt 6) liegen die Gründe v. a. in sozioökonomischen Besonderheiten der größeren Zentren gegenüber den restlichen Landesteilen, die systembedingt zu Aufholtendenzen der nicht-suburbanen Landesteile führen. Auf die unterschiedliche Entwicklung von städtischen, suburbanen und ländlichen Räumen bei der Entwicklung der Einkommenssteuer kann an dieser Stelle nicht näher eingegangen werden. Näheres dazu findet sich z. B. bereits bei Henckel (1981).

Trotz der mittelfristig zu erwartenden Rückgänge beim Gemeindeanteil an der Einkommensteuer aufgrund einer großen Zahl von Rentnern gewährt das System der Verteilung der Einkommensteuer den Städten und Gemeinden mit starken Alterungstendenzen jedoch eine gewisse „Schonfrist": Die Verteilung des Gemeindeanteils an der Einkommensteuer mit Hilfe einer Schlüsselzahl wird aus der Einkommensteuerstatistik ermittelt. Hierbei entsteht ein doppelter Zeitverzug: Einerseits werden die Schlüsselzahlen für einen Zeitraum von drei Jahren festgelegt und andererseits wird für diese Zeitperiode eine mehrere Jahre zurück liegende Steuerstatistik als Grundlage gewählt. So wird für die Zeitperiode von 2003 bis 2005 die Einkommensteuerstatistik aus dem Jahr 1998 herangezogen. Die Anwendung der Steuerstatistik ist somit frühestens fünf Jahre nach dem Erhebungsjahr möglich, so dass ein „Neu-Rentner" noch für mindestens für die Dauer dieses Zeitraums auf das Gemeindefinanzsystem wie ein Erwerbstätiger wirkt. Auch wird die negative Auswirkung des Eintritts ins Rentenalter auf die Einnahmen aus der Einkommensteuer durch die Einführung der nachgelagerten Besteuerung im Alterseinkünftegesetz ab dem Jahr 2005 bis 2040 zunehmend abgemildert.

Ausgaben für Senioren

Nach diesem kurzen Exkurs zu den zu erwartenden Effekten der demographischen Alterung auf die Einnahmeseite der kommunalen Haushalte werden im Folgenden „alterssensitive" Ausgabenbereiche näher untersucht. Auch die eingangs dargestellten Behauptungen aus der Literatur beziehen sich im Wesentlichen auf höhere finanzielle Belastungen der Kommunen als ausgabenseitige Konsequenz. Bei den Aufgaben für ältere Menschen werden Bereiche näher untersucht, die auf der Basis einer vergleichbarer Studie zum Ruhrgebiet (vgl. Junkernheinrich/Micosatt 2005: 217ff.) sowie eigener Überlegungen ausgewählt wurden. Dieses sind die Bereiche:

- „Hilfe zur Pflege" [Gliederungsnummer 411] (6),
- „Soziale Einrichtungen für Ältere (ohne Pflegeeinrichtungen)" [431],
- „Soziale Einrichtungen für pflegebedürftige Menschen" [432],
- „Sonstige soziale Einrichtungen" [439],
- „Vollzug des Betreuungsgesetzes" [486],
- „Bestattungswesen" [75].

Darin enthalten sind einerseits stationäre Einrichtungen für Ältere (z. B. Seniorentreffs) und Pflegebedürftige (Einrichtungen im kommunalen Besitz sowie Zuweisungen und Zuschüsse an freigemeinnützige Träger der Wohlfahrtspflege) und andererseits Sozialstationen für ambulante Betreuungsleistungen (nach Aussage vom zuständigen Statistischen Landesamt in Schleswig-Holstein wesentlicher Ausgabenposten der „sonstigen sozialen Einrichtungen"). Neben diesen institutionsgebundenen Dienstleistungen werden zu den Aufgaben für ältere Bewohner zudem noch der „Vollzug des Betreuungsgesetzes" bei geschäftsunfähigen Erwachsenen nach §§ 1896ff. BGB (Kosten entstehen hierbei v. a. bei der Bestellung eines Behördenvertreter als Betreuer) sowie die „Hilfe zur Pflege" hinzugerechnet. Dies sind Aufwendungen der Sozialämter, sofern bei einer Übernahme von Heim- und Pflegekosten im Pflegebedarfsfall die Leistungen der Pflegeversicherung, die Renten, Versorgungsbezüge und Vermögenswerte der Pflegebedürftigen sowie die finanziellen Beteiligungen der Angehörigen nicht ausreichen. In diesem Fall finanzieren die Kommunen als „letzte Instanz" die ausstehenden Beträge. Zwar ist der Anspruch auf Hilfe zur Pflege nach dem Gesetz altersunabhängig, doch sind in Schleswig-Holstein nach eigenen Berechnungen (Datenquelle: Statistisches Bundesamt 2005) im Jahr 2003 von den etwa 74.000 Empfängern der Hilfe zur Pflege etwa 66 % über 75 Jahre alt. Als letztes altersspezifisches Aufgabenfeld wurde das „Bestattungswesen" mit aufgenommen, da bekanntermaßen die Sterbewahrscheinlichkeit mit zunehmendem Lebensalter steigt.

Auf folgende gesetzliche Änderung sei an dieser Stelle der Vollständigkeit halber noch hingewiesen: Nach der alten Systematik umfasst die Sozialhilfe nach § 1 Abs. 1 Bundessozialhilfegesetz (BSHG) neben der „Hilfe zum Lebensunterhalt" auch die „Hilfe in besonderen Lebenslagen". Letztere umfasst nach § 27 Abs. 1 BSHG auch die „Hilfe zur Pflege".

Damit werden „alterssensitive" Ausgabenbereiche in den Blick genommen, die sich auf Senioren mit Hilfe- und Pflegebedarfe konzentrieren. Es gibt zwar in der Literatur erste Anhaltspunkte, dass auch die „jungen Alten" Ausgaben erhöhend wirken (überproportionaler Besuch von Volkshochschulkursen, Seniorenstudium, etc.), jedoch sind dies eher Vermutungen, die im Rahmen der vorliegenden Untersuchung nicht überprüft werden können.

In der Tabelle 1 werden im oberen Bereich die Summen der seniorenspezifischen Ausgaben differenziert nach den einzelnen Clustern der Umlandkommunen in Schleswig-Holstein betrachtet. Dabei überrascht zunächst, dass die kommunalen Ausgaben für den Bereich „Senioren" durchgängig rückläufig sind, und zwar in allen hier betrachteten Gemeindetypen. Dies bedeutet, dass selbst in den Gemeinden mit starken Alterungstendenzen nicht automatisch höhere Ausgaben für ältere Bürger anfallen. Die vorliegenden Resultate lassen keine systematischen Zusammenhänge zwischen den Clustern, der Höhe der Ausgaben und deren Entwicklung erkennen.

Tab. 1: Summe des Ausgabenbereichs „Senioren" in Gegenüberstellung zu dem Ausgabenbereich „junge Familien" in den Clustern des Schleswig-Holsteinischen Umlands

	Jahresmittel der Ausgaben in € je Ew. 1997/98	Jahresmittel der Ausgaben in € je Ew. 2001/02	Entwicklung 1997/98- 2001/02 in %
Ausgabenbereich „Senioren"			
früh suburb. Kommunen	60	43	-28,8
gealterte Kommunen	52	48	-7,6
dynam. Wachstumsorte	44	40	-8,7
größere Städte	67	58	-13,1
dünn besied. Kommunen	51	43	-14,3
Ausgabenbereich „junge Familien"			
früh suburb. Kommunen	437	445	1,8
gealterte Kommunen	349	438	25,6
dynam. Wachstumsorte	428	429	0,1
größere Städte	460	468	1,6
dünn besied. Kommunen	389	413	6,3

Quelle: Eigene Berechnungen nach den Ergebnissen der Jahresrechnungen

Somit widersprechen die empirischen Ergebnisse den eingangs beschriebenen Thesen, dass Alterungsprozesse „automatisch" höhere Kosten für die kommunalen Gebietskörperschaften nach sich ziehen. Jedoch waren die Analysen nur für einen relativ kurzen Beobachtungszeitraum durchführbar, da die feingliedrige Aufteilung in die sechs Aufgabenbereiche erst im Jahr 1995 in die kommunale Haushaltssystematik eingeführt wurde und die Jahre 1995 und 1996 als die beiden letzten Jahrgänge vor der Einführung der Pflegeversicherung ein um ein vielfach höheres und daher kein vergleichbares Niveau aufweisen.

Für den überraschenden Befund der rückläufigen Ausgaben sind folgende Erklärungsansätze denkbar:

- Bei den institutionsgebundenen Dienstleistungen handelt es sich vielfach um freiwillige Ausgaben der Kommunen, bei denen für sie ein hoher Spielraum bis hin zur völligen Abschaffung besteht. Auch ist ein Bestreben der Kommunen erkennbar, bei Pflegebedürftigen von der kostenintensiven Pflege in stationären Einrichtungen nach Möglichkeit zur ambulanten Pflege zurückzukehren, nachdem die Einführung der Pflegeversicherung in den Jahren 1995/96 zunächst zu einer zunehmende Verlagerung der Pflege in die stationären Einrichtungen geführt hatte (vgl. Dedy/Roßbach 2005: 22).

- Zudem sind Verlagerungen von Aufgaben und somit Ausgaben von der kommunalen auf die Landesebene vorstellbar. Diese möglicherweise durchgeführte Aufgabenübertragung kann jedoch mit den vorliegenden Daten nicht nachvollzogen werden, da die Haushaltssystematik der Länder keine hinreichende Differenzierung aufweist. So sind die in der Kommunalsystematik differenzierten Hilfearten nach dem BSHG (Hilfe zum Lebensunterhalt, Hilfe zur Pflege, Eingliederungshilfe für Behinderte, Krankenhilfe; Hilfe bei Schwangerschaft oder bei Sterilisation; Hilfe zur Familienplanung, Sonstige Hilfen in besonderen Lebenslagen) bei den Ländern in einer einzigen Aufgabenposition „Sozialhilfeleistungen" zusammengefasst (Statistisches Bundesamt 2000).

- Verzögerungen bei der Wahrnehmung der Möglichkeiten zur Kostenerstattung der Pflegeversicherung sind eine weitere mögliche Erklärung. Dies bedeutet, dass die kommunal Verantwortlichen trotz Einführung der Pflegeversicherung ab 1995/96 zunächst weiterhin nach den bisherigen – für die Kommunen kostenintensiveren – Regelungen gebucht haben und sich die neuen Optionen erst allmählich durchgesetzt haben.

Kurz eingegangen werden soll nun noch auf den unteren Teil der Tabelle 1, in der die Kosten für den Aufgabenbereich der „jungen Familien" (gesamter Schulbereich [Einzelplan 2] sowie die Jugendhilfe und deren Verwaltung und Einrichtungen) dargestellt sind. Es ist zu erkennen, dass die Kosten, die explizit jungen Familien zugeordnet werden können, mindestens um das 8-fache über denen für Senioren liegen. Somit sind Familien mit Kindern wesentlich kostenintensiver als ältere Menschen und ein U-förmiger Verlauf von „Altersstrukturkostenprofilen" lässt sich zumindest für die Kommunalebene in Schleswig-Holstein nicht identifizieren, vielmehr weisen die Kostenverläufe eher einen „Sprungschanzen-Verlauf" auf. D. h. die Kosten für Ältere steigen mit zunehmendem Alter zwar an, erreichen jedoch im Bereich des Schanzentisches bei weitem nicht die Höhe der Ausgaben für die jüngere (bildungsrelevanten) Bevölkerung.

Die Zahlen zum Niveau und zur Entwicklung der Ausgaben für den Aufgabenbereich „junge Familien" zeigen noch weitere Besonderheiten, auf die im Folgenden kurz eingegangen wird.

- Die relativ hohen Ausgaben im Cluster „früh suburbanisierte Kommunen" können wahrscheinlich mit Kostenremanenzen (damit sind zurückbleibende Ausgaben gemeint, die nicht ohne weiteres an veränderte Nachfragestrukturen angepasst werden können) im schulischen Bereich durch höhere Schülerzahlen in der Vergangenheit erklärt werden. Auch sind relativ viele Städte und Gemeinden dieses Clusters mit zentralörtlichen Funktionen versehen, so dass durch diese überörtlichen Angebote – ähnlich wie bei den „größeren Städten" – überproportionale Mehrausgaben entstehen.

- Die hohen Ausgabensteigerungen bei den „gealterten Kommunen" lassen sich mit einem Schulneubau erklären. Da sich in Schleswig-Holstein dieser Cluster aus nur drei Kommunen zusammensetzt, beeinflusst eine solche Investition die Entwicklung der entsprechenden Durchschnittsausgaben des Gesamtclusters in erheblichem Maße.

In der folgenden Tabelle 2 wird der Ausgabenbereich „Senioren" in die einzelnen Ausgabenpositionen ausdifferenziert dargestellt. Es zeigt sich in der Betrachtung der Pro-Kopf-Werte, dass nur in drei Bereichen im Jahr 2002 nennenswerte Ausgaben entstanden: dies sind die Aufgabenfelder „Hilfe zur Pflege", die „Sozialen Einrichtungen für pflegebedürftige Menschen" sowie das „Bestattungswesen".

Da diese Ausgaben jedoch über entsprechende Einnahmen der Bereiche z. T. refinanziert werden, ist es für eine Identifikation der „Netto-Belastung" sinnvoll, den entsprechenden Zuschussbedarf der kommunalen Gebietskörperschaften zu betrachten. Bei der „Hilfe zur Pflege" fällt für die Kommunen in Schleswig-Holstein im Jahr 2002 mit 19,55 € je Einwohner der höchste Zuschussbedarf an, gefolgt von den „Sozialen Einrichtungen für pflegebedürftige Menschen" mit knapp 6 €. Bei der „Hilfe zur Pflege" liegt die Deckungsquote bei 23 %, bei den „Sozialen Einrichtungen für pflegebedürftige Menschen" mit fast 59 % wesentlich höher. Somit kristallisiert sich die „Hilfe zur Pflege" als größte finanzielle Belastung für die Umlandkommunen in Schleswig-Holstein im Bereich der altersbezogenen Aufgaben heraus. Im Bestattungswesen können zwei Drittel der Ausgaben über Einnahmen refinanziert werden, so dass der Zuschussbedarf mit etwa 2 € je Einwohner nur relativ gering ausfällt. Die anderen drei Ausgabenpositionen sind quantitativ noch unbedeutender.

Tab. 2: Niveau und Entwicklung der alterssensitiven Ausgabenpositionen im schleswig-holsteinischen Umland von Hamburg

	Ausgaben gesamt in 1.000 €			Ausgaben in € je Ew.			Zuschussbedarf 2002	
	1997	2002	Entw. in %	1997	2002	Entw. in %	€ je Ew.	Deckungsquote in %
Vollzug des Betreuungsgesetzes	390	472	21,0	0,49	0,57	15,9	0,57	0,5
Hilfe zur Pflege	31.191	21.080	-32,4	39,22	25,39	-35,2	19,55	23,0
Soziale Einrichtungen für Ältere (ohne Pflegeeinrichtungen)	1.263	1.478	17,1	1,59	1,78	12,2	1,24	30,2
Soziale Einrichtungen für pflegebedürftige Menschen	8.299	11.998	44,6	10,43	14,45	38,5	5,97	58,7
Sonstige soziale Einrichtungen	2.979	644	-78,4	3,75	0,78	-79,3	0,52	32,5
Bestattungswesen	5.831	5.161	-11,5	7,33	6,22	-15,2	2,10	66,3

Quelle: Eigene Berechnungen nach den Ergebnissen der Jahresrechnungen

Entsprechend der Entwicklung des gesamten Ausgabenbereichs „Senioren" waren auch die Pro-Kopf-Werte der „Hilfe zur Pflege" als kostenintensivster Unterabschnitt in den Untersuchungskommunen Schleswig-Holsteins von 1997 bis 2002 rückläufig. Damit lässt sich im nördlichen Hamburger Umland eine gegenläufige Entwicklung zum Bundestrend identifizieren, da der Deutsche Städte- und Gemeindebund feststellt (Dedy/Roßbach 2005: 21):

"Alles in allem hatte die Pflegeversicherung einen einmaligen Entlastungseffekt für die Kommunen. Nach der „ersten Runde" war dieser jedoch bereits im Jahr 1998 wieder „verbraucht". Die Pflegekosten und die kommunalen Hilfeleistungen zur Pflege befinden sich seitdem wieder im Aufwärtstrend."

Die „Hilfe zur Pflege" als bedeutendste Einzelposition der alterssensitiven Ausgaben wird fast vollständig (97,5 %) über den Kreis finanziert (Tab. 3). Nur sechs der insgesamt 55 betrachteten Umlandkommunen haben eigene Ausgaben bei dieser Position zu verbuchen, darunter befindet sich jedoch keine der hier betrachteten Extremgemeinden. Die Kreisfinanzierung der „Hilfe zur Pflege" hat zur Folge, dass die Städte und Gemeinden der an Hamburg angrenzenden Landkreise über die Kreisumlage an den Kosten beteiligt werden. Jedoch wird mit der Kreisumlage das Ziel eines Finanzausgleichs verfolgt (vgl. Schwarting 2001: 151) und sie wird nach Maßgabe der Finanzkraft der jeweiligen Kommunen erhoben. Dadurch haben stark alternde Kommunen, auf deren Gebiet u. U. entsprechend viele Ältere mit Pflegebedarf wohnen, keine überproportionalen finanziellen Belastungen zu tragen.

Bei den „Sozialen Einrichtungen für pflegebedürftige Menschen", der zweite Einzelposten mit einem quantitativ relevanten kommunalen Zuschussbedarf von immerhin noch 6 € je Einwohner, werden nur etwa zwei Drittel der Kosten über die „Ausgleichsgemeinschaft Landkreis" finanziert (Tab. 3). Somit tragen die Städte und Gemeinden in der Höhe von etwa 2 € je Einwohner selbständig die Kosten für ihre älteren Bewohner.

Tab. 3: Anteile der kommunalen Ebenen in Schleswig-Holstein an den alterssensitiven Ausgabenpositionen 2002 in %

	Einzel- und Verbandsgemeinden	Kreise
Vollzug des Betreuungsgesetzes	15,3	84,7
Hilfe zur Pflege	2,5	97,5
Soziale Einrichtungen für Ältere (ohne Pflegeeinrichtungen)	100,0	0,0
Soziale Einrichtungen für pflegebedürftige Menschen	30,6	69,4
Sonstige soziale Einrichtungen	100,0	0,0
Bestattungswesen	100,0	0,0

Quelle: Eigene Berechnungen nach den Ergebnissen der Jahresrechnungen

Diese Dimensionen der direkt zuzuordnenden Ausgaben für ältere Menschen zeigen, dass sich die derzeitige Situation der kommunalen Kostenbelastung bei den hier betrachteten Gemeinden als quantitativ eher marginal darstellt. Doch wird sich durch die überproportionale Alterung der Bevölkerung im suburbanen Raum die derzeit noch relativ günstige Ausgangslage künftig verändern. Die Zahl und der Anteil der Senioren in den Städten und Gemeinden des Hamburger Umlands nehmen auch künftig unterschiedlich stark zu, wie die Abbildung 12 zur Altersstruktur und -entwicklung in den ausgewählten Extremkommunen im Jahr 2003 und im Jahr 2020 verdeutlicht. Damit wird sich der Trend der jüngeren Vergangenheit auch künftig fortsetzen, d. h. die Gemeinden, die bereits jetzt besonders starke Alterungstendenzen zeigen, werden auch zukünftig einen besonders starken Anstieg der Zahl und des Anteils älterer Menschen, insbesondere auch der über 79-Jährigen, aufweisen. Dagegen wird in den „dynamischen Wohnorten" der Anteil der älteren Bewohner auch künftig weitaus geringer niedriger prognostiziert.

Die Inanspruchnahme der Hilfe zur Pflege zeigt eine starke Abhängigkeit vom Alter (Statistisches Bundesamt 2005), sodass die Alterung auch Effekte auf die Kosten der „Hilfe zur Pflege" haben wird. Da die Bewohner des Hamburger Umlands insgesamt und in den von der Suburbanisierung frühzeitig erfassten Gemeinden überproportional stark altern, ist zu erwarten, dass im Rahmen des derzeitigen Finanzierungsverfahrens der „Hilfe zur Pflege" die Kreisumlage künftig ansteigen wird.

Abb. 12: Altersstruktur und -entwicklung der Bevölkerung in den Extremgemeinden 2003 und 2020

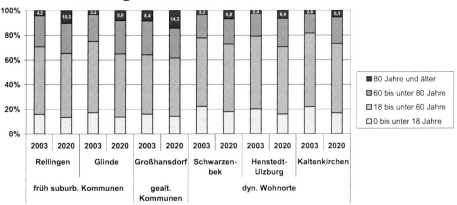

Quelle: Eigene Darstellung auf Grundlage von Daten der Statistischen Landesämter und der Bertelsmann-Stiftung

Auch wenn die Entwicklung der Aufwendungen für die unmittelbar auf ältere Menschen bezogenen sozialen Aufgaben der Kommunen zunächst noch Grund zur „Entwarnung" gibt, gibt es dennoch kommunale Sozialleistungen, deren Kosten bereits in den vergangenen Jahren aufgrund spezifischer demographischer Veränderungen erheblich gestiegen sind: Dies ist v. a. die „Eingliederungshilfe für Behinderte". Der historische Umstand, dass nach den Verbrechen im Nationalsozialismus erstmals wieder eine Generation älterer Behinderter heranwachsen konnte sowie die zunehmende Lebenserwartung von Menschen mit Behinderung durch Fortschritte in der Medizin tragen entscheidend zum starken Anstieg der Zahl dieser Leistungsempfänger bei (Vorholz 2004: 472). Dabei handelt es sich um eine Pflichtaufgabe der Hilfen in besonderen Lebenslagen (§§ 39-47 BSHG), deren Träger wiederum die Landkreise und kreisfreien Städte sind. Sie kommt unterschiedlichen Leistungsempfängern zugute – von behinderten Kindern in der Frühförderung über körperlich, geistig oder seelisch behinderte Menschen in betreuten Wohneinrichtungen für bis hin zu in Werkstätten beschäftigten behinderten Menschen. Die Eingliederungshilfe wird zu 93 % an Einrichtungen gezahlt und im Jahr 2003 wurden fast 600.000 Menschen finanziell unterstützt (Dedy/Roßbach 2005: 23). Die Zahl der Empfänger ist in den letzten Jahren besonders stark angestiegen, im Jahresdurchschnitt von 1991 bis 2003 um über 5 % (ibd.).

Diese steigende Zahl der Empfänger schlägt sich auch in steigenden Ausgaben nieder. So wird zur Ausgabenentwicklung der Eingliederungshilfe in der Literatur angemerkt (Vorholz 2004: 472):

„Die Ausgaben der Eingliederungshilfe für behinderte Menschen sind demzufolge in den vergangenen Jahren enorm gestiegen. Sie übertreffen mittlerweile sogar die Ausgaben der Hilfe zum Lebensunterhalt: Im Jahr 2002 beliefen sich die Ausgaben für die Eingliederungshilfe für behinderte Menschen bundesweit auf 10,2 Mrd. Euro. Die Ausgaben für die Hilfe zum Lebensunterhalt lagen dagegen bundesweit bei 9,8 Mrd. Euro. Der Personenkreis der Hilfeempfänger ist allerdings nur ein Fünftel so groß: 578.000 Empfänger von Eingliederungshilfe stehen 2,75 Mio. Empfängern von Hilfe zum Lebensunterhalt gegenüber. Während sich aber die Hilfe zum Lebensunterhalt – landläufig mit „der Sozialhilfe" gleichgesetzt – in aller Munde befindet, dringt die Kostendimension bei der Eingliederungshilfe, die hauptsächlich von den Kommunen zu tragen ist, nur zögerlich in das Bewusstsein der Öffentlichkeit."

Da die Eingliederungshilfen für behinderte Menschen die Kosten für die Hilfe zum Lebensunterhalt mittlerweile übertreffen, handelt es sich bei der Eingliederungshilfe um die umfangreichste Position unter den Hilfearten der Sozialhilfe, die 42 % der kommunalen Sozialhilfeausgaben ausmachen (Dedy/Roßbach 2005: 23). Aufgrund des dynamisch-stetigen Anstiegs dieser Ausgaben werden die Kommunen in Zukunft hierüber noch stärker finanziell belastet werden, ohne dass die Arbeitsmarktreform (Hartz IV) in diesem Bereich greifen würde. Da von Bundesseite Verlagerungen von Eingliederungshilfekosten auf den Bund einerseits und von Leistungseinschränkungen andererseits abgelehnt werden (Deutscher Bundestag 2004), ist auch zukünftig mit einem weiteren Anstieg dieser Kosten für die Kommunen zu rechnen.

Zusammenfassung und Fazit

In der Stadtregion Hamburg und in ihren Teilräumen ist nach verschiedenen Prognosen voraussichtlich bis 2020 mit einem weiteren Bevölkerungswachstum zu rechnen. Dabei sollen selbst einzelne Gemeinden kaum von „Schrumpfung" betroffen sein. Allerdings ist im suburbanen Raum gegenwärtig ein überproportional starker Alterungsprozess zu beobachten, der sich auch zukünftig fortsetzen soll. Die empirischen Ergebnisse zeigen eine deutliche Ausdifferenzierung der gemeindespezifischen Entwicklungsprozesse und damit auch der jeweiligen Handlungs- und Planungsanforderungen. Diese kommunalspezifische Ausdifferenzierung sichtbar zu machen war ein zentrales Anliegen dieses Beitrages.

Zudem wurden zwei eingangs beschriebene zentrale Thesen am Beispiel der Stadtregion Hamburg überprüft. Die erste These, nach der ältere Bevölkerung für die Kommunen relativ höhere Kosten verursacht, wie dies ansonsten nur bei der bildungsrelevanten Bevölkerung der Fall ist, kann auf Basis der vorliegenden empirischen Ergebnisse – zumindest für die suburbanen Gemeinden – so nicht bestätigt werden. Das altersbezogene Kostenprofil auf kommunaler Ebene zeigt eher einen „Sprungschanzen-Verlauf" als eine U-Form. Die Kosten der Alterung für die Kommunen sind selbst bei den besonders stark betroffenen Gemeinden (noch?) relativ gering. Ferner werden gemeindespezifische Unterschiede der Kosten der Alterung durch den Mechanismus der Finanzierung über die Kreisumlage stark nivelliert.

Auch legen die Ergebnisse die Vermutung nahe, dass u. U. auf der Ausgabenseite (übergangsweise) Kompensationseffekte auftreten können, wenn – bei insgesamt in etwa konstantem Anteil der Erwerbsbevölkerung – gleichzeitig der Anteil der vergleichsweise erheblich kostenintensiveren „bildungsrelevanten" jüngeren Bevölkerung abnimmt und hierdurch Einsparungen in entsprechenden Ausgabenbereichen erzielt werden können.

Auch die zweite These, dass generell eine Zunahme des Anteils der älteren an der gesamten Bevölkerung auf der Ausgabenseite zu einer höheren Belastung der Gemeindehaushalte führe, kann in dieser Form zumindest für den Untersuchungszeitraum 1997 bis 2002 nicht bestätigt werden. Offenbar bedeutet eine Alterung der Bevölkerung alleine nicht unbedingt ausgabenseitig ein Problem für die betroffenen kommunalen Haushalte. Allerdings sind zukünftig – vor allem zum einen durch den starken Anstieg der Zahl der „Hochbetagten" und der damit verbundenen höheren Inanspruchnahme von „Hilfen zur Pflege" sowie zum anderen durch die wachsende Zahl ältere Behinderter, die auf Zahlungen im Rahmen der „Eingliederungshilfe" angewiesen sind – höhere Kosten zu erwarten, die von den Hartz IV-Reformen nicht kompensiert werden.

Darüber hinaus zeigen sich am Beispiel der hier untersuchten Gemeinden im suburbanen Raum der Stadtregion Hamburg Hinweise darauf, dass auch zukünftig durch die Bevölkerungsalterung für die Kommunen einnahmeseitig Einbußen bei der Einkommenssteuer zu erwarten sind, die besonders dann stark ausfallen können, wenn sie überproportional von der Entwicklung dieser demographischen Komponente betroffen sind. Die im Jahr 2005 eingeführte nachgelagerte Besteuerung von Renten mildert diese fiskalische Problematik jedoch zukünftig voraussichtlich bis zu einem gewissen Grad ab.

Insgesamt verweisen die Ergebnisse auf den weiteren Forschungsbedarf für sowohl räumlich als auch inhaltlich möglichst weitgehend differenzierte Untersuchungen, um die fiskalischen Auswirkungen der gegenwärtigen und zukünftigen erheblichen demographischen Veränderungen und deren gemeindespezifische Auswirkungen abschätzen zu können. Derartig verfeinerte Einschätzungen der aus dem demographischen Wandel resultierenden vielfältigen und kleinräumig erheblich unterschiedlichen Herausforderungen bieten die Möglichkeit, fundierte Handlungsanforderungen an Politik und Planung abzuleiten.

Anmerkungen

(1) Zur Abgrenzung der Stadtregionen und ihrer Teilräume sowie für eine ausführlichere Beschreibung der der sozioökonomischen und demographischen Strukturen und Entwicklungen vgl. Pohlan 2005: 207ff.

(2) Insbesondere kumulierte Problemlagen können erheblich negative Auswirkungen auf die kommunalen Haushaltslagen verursachen, die zu einem regelrechten Teufelskreis führen, wie Pohlan/Wixforth (2005) am Beispiel ausgewählter kreisfreier Städte zeigen.

(3) Das hier als „Umland" der Stadtregion Hamburg definierte Gebiet wurde im Rahmen des DFG-Projekts „Suburbanisierung im 21. Jahrhundert: Stadtregionale Entwicklungen des Wohnens und Wirtschaftens" (ausführlichere Hinweise zum Projekt finden sich unter www.suburbanisierung.de) auf der Basis von Analysen der Pendlerverflechtungen abgegrenzt. Das methodische Vorgehen dazu ist bei Wixforth/Soyka (2005) dokumentiert.

(4) Zur genaueren Beschreibung der genannten Verfahren und des Vorgehens vgl. Wixforth/Pohlan (2005).

(5) Die Auswahl der Extremgemeinden erfolgte nach folgendem statistischen Kriterium: Sie mussten bei den wesentlichen demographischen Indikatoren (Bevölkerungsentwicklung, Anteil der Bevölkerung unter 15 Jahre, Entwicklung des Anteils der Bevölkerung über 64 Jahre) um mehr als eine Standardabweichung über bzw. unter dem Regionsdurchschnitt liegen.

(6) Auf folgende gesetzliche Änderung sei an dieser Stelle der Vollständigkeit halber noch hingewiesen: Nach der alten Systematik umfasst die Sozialhilfe nach § 1 Abs. 1 Bundessozialhilfegesetz (BSHG) neben der „Hilfe zum Lebensunterhalt" auch die „Hilfe in besonderen Lebenslagen". Letztere umfasst nach § 27 Abs. 1 BSHG auch die „Hilfe zur Pflege". Im Zuge der sog. Hartz-Reformen wurde auch das Sozialhilferecht reformiert und modernisiert und das BSHG als Zwölftes Buch (SGB XII) in das Sozialgesetzbuch eingeordnet. Damit wurden auch die zwei Leistungsgruppen "Hilfe zum Lebensunterhalt" und "Hilfe in besonderen Lebenslagen" zugunsten einer Differenzierung der Sozialhilfe in sieben Bereiche aufgehoben. Für den in dieser Studie betrachteten Analysezeitraum bis 2002 gelten jedoch die alten Regelungen nach dem BSHG.

Literatur

Aring, Jürgen; Herfert, Günter, 2001: Neue Muster der Wohnsuburbanisierung. In: Brake, Klaus; Dangschat, Jens S.; Herfert, Günter (Hrsg.): Suburbanisierung in Deutschland. Aktuelle Tendenzen. Opladen: Leske + Budrich: 43-56

Baum, Britta; Seitz, Helmut; Worobjew, Andrej, 2002: Der Einfluss der Alters- und Familienstrukturen auf die Ausgaben der Länder und Gemeinden. In: Vierteljahreshefte zur Wirtschaftsforschung 71 (2002), 1: 147-162

BBR (Bundesamt für Bauwesen und Raumordnung) (Hrsg.), 2005: INKAR 2004 – Indikatoren und Karten zur Raumentwicklung. CD INKAR 2004. Bonn: Selbstverlag

BBR (Hrsg.), 2004: ROP 2020 – Raumordnungsprognose 2020, Ausgabe 2004. CD-ROM. Bonn: Selbstverlag.

BertelsmannStiftung (Hrsg.), 2006: Wegweiser Demographischer Wandel. http://www.wegweiserdemographie.de/demowandel/suche/jsp/suche_checked.jsp: 10.5.2006.

Dedy, Helmut; Rossbach, Christine, 2005: Kommunalfinanzen in struktureller Schieflage. Datenreport Kommunalfinanzen 2005. Fakten, Trends, Einschätzungen. Schriftenreihe DStGB Dokumentation No. 48, Berlin: Verlag WINKLER & STENZEL GmbH

Deutscher Bundestag (Hrsg.), 2004: Antwort der Bundesregierung auf die Kleine Anfrage der Abgeordneten Daniel Bahr (Münster), Gisela Piltz, Rainer Brüderle, weiterer Abgeordneter und der Fraktion der FDP – Drucksache 15/4203 – Entwicklung der Eingliederungshilfe für Menschen mit Behinderung. Drucksache 15/4372, Berlin: H. Heenemann GmbH & Co, Buch- und Offsetdruckerei

Henckel, Dietrich, 1981: Einwohnerveränderungen und Gemeindeanteil an der Einkommenssteuer. In: Raumforschung und Raumordnung 5-6.1981: 241-247

Junkernheinrich, Martin; Micosatt, Gerhard, 2005: Kommunale Daseinsvorsorge im Ruhrgebiet bei rückläufiger Bevölkerung. Einnahmeseitige Handlungsspielräume, aufgabenbezogene Bedarfsverschiebungen, kommunalpolitische Handlungsoptionen. Essen: Herausgeber: Regionalverband Ruhr (RVR)

Mäding, Heinrich, 2004: Demographischer Wandel und Kommunalfinanzen – Einige Trends und Erwartungen. In: Deutsche Zeitschrift für Kommunalwissenschaften, 43. Jg., 2004/I: 84-102

Menzl, Marcus, 2005: Leben in Suburbia – Einblicke in den Alltag zugezogener Familien am Beispiel der Gemeinde Henstedt-Ulzburg. Dissertation an der Technischen Universität Hamburg-Harburg, Hamburg

Pohlan, Jörg, 2005: Monitoring der Städte und Regionen. In: Gestring, Norbert et al. (Hrsg.): Jahrbuch StadtRegion 2004/2005: Schwerpunkt: Schrumpfende Städte. Wiesbaden: VS Verlag für Sozialwissenschaften: 207-276

Pohlan, Jörg; Wixforth, Jürgen, 2005: Schrumpfung, Stagnation und Wachstum – Auswirkungen auf städtische Finanzlagen in Deutschland. In: Gestring, Norbert et al. (Hrsg.): Jahrbuch Stadt-Region 2004/2005: Schwerpunkt: Schrumpfende Städte. Wiesbaden: VS Verlag für Sozialwissenschaften: 19-48

Schwarting, Gunnar, 2001: Der kommunale Haushalt. Haushaltswirtschaft, Haushaltssteuerung, Kassen- und Rechnungswesen. Schriftenreihe Finanzwesen der Gemeinden Bd. 2, Berlin: Erich Schmidt Verlag

Statistisches Bundesamt (Hrsg.), 2000: Schlüssel für die Aufbereitung der Jahresrechnungsergebnisse des öffentlichen Gesamthaushaltes ab dem Rechnungsjahr 1998. Stand 12.12.2000. Wiesbaden: unveröffentlicht

Statistisches Bundesamt (Hrsg.), 2005: 2. Bericht. Pflegestatistik 2003. Pflege im Rahmen de Pflegeversicherung. Ländervergleich Pflegebedürftige. Bonn: Selbstverlag

von Loeffelholz, Hans Dietrich; Rappen, Helmut, 2002: Bevölkerungsentwicklung und Kommunalfinanzen im Ruhrgebiet – Ein Problemaufriss. Essen: Im Auftrag und herausgegeben von der Projekt Ruhr

Vorholz, Irene, 2004: Nachhaltige Sicherung der Eingliederungshilfe für behinderte Menschen erforderlich. In: Der Landkreis 7/2004: 472-474

Wixforth, Jürgen; Pohlan, Jörg, 2005: Typisierung der Umlandgemeinden in den Stadtregionen Hamburg und Berlin-Potsdam nach sozioökonomischen Kriterien – Ein methodischer Beitrag mit ersten Interpretationsansätzen. Beiträge zur sozialökonomischen Stadtforschung Nr. 02, Hamburg

Wixforth, Jürgen; Soyka, Andrea, 2005: Abgrenzung der Stadtregionen Hamburg und Berlin-Potsdam auf der Basis von Pendlerverflechtungen. Beiträge zur sozialökonomischen Stadtforschung Nr. 01, Hamburg

Ergebnisse eines Methodenvergleichs – Prognosefehler und quantitative Aussagen zur Personalstruktur von Unternehmen in verschiedenen Regionen

Lars Weber und Doreen Schwarz

1 Einleitung

Das irreversible Problem des demografischen Wandels betrifft maßgeblich auch die Unternehmen – die Belegschaft altert, an Nachwuchsfachkräften fehlt es und regionale Wanderungen verschärfen den Mangel. Viele klein- und mittelständische Betriebe insbesondere in strukturschwachen Regionen werden sich dieser Herausforderung bewusst und befassen sich zunehmend mit den bereits stattfindenden Veränderungen der Personalstruktur. Die den Unternehmen zur Verfügung stehenden Instrumentarien zur Prognose der zukünftigen Belegschaftsstruktur sind jedoch vielfach ungenau. Darüber hinaus beschränken sich die Erkenntnisse weitestgehend auf die zukünftige *Verteilung* der Altersgruppen. Strategien, die auf Basis dieser groben Vorhersagen formuliert werden, sind ebenso kritisch zu bewerten wie die rigorose Ignoranz der demografischen Effekte.

Viele Unternehmen analysieren die aktuelle Belegschaftsstruktur und projizieren diese auf einen zukünftigen Zeitpunkt. Der über die Betrachtungszeiträume steigende Abweichungsfehler aufgrund der angenommenen konstanten Fluktuationsquoten wird von den Entscheidungsträgern weit unterschätzt. Grund für die Diskrepanzen ist die komplexe Realität. Die Problemursachen und Wirkungen von Veränderungen können in einfachen Kalkulationen in ihrer Ganzheit weder erfasst noch gesteuert werden. Somit werden nur wenige und ungenaue quantitative Erkenntnisse gewonnen und auf Basis derer altbekannte qualitative Maßnahmen zur Personalbindung, zum Hochschulmarketing, zur innerbetrieblichen Ausbildung u. a. m. formuliert. Langfristig hilfreiche quantitative Aussagen sind dagegen nicht möglich. Es liegt vielfach die Annahme zugrunde, dass mit korrigierten Zielen, bewährten Methoden und geringem innovativen Aufwand die demografischen Herausforderungen gemeistert werden könnten. Dies ist jedoch unzureichend.

In diesem Beitrag wird zunächst auf die regional unterschiedliche Entwicklung des Erwerbspersonenpotentials und die Konsequenzen für die Personalstruktur der Unternehmen eingegangen. Das Kapitel 3 befasst sich auf der einen Seite mit der momentan zur Verfügung stehenden statischen Analyse und Prognose des Personalbestandes und auf der anderen Seite mit einem dynamischen Verfahren. Die Dynamik bezieht sich dabei auf die kontinuierliche system-endogene Anpassung der Bestandsgrößen. Im vierten Kapitel schließlich werden ausgehend von den regionalen Gegebenheiten zwei verschiedene Einstellungspolitiken vorgestellt. Die präsentierten Szenarien und Sensitivitätsanalysen zeigen, dass die Auswirkungen auf betrieblicher Ebene gravierender sind als statisch kalkulierte Prognosen vermuten lassen. Es wird dargestellt, dass mit dynamischen Simulationen konkrete Handlungsanweisungen für das operative Personalmanagement möglich sind und die Belegschaftsstruktur mittel- bis langfristig beeinflussbar ist.

2   Entwicklung des Erwerbspersonenpotentials

Im Zeitraum von 2002 bis 2050 sinkt Deutschlands Bevölkerung von etwa 82,4 Millionen Einwohnern auf 69 bis 74 Millionen Menschen. Diese Ergebnisse resultieren aus der "mittleren Variante" der Bevölkerungsvorausberechnung basierend auf den Annahmen einer konstanten Geburtenrate von durchschnittlich 1,4 Kindern pro Frau, einer bis 2050 ansteigenden Lebenserwartung eines neu geborenen Jungen auf 83,5 Jahre und eines neugeborenen Mädchens auf 88,0 Jahre sowie einer jährlichen Netto-Migration von 100.000 Personen (Annahme 1) bzw. 200.000 Personen (Annahme 2) (Statistisches Bundesamt, 2006, 5-7, 17). Bei dieser Prognose erreicht Deutschland das Niveau von 1963. Aufgrund dieser Bevölkerungsschrumpfung ist zu befürchten, dass sich diese Entwicklung auch im Erwerbspersonenpotential widerspiegelt. Somit betrifft die einst abstrakte demografische Entwicklung direkt die Unternehmen hinsichtlich eines zunehmenden Mangels an qualifizierten Arbeitskräften und damit eines steigenden Konkurrenzkampfes um Talente.

Ergebnisse eines Methodenvergleichs

Abb. 1: Veränderungen im Zeitraum 2002 bis 2020

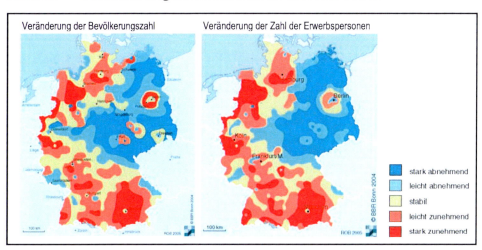

Quelle: BBR (2005). Raumordnungsbericht 2005. Berichte Bd. 21, Bonn, S. 32, 50

Wie in der Abbildung 1 erkennbar, stellt sich sowohl die Entwicklung der Gesamtbevölkerung als auch die des Erwerbspersonenpotentials innerhalb Deutschlands regional sehr unterschiedlich dar. Durch die Binnenmigration vor allem junger, flexibler Personen wird insbesondere der ostdeutsche Raum von einem starken Rückgang der Bevölkerung und einer Überalterung gekennzeichnet sein. Die strukturstarken Regionen dagegen wachsen hinsichtlich der Bevölkerungszahl bzw. können diese zumindest stabilisieren. Ähnlich verläuft die Veränderung des Erwerbspersonenpotentials bis 2020. Eine kürzlich veröffentlichte Hochrechnung des Instituts der Deutschen Wirtschaft Köln sagt aus, dass in der Zeit zwischen 2003 und 2050 das Erwerbspersonenpotential um etwa 11 Millionen Personen sinkt, so dass im Jahr 2050 nur etwa 28 Millionen Erwerbspersonen dem Arbeitsmarkt zur Verfügung stehen würden (Institut der Deutschen Wirtschaft Köln, 2006). Allein aus diesen Prognosen wird die Relevanz für Unternehmen erkennbar, sich mit betrieblichen Altersstrukturanalysen, Prognosen und Einstellungsstrategien zu beschäftigen.

3 Methoden

Die Autoren dieses Beitrags beschäftigt die Frage, wie sich Unternehmen auf die zukünftigen Veränderungen einstellen können und auf Basis welcher Daten sie Strategien formulieren sollten. Die Betriebe, die sich bereits mit der Altersstrukturentwicklung beschäftigen, greifen auf die statische Fortschreibung zurück. Nach bisherigen Erkenntnissen führt diese jedoch zu gravierenden Prognosefehlern und wiegt die Entscheider in einer trügerischen Sicherheit, denn die demografische Entwicklung innerhalb der Organisation wird stark unterschätzt. Aus der Theorie sind jedoch dynamische Methoden bekannt, die wesentlich genauere Aussagen und damit wettbewerbsförderliche Strategien erlauben.

3.1 Statisch prognostizierte Altersstruktur in Unternehmen

Statisch bedeutet, dass der heutige Mitarbeiterbestand aufgeteilt nach Kohorten in eine definierte Zukunft fortgeschrieben wird. Dabei werden aber weder kohortenspezifische Ausstiegsquoten noch der relative Bezug der kohortenspezifischen Zugangsquoten zur Zielmitarbeiterzahl berücksichtigt. Es wird weiterhin angenommen, dass Mitarbeiter nur rentenbedingt das Unternehmen verlassen und eine pro Jahr festgelegte absolute Zahl von Neueinstellungen diese Ausstiege kompensieren kann. Wie die Analyse jedoch zeigen wird, ist die Zahl geplanter Neuzugänge im Regelfall unzureichend, so dass der gesamte Mitarbeiterbestand zwangsläufig sinkt.

Abb. 2: Statisch prognostizierte Altersstruktur eines Beispielunternehmens

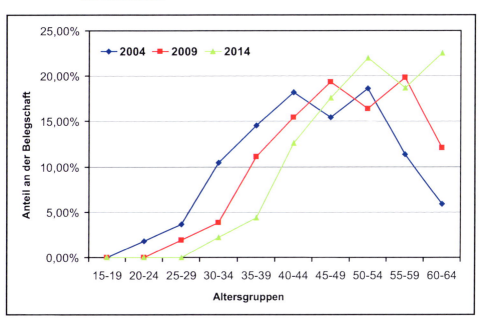

Quelle: Eigene Darstellung, eigene Berechnungen

Abbildung 2 visualisiert die Ergebnisse einer solchen statischen Prognose. Auf der Abszisse sind die Altersgruppen abgetragen, auf der Ordinate der relative Anteil der Altersgruppen an der Gesamtbelegschaft. Die blaue Linie (Raute) spiegelt den Bestand im Jahr 2004 wider. Problematisch sind bei dieser Prognoseform folgende Aspekte. Erstens suggeriert der Verlauf der Graphen eine Zunahme der Belegschaft bis 2014. Dem ist nicht so. Vielmehr steigt der Anteil der älteren Altersgruppen an der Gesamtbelegschaft. Dies bedeutet, dass das Durchschnittsalter des Personals steigt. Zweitens ist keine Aussage über die Gesamtmitarbeiterzahl möglich, was es den Unternehmen wiederum erschwert, Rekrutierungsmaßnahmen *zeitnah* anzupassen. Drittens ist die Zahl der Neueinstellungen je Altersklasse nicht nachvollziehbar. Vielmehr deutet die grüne Linie (Dreieck) bei dieser einfachen Fortschreibung darauf hin, dass bis zum Jahr 2014 der Bestand der ersten drei Kohorten sogar auf Null sinkt und demzufolge keine Nachwuchskräfte aus den eigenen Reihen zur Verfügung stehen.

Die Entscheider sind mit dieser Analyse in dem Glauben, der unternehmensinternen demografischen Entwicklung einen Schritt voraus zu sein, doch die Ergebnisse sind auch im Kosten-Nutzen-Vergleich ineffektiv und zudem falsch. Im Grunde wurde nur der aktuelle Personalbestand ermittelt. Strategisch sind die Erkenntnisse nicht verwertbar, da keine Möglichkeit besteht, interaktive Wirkungen in die Berechnungen einzubauen. Es sind vielfach feste Größen und Erfahrungswerte von Unternehmen, die der Einstellungspolitik zugrunde liegen. Da die altersdemografische Entwicklung des Erwerbspersonenpotentials und damit auch der jeweiligen Unternehmensbelegschaft historisch einzigartig ist, gibt es hierfür keine Erfahrungswerte, auf die sich Unternehmen in Zukunft berufen könnten.

3.2 Dynamisch prognostizierte Altersstruktur in Unternehmen

Die komplexe und dynamische Realität führt sehr häufig dazu, dass Probleme in ihrer Ganzheit nicht mehr erfassbar sind. Denn jeder einzelne zu beachtende Parameter erfordert die Berücksichtigung der Abhängigkeiten mit anderen Komponenten des Systems und damit der Rückkopplungen. Deshalb ist eine Betrachtung der Zusammenhänge *nicht* in Ursache-Wirkungs-Ketten sondern in Wirkungsschleifen erforderlich. Abbildung 3 zeigt den Unterschied.

Abb. 3:   Vom linearen zum komplexen Denken

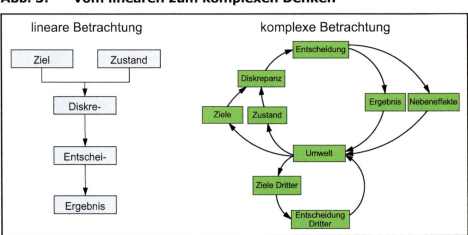

Quelle: Eigene Darstellung i. A. an Sterman, 2000, S. 10, 11

Da der Mensch nicht in der Lage ist, komplexe Strukturen in ihrer Ganzheit zu erfassen, liegt hierin die Existenzberechtigung wissenschaftlicher Modelle. Deren Zweck ist es, die Wirklichkeit bzw. das Problem zum einen erfassbar, analysierbar und kommunizierbar zu machen, zum anderen können sie zur Prognose und zur Beeinflussung der Realität verwendet werden (Kleinewefers & Jans, 1983, 16-17). Die Forschung im Bereich des systemdynamischen Denkens bietet dem Nutzer Werkzeuge, mit denen die Struktur eines komplexen Systems nachgebildet und dessen Verhalten computersimuliert abgebildet werden kann. Speziell zu dem Thema Population und Altersstrukturentwicklung erarbeitete Sterman generelle Strukturen, so genannte Altersketten, auf die im Folgenden zurückgegriffen werden.

Bei der dynamischen Simulation sind nicht nur die aktuellen Bestände der Kohorten relevant, sondern ebenso die Ausstiegsquote jeder Kohorte, der Abgleich des IST- und des SOLL-Bestandes zum Ende einer Periode, als auch der relative Anteil jeder Kohorte an den gesamten Neuzugängen. Diese Zusammenhänge bilden die Grundlage für das mathematisch hinterlegte Simulationsmodell. Computer unterstützen dieses Vorhaben und bieten die Möglichkeit, alle intendierten und viele nicht intendierten Effekte zu betrachten. Abbildung 4 zeigt ein solches Modell vereinfacht für zwei Kohorten, beispielsweise die Kohorte 1 ‚bis 40 Jahre' und die Kohorte 2 ‚ab 41 Jahre'.

Abb. 4: Populationsmodell für zwei Kohorten

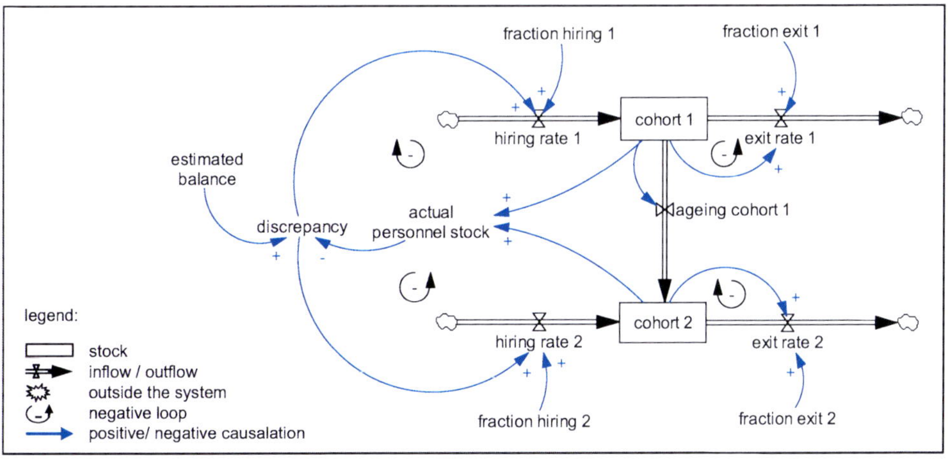

Quelle: Eigene Darstellung

Eine Alterskette besteht im Allgemeinen aus einer dem Problem entsprechenden Zahl von Altersklassen, deren jeweilige Bestände durch diverse Zu- und Abflüsse verändert werden (Sterman, 2004, 470 ff.). Allein in diesem Zwei-Kohorten-Modell existieren mehrere negative Rückkopplungsschleifen, bspw.:

- Je höher die SOLL-IST-Differenz am Ende der Periode t, desto höher ist für die Periode t+1 die erforderliche Zahl an Neueinstellungen in die entsprechende Kohorte, desto größer der Bestand in dieser Kohorte, desto größer der aktuelle Mitarbeiterbestand im Unternehmen, desto geringer die SOLL-IST-Differenz am Ende der Periode t+1. Gleichzeitig gilt,

- Je größer der Bestand der jeweiligen Kohorte in der Periode t+1, desto höher ist aufgrund des relativen Bezugs die Ausstiegsrate aus dieser Kohorte, desto geringer ist am Ende der Periode der Bestand in dieser Kohorte. Dies beeinflusst wiederum den tatsächlichen Mitarbeiterbestand im Unternehmen und damit die SOLL-IST-Differenz am Ende der Periode t+1.

Hierdurch wird deutlich, wie komplex allein die Analyse des Mitarbeiterbestandes ist, ohne dabei auf eine sinnvolle Kohortenbildung oder auch die Unterscheidung hierarchischer Ebenen bzw. Qualifikationsniveaus im Unternehmen einzugehen.

Die dem Methodenvergleich in diesem Beitrag zugrunde liegenden dynamischen Simulationen basieren auf folgenden Annahmen:

- Die Altersklassenbreite beträgt fünf Jahre, so dass der Bestand 16- bis 65-Jähriger insgesamt in zehn Kohorten subsumiert werden konnte.

- Die Anfangsbestände je Kohorte sind hypothetisch. Es wird allerdings davon ausgegangen, dass der Anteil der 51- bis 55-Jährigen an der Gesamtbelegschaft am höchsten ist. Diese Annahme spiegelt sich in der ‚Altersstruktur 2005' wider.

- Im Jahr 2005 beschäftigt das Beispielunternehmen 1000 Mitarbeiter. Diese Zahl soll über die Jahre konstant gehalten werden.

- Diese Zielmitarbeiterzahl wird in jedem Jahr durch erforderliche Neueinstellungen erreicht; ist die Zahl der Ausstiege Null, gibt es auch keine Neuzugänge.

- Aus- und Einstiege werden jährlich bestimmt.

Ergebnisse eines Methodenvergleichs

- Neuzugänge beinhalten sowohl Ausbildungseinstellungen, Versetzungen, Befristungsaufhebungen u. a. m. und sind je Kohorte relativ auf die Gesamtneueinstellungen bezogen.

- Jugendzentrierte Einstellungspolitik bedeutet Neuzugänge nur in den ersten drei Kohorten zu je gleichen Anteilen; alterszentrierte Einstellungspolitik bedeutet Neuzugänge nur in den drei Kohorten 46-60 zu je gleichen Anteilen.

- Ausstiege beinhalten alle Ausstiegsgründe wie Tod, Kündigung oder Rente.

- Die Ausstiegsquoten sind bei jüngeren Kohorten höher als bei älteren (linkssteil).

- Die Ausstiegsraten ergeben sich aus den durchschnittlichen statistischen Prozentwerten bezogen auf den jeweiligen Kohortenbestand je Periode.

Die Abbildung 5 zeigt einen Überblick über die durchführbaren Simulationsvarianten. Diese entsprechen im Regelfall den Erfordernissen des Unternehmens. In diesem Beitrag gehen die Autoren nur auf die Extremvarianten ein, um das Ausmaß der Fehleinschätzung bei Anwendung statischer Modelle zu betonen.

Abb. 5: Varianten dynamisch simulierter Szenarien

Einstellungen Ausstiege	keine	gleichverteilt	alterszentriert	jugendzentriert
nur rentenbedingt	Statische Prognose	Szenario rentenbedingte Nachfolge		
gleichverteilt				
rechtssteil				
linkssteil			Szenario Ost-Deutschland	Szenario Süd-Deutschland

Quelle: Eigene Darstellung

Besonders interessant hinsichtlich des Fehlers ist der Vergleich zwischen der statischen Prognose und den folgenden Szenarien:

- Wenn vorwiegend ältere Personen dem Arbeitsmarkt zur Verfügung stehen, dann wird eine alterszentrierte Einstellungspolitik unterstellt. Die Ausstiege aufgrund Arbeitsplatzwechsel, Kündigung, persönlicher Umstände, etc. finden statistisch belegt vor allem in den jüngeren Kohorten statt. Dieses Szenario könnte im Besonderen für Ost-Deutschland zutreffen.
- Wenn aufgrund der Binnenzuwanderung auch junge Arbeitnehmer zur Verfügung stehen, dann wird eine jugendzentrierte Einstellungspolitik möglich. Die Ausstiege finden auch hier vor allem in den jüngeren Kohorten statt; ältere Mitarbeiter wechseln eher selten noch den Arbeitgeber. Dieses Szenario könnte auf den süddeutschen Raum zukommen.

4 Ergebnisse des Methodenvergleichs

Im Folgenden werden die Ergebnisse der verschiedenen Simulationen dargestellt und die sich stark unterscheidenden Prognosen diskutiert.

Wird zunächst die prognostizierte Altersstruktur für 2020 verglichen, ist nicht zu verkennen, dass sich die dynamisch simulierten Verläufe grundlegend von der statischen Fortschreibung der Altersstruktur unterscheiden (Abbildung 6).

Abb. 6: Prognostizierte Altersstrukturen im Jahr 2020

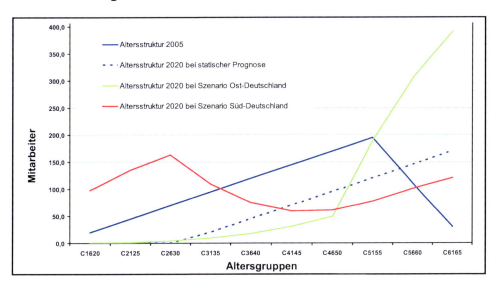

Quelle: Eigene Darstellung, eigene Berechnungen

Bei der statischen Prognose (gestrichelt) wird die Altersstruktur der Belegschaft 15 Jahre in die Zukunft fortgeschrieben. Damit erfolgt nur eine Rechtsverschiebung der aktuellen Struktur. Im Vergleich zur ‚Altersstruktur 2005' (blau) ist bereits hier erkennbar, dass die Belegschaftszahl schrumpft. Dies ist damit zu begründen, dass die jüngeren Mitarbeiter im Jahr 2020 inzwischen den nächsten Kohorten angehören und für die rentenbedingt ausgeschiedenen Mitarbeiter keine Nachfolge-Einstellungen simuliert werden. Für das Unternehmen ist diese fortgeschriebene Altersstruktur keine Entscheidungshilfe hinsichtlich der Zahl neu einzustellender Mitarbeiter. Wie wichtig die Betrachtung der Ausstiege aller Kohorten für die Einstellungspolitik aber ist, zeigen die Szenarien Ost-Deutschland und Süd-Deutschland. Die alterszentrierte Einstellungspolitik (grün) führt dazu, dass der Bestand an älteren Mitarbeitern extrem ansteigt. Diese Entwicklung ist zum einen damit zu begründen, dass die Mitarbeiter in den jüngeren Kohorten älter werden und entsprechend der Bestand an Mitarbeitern in diesen jüngeren Kohorten sinkt. Zum Zweiten erfolgen laut der Annahme für Ost-Deutschland nur Neueinstellungen älterer Erwerbspersonen. Im Vergleich dazu wächst bei jugendzentrierter Einstellpolitik (rot) dagegen der Bestand an Jüngeren. Aufgrund des geringen Anteils Jüngerer im Ausgangsjahr 2005 und statistisch belegten höheren Ausstiegsquoten ist der Bestand in den mittleren Kohorten 2020 geringer. Insgesamt ist jedoch gewährleistet, und das spiegeln diese beiden Simulationen wider, dass der gewünschte Bestand von 1000 Beschäftigten konstant bleibt. Die Option, verschiedene Alternativen computersimuliert testen zu können, ist für die Entscheider ein wesentlicher Fortschritt und eine sehr gute Handlungsgrundlage.

Ein weiterer gravierender Unterschied zwischen den Prognosen zeigt sich bei der Analyse des Altersquotienten (Abbildung 7). Der Altersquotient definiert hier das Verhältnis der 41- bis 65-Jährigen zu den 16- bis 40-Jährigen. Dieser Wert ist interessant, um die Auswirkung verschiedener Einstellungspolitiken auf die Altersstruktur zu zeigen. Ein Altersquotient von 1 bedeutet, dass eine altersausgewogene Personalstruktur vorliegt. Es ist deutlich erkennbar, dass bereits die Altersstruktur im Startjahr 2005 aufgrund des hohen Anteils älterer Arbeitnehmer keiner altersausgewogenen Struktur entspricht.

Abb. 1: Entwicklung des Altersquotient bis 2020

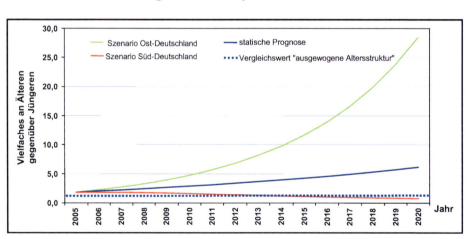

Quelle: Eigene Darstellung, eigene Berechnung

Bei einem Prognosezeitraum bis 2020 bedeutet eine alterszentrierte Einstellung (Szenario Ost-Deutschland) im Unternehmen ein stetiger Anstieg des Altersquotienten. Im Jahr 2020 sind unter den gegebenen Angaben von 1000 Mitarbeitern 966 Personen älter als 40 Jahre. Dies sind also knapp 97 % der Belegschaft. Diese Entwicklung, die weitere personalpolitische Maßnahmen erfordert, ist erheblich und wird durch eine herkömmliche Altersstrukturanalyse- und prognose keinesfalls aufgezeigt. Der Altersquotient der statischen Prognose würde verglichen mit diesem Szenario die Alterung im Betrieb maßlos untertreiben. Die einzige Möglichkeit, bei der in 2005 bestehenden Altersstruktur langfristig eine ausgewogene Struktur zu erreichen, ist eine jugendzentrierte Einstellungspolitik (Szenario Süd-Deutschland) – zumindest für die nächsten 10 Jahre. Danach würde der Anteil der 16- bis 40-Jährigen höher sein als der der 41- bis 65-Jährigen.

Da statische Analysen keine frühzeitige Aussage über die erforderlichen Neueinstellungen zulassen, sondern hier nur im Nachhinein auf Weggänge reagiert werden kann, wird die Zahl der Zugänge oft pauschal festgelegt und kann so kaum zur Personalbestandserhaltung führen. Ein Heranziehen der reinen statischen Prognose als Vergleichsmuster für die erforderliche Anzahl an Neueinstellungen würde also zu sehr großen Abweichungen infolge willkürlicher Einstellungen führen. Aus diesem Grund wird das Szenario ‚rentenbedingte Nachfolge' simuliert. Hierbei wird unterstellt, dass zumindest der durch Renteneintritte verursachte Personalbedarf gedeckt wird. Es müssen so viele Mitarbeiter rekrutiert werden, wie Arbeitnehmer rentenbedingt das Unternehmen verlassen. Damit ist eine Vergleichbarkeit der Szenarien gegeben. Die Abbildung 8 zeigt, wie stark die Zahl erforderlicher Neueinstellungen bei den Simulationen differiert.

Abb. 2: Bedarf an Zugängen zur Personalbestandserhaltung

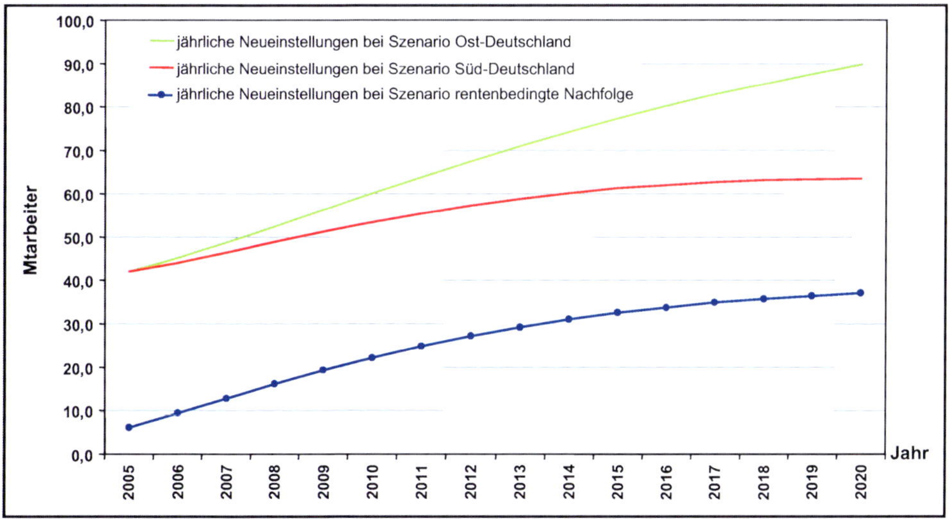

Quelle: Eigene Darstellung, eigene Berechnung

Als erste Erkenntnis kann deshalb festgehalten werden, dass die Betrachtung der kohortenspezifischen Ausstiegsquoten sehr entscheidend für die Einstellungspolitik ist. Offensichtlich sind im Jahr 2005 zehn Mitarbeiter rentenbedingt ausgeschieden, so dass in 2006 gemäß des Szenarios ‚rentenbedingte Nachfolge' (Punkt) zehn Mitarbeiter neu eingestellt werden müssten. Entsprechend der realistischeren Annahme, dass auch in den anderen Kohorten Mitarbeiter aussteigen, erhöht sich der tatsächliche Bedarf auf etwa 45 Neueinstellungen.

Es wird deutlich, dass der tatsächliche Personalbedarf bei ausschließlicher Betrachtung rentenbedingter Ausstiege absolut unterschätzt wird. Darüber hinaus zeigt die Abb. 2, dass eine alterszentrierte Einstellungspolitik eine höhere Zahl jährlicher Neuzugänge fordert. Der Grund dafür liegt in der geringeren Verbleibedauer der neu eingestellten Mitarbeiter im Unternehmen. Innerhalb der nächsten 15 Jahre ist bei dieser Politik noch keine gleichgewichtige Einstellrate erkennbar. Die Zahl der erforderlichen Mitarbeiter steigt weiter an und der Unterschied zur jungendzentrierten Einstellungspolitik verschärft sich.

Gemäß den Berechnungen würde sich das Unternehmen im Jahr 2006 bei statischer Analyse bereits um die Neueinstellung von ca. 35 Mitarbeitern verschätzen. Dies kann entweder dazu führen, dass ad hoc Aufgabenbeschreibungen der Beschäftigten erweitert und organisatorische Restrukturierungen vorgenommen werden müssen, oder aufgrund der Dringlichkeit der Neueinstellung das Anforderungsniveau an Bewerber gesenkt wird. In jedem Falle zieht dies unplanmäßige Kosten nach sich.

Der durchschnittliche Abweichungsfehler (mean absolute percent error) des Szenarios ‚rentenbedingte Nachfolge' zu dem Szenario ‚Süd-Deutschland' beträgt -166 %, d. h. die statische Prognose unterschätzt das realistischere Szenario ca. um den Faktor 2,5. Der Fehler gegenüber dem Szenario ‚Ost-Deutschland' beträgt -205 %. Damit verkennt die statische Prognose das Szenario um ca. das Dreifache.

Um die finanzielle Dimension zu veranschaulichen, wird beispielhaft davon ausgegangen, dass ein höher qualifizierter Mitarbeiter in der Simulation des 1000-Mann Unternehmens etwa 50.000 Euro pro Jahr kostet. Im Beispiel des Szenarios ‚Ost-Deutschland' bedeutet dies, dass durchschnittlich ca. 42 Mitarbeiter mehr pro Jahr eingestellt werden müssen, als erwartet wurden. Dies entspräche unerwarteten Ausgaben von ca. 2,1 Millionen Euro pro Jahr. Das ist eine sehr erhebliche Größe, wobei die Such- und andere variable kosten pro Mitarbeiter noch nicht inbegriffen sind.

In Anbetracht des enormen Rekrutierungsaufwands sind entsprechend auch innovative personalpolitische und finanzpolitische Maßnahmen im Unternehmen erforderlich. Es wird immer deutlicher, dass ohne realistische Prognosen die Betriebe wenn überhaupt nur *reagieren* können, statt *aktiv* und *strategisch* die demografischen Herausforderungen anzunehmen.

5 Zusammenfassung und Ausblick

Insgesamt sind folgende Erkenntnisse festzuhalten. Erstens sind die kohortenspezifischen Ausstiege die treibende Größe bei Altersstrukturprognosen. Dies wird in den bisherigen statischen Methoden nicht betrachtet. Der Prognosefehler ist enorm und führt dazu, dass Unternehmen den internen demografischen Wandel unterschätzen. Denn um den Mitarbeiterbestand konstant zu halten, müssten wesentlich mehr Arbeitskräfte eingestellt werden, als mit statischen Prognosen kalkuliert werden. Dies zieht unternehmensweite Konsequenzen und Maßnahmen – beispielsweise im Rahmen der Personalkostenplanung, der organisatorischen Restrukturierung, der Rekrutierungsstrategien u. v. m. – nach sich, die zur Sicherheit der Wettbewerbsfähigkeit langfristig zu planen sind. Insbesondere die Unternehmen in stark abwanderungsbedrohten Regionen sollten sich mit dynamischen Altersstruktur-Simulationen beschäftigen, denn aufgrund der eher alterszentrierten Politik ist der personalwirtschaftliche Aufwand besonders hoch.

Dies führt zu der zweiten Erkenntnis, dass die Verringerung der Fluktuation der relevante Einflussfaktor ist, um die Kosten des Unternehmens zu senken. Es ist besonders wichtig, das Ausscheiden der Mitarbeiter über die Zeit zu reduzieren.

Weiterhin ist zu betonen, dass systemdynamische Personalbestands-Simulationen um Unternehmensspezifika erweiterbar sind. Dies könnten zum Beispiel die zusätzlichen Unterscheidungen nach Geschäftsbereichen oder Qualifikationsniveaus sein. Mit diesem Instrument sind Entscheider in der Lage, Zusammenhänge realitätsnah zu modellieren und – das ist das Wesentliche – verschiedene Strategien am Computer zu testen. Bei statischen Prognosen ist nur Handeln im Nachhinein möglich. Proaktives Handeln und damit wettbewerbsfähiges Verhalten durch innovative Rekrutierungsstrategien ist sehr unwahrscheinlich.

Mit der richtigen Kombination aus quantitativen und qualitativen Maßnahmen können Unternehmen verschiedener Regionen einen individuellen Weg zur Bewältigung demografischer Effekte finden. Das erfordert allerdings eine realistische Entscheidungsbasis, denn ständiges Implementieren neuer Maßnahmen sowie deren Anpassungen gehen zu Lasten des Unternehmensgewinns, der Zeit und auch der Mitarbeitermotivation sowie der Reputation des Unternehmens.

Literatur

BBR - Bundesamt für Bauwesen und Raumordnung, 2005: Raumordnungsbericht 2005. Kernaussagen. Berichte Bd. 21, http://www.bbr.bund.de/, 2005-09-15.

Institut der Deutschen Wirtschaft Köln, IWD (Hrsg.), 2006: Demographie. Tropfen auf den heißen Stein. Nr. 5, vom 02.02.2006. In: http://www.iwkoeln.de, 2006-03-21.

Kleinewefers, H. & Jans, A., 1983: Einführung in die volkswirtschaftliche und wirtschaftspolitische Modellbildung, München: Vahlen.

Statistisches Bundesamt (Hrsg.), 2006: Bevölkerung Deutschlands bis 2050: 11. koordinierte Bevölkerungsvorausberechnung. Wiesbaden.

Sterman, J. D., 2004: Business Dynamics: Systems Thinking and Modeling for a Complex World, International Edition, Boston et al.: McGraw-Hill.

Auswirkungen der Bevölkerungsalterung unter besonderer Berücksichtigung regionaler Aspekte

Frank Schröter

Die Merkmale des demographischen Wandels (Rückgang der Bevölkerungszahl, Erhöhung des Anteils älterer Menschen sowie ausländischer Mitbürgerinnen und Mitbürger) sind hinlänglich beschrieben und können als bekannt vorausgesetzt werden. Eine weitere bekannte Tatsache ist, dass diese Merkmale in den einzelnen Teilräumen der Bundesrepublik unterschiedlich stark ausgeprägt sein werden.

Vor diesem Hintergrund hat sich die Akademie für Raumforschung und Landesplanung (ARL) entschlossen, den Arbeitskreis „Räumliche Auswirkungen des demographischen Wandels" ins Leben zu rufen, um die quantitativen und qualitativen Auswirkungen des demographischen Wandels auf bestimmte sektorale Themen und Handlungsfelder zu untersuchen (vgl. zu den Ergebnissen *Gans/Schmitz-Veltin* 2006). Für den AK wurden Regionalstudien für die unterschiedlichen siedlungsstrukturellen Regionstypen des Bundesamtes für Bauwesen und Raumordnung (BBR) erstellt. Im Folgenden werden die Ergebnisse für den Typus „verstädterte Regionen", am Beispiel des Gebietes des Großraum Braunschweig vorgestellt (vgl. hierzu auch *Schröter* 2006), die zwischenzeitlich durch weitere Forschungen ergänzt werden konnten.

Die Untersuchung baut hierbei auf dem Forschungsprojekt „Stadt+Um+Land 2030" auf, welches sich ebenfalls mit den Auswirkungen des demographischen Wandels auf die Region beschäftigte (vgl. hierzu *ZGB/KoRiS* 2004). Insbesondere konnte auf die vom Institut für Entwicklungsplanung und Strukturforschung der Universität Hannover (IES) erarbeitete Bevölkerungsprognose zurückgegriffen werden, mit deren Hilfe die natürliche und räumliche Bevölkerungsentwicklung im Großraum Braunschweig (auf Gemeindebasis) bis zum Jahr 2030 prognostiziert werden kann (vgl. *Tovote* 2002).

Frank Schröter

Die Region Braunschweig

Der Großraum Braunschweig (Raumordnungsregion 22) liegt im Südosten des Landes Niedersachsen, an der Grenze zu Sachsen-Anhalt. Er umfasst das Gebiet der kreisfreien Städte Braunschweig, Salzgitter und Wolfsburg sowie der Landkreise Gifhorn, Goslar, Helmstedt, Peine und Wolfenbüttel (vgl. Abb. 1). Das entspricht einer Fläche von 5.078 Quadratkilometern.

Abb. 1: Lage und Zusammensetzung der Region Braunschweig

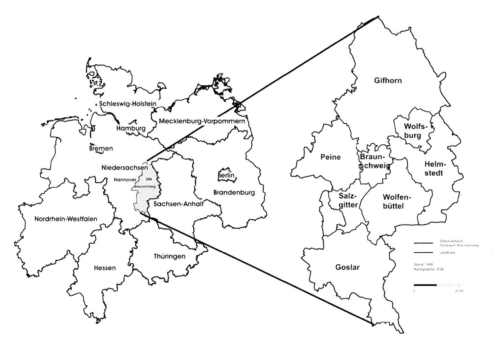

Quelle: eigene Darstellung nach *ZGB* 2004

Die drei kreisfreien Städte bilden einen oberzentralen Verbund, aus drei Oberzentren. Zusätzlich gibt es im Großraum Braunschweig acht Mittelzentren, 36 Grundzentren sowie 15 Orte, die über grundzentrale Teilfunktionen verfügen.

Der Großraum Braunschweig ist als Grundtyp II (verstädterte Räume) und hierbei als Typ I 1 (verstädterte Räume höherer Dichte) der siedlungsstrukturellen Regionstypen klassifiziert. Bei den siedlungsstrukturellen Kreistypen sind die drei kreisfreien Städte den Kernstädten, die Landkreise Peine, Wolfenbüttel, Helmstedt und Goslar den verdichteten Kreisen und der Landkreis Gifhorn den ländlichen Kreisen zugeordnet.

Gemäß der neuen Gliederung in Raumstrukturtypen (vgl. *BBR*, 2005) sind im Großraum Braunschweig alle Typen vertreten. Den Kern bildet die Stadt Braunschweig als (innerer) Zentralraum, während die Städte Wolfsburg und Salzgitter sowohl Zentralraum, wie auch teilweise Zwischenräume sind. Die Landkreise Peine, Wolfenbüttel und Helmstedt sind den Zwischenräumen zugeordnet. Die Landkreise Goslar und Gifhorn sind in Teilen noch Zwischenräume, in anderen Bereichen bereits Peripherräume.

Auch aus dieser Zuordnung wird deutlich, dass die Siedlungsdichte in der Region eine große Bandbreite aufweist, die von 111 Einwohner/km^2 im Landkreis Gifhorn bis zu 1.278 Einwohner/km^2 in der Stadt Braunschweig reicht. Diese heterogene Struktur innerhalb des Großraums Braunschweig setzt sich auch bei den Landschaftsräumen fort, die von der Heide über Hügelland bis zum Harz reichen.

Bevölkerungsentwicklung in der Region Braunschweig

Derzeit (Stand: 31.12.2004) leben 1.164.829 Einwohner im Großraum Braunschweig. Zu deutlichen Spitzen in der Bevölkerungsentwicklung haben die Zuwanderungen aus dem Osten nach dem Ende des zweiten Weltkriegs sowie nach der Wiedervereinigung geführt. Insbesondere durch das letzte Ereignis wurde der sich abzeichnende Bevölkerungsrückgang mit Beginn der 1970er Jahre (vorläufig) gestoppt.

Bis zum Jahr 2030 ergibt sich für den Großraum Braunschweig gegenüber 2002 ein prognostizierter Rückgang der Bevölkerung um ca. 3 Prozent der Einwohner. Dies ist jedoch nur ein Durchschnittswert. Bezogen auf die Kreise und kreisfreien Städte reichen die Unterschiede von einem Bevölkerungsrückgang von ca. 14 Prozent in der Stadt Salzgitter bis zu einem Anstieg der Bevölkerungszahlen um 7 Prozent im Landkreis Gifhorn (vgl. Tab. 1). Auch innerhalb der einzelnen Landkreise gibt es keine einheitliche Entwicklung, wie aus Abbildung 2 deutlich wird. Die größten Unterschiede liegen bei den Gemeinden im Landkreis Gifhorn vor. Hier gibt es auf der einen Seite ein Bevölkerungswachstum von mehr als 30 Prozent und auf der anderen Seite einen Bevölkerungsrückgang um bis zu 10 Prozent.

Tab. 1: Bevölkerungsentwicklung im Großraum Braunschweig

Stadt/LK	Einwohner 2002	2015	2030	Veränderung 2015 zu 2002	2030 zu 2002
Braunschweig, Stadt	245.392	243.955	229.554	-0,6 %	-6,5 %
Salzgitter, Stadt	110.817	108.633	95.385	-2,0 %	-13,9 %
Wolfburg, Stadt	122.331	126.399	114.866	3,3 %	-6,1 %
LK Gifhorn	173.863	178.250	186.078	2,5 %	7,0 %
LK Goslar	154.638	142.459	138.328	-7,9 %	-10,5
LK Helmstedt	99.140	92.341	90.972	-6,9 %	-8,2 %
LK Peine	133.834	138.548	142.185	3,5 %	6,2 %
LK Wolfenbüttel	127.059	130.088	133.502	2,4 %	5,1 %
Summe	1.167.074	1.160.673	1.130.870	-0,5 %	-3,1 %

Quelle: *Schröter* 2006: 284

Auswirkungen der Bevölkerungsalterung ...

Abb. 2: Bevölkerungsentwicklung in den Städten und Gemeinden des ZGB 2000 bis 2030

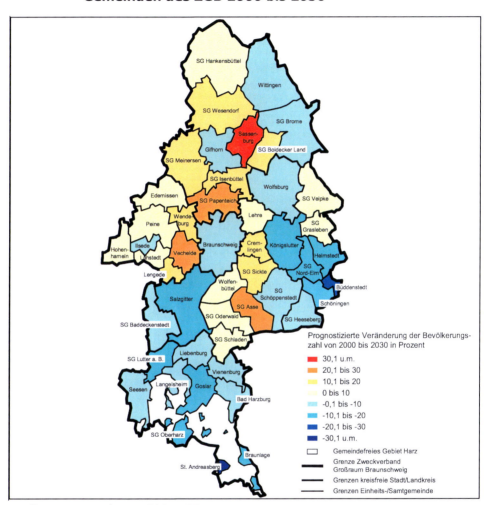

Quelle: *ZGB/KoRiS* 2004: 45

Die Veränderungen in der Region werden auch die Struktur der Bevölkerung betreffen. Die Anteile der Altersgruppen werden sich verschieben, aber auch hier wird es keine einheitliche Entwicklung geben. Betrachtet man exemplarisch den Abhängigkeitsquotienten der über 65-Jährigen zu den Erwerbstätigen als Indikator, so wird dieser Wert von derzeit teilweise 0,20 auf einheitlich über 0,35 steigen. Den Spitzenwert wird der Landkreis Goslar mit 0,53 erreichen. Das bedeutet, dass 100 Personen im erwerbsfähigen Alter ca. 53 Rentner zu finanzieren haben. Die Belastung der Volkswirtschaft bzw. der Bevölkerung im produktiven Alter durch die nicht produktive Bevölkerung wird also auf Grund der Altersstruktur z. T. deutlich zunehmen.

Neben der Bevölkerungsanzahl und -struktur ist die Anzahl und Struktur der privaten Haushalte eine weitere wichtige Kenngröße zur Beurteilung der Auswirkungen des demographischen Wandels. Bedingt durch größere Selbstständigkeit der jüngeren Generation, erhöhte Scheidungsquoten und geringere Kinderzahlen ist es in den vergangenen Jahren zu einem Wandel in der Struktur der Haushalte gekommen. Die Anzahl der großen Haushalte (vier und mehr Personen) ist zurückgegangen, während die Anzahl der kleinen Haushalte zugenommen hat. So ist insbesondere der Anteil der Einpersonenhaushalt deutlich gestiegen, von 7 Prozent im Jahr 1900, über 19 Prozent im Jahr 1956 und 29 Prozent im Jahr 1976 bis auf 37 Prozent im Jahr 2003.

Dieser Trend zu kleinen Haushalten wird auch in Zukunft weiter anhalten. So kommt auch die aktuelle Raumordnungsprognose des Bundesamtes für Bauwesen und Raumordnung (BBR) u. a. zum dem Ergebnis, dass trotz leicht sinkender Bevölkerungszahl die Zahl der Haushalte noch um ca. 3 Prozent ansteigt. „2020 wird es über 1 Mio. Haushalte mehr als heute geben. Dabei steigt der Anteil der kleinen Haushalte auf über 75 Prozent, während die 3 und mehr Personenhaushalte überall im Land weiter zurück gehen" (*BBR*, 2006). Diese Entwicklung kann auch für die Region Braunschweig prognostiziert werden (vgl. Abb. 3). Trotz sinkender Bevölkerungszahlen wird es zu einer Zunahme der Haushaltszahlen kommen (ca. 8,5 Prozent).

Dieser Trend ist bis zum Jahr 2015 noch relativ einheitlich (mit Ausnahme des Landkreises Goslar). Zwischen 2015 und 2030 ergibt sich in den Städten und Landkreisen ein unterschiedliches Bild. Die Städte beginnen Haushalte zu verlieren, während in den Landkreisen ein weiteres Wachstum der Haushaltszahlen zu erwarten ist. Sogar der Landkreis Goslar kann den Rückgang der Anzahl der Haushalte gegenüber dem Jahr 2000 (mit einem Plus von 0,4 Prozent) teilweise wieder ausgleichen.

Abb. 3: Entwicklung der Haushaltszahlen in der Region Braunschweig gegenüber dem Jahr 2000

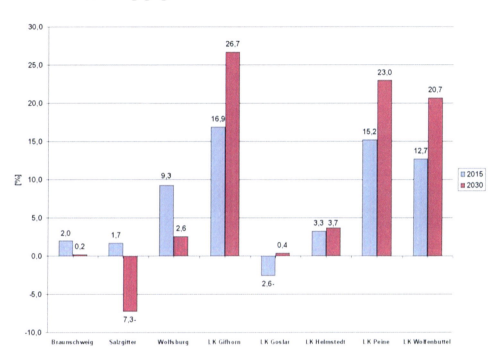

Quelle: 2015: *Tovote/Rohr-Zänker* 2002 und 2030: eigene Berechnungen nach *Schröter* 2006: 296

Auswirkungen des demographischen Wandels

Auf der Basis einer nach Gemeinden differenzierten Prognose der natürlichen und räumlichen Bevölkerungsentwicklung bis zum Jahr 2030 lassen sich exemplarisch die Auswirkungen auf einzelne Sektoren bestimmen.

Frank Schröter

Wirtschaftsentwicklung

Geht man von der prognostizierten wirtschaftlichen Entwicklung in der Bundesrepublik Deutschland (vgl. *Schur/Zika* 2002) unter Berücksichtigung regionaler Korrekturfaktoren aus, lässt sich für den Großraum Braunschweig ein Wirtschaftswachstum von ca. 6 Prozent bis zum Jahr 2030 abschätzen (ausgehend vom 2000).

Die Wirtschaftsstruktur im Großraum Braunschweig wird durch (groß)industrielle Strukturen der Automobil- und Stahlindustrie geprägt, hier sind insbesondere das Volkswagenwerk in Wolfsburg und die Salzgitter AG in Salzgitter zu nennen. In den letzten Jahren lässt sich jedoch ein Strukturwandel in der Region erkennen. Das Produzierende Gewerbe stellt nicht mehr den größten Beschäftigtenanteil und musste diese „Vormachtstellung" an den Dienstleistungssektor abtreten, der bereits im Jahr 2000 einen Anteil von 55,1 Prozent an den Beschäftigten besaß. Trotzdem liegt die Region im bundesdeutschen Vergleich mit mehr als zwei Dritteln der Beschäftigten noch immer zurück und der Zuwachs der Beschäftigung im Dienstleistungssektor konnte auch den Abbau der industriellen Arbeitsplätze nicht kompensieren. Dieser Strukturwandel wird sich in Zukunft bis zum Jahr 2030 fortsetzen. Im primären und sekundären Wirtschaftssektor wird es zu einem Rückgang der Beschäftigtenzahlen um ca. 14 bis 32 Prozent kommen. Im tertiären Sektor wird es voraussichtlich ein Wachstum um ca. 24 Prozent geben. Der überwiegende Teil dieses Wachstums wird sich dabei in Dienstleistungssektoren abspielen, für die eine höhere Ausbildung erforderlich ist.

Insgesamt wird das Erwerbspersonenpotenzial in der Region um ca. 9.000 Personen bis 2015 und um ca. 72.000 Personen bis 2030 abnehmen. Entsprechend dem demographischen Wandel und der Struktur in der Region wird die Veränderung zu deutlichen Verschiebungen in den Anteilen der einzelnen Altersgruppen an den Erwerbspersonen (vgl. Abb. 4) und der Verteilung der Erwerbspersonen im Großraum Braunschweig führen. Das Potenzial wird im Jahr 2030 in der Altersgruppe der 66-79-Jährigen liegen, einer Altersgruppe, die derzeit nicht mehr zu den Erwerbspersonen gezählt wird.

Abb. 4: Veränderung der Erwerbspersonen

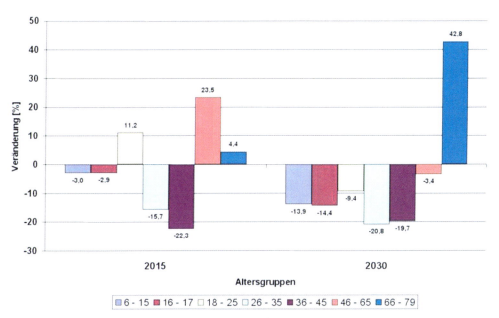

Quelle: eigene Berechnungen nach *Tovote* 2002

„Eine unmittelbare Folge dieser Prozesse besteht darin, dass es den betroffenen Unternehmen im Zeitverlauf immer schwerer fallen wird, die zum Erhalt und Ausbau ihrer technologischen Leistungsfähigkeit notwendigen Ressourcen zu akkumulieren. Die von den regionalen Großunternehmen (Volkswagen, Salzgitter AG) ausgehende Sogwirkung auf das knapper werdende Humankapital wird bei bestimmten Betrieben und in Teilen der Region zu einem Arbeitskräftemangel führen. Hiervon werden insbesondere Klein- und Mittelbetriebe betroffen sein, die mit der Einkommensstruktur der Großunternehmen nicht konkurrieren können" (*Schröter* 2006: 290).

Der demographische Wandel wird nahezu alle Unternehmen zwingen, das Produktionspotenzial und die Humanressourcen älterer Erwerbspersonen intensiver und zeitlich länger zu nutzen.

Finanzen

Die konkreten Auswirkungen des demographischen Wandels auf die Finanzsituation der Kreise und kreisfreien Städte im Großraum Braunschweig zu bestimmen, ist relativ schwierig, da kaum einwohnerbezogene Indikatoren vorhanden sind. Die Einnahmen der Kommunen setzen sich aus einer Vielzahl von Quellen zusammen, die in unterschiedlichem Maße direkt oder indirekt von der Einwohnerzahl abhängig sind. Neben Steuern sind hierbei auch die Gebühren zur Refinanzierung kommunalpolitischer Leistungen zu berücksichtigen. In der Region Braunschweig sind, neben dem Gemeindeanteil an der Einkommensteuer, die Gewerbesteuer und die Grundsteuer B die beiden bedeutsamsten Steuerarten, die in der Summe einen Anteil zwischen 90 und 95 Prozent an den gesamten Realsteuereinnahmen der Kreise und kreisfreien Städte erreichen.

Alle Gemeinden in der Region werden bis zum Jahr 2030 deutliche Einnahmeverluste hinnehmen müssen. Berücksichtigt man (stark vereinfachend) nur die Steuereinnahmen durch die Erwerbspersonen, so muss die Stadt Braunschweig im Vergleich zum Jahr 2002 im Jahr 2030 mit nahezu 9 Millionen Euro weniger Steuereinnahmen auskommen. Bei den Landkreisen zeigt sich ein unterschiedliches Bild. Während einige Landkreise bis 2015 noch höhere Steuereinnahmen verbuchen können, müssen sich die Kreise Goslar und Helmstedt bereits ab 2015 auf geringere Steuereinnahmen einstellen. Insbesondere der Landkreis Goslar ragt hierbei mit über 7,5 Millionen Euro weniger Einnahmen deutlich heraus (*Schröter* 2006: 292). Durch den niedersachsenspezifischen Ansatz der Gewichtung von Einwohnern (zwischen 1,0 und 1,8 je Einwohner) je nach Gemeindegröße werden die Verluste noch zusätzlich verstärkt. Wenn die Einwohnerzahl einer Gemeinde zurückgeht verliert die Gemeinde doppelt. Zum einen bekommt sie weniger Zuweisungen für die geringere Einwohnerzahl und zum anderen sind die verbliebenen Einwohner „weniger Wert". Sinkt beispielsweise die Einwohnerzahl einer Stadt mit 20.000 Einwohnern um 20 Prozent auf 16.000 Einwohner, so sinkt - wenn sich sonst am Finanzausgleich nichts ändern würde – die Bedarfsmesszahl um 25,2 Prozent.

Aber die geringeren Steuereinnahmen sind nur ein Teil der finanziellen Auswirkungen des demographischen Wandels in der Kommune. Weitere einwohnerzahlbezogene Aspekte mit finanziellen Auswirkungen sind:

- Kosten für Dienstleistungen der Verwaltung für Einwohner (z. B. Jugendliche, ältere Menschen)
- Verwaltungsleistungen, die (teilweise) durch Verwaltungsgebühren abgegolten werden (z. B. Standesamt, Einwohnermeldeamt)
- Errichtung, Unterhaltung oder Unterstützung von Einrichtungen im weitesten Sinne, die der Bürger nutzen muss oder kann (z. B Kindergärten, Schulen, Bibliotheken, Sportanlagen, Krankenhäuser).

Bei den oben angeführten Bereichen sind weniger die durch Gebühren gegenfinanzierten Bereiche von Bedeutung, sondern vielmehr der Fixkostenanteil (einschließlich Abschreibung). Dieser bleibt im Prinzip gleich und muss auf weniger Benutzer umgelegt werden. Hier kann eines Tages der Punkt kommen, an dem die Gebühren bzw. Preise im Einzelfall unzumutbar werden und darum nicht mehr kostendeckend kalkuliert werden können.

Nahversorgung

Die Veränderungen im Bereich der Nahversorgung werden durch zwei Aspekte determiniert. Dies sind die bundesweite Entwicklung bei den Lebensmittelbetrieben und die spezifische Entwicklung vor Ort. Hierbei verschärft die bundesweite Entwicklung die Auswirkungen des demographischen Wandels vor Ort.

Bundesweit ist ein Konzentrationsprozess im Einzelhandel zu beobachten. Während 1991 noch ein Lebensmittelbetrieb auf 930 Einwohner kam, waren es im Jahr 2002 bereits 1.230 Einwohner (*Acocella* 2005: 54). Setzt sich dieser Konzentrationsprozess fort, kommt im Jahr 2015 nur ein Lebensmittelbetrieb auf 1.550 Einwohner. Bezogen auf die Einwohnerdichte in der Region Braunschweig bedeutet dies, dass die Bevölkerung im Jahr 1991 durchschnittlich 4,5 km zum nächsten Lebensmittelbetrieb zurücklegen musste, im Jahr 2002 bereits 6,0 km und im Jahr 2015 voraussichtlich 7,6 km. Berücksichtigt man die Veränderung der Bevölkerungsdichte durch den demographischen Wandel, werden es sogar 7,8 km sein. Obwohl sich diese Entfernungen nicht dramatisch anhören, muss man bedenken, dass gleichzeitig die Bevölkerung altert, lange Wege demnach beschwerlicher werden und sich der öffentliche Personennahverkehr aus der Fläche zurückzieht, man also auf den privaten Pkw angewiesen ist.

Weitere Veränderungen in der Region ergeben sich durch die Verteilung der Mantelbevölkerung von ca. 5.000 Einwohnern, die mittlerweile als Standortanforderung für Lebensmittelkonzerne (Supermärkte und Discounter) gilt. Hier wird die demographische Entwicklung dazu führen, dass sich die Lebensmittelmärkte in der Region anders verteilen. Konkret werden im Großraum Braunschweig bis zum Jahr 2030 ca. 11 Nahversorger schließen bzw. 4 potenzielle neue Standorte entstehen, so dass in der Bilanz 7 Nahversorger weniger als 2002 existieren. Von dieser negativen Entwicklung werden insbesondere die ländlichen Kreise betroffen sein. Die Verringerung der Bevölkerung wird also zu einer Abnahme der Nahversorgung führen, insbesondere im ländlichen Raum.

Ein weiterer Aspekt des demographischen Wandels ist die Überalterung der Bevölkerung bzw. der Geschäftsinhaber. Hier wird es in Zukunft schwieriger werden, junge Nachfolger zu finden, die das Geschäft weiterführen wollen. Dies kann zur weiteren Ausdünnung des Angebots führen.

Durch die Veränderung der Haushaltsgrößen und -strukturen werden sich auch die Konsumausgaben in der Region verändern. Die Einkommens- und Verbrauchsstichprobe (EVS) zur finanziellen Situation und dem Konsumverhalten der privaten Haushalte, die regelmäßig vom Statistischen Bundesamtes durchgeführt wird, zeigt deutlich, dass Geschlecht, Alter und die Struktur der Haushalte erheblichen Einfluss auf die Höhe der Haushaltseinkommen und die sich daraus ergebenden Konsummöglichkeiten und -gewohnheiten haben. Geht man vereinfachend von einem nahezu konstanten Konsumverhalten der Haushaltstypen zwischen 2000 und 2030 aus und berücksichtigt die Veränderungen durch den demographischen Wandel, so ist in der Region in der Gesamtbilanz eine Ausgabenerhöhung der Konsumausgaben der privaten Haushalte um ca. 30,2 Mill. Euro zu erwarten. Mit der zunehmenden Überalterung der Bevölkerung wird es eine Verlagerung hin zu den Konsumbereichen Wohnen und Gesundheitspflege geben. Für den Einzelhandel in der Region bedeutet dies, dass eine Anpassung an die veränderten Bedürfnisse erfolgen muss. Der „Branchenmix" wird sich in der Region nachhaltig verändern, mit allen Konsequenzen für die Einzelhandelsstandorte.

Wohnungsmärkte

Im Bereich des Wohnungsmarktes werden die Ausprägungen des demographischen Wandels durch die bereits oben beschriebene Umstrukturierung der privaten Haushalte überlagert. Die Zunahme der Haushaltszahlen bedeutet für den Wohnungsmarkt eine erhöhte Nachfrage nach Wohnraum. Aus der Zunahme der Haushaltszahlen in der Region um 8,5 Prozent ergibt sich rein rechnerisch zwischen 2000 und 2030 ein zusätzlicher Wohnungsbedarf von ca. 47.000 Wohnungen (vgl. *Schröter* 2006: 295). „Auf den Zeitraum von 30 Jahren bezogen wäre dies ein jährlicher Neubaubedarf von ca. 3.000 Wohnungen. Dies würde in etwa der Kapazität entsprechen, die auch im Jahr 2002 realisiert wurde. Die Bauwirtschaft in der Region musste sich von fast 8.000 Baufertigstellungen im Boomjahr 1994 auf mittlerweile ca. 3.600 umstellen (*NLS* 2004). Die Betrachtung der Zeitpunkte 2015 und 2030 zeigt jedoch, dass sich bis zum Jahr 2015 gegenüber dem Jahr 2000 ein zusätzlicher Bedarf von ca. 40.000 Wohnungen im Großraum Braunschweig ergibt, während bis zum Jahr 2030 nur noch ca. 7.000 zusätzliche Wohnungen benötigt werden. Demnach würden in den ersten 15 Jahren ca. 2.700 Wohnungen jährlich benötigt, während in den zweiten 15 Jahren nur noch 470 neue Wohnungen benötigt werden. Hier ist eine eindeutige Sättigungstendenz zu erkennen, wobei natürlich die regionale Verteilung der Nachfrage entsprechend den Wohnorten der Haushalte berücksichtigt werden muss" (*Schröter* 2006: 295). In der Praxis bedeutet diese Prognose, dass es nach 2015 zu einem massivem Einbruch bei der Neubautätigkeit in der Region kommen wird. Die Betriebe der Bauwirtschaft sollten sich also bei Zeiten auf andere Geschäftsfelder konzentrieren, z. B. die Sanierung bestehender Gebäude.

Soziale Infrastruktur

Die Einrichtungen der sozialen Infrastruktur (Kindergärten, Schulen, Theater, Altenheim, etc.) sind im besonderen Maße von der Alterstruktur der Bevölkerung abhängig. Die Nutzung der Einrichtungen steht in enger Korrelation mit dem Alter der Nutzerinnen und Nutzer (vgl. auch Abb. 5). Während bei den Kindergärten die Verringerung der Nachfrage bis 2015 weitgehend abgeschlossen sein wird, müssen sich die Schulen auf schwankende Nachfragezahlen einstellen. Eine Anpassung der Einrichtungen an den veränderten Bedarf wird hierdurch erschwert.

In den anderen Bereichen (z. B. Kultur) wird eine Anpassung an die veränderte Nachfragestruktur erforderlich werden. Wenn die bisherigen Hauptaltersgruppen zahlenmäßig nicht mehr ausreichend sind, um die Einrichtung zu finanzieren, müssen entweder die Einrichtungen ihr Angebot verkleinern und im Extremfall ganz geschlossen werden, oder es werden neue Zielgruppen (Altersjahrgänge) als Nutzer erschlossen.

Im Bereich der Alteneinrichtungen wird es bis zum Jahr 2030 zwar bereits zu einer Nachfragesteigerung kommen, allerdings wird diese nach 2030 noch einmal deutlich zunehmen (vgl. auch Abb. 5).

Abb. 5: Folgen der veränderten Altersverteilung für die kommunalen Einrichtungen

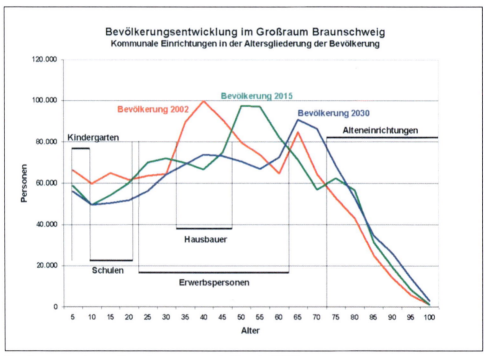

Quelle: eigene Berechnungen nach *Tovote* 2002

Bildungswesen

Die Auslastung der Schulen in der Region wird zurückgehen. Eine Bedarfsanpassung mit Schulschließungen wird auch in den größeren Städten erfolgen müssen. Um fundierte Aussagen über die Notwendigkeit einzelner Schulschließungen (Primarstufe, Sekundarstufe I und Sekundarstufe II) zu machen, wäre eine Überprüfung der Schullandschaft in den jeweiligen Gemeinden anhand unterschiedlicher Kriterien erforderlich (z. B. Stufe, baulicher Zustand, Ausstattungsstandard, Qualität). Als Anhaltspunkte für das voraussichtliche Ausmaß der Schließungen können Ergebnisse eines vereinfachten Verfahrens herangezogen werden, bei dem ein Auslastungsgrad von ca. 70 Prozent als Kriterium herangezogen wurde (vgl. hierzu *Schröter* 2006: 298 f.). Hiernach werden bis zum Jahr 2030 ca. 11 Schulstandorte in der Region Braunschweig geschlossen werden müssen. Diese Schließungen werden jedoch voraussichtlich nicht nur periphere Standorte im Harz betreffen, sondern auch das Oberzentrum Braunschweig.

Dass Schulschließungen nicht utopisch sind, zeigen nicht nur die Anpassungsmaßnahmen in den neuen Bundesländern, sondern beispielsweise auch Planungen im Saarland. So sollen im Saarland 80 Grundschulen geschlossen werden, was ca. einem Drittel der Grundschulstandorte entspricht. Diese Maßnahme ergibt sich u. a. aus einem prognostizierten Rückgang der Schülerzahlen um 14 Prozent bis zum Jahr 2010 und auch teilweise größeren Klassenstärken.

Alternativen zu Schulschließungen liegen beispielsweise in folgenden Maßnahmen:

- Kleinere Klassen
- Jahrgangsübergreifender Unterricht
- Schwerpunktbildung (mit größerem Einzugsbereich)

Auch im Bereich der universitären Bildung wird die Nachfrage nach Studienplätzen zurückgehen. Im Großraum Braunschweig sind davon drei Universitäten bzw. Hochschulen, vier Fachhochschulen sowie 22 außeruniversitäre Forschungseinrichtungen betroffen. Da Wohnort nach Schulende und gewählter Studienort nur selten übereinstimmen, können die veränderten Studierendenzahlen der Hochschulen nur im Rahmen einer überregionalen Prognose bestimmt werden. Generell wird es jedoch bei einer zurückgehenden Anzahl der Altersgruppe der Studierenden zu einem stärkeren Wettbewerb um die verbleibenden Studierenden kommen.

Mobilität

Durch ausführliche Untersuchungen konnte nachgewiesen werden, dass die Verkehrsleistung in der Region (trotz Abnahme der Bevölkerung um 3 Prozent) um ca. 4 Prozent zunehmen wird (vgl. *Wermuth/ Strobel/ Schröter* 2004). Hierfür sind eine Reihe von Entwicklungen bei den Mobilitätsbestimmenden Faktoren verantwortlich (vgl. Tab. 2).

Neben der Verkehrsmenge wird sich aber auch die Verkehrsabwicklung verändern (müssen). Die veränderten Anforderungen der älteren Bevölkerung sind zu berücksichtigen. Hier sind insbesondere zu nennen:

- erhöhter Zeitbedarf für Informationsverarbeitung
- geringere Flexibilität
- verminderte Sensomotorik
- Schwierigkeiten beim Linksabbiegen
- Längere Räumzeiten an Lichtsignalanlagen

Neben diesen Aspekten wird die demographische Entwicklung ebenso Auswirkungen auf die Stadtgestalt haben. Aufgrund der veränderten Ansprüche der Bevölkerung wird man auch die Raumaufteilung im Straßenraum überdenken müssen. Der vermehrte Einsatz von Gehhilfen, Rollatoren etc. erfordert mehr Platz auf den Fußwegen, der nur auf Kosten der anderen Verkehrsträger realisiert werden kann.

Tab. 2: Einfluss des demographischen Wandels und voraussichtliche Entwicklung wesentlicher Mobilitätsdeterminanten

Mobilitäts-determinante	Demographischer Einfluss	Entwicklung	Verkehrsaufkommen
Motorisierung	weniger Menschen	Tendenz zum nutzungszweckbezogenen Zweitwagen	o / +
Pkw-Verfügbarkeit	weniger Menschen	steigender Führerschein-/Pkw-Besitz bei Frauen	+
Siedlungsstruktur	-	anhaltende Suburbanisierung mit disperser (ÖV-unfreundlicher) Bevölkerungsverteilung	+
Lebensstile	Verdrängung des biologischen Alters	intensive Nutzung von Freizeitangeboten, d. h. Zunahme des Freizeitverkehrs	+
Haushaltsgrößen	kleinere Haushalte	zunehmende Motorisierung	+
Kommunikationsmöglichkeiten	höherer Anteil der Internetnutzung (Onliner)	weit verstreute soziale Kontakte, bei gleichzeitigem Wunsch nach persönlichem Kontakt	+
Lage der Infrastruktureinrichtungen	Weniger Nutzerinnen und Nutzer	Konzentration in zentralen Orten (größere Entfernungen)	+

Quelle: Eigene Darstellung nach *Schröter*, 2005

Die Auswirkungen des demographischen Wandels werden im Bereich Mobilität im besonderen Maße den ÖPNV treffen. Auf der einen Seite werden durch die Abnahme der Schülerzahlen und die Zunahme der Verkehrsmittelwahlfreiheit bei Senioren die Fahrgastzahlen zurückgehen. Auf der anderen Seite werden die verbleibenden Fahrgäste erhöhte Ansprüche an die Qualität des ÖPNV stellen (z. B. barrierefreier Zugang). Die ÖPNV-Betriebe müssen also mit weniger Einnahmen und höheren Ausgaben klar kommen. Die Folge wird eine noch stärkere Ausrichtung auf die Wirtschaftlichkeit der einzelnen Linien sein. Unrentable Linien, mit wenigen Fahrgästen, werden einem erhöhten Druck ausgesetzt sein. Räumlich wird sich die Mehrzahl dieser Linien im ländlichen Raum befinden. Die Sicherstellung einer anzustrebenden Grundversorgung wird nur durch eine stärkere Eigenverantwortung der Bürgerinnen und Bürger zu gewährleisten sein (vgl. dazu ausführlich *Wermuth/ Strobel/ Schröter* 2004: 114 ff.).

Die Zunahme der Verkehrsleistung wird auch negative Auswirkungen auf die Umwelt haben (vgl. hierzu das folgende Kapitel).

Umwelt

Eine wesentliche Komponente des demographischen Wandels ist der Rückgang der Bevölkerungszahlen. Da liegt die Vermutung nahe, dass damit auch die anthropogen bedingten Umweltbelastungen zurückgehen müssten, dies ist jedoch nicht zwangsläufig der Fall.

Ein wesentlicher Grund hierfür ist die Tatsache, dass etliche Umweltbelastungen nicht von einzelnen Personen (Bevölkerungszahl) abhängen, sondern haushaltsbezogenen sind und damit von der Anzahl der Haushalte abhängig sind. Nimmt die Anzahl der Haushalte zu, nehmen auch die Umweltbelastungen zu. Diese Aussage gilt insbesondere für Umweltwirkungen, wie den Flächen- und Energieverbrauch sowie die Auswirkungen des Verkehrs.

Eine wesentliche Bestimmungsgröße des Flächenverbrauchs ist der Neubau von Wohnungen. Hierbei führt (zumindest rechnerisch) ein Überangebot am Wohnungsmarkt, das seinen Ausdruck in einer hohen Leerstandsquote findet, zu einem geringeren Flächenverbrauch. Die Leerstandsquoten in der Region Braunschweig sind mit 2,1 (Stadt Braunschweig) und 3,1 (Stadt Salzgitter) derzeit noch relativ niedrig und liegen unterhalb der Quoten in den kreisfreien Städten Niedersachsens, die bei 3,4 liegen. Eine Quote von 2,0 wird hierbei als normale Fluktuationsreserve angesehen. Aber bereits die Prognose des Neubaubedarfs zeigt deutlich, dass schon in knapp 10 Jahren, insbesondere in den Städten Salzgitter und Wolfsburg, mehr Wohnungen vorhanden sind, als rechnerisch benötigt werden. Dass diese Entwicklung auch bereits von der Wohnungswirtschaft registriert wurde, zeigt die Tatsache, dass in beiden Städten in den vergangenen Jahren bereits „intakte" Wohngebäude abgerissen und somit bereits Bedarfsanpassungen vorgenommen wurden.

Trotz dieses rechnerischen Überangebots an Wohnraum wird es gleichzeitig noch einen Bedarf nach neuen Wohnungen geben, so z. B. in der Stadt Braunschweig ca. 484 ha bis zum Jahr 2030. Dies liegt neben den steigenden Ansprüchen (z. B. an die Wohnfläche) auch im nicht bedarfsgerechten Wohnungsangebot begründet. Aufgrund des Nebeneinanders von Wohnungsleerstand (unangepasster Wohnraum) und Wohnungsneubau (Zunahme der Haushaltszahlen und Wohnfläche pro Person) wird es zu einer Erhöhung des Flächenverbrauchs kommen. Das BBR geht im aktuellen Raumordnungsbericht davon aus, dass der Flächenverbrauch von derzeit 93 ha/Tag wieder auf einen Wert von 104 ha/Tag ansteigen wird (*BBR* 2005b: 57).

Da üblicherweise zunächst die Flächen bebaut wurden, deren Umnutzung keine Probleme verursacht, kann davon ausgegangen werden, dass in Zukunft vermehrt auf „problematische" Flächen zurückgegriffen werden muss. Die „Probleme" solcher Flächen liegen häufig in Konflikten mit dem Umweltschutz begründet. Schwierige bzw. seltene Bodenverhältnisse oder die Nähe zu empfindlichen Nutzungen (z. B. wertvollen Biotopen) sind nur zwei dieser „Probleme". Zusätzlich wird das Kleinklima durch die Bebauung und Versiegelung weiter verschlechtert. Insgesamt wird es also zu einer zusätzlichen Beeinträchtigung der Umwelt kommen, wenn der Flächenverbrauch zunimmt.

Obwohl auch beim Energieverbrauch kleinere Haushalt und größere Wohnflächen zu einem erhöhten Energieverbrauch führen, wird der Energieverbrauch in der Region voraussichtlich zurückgehen. Gerätesättigung, energiesparende Geräte und eine bessere Wärmedämmung der Gebäude gleichen den erhöhten Verbrauch mehr als aus und führen in der Bilanz zu einem Rückgang des Verbrauchs. Modellrechnungen für den Landkreis Goslar (vgl. *Köllermeier* 2005) zeigen, dass es insgesamt bei einem Bevölkerungsrückgang von 11 Prozent zu einem Rückgang des Energieverbrauchs von bis zu 17 Prozent kommen kann. Betrachtet man statt dem Jahresstrombedarf den Tageslastgang, so ist hier sogar ein Rückgang um bis zu 26 Prozent möglich.

Trotzdem werden sich direkte positive Auswirkungen auf die Umwelt nur vereinzelt ergeben. Während eine geringere Energieproduktion mit einem Rückgang der energiebedingten Schadstoffbelastungen verbunden ist, werden die Auswirkungen auf die Landschaft ausbleiben. Ein Rückbau von Energieversorgungsleitungen hängt nicht nur von der

Nachfrage ab, sondern auch von der Stromeinspeisung bzw. Stromdurchleitung (alternativer Energien), der vorhandenen Netzstruktur und der räumlichen Homogenität des Verbrauchsrückgangs. Ein Hochhaus kann erst dann von der Energieversorgung abgekoppelt werden, wenn der letzte Bewohner ausgezogen ist.

Die Umweltwirkungen des Verkehrs werden durch den demographischen Wandel nicht zurückgehen. Dies liegt im Wesentlichen in der oben dargestellten weiteren Zunahme der Verkehrsleistung begründet. Vielfältige Umweltwirkungen des Verkehrs, wie z. B. Lärm, Unfallrisiko und Trennwirkung hängen im Wesentlichen von der Verkehrsmenge ab und lassen sich durch fortschrittliche technische Maßnahmen nur wenig beeinflussen. Andere Faktoren, wie der Energieverbrauch und der Schadstoffausstoß, können trotz der Zunahme der Anzahl der Verursacher durch technische Maßnahmen reduziert werden. Bei den letztgenannten Wirkungen spielt jedoch das Verbraucherverhalten eine große Rolle. So sind beispielsweise in der Vergangenheit die technisch bedingten Energieeinsparungen durch den Trend zu leistungsstärkeren, schwereren und besser ausgestatteten Fahrzeugen weitestgehend kompensiert worden. In der Bilanz hat sich der Energieverbrauch des Verkehrs nicht reduziert, trotz geringerem Verbrauch pro Fahrzeug. Dieser Trend wird sich wahrscheinlich auch in der Zukunft weiter fortsetzen.

Freizeit und Erholung

Nach *Baumgartner* (2003: 7) ist durch das Älterwerden der Bevölkerung im Bereich Tourismus eine Schwerpunktverlagerung zu den Bereichen Gesundheit, Kultur, Sprachen und beschauliche Aktivitäten zu erwarten. Hinsichtlich der Schwerpunktverlagerung im Tourismus ist die Region Braunschweig gut aufgestellt. So erfolgt beispielsweise im Harz bereits eine Qualitätsprüfung von Einrichtung hinsichtlich bestimmter Schwerpunkte („Der Natur Harz", „Der Kultur Harz", „Der Nostalgie Harz", etc.). Lediglich im Themenprofil „Gesundheit und Wellness" ist die Angebotsstruktur noch nicht hinreichend ausgebaut. Für den Ausbau der Angebote in diesem Sektor sind jedoch hohe Investitionskosten erforderlich, um ein qualitativ gutes Angebot zu bieten.

Geht man von der oben dargestellten wirtschaftlichen Entwicklung im Großraum Braunschweig aus, so hat insbesondere der Wirtschaftssektor „Handel, Gastgewerbe und Verkehr" gute Wachstumschancen (ca. 10 Prozent bis 2030). Auch die dargestellten Veränderungen der privaten

Konsumausgaben deuten für die Ausgabenkategorie „Freizeit, Unterhaltung und Kultur" sowie „Beherbergungs- und Gaststättendienstleistung" insgesamt auf eine positive Tendenz hin. Hier ist ein Anstieg der Konsumausgaben von 5,1 bzw. 6,6 Prozent bis zum Jahr 2015 denkbar, wobei danach (bis zum Jahr 2030) nur noch die Ausgabenkategorie „Beherbergungs- und Gaststättendienstleistung" leichte Steigerungen aufweist, während die Ausgaben für „Freizeit, Unterhaltung und Kultur" nahezu konstant bleiben.

Insgesamt bietet der demographische Wandel für den Bereich „Freizeit und Erholung" durchaus einen positiven Ausblick. Insbesondere die veränderte Bevölkerungsstruktur korrespondiert in diesem Bereich mit den Potenzialen der Region.

Zusammenfassung und Ausblick

Insgesamt lässt sich festhalten, dass der demographische Wandel in der Region Braunschweig zu deutlichen Veränderungen führen wird.

Zentrale Aussagen zu den Auswirkungen des demographischen Wandels auf den Großraum Braunschweig sind nach *Schröter* (2006: 304 f.):

- „Die Entwicklung der Bevölkerungszahl in den Teilräumen der Region ist starken Schwankungen unterworfen und reicht von plus 30 Prozent bis minus 30 Prozent bis zum Jahr 2030.
- Das Erwerbspersonenpotenzial wird deutlich zurückgehen und der Anteil der älteren Personen an den verbleibenden Erwerbspersonen wird deutlich größer.
- In der Region wird es zu einer Konkurrenz um bestimmte Erwerbspersonengruppen kommen.
- Die Kommunen werden ihre Aufgaben mit deutlich weniger Steuereinnahmen erfüllen müssen.
- Die Versorgung der Bevölkerung mit Gütern des täglichen Bedarfs wird sich verschlechtern, insbesondere im ländlichen Raum.
- Der Wohnungsneubau wird drastisch zurückgehen, gleichzeitig wird es aufgrund der nicht nachfragegerechten Wohnungen zu Wohnungsleerständen kommen.

- Die soziale Infrastruktur muss der veränderten Bevölkerungszusammensetzung angepasst werden, Qualitätseinbußen sind wahrscheinlich.
- Im Bildungswesen wird es zu einer Konzentration der Einrichtungen kommen, die längere Anfahrtswege für die Bevölkerung bedeuten.
- Der Rückgang der Bevölkerungszahl wird nicht zu einer Verbesserung der Umweltsituation führen.
- Das Verkehrsaufkommen (und die damit verbundenen Belastungen) werden trotz Bevölkerungsrückgang weiter zunehmen.
- Die Bedeutung des Sektors „Freizeit und Erholung" für die wirtschaftliche Entwicklung der Region wird an Bedeutung gewinnen."

Die Ausprägungen dieser Veränderungen treffen die einzelnen Gemeinden unterschiedlich stark. Spätestens im Jahr 2030 werden aber alle Gemeinden überwiegend negative Auswirkungen des demographischen Wandels hinnehmen müssen.

Innerhalb der Region Braunschweig sollten regionale Verteilungskämpfe um die demographischen Potenziale vermieden werden. Chancen für eine lebenswerte Zukunft bieten sich bei einer Konzentration auf das zentralörtliche Zentrensystem und einer intensiven Kooperation zwischen den Gemeinden. Alternative Konzepte bei Nahversorgung, Mobilität und Bildung bieten trotz demographischem Wandel eine Menge Chancen.

Literatur

Acocella, Donato; „Nahversorgung in der Fläche – wie lange noch?", in: Schröter, F. (Hrsg.): „Die Zukunft der Kommunen: in der Region", Raumplanung spezial 8, Dortmund 2005, S. 51 ff.

Baumgartner, Christian; „Auswirkungen des demographischen Wandels auf Tourismus und Freizeit mit einem speziellen Fokus auf den Alpenraum", Ein Beitrag für den Arbeitskreis „Räumliche Auswirkungen des demographischen Wandels" der Akademie für Raumforschung und Landesplanung, Hannover, Wien 2003

Bundesamt für Bauwesen und Raumordnung (BBR) Hrsg.; „Raumstrukturtypen – Konzept – Ergebnisse – Anwendungsmöglichkeiten – Perspektiven", BBR - Arbeitspapier, Bonn 2005a

Bundesamt für Bauwesen und Raumordnung (BBR) Hrsg.; „Raumordnungsbericht 2005", Bonn 2005b

Bundesamt für Bauwesen und Raumordnung (BBR); „Regionale Spaltung der Entwicklungsdynamik in Deutschland - Neue Raumordnungsprognose 2020/2050 des BBR zeigt Handlungsbedarfe auf", Pressemitteilung vom 11. April 2006

Gans, Paul und Schmitz-Veltin, Ansgar (Hrsg.), Demographische Trends in Deutschland – Folgen für Städte und Regionen. Räumliche Konsequenzen des demographischen Wandels, Teil 6, Akademie für Raumforschung und Landesplanung (ARL), Forschungs- und Sitzungsberichte 226, Hannover, 2006

Köllermeier, Nadine; „Auswirkungen des demographischen Wandels auf die netzbezogene Infrastruktur im Landkreis Goslar", Diplomarbeit am Institut für Verkehr und Stadtbauwesen der TU Braunschweig, 2005 (unveröffentlicht)

NLS (Nds. Landesamt für Statistik), „Baufertigstellungen in Niedersachsen", NLS - Online: Tabelle K8100101, im Internet: http://www1.nls.niedersachsen.de/statistik/ Stand: 2001, Abruf: 27.02.2004

Schröter, Frank; „Mobilität im Jahr 2030", in: Schröter, F. (Hrsg.): „Die Zukunft der Kommunen: in der Region", Raumplanung spezial 8, Dortmund 2005, S. 29 ff.

Schröter, Frank; „Die Auswirkungen des demographischen Wandels auf den verstädterten Raum Braunschweig" in: Gans/Schmitz-Veltin, 2006 (a.a.O.), S. 279 ff.

Schur, Peter; Zika, Gerd; „Gute Chancen für moderaten Aufbau der Beschäftigung", IAB-Kurzbericht, 10. Nürnberg 2002

Tovote, Björn-Uwe, 2002: Kleinräumige Bevölkerungsprognose 2000 bis 2030 für die Städte und Gemeinden im Großraum Braunschweig unter Berücksichtigung der künftigen EU-Osterweiterung, Hannover

Wermuth, Manfred; Schröter, Frank und Strobel, Günter „Mobilitäts-Stadt-Region 2030 - Forschungsergebnisse-, Band 12 der Beiträge zu STADT+UM+LAND 2030 Region Braunschweig, Hrsg.: Zweckverband Großraum Braunschweig (ZGB), KoRiS, Braunschweig 2004

ZGB/KoRiS (Kommunikative Stadt- und Regionalentwicklung), [Hrsg.], „Stadt+UM+Land 2030 Region Braunschweig - Leitbilder für eine Stadtregion im demographischen Wandel, Gesamtergebnisse des interdisziplinären Forschungsvorhabens", Band 8 der Beiträge zu STADT+UM+LAND 2030 Region Braunschweig, Braunschweig 2004

Wahrnehmung und Auswirkungen des demographischen Wandels in den saarländischen Städten und Gemeinden

Annette Spellerberg

Kaum ein Lebensbereich ist nicht vom demographischen Wandel betroffen, d. h. von Alterung, Heterogenisierung, Vereinzelung und Bevölkerungsrückgang. Die Umbrüche ergeben sich allein schon aus den quantitativen Verschiebungen der Altersstruktur und werden unter den Schlagwörtern der Verknappung der Erwerbstätigen und potentiellen Familiengründer/innen, der mangelnden Lobby für Kinder und Jugendliche oder Wohnungsmarktproblemen diskutiert. Da demographische Prozesse langsam wirken, bedeutet ein heutiges Umsteuern der wesentlichen Parameter, die Folgen erst in frühestens der nächsten Generation spüren zu können (Herwig Birg 2005: "Es ist 30 Jahre nach zwölf"). Die großen Herausforderungen und die langsamen Umkehrprozesse bewirken, dass zwar sehr viel über Demographie gesprochen und geschrieben wird, in der politischen oder ökonomischen Praxis sind tief greifende Strategien jedoch noch kaum spürbar.

In diesem Beitrag steht ein westdeutsches Bundesland im Zentrum, das bereits mit Bevölkerungsrückgängen umgehen muss, das Saarland. Der Niedergang der Montanindustrie und die Schließung der Bergwerke haben zu gravierenden Abeitsplatzverlusten geführt. In Kombination mit der demographischen Situation verliert das Saarland nicht nur Bevölkerung, sondern spürt bereits auch einen Rückgang der Haushalte.

In Anbetracht der veränderten Rahmenbedingungen hat das saarländische Umweltministerium dem Lehrgebiet Stadtsoziologie für die Neuaufstellung des Landesentwicklungsplans Siedlung den Auftrag vergeben, eine Befragung in den Gemeinden des Saarlandes durchzuführen (ausführlich siehe Spellerberg 2005). Anfang 2005 wurde eine postalische Vollerhebung durchgeführt. Im Mittelpunkt stand die Frage, wie stark sich die jeweilige Gemeinde vom demographischen Wandel selbst betroffen fühlt und wo die größten Auswirkungen erwartet werden. Es wurde auch erfragt, welche Handlungsstrategien entwickelt werden, um den Folgen zu begegnen. Die Rücklaufquote der Befragung war erfreulich hoch - auch begünstigt dadurch, dass das Saarland ein sehr kleines Bundesland mit lediglich etwa einer Millionen Einwohner/innen ist. 50 der 52 Gemeinden haben geantwortet - wenn auch zum Teil nach mehreren Nachfassaktionen.

Der erste Teil des Beitrags skizziert den demographischen Wandel im Saarland. Im zweiten Teil wird mit den Ergebnissen der Umfrage die Wahrnehmung der einzelnen Gemeinden beschrieben. Problembereiche und Handlungsfelder sowie eine abschließende Interpretation bilden den Schlussteil der Ausführungen. Es soll gezeigt werden, dass selbst in dem kleinen Bundesland Saarland sehr kleinräumige Muster der Bevölkerungsentwicklung und Altersverteilung existieren und Handlungsstrategien entsprechend flexibel an die jeweilige Situation angepasst werden müssen. Die Auswirkungen im sozialen Bereich werden zwar erkannt, indes stehen bauliche Maßnahmen bislang im Vordergrund.

Der demographische Wandel im Saarland

Die demographische Situation im Saarland ist nicht nur durch Alterung, sondern bereits durch Schrumpfung gekennzeichnet. Nach der aktuellen Prognose des Bundesamtes für Bauwesen und Raumordnung (BBR) (BBR 2006) wird im Saarland mit einem Bevölkerungsrückgang von fast 9 % bereits in den nächsten 15 Jahren gerechnet. Nach dem Abklingen der Zuwanderungsbewegungen Anfang der 1990er Jahre in Folge der deutschen Wiedervereinigung und der Grenzöffnung Osteuropas sind im Südwesten der Bundesrepublik wieder abnehmende Bevölkerungstrends dominant. Die niedrige Geburtenrate im Saarland von 1,23 Geburten pro Frau und eine längere Lebenserwartung führen zudem auch zu erheblichen altersstrukturellen Verschiebungen. Bereits in den 1990er Jahren war die Zahl der Personen, die jünger als 15 Jahre waren, um 3 % auf knapp 153000 Personen und die Zahl der erwerbsfähigen Altersgruppe sogar um 5,5 % gesunken. Die Zahl der über 60-Jährigen stieg dagegen um 23 %, auf über 206000 Personen (Stand Ende 2002; Statistisches Landesamt Saarland 2004: 12f.). Die landesspezifische Vorausberechnung bestätigt die Fortsetzung dieses Trends: Kinder und Jugendliche werden im Jahr 2030 nur noch etwa 14 % der

Bevölkerung stellen (ebenda: 22). Es wird zusammenfassend erwartet, dass das Durchschnittsalter um fünf Jahre auf dann fast 48 Jahre steigt.

Mit Schrumpfung ist ohne Ausnahme zu rechnen, je nach Lagegunst und Wirtschaftskraft jedoch in unterschiedlichem Ausmaß, so die amtlichen Prognosen. Bis 2020 wird der Landkreis Neunkirchen jede/n achte/n Einwohner/in verlieren (-13 %), Sankt Wendel jede/n zehnte/n und Merzig-Wadern 7 % der Einwohner/innen. In den nächsten 15 Jahren verläuft die Entwicklung im Stadtverband Saarbrücken wenig dramatisch (etwa 3 % Verlust, einsetzend ca. 2015).

Reaktionen auf den Rückgang der Bildungsbevölkerung sind bereits erfolgt. Seit dem Sommer 2005 werden schrittweise 80 Grundschulen geschlossen. Dies hat enorme Konsequenzen für die Entwicklung der betroffenen Orte oder Ortsteile, insbesondere für deren Standortqualität: Der Ort wird für Familien weniger attraktiv. Angesichts breiter Proteste zeigte sich schnell, dass die Konzentration auf finanzielle Fragen des demographischen Wandels den Blick für Innovationen und auch Chancen verstellt, die mit Alterung und Schrumpfung einhergehen können. Es darf vermutet werden, dass politische Diskussionen über den demographischen Wandel angesichts der spürbaren Folgen im Bildungswesen in den Gemeinden des Saarlandes noch unbeliebter sind als anderswo. In dieser Situation wurden im Auftrag des Umweltministeriums die Gemeinden befragt, wie sie ihre eigene Bevölkerungsentwicklung wahrnehmen, welche Auswirkungen sie erwarten und welche Strategien sie ergreifen.

Das Besondere dieser Erhebung war, dass jede Gemeinde einen individuellen Fragebogen erhielt, in dem die Bevölkerungsentwicklung der jeweiligen Kommune im Vergleich zur saarländischen Entwicklung abgebildet war. Es wurde darum gebeten, den weiteren Trend einzuschätzen und die Abbildung zu vervollständigen. Darüber hinaus wurde die Altersverteilung nach breiten Gruppen angegeben und jeweils eine Einschätzung der weiteren Entwicklung erbeten. Fragen nach sektorenspezifischen Auswirkungen des demographischen Wandels, Handlungsstrategien, Chancen und Probleme komplettieren den Katalog.

Die Antworten sind ausführlich und detailliert ausgefallen, eine systematische Verzerrung der Antworten in Richtung sozialer Erwünschtheit ist nicht zu erkennen. In einigen Fällen wurde allerdings auf eine Einschätzung der Bevölkerungszahl für die Gemeinde im Jahr 2020 verzichtet, so dass hier für sieben Gemeinden keine Aussagen getroffen werden kann. Selbst nach Rücksprache mit Mitarbeitern der Kommunen war deren Unsicherheit immer noch zu groß, um eine Einschätzung für die Zukunft zu wagen.

Ergebnisse der Gemeindebefragung

Das Statistische Landesamt geht in der Prognose bis 2050 von relativ starken Bevölkerungsverlusten aus (unter der Voraussetzung gleich bleibend niedriger Geburtenraten, einer steigenden Lebenserwartung und eines konstanten Migrationssaldos). Die Prognose ermittelt aus mehreren Gründen einen stärkeren demographischen Wandel als die 10. koordinierte Bevölkerungsvorausberechnung des Statistischen Bundesamtes. Im Folgenden sollen die Aussagen der kleinräumigen Einschätzungen der Oberbürgermeister/innen und Bürgermeister/innen mit dieser amtlichen Prognose verglichen werden.

Erwartungen zur Bevölkerungsentwicklung im Saarland bis 2020

In der eigenen Datenerhebung reicht die Spanne der Antworten auf die Frage nach der Bevölkerungsentwicklung bis 2020 sehr viel weiter als die vorliegenden Werte des Statistisches Landesamtes: von +14 % in Perl bis hin zu -14 % in Tholey und -13 % in Neunkirchen und Illingen. Die Situation ist von Gemeinde zu Gemeinde sehr unterschiedlich und großflächige Muster werden immer wieder durch Einzelfälle durchbrochen (vgl. den Gürtel mit starker Schrumpfung von Tholey bis Blieskastel, von dem Schiffweiler, Merchweiler und Kirkel abweichen). Lediglich in sieben Fällen wird eine Entwicklung wie im Saarland insgesamt abgesehen: Saarbrücken, Riegelsberg, Heusweiler, Spiesen-Elversberg, Schiffweiler, Oberthal und Namborn (vgl. Abbildung 1).

Wahrnehmung und Auswirkungen ...

Abb. 1: Wahrgenommene Bevölkerungsentwicklung in den saarländischen Orten

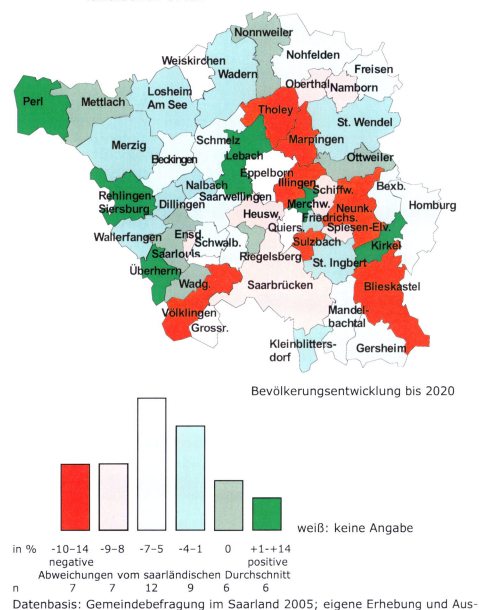

Datenbasis: Gemeindebefragung im Saarland 2005; eigene Erhebung und Auswertung

Entgegen dem allgemeinen Trend erwarten sechs Gemeinden einen Bevölkerungszuwachs: Perl (13 %), Lebach (3 %), Rehlingen-Siersburg (ohne genauen Wert), Überherrn (2 %), Merchweiler (2 %) und Kirkel (1 %). Perl liegt an der Grenze zu Luxemburg und dient als Wohnstandort, Lebach liegt landschaftlich reizvoll und Kirkel hat einen erfolgreich agierenden Gewerbepark mit IT-Ansiedlungen geschaffen. Es liegen damit ganz unterschiedliche Gründe für Wachstum vor. Weitere sechs Gemeinden prognostizieren, ihre Bevölkerungszahl bis 2020 halten zu können, teilweise wird hier ein Bevölkerungsanstieg bis etwa 2010 angenommen, bevor die Zahl auf den Ausgangswert zurückkehrt. Demnach sehen drei Viertel der auf diese Frage antwortenden Gemeinden einen Bevölkerungsrückgang auf sich zukommen. Die Angaben zu den erwarteten Verlusten streuen dabei sehr weit, liegen indes durchweg unter der amtlichen Prognose.

Die wachsenden Gemeinden sind eher klein (von 6.500 bis zu 21.500 Einwohner/Innen) und stellen nur einen sehr geringen Bevölkerungsanteil im Saarland (insgesamt 4,7 % in 2003). Allein in den stark schrumpfenden Orten, die voraussichtlich mehr als 10 % der Bevölkerung verlieren werden, leben viermal so viele Einwohner (16,7 % Bevölkerungsanteil). Es fällt insgesamt viel stärker ins Gewicht, dass Neunkirchen 13 % der Einwohner/innen verliert (Anteil allein 4,7 %), Völklingen weiter um 11 % schrumpft (Bevölkerungsanteil 3,9 %) und Saarbrücken 8 % verliert (bei einem Bevölkerungsanteil von 17,1 %). Das Saarland wird in Kürze weniger als 1 Million Einwohner haben. Es schrumpfen also die Städte in viel größerem Ausmaß als die Dörfer - wobei die Auswirkungen für die Dörfer möglicherweise dramatischer sind.

Den Trend von wachsenden kleinen und schrumpfenden größeren Kommunen vor Augen, ist auch in einem Saarland unter Schrumpfungsbedingungen mit weiteren Dekonzentrationsprozessen der Bevölkerung zu rechnen. Festgehalten werden kann zugleich, dass wachsende, schrumpfende und stagnierende Orte dicht beieinander liegen, dass großflächige Strategien kaum funktionieren werden, dass vielmehr die jeweilige Situation vor Ort analysiert werden muss.

Die Prognosen des BBR und des Statistischen Landesamtes des Saarlandes (wahrscheinliche Variante 4) kommen zu einer fast identischen Einschätzung der künftigen Dynamik mit einem deutlichen Bevölkerungsrückgang des Landes von 8 % bis 9 %. Die Einschätzungen der Gemeinden unterscheiden sich nicht signifikant von den amtlichen Daten. Es wird ein Rückgang um 7 % erwartet. Dies entspricht einer Zahl von etwa 988 Tsd. Personen.

Erwartungen zu Altersverteilung und Altersverschiebungen im Saarland

Die Mehrheit der Gemeinden erwartet keine auffälligen altersstrukturellen Verwerfungen. In den kleineren Orten schafft die Suburbanisierung einen Ausgleich zu Bildungs- und Erwerbsabwanderungen. Die größeren Städte profitieren von den höheren Geburtenraten von Migranten und Migrantinnen sowie teilweise von Zuzügen der Bildungswanderer. Die Spanne beim Anteil der Kinder und Jugendlichen reicht von 17 % bis zu 22 % und beim Anteil der über 65-Jährigen von 16 % bis zu 21 %. Es lassen sich damit zwar Differenzen feststellen, diese korrelieren jedoch nicht mit den sonstigen Einschätzungen zur Bevölkerungsentwicklung. Die jüngeren Gemeinden (Losheim, Nonnweiler, Namborn, Tholey) sind sowohl als expandierende als auch stark schrumpfende Kommunen klassifiziert worden. Es ist dabei unmittelbar einsichtig, dass die jüngeren Gemeinden weniger Probleme mit der Auslastung der schulischen Infrastruktur haben als die Gemeinden, in denen der Anteil von Kindern und Jugendlichen bereits heute zusammen nicht mehr als 16 % bis 17 % beträgt.

Als vergleichsweise „alte" Gemeinden fallen St. Ingbert, Quierschied und Kleinblittersdorf auf, deren Seniorenanteil bei jeweils 21 % liegt. Kleinblittersdorf hatte den Zuzug Älterer als Grund für eine vergleichsweise positive Bevölkerungsentwicklung angegeben. In diesem Orten stehen die Versorgungsaspekte und die Lebensqualität der Älteren stärker im Mittelpunkt. Den geringsten Anteil Älterer weist der wachsende Ort Lebach auf mit 16 % (bis 20 Jahre: 20 %), in dem seit 1996 10 Neubaugebiete ausgewiesen wurden. In der folgenden Abbildung sind Gemeinden mit einer vergleichsweise jungen, einer altersgemischten und einer älteren Bewohnerschaft exemplarisch dargestellt.

Abb. 2: Altersstruktur in ausgewählten Gemeinden 2003
Bevölkerungsanteile der Altersgruppen 0 - 20 und 65 plus (in %)

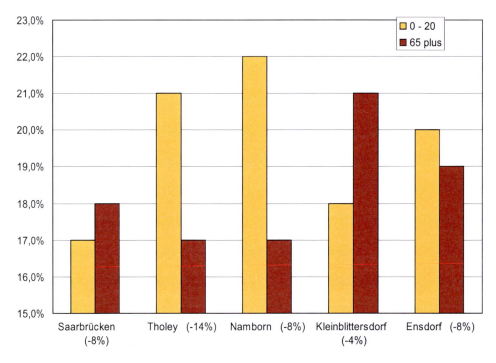

Datenbasis: Gemeindebefragung im Saarland 2005; eigene Erhebung und Auswertung; in Klammern: erwartete Schrumpfung bis 2015

Der Anteil der jüngeren Erwachsenen ist wegen der Dynamik dieser Gruppe in den Gemeinden relevant. Sie gründen Partnerschaften, bekommen Kinder, versuchen den Berufseinstieg, sind außerhäuslich aktiv, ziehen häufiger um, fragen Eigentum nach und konsumieren langlebige Güter und Dienstleistungen. Für das gesellschaftliche und wirtschaftliche Leben – und natürlich für die demographische Entwicklung – sind die jungen Erwachsenen damit ausgesprochen wichtig – sie stehen im Zentrum der Konkurrenz um Bevölkerung. Der Anteil in den saarländischen Orten schwankt zwischen 29 % in Blieskastel und 22 % in anderen Gemeinden. Bis auf den Landkreis Merzig-Wadern erwarten alle Landkreise eine weitere Alterung. Hierbei sind keine räumlichen Konzentrationen zu erkennen. In den stark alternden Gemeinden wird es

Wahrnehmung und Auswirkungen ...

besonders schwierig werden, die Geburtenzahl zu halten. Fazit: *Die räumliche Vielfalt mit einer unmittelbaren Nachbarschaft von jüngeren und älteren, schrumpfenden und wachsenden Orten ist eine zentrale Eigenschaft des demographischen Wandels im Saarland.*

Die Erwartungen zu den zukünftigen altersstrukturellen Verschiebungen fallen trotzdem sehr einheitlich aus. Ein Anstieg jüngerer Bevölkerungsgruppen wird nur ausnahmsweise erwartet, während nahezu alle Kommunen mit einer Zunahme älterer Menschen rechnen. In der Abbildung 3 sind die Verteilungen dargestellt.

Abb. 3: Erwartete Altersverschiebungen in den saarländischen Gemeinden

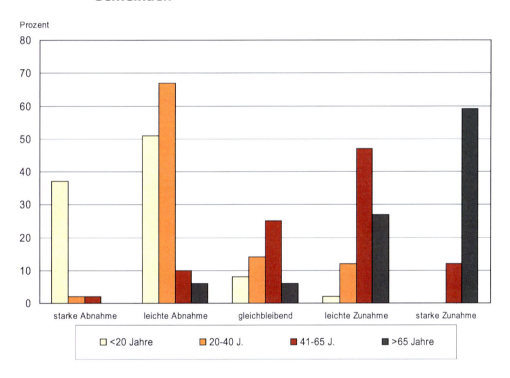

Datenbasis: Gemeindebefragung im Saarland 2005; eigene Erhebung und Auswertung

Die "Ergrauung" der Städte und Gemeinden wird nahezu flächendeckend erwartet - und ebenso werden Auswirkungen für die altersspezifische Infrastruktur gesehen. Besonders starke Befürchtungen der Überalterung und Vergreisung bei gleichzeitigem Rückgang von Kindern und Jugendlichen haben immerhin 18 der fünfzig Gemeinden. Dies sind vor allem die stark schrumpfenden, aber auch drei Gemeinden, die einen Bevölkerungsverlust befürchten und eine Gemeinde, die vermutet, ihre Bevölkerung halten zu können. Alterung ist ein der Schrumpfung teilweise vorhergehendes und teilweise zeitgleiches Problem. Ausgehend von der These, dass die im Mittel jüngeren Migranten/innen in die wirtschaftsstarken Zentren ziehen wurde geprüft, ob auch die zehn wirtschaftsstärksten Städte (Bruttogewerbesteuer) eine Überalterung befürchten. Es ergab sich jedoch hier kein typisches Antwortmuster.

Erwartungen zu den Auswirkungen des demographischen Wandels

Das heterogene Muster der demographischen Veränderungen zeigt, dass sich Suburbanisierungsvorteile und gute Verkehrsanbindungen, landschaftliche Lagegunst und günstige wirtschaftliche Effekte auf kleine Orte positiv ausgewirkt haben. Periphere Räume haben stärker unter Bevölkerungsschwund zu leiden. Städte, die starken ökonomischen Umstrukturierungsprozessen unterliegen, wie z. B. Völklingen und Neunkirchen, haben zusätzlich unter starken Bevölkerungsverlusten zu leiden. Dies birgt die Gefahr in sich, in eine ökonomisch wie sozial abwärts gerichtete Entwicklungsspirale zu geraten.

Alternde Gemeinden stehen vor der Herausforderung, die Infrastruktureinrichtungen anpassen zu müssen. Der ÖPNV ist ebenso angesprochen wie die sozialen Dienste oder die Versorgung mit Gütern des täglichen Bedarfs. Ein wichtiger Faktor für die Lebensqualität in einem Ort sind auch die sozialen Aktivitäten, die häufig über Vereine und ehrenamtliches Engagement organisiert sind. Eine Abwanderung von jüngeren Menschen oder eine starke Überalterung erschweren den Fortbestand dieser Initiativen, die für die soziale Integration eine tragende Rolle spielen.

In der Umfrage wurde erfragt, welche Bereiche in den jeweiligen Orten mehr oder weniger stark vom demographischen Wandel betroffen seien. Es wurde eine Liste mit 30 Aspekten vorgelegt, hier ist eine Auswahl dargestellt (Abb. 4). Gemeinden mit eher positiver Erwartung hinsichtlich

Wahrnehmung und Auswirkungen ...

ihrer Bevölkerungsentwicklung nennen immerhin neun Bereiche und stark schrumpfende im Mittel vierzehn. An der Länge der Balken im dritten Block wird deutlich, dass die sozialen Folgen ebenso wichtig sind wie die städtebaulichen und bildungsbezogenen Auswirkungen.

Abb. 4: Bereichsspezifische Auswirkungen des demographischen Wandels in Gemeinden (Anzahl Nennungen "starke" und "sehr starke" Auswirkungen)

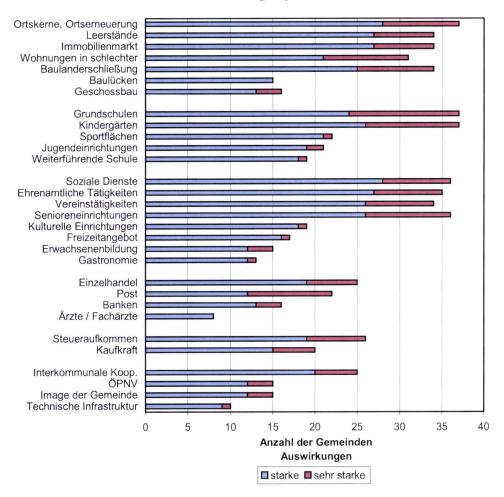

Datenbasis: Gemeindebefragung im Saarland 2005; eigene Erhebung und Auswertung

Bauliche Strukturen

Im Mittelpunkt der wahrgenommenen Konsequenzen stehen die städtebaulichen Strukturen und der Wohnungsmarkt. Drei Viertel der Gemeinden nehmen Auswirkungen des demographischen Wandels auf die Ortskerne bzw. Ortserneuerungen wahr, jeweils 34 Orte haben mit Leerständen zu tun und spüren Wirkungen auf dem Immobilienmarkt. Besonders betroffen in vielen Gemeinden sind Wohnungen in schlechter Lage. Diese Angaben entsprechen eher den Angaben ostdeutscher Kommunen als westdeutscher. Bei einer Befragung von 648 Kommunen mit mehr als 10.000 Einwohnern ermittelte die Bertelsmann-Stiftung für Westdeutschland als wichtigste Themen: Schulentwicklung, Bürgerschaftliches Engagement, Wirtschaftsförderung, Stadtplanung, Vereinbarkeit zwischen Familie und Beruf sowie altersgerechtes Wohnen (Bertelsmann-Stiftung 2005: Aktion Demographischer Wandel, S. 13; www.aktion2050.de). In Ostdeutschland stehen Wohnungsleerstände und Infrastruktur-Rückbau im Vordergrund. Im Saarland geht es also wie in den neuen Ländern zunächst einmal um die Neugestaltung der Ortszentren bei abnehmender bzw. alternder Bevölkerung sowie leer stehender Häuser, Wohnungen und Gewerberäume.

Wegen der Leerstände und der sinkenden Preise auf dem Immobilienmarkt ist die Baulanderschließung in Gemeinden mit hohem Problemdruck ein viel diskutiertes Thema. Für ein familiengerechtes Angebot scheinen die innerörtlichen Möglichkeiten unter den aktuellen Gegebenheiten (Preise, Größe, Grundrisse, technische Ausstattung) nicht ausreichend zu sein, so dass dies der wesentliche Grund für die Bereitstellung von neuem Bauland ist. Baulücken stehen ebenso im Fokus, weil sie eine Alternative zur neuen Baulandausweisung bieten.

Aus Umfragen ist bekannt, dass in Westdeutschland der Geschosswohnungsbau und insbesondere Hochhäuser eine geringe Präferenz haben. Dies trifft für das Saarland - mit der höchsten Eigentumsquote in der Bundesrepublik - in besonderem Maße zu. Sollte Rückbau notwendig werden, so sind vermutlich große Objekte wie auch solche mit geringer Wohnqualität aufgrund der Ausstattung oder der Wohnlage diejenigen, welche am ehesten aus dem Markt fallen werden. Wohnungen in schlechter Lage reagieren besonders sensibel auf den demographischen Wandels (in 31 Kommunen). Häuser mit mehr als vier Stockwerken existieren allerdings nicht in allen Gemeinden. Leerstände in Großwohnanlagen stellen daher ein Problem der größeren Städte dar. Segregationstendenzen und Integrationsprobleme aufgrund der selektiven Mobilität von Bessergestellten sind die zentralen Herausforderungen für diese Quartiere.

Bildungseinrichtungen

Die Grundschulproblematik wird bereits heftig diskutiert wegen der vom Land angeordneten Schließung von Standorten. Grundschulen liegen ebenfalls ganz vorne bei den wahrgenommenen Folgen des demographischen Wandels (37 Nennungen). Da das Saarland als verstädtert gilt, wird die Lösung vermutlich auch weiterhin in einer Konzentration der Standorte liegen, bevor die alternative Strategie, nämlich die Verkleinerung der Klassenstärke und Zügigkeit in Betracht gezogen wird. Da eine Schule im Ort häufig mehr als eine Einrichtung für 6- bis 10-Jährige ist und andere freizeitkulturelle oder bildungsbezogene Aktivitäten beheimatet, könnte bei der Entscheidungsfindung möglicherweise sensibler vorgegangen und die alternative Strategie der Verkleinerung unter Hinzuziehung kostensenkender Aspekte berücksichtigt werden (Bedarf über eine längere Frist hinweg, multiple Nutzungen der Gebäude, Verwaltungsstraffung statt Schließung, Pendeln von Lehrern/innen; Ausstattung und Baualter der Gebäude berücksichtigen, etc.). Familien treffen ihren Wohnort wohl häufig nach Bildungsgesichtspunkten, so dass eine Gemeinde ohne Grundschule deutliche Standortnachteile aufweist.

Mit der niedrigen Geburtenzahl einhergehend sind Kindergärten in den alternden und abnehmenden Orten bedroht. Auch hier können Alternativen in Betracht kommen: Personal, das vormittags und nachmittags an zwei Orten arbeitet, altersübergreifende Betreuungen, die Hortangebote einschließen, oder Öffnung der Einrichtungen für kinderbezogene soziale Dienste (Babymassage, etc.). Sollte sich eine Einrichtung nicht halten lassen, können Alternativen wie das Tagesmüttermodell in Frankreich überlegt werden, um eine außerhäusliche Betreuung für alle Kinder am Ort zu ermöglichen. Die Familienfreundlichkeit ist ein wesentliches Prädikat, um als Gemeinde attraktiv zu sein. Die Vereinbarkeit von Beruf und Familie und ein ausreichendes, hochwertiges Arbeitsplatzangebot für Frauen gelten heute als die entscheidenden Kriterien, um die Geburtenzahl steigern zu können.

Als Folgeeffekt werden die weiterführenden Schulen den Mangel an Kindern spüren. Sie stehen jedoch zur Zeit noch nicht in der intensiven Diskussion, weil sie bereits jetzt an zentralen Orten konzentriert sind und den älteren Schülern/innen längere Fahrtzeiten auch eher zugemutet werden können. Aus diesem Grund zeigt sich - bisher - keine Korrelation zur Einschätzung der Bevölkerungsentwicklung.

Kultur und Soziale Dienste

Ein zunächst überraschendes Ergebnis ist, dass die Mehrheit der Kommunen (n=35 bzw. 34) große Auswirkungen auf das Vereinsleben und die ehrenamtlichen Tätigkeiten befürchten. Vereine stehen weniger im Rampenlicht der öffentlichen Diskussion, sind für das soziale Leben am Ort jedoch von entscheidender Bedeutung. Dorffeste werden überwiegend von Vereinen organisiert, die Feuerwehr basiert auf freiwilligem Engagement und Kinder- und Jugendarbeit, z. B. im Sport, sind abhängig vom bürgerschaftlichen Engagement. Ältere Menschen ziehen sich in kleinen Gemeinden vergleichsweise stark aus dem öffentlichen Leben zurück. Die freiwilligen Tätigkeiten werden eher von auch in anderen Bereichen eingespannten Personen übernommen, d. h. Berufstätige und Personen mit Familienpflichten, wie die Ergebnisse der Freiwilligensurveys ergeben haben. Alterung reduziert damit die Basis für ehrenamtlich Engagierte bei zugleich sich änderndem Bedarf, z. B. eine stärkere Ausrichtung auf alleinlebende Senioren/innen, deren Bedarfe kaum bekannt sind. Einige Vereine finden teilweise keine Nachfolger und lokale Traditionen werden nicht fortgesetzt. Zugleich sind mit neuen Möglichkeiten und auch Zuzügen neue Aktivitäten in den Orten entstanden (ein breiteres Sportangebot). Soziale Dienste stehen daher ebenfalls ganz oben auf der Liste möglicher Folgen des demographischen Wandels (n=36). Kulturellen Einrichtungen, der Erwachsenenbildung, Freizeitangeboten und der Gastronomie wird demgegenüber weniger Bedeutung beigemessen.

Versorgung

Um die Gesundheitsversorgung machen sich nur wenige Kommunen Sorgen (n=8). Die Post hat ihre Umstrukturierungen schon weitgehend vorgenommen, so dass dieser Bereich bereits weniger wichtig erscheint. Die Hälfte der saarländischen Gemeinden sieht starke oder sehr starke Auswirkungen auf den Einzelhandel und 16 sind wegen der Bankenstandorte besorgt. Der Einzelhandel geht dazu über, die Mindestgröße seiner Einzugsbereiche für einen Standort zu erhöhen (auf jetzt 10000 Personen). Damit haben immer weniger kleine Gemeinden die Chance auf einen Vollversorger. Mobilität ist die daraus resultierende Folge - entweder für den Einzelhandel auf Rädern oder den Konsumenten, der sich zum weiter entfernten Geschäft begibt, wenn nicht Alternativen in Form von Dorfläden oder kleineren Familiengeschäften gefunden werden. Hinzu kommt der Effekt, dass mit dem Verlust eines Lebensmittelgeschäfts eine Anlaufstelle für soziale Kontakte fehlt. Gerade Ortsteile stehen vor dem Problem, die Dinge des täglichen Bedarfs immer seltener fußläufig erreichen zu können. Und die Verödung von Innenstädten durch die Aufgabe kleinerer, höherwertiger und spezialisierter Fachgeschäfte ist ein allgemeines, vom demographischen Wandel unabhängiges Phänomen.

Finanzen

Überdurchschnittlich oft werden Konsequenzen für die Bereiche Steueraufkommen und Kaufkraft erwartet (von 26 bzw. 20 Orten genannt). Nahezu alle Kommunen geben auf die Frage nach den akuten Problemen eine desolate Finanzsituation an. Da die Mittelzuweisungen nach der Bevölkerungsanzahl berechnet werden und die sozialen Probleme zugenommen haben, sind die finanziellen Grundlagen für viele Kommunen in Frage gestellt.

Sonstiges

Die technische Infrastruktur steht bislang eher selten im Mittelpunkt (n=10). Für die einzelnen Gemeinden sind dies selbstverständlich gravierende Probleme, sie betreffen jedoch glücklicherweise nur eine Minderheit, und nur Quierschied befürchtet sehr starke Auswirkungen. Beim ÖPNV sind bereits organisatorische Änderungen vorgenommen worden, für 15 Gemeinden stehen hier jedoch noch Anpassungsleistungen an (unabhängig von der Bevölkerungsentwicklung). Über flexible Systeme wurde positiv berichtet.

Eine Notwendigkeit für interkommunale Kooperationen sehen 25 Gemeinden, das ist die Hälfte der Antwortenden auf diese Frage. Dieser Anteil kann als zu gering eingeschätzt werden, um bestmögliche Lösungen zu erreichen. Angesichts der strukturellen, finanziellen und politischen Rahmenbedingungen ist erfahrungsgemäß jedoch kaum mehr zu erwarten.

Handlungsansätze

Nur für eine Minderheit der Kommunen ist der demographische Wandel kein Thema (n=3), in 25 Gemeinden wird darüber diskutiert und in 20 weiteren bestimmt er die Handlungsstrategien. Es wurden dabei vor allem Einrichtungen für Senioren erweitert und Bauland für Familien bereitgestellt. Ortsübergreifende Nutzungen von Einrichtungen oder Geräten nannten lediglich 11 Gemeinden, wobei diese häufig scheiterten (Festausstattungen, Friedhofsbagger, etc.).

Aufgaben für die ländlichen Gemeinden

Im Folgenden stehen Gemeinden aus dem ländlichen Raum im Mittelpunkt, und zwar ein Ausschnitt im Landkreis St. Wendel und aus dem Bliesgau, die eher negative Prognosen aufweisen. In der folgenden Tabelle sind die Auswirkungen und die wichtigsten Aufgaben, die die Gemeinde für sich sieht, gegenüber gestellt.

Wahrnehmung und Auswirkungen ...

Tab. 1: Einschätzung der Bevölkerungsentwicklung, Auswirkungen und drängende Aufgaben beim demographischen Wandel in ausgewählten ländlichen Gemeinden

	Bevölkerung	Entwicklung	"sehr starke" Auswirkungen	drängende Aufgaben
FREISEN	8.183	-7 %	Baulanderschließung, Post, Bank, Gastronomie, KiGa, Grundschule, Soziales/Kultur/Ehrenamt Finanzen	Dorferneuerung Umgang mit Baulücken, Leerständen
NAMBORN	6.960	-8 %	KiGa, Grundschule, Vereinsleben, Ehrenamt	Erfassen von Bauland u. Leerständen, Vereinsförderung Besetzung Ehrenämter
NOHFELDEN	10.021	-7 %	/	Dorferneuerungsmaßnahmen, Umgang mit Leerständen, Ausweisung v. Wohnbauland für junge Familien
OBERTHAL	5.936	-9 %	/	Leerstandsmanagement, Dorferneuerung, Senioreneinrichtungen
BLIESKASTEL	20.755	-10 %	Einzelhandel, Post, Grundschule	Leerstandsmanagement, Sportstättenplanung, Senioreneinrichtungen, Mobiler Seniorendienst, Baulandmobilisierung Wirtschaftsförderung
GERSHEIM	6.807	-6 %	Post, Bank, ÖPNV, Senioreneinrichtungen, Soz. Dienste, Ehrenamt	Senioreneinrichtungen Versorgung mit Dingen d. täglichen Bedarfs, Ortskernsanierung u. Revitalisierung Verbesserte Verkehrsanbindung

In Freisen werden "sehr starke" Auswirkungen befürchtet im Hinblick auf Post- und Bankfilialen, Gastronomie, Bildungseinrichtungen und auch soziale Dienste, Kultur und Ehrenamt. Als drängende Aufgaben stehen jedoch die baulichen Dinge im Vordergrund, die Dorferneuerung, das Leerstandsmanagement und Baulücken. Obwohl Kindergärten, Grundschulen, Kultureinrichtungen und ehrenamtliche Tätigkeiten von den Veränderungen betroffen sind, werden sie nicht als wichtiges Handlungsfeld wahrgenommen. Wie die Versorgung der Familien, die Koordination von Sorge-, Haus- und Erwerbsarbeit geleistet und verbessert werden kann, steht nicht im Mittelpunkt. Einrichtungen für Kinder, Jugendliche und Ältere dürften in der peripheren Lage an der Grenze zu strukturschwachen Gebieten in Rheinland-Pfalz (Birkenfeld, Baumholder, Kusel) nicht sehr vielfältig sein. Die Bewohner/innen Freisens werden dabei zugleich die Ausdünnung der Infrastruktur hinnehmen müssen, weil auch Post, Bank und Gastronomie betroffen sind.

In Namborn steht die Versorgung für kleinere Kinder auf dem Spiel sowie das Vereinsleben und das Ehrenamt. Diese Bereiche werden auch als Aufgabenfelder wahrgenommen, indem Vereine gefördert werden sollen und Überlegungen zur Besetzung von Ehrenämtern angestellt werden. Zugleich wird an erster Stelle Bauland- und Leerstandserfassung genannt.

Nohfelden und Oberthal sehen keinen Bereich, in dem sie "sehr starke" Auswirkungen erwarten. Dies ist überraschend, weil sie um 700 bzw. 600 Personen schrumpfen werden und dies bei einer Gemeindegröße von 10.000 bzw. knapp 6.000 Einwohner/innen spürbar sein wird. Neben den baulichen und flächenbezogenen Problemen wird sich Oberthal um Senioreneinrichtungen kümmern.

In den südöstlichen Kommunen Blieskastel und Gersheim werden vielfältige Problemkonstellationen benannt: Gebäudeleerstände, Sportstätten, Infrastruktureinrichtungen für Senioren, Wirtschaftsförderung und Bauland. In Gersheim wird der mobile Seniorendienst als Herausforderung erwähnt. Sportstätten sind insofern ein Problem, als dass sie für breitere Bevölkerungsschichten, mehrere Altersgruppen, beide Geschlechter und Freizeitsport statt Leistungssport ausgerichtet werden müssen, um sie auszulasten.

Bemerkenswert ist, dass die Schaffung generationenübergreifender Angebote nur sehr selten erwähnt wird und auch Kinder und Jugendliche als Ressource offensichtlich noch nicht im Blickpunkt stehen. Lediglich ein Drittel der Städte und Gemeinden betonen explizit, eine Handlungsstrategie für Senioren zu entwickeln.

Kleinblittersdorf hatte den Zuzug Älterer als Grund für eine vergleichsweise positive Bevölkerungsentwicklung angegeben. In diesem Ort stehen die Versorgungsaspekte und die Lebensqualität der Älteren im Mittelpunkt. Seniorenresidenzen und Einrichtungen für betreutes Wohnen wurden aufgebaut. Der Ort wird ein Sole-Thermalbad errichten, angegliedert werden Einrichtungen der Präventionsmedizin und ein Hotelkomplex, der ebenfalls auf Wellness für ältere Bevölkerungsgruppen abzielt. Hier finden wir eine konstruktive Strategie, mit Alterung umzugehen und Ältere als Chance für die Stadtentwicklung zu sehen.

Quierschied steht demgegenüber für eine alternde Gemeinde, die eher als typisch gelten kann. Sie sieht zwar große Probleme bei der Auslastung von Kindergärten und Grundschulen, macht sich Sorgen um Erwachsenenbildung, Senioreneinrichtungen, soziale Dienste, Vereinsleben und Ehrenamt. Wenn es um die konkreten Aufgaben geht, die jetzt bewältigt werden müssen, nennt sie jedoch physisch-bauliche Dinge wie die Neugestaltung der Ortsmitte und die Ausweisung von Wohnbauland.

Es bleibt anzumerken, dass ländliche Räume nicht per se schrumpfende Räume darstellen. Die Situation ist stark abhängig von der Nähe zu einer Agglomeration bzw. einer verstädterten Zone, der verkehrlichen Anbindung und der touristischen Qualität. Das Problem der Versorgung vor allem der gesundheitlich Beeinträchtigten wächst allerdings angesichts veränderter Familien- und Sozialstrukturen in ländlichen Räumen.

In peripheren Regionen ohne nennenswerte Zuzüge wird die Abwanderung eine Abnahme der Nachfrage nach Gütern und Dienstleistungen zur Folge haben und auch mögliche endogene Potenziale schwächen. Dies birgt die Gefahr in sich, in eine ökonomisch wie sozial abwärts gerichtete Entwicklungsspirale zu geraten, weil die Versorgung weniger gut und zugleich teurer wird. Alternde Gemeinden stehen vor der Herausforderung, die Infrastruktureinrichtungen anpassen zu müssen. Der ÖPNV ist ebenso gemeint wie die sozialen Dienste oder die Versorgung mit Gütern des täglichen Bedarfs. Ein wichtiger Faktor für die Lebensqualität in einem Ort sind auch die sozialen Aktivitäten, die häufig über Vereine und ehrenamtliches Engagement organisiert sind. Eine Abwanderung von jüngeren Menschen oder eine starke Alterung erschweren den Fortbestand dieser Initiativen, die für die soziale Integration eine entscheidende Rolle spielen.

Vor allem kleine Gemeinden benötigen vermutlich Unterstützung im Prozess und beim Umgang mit dem demographischen Wandel. Das übergeordnete System der Finanzzuweisungen schafft zudem Belohnungen an falscher Stelle (Baulandausweisungen) und fördert nichtintegrierte Handlungskonzepte mit interkommunaler Zusammenarbeit.

Städtische Probleme und Handlungsstrategien am Beispiel Völklingens

In Völklingen stehen in der Innenstadt 20 % der Wohnungen und 40 % der Ladenlokale leer. Für das Image des Zentrums und die Attraktivität der Innenstadt sind die Leerstände ausgesprochen negativ zu sehen. Eine Befragung der Völklinger Haushalte durch das isoplan-Institut in Saarbrücken und den Lehrstuhl Stadtsoziologie der TU Kaiserslautern erbrachte, dass ein guter Wohnungszustand zwar eine notwendige, aber keine hinreichende Bedingung für die erfolgreiche Vermietung einer Wohnung in der stark vom demographischen Wandel betroffenen Innenstadt ist. 38 % der Vermieter sind der Auffassung, dass man selbst für eine gute Wohnung in der Innenstadt nicht ohne weiteres Mieter findet. Nur 12 % der befragten Mieter und 4,4 % der befragten Eigentümer, die noch nicht in der Innenstadt wohnen, könnten sich vorstellen, in der Innenstadt von Völklingen zu wohnen. Das schlechte Image der Innenstadt und das Wohnungsüberangebot beeinträchtigen die Vermietbarkeit selbst gut ausgestatteter Wohnungen.

In der Befragung wurde die Innenstadt von den Befragten aus ganz Völklingen nach 18 vorgegebenen Kriterien mit Noten von 1 = sehr gut bis 6 = ungenügend bewertet. Insgesamt wurde die Ausstattung der Innenstadt mit Dienstleistungen und Infrastruktur noch gut bis befriedigend bewertet. Am besten schnitt die Versorgung mit Ärzten ab (Mittelwert der Bewertungen: 2,1), gefolgt von der Busanbindung (2,6) und dem Dienstleistungsangebot (2,7). Parkplatzangebot (3,1), Zugang zu Grünflächen (3,3) und das Gastronomieangebot (3,5) sind ebenfalls noch befriedigend. Freizeiteinrichtungen und Verkehrsbelastung schneiden mit 3,6 kaum besser als die Einkaufsmöglichkeiten und die Sicherheit ab, die nur noch ausreichend bewertet werden (3,7). Spielflächen für Kinder und Ältere sind mit der Durchschnittsnote 3,8 ebenso wenig eine Stärke der Innenstadt wie Einrichtungen für Kinder und Jugendliche (4,0).

Wahrnehmung und Auswirkungen ...

Abb. 5: Imageprofil der Innenstadt Völklingens

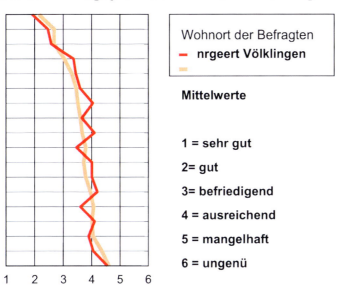

Quelle: Schreiber, Spellerberg 2004; Haushaltsbefragung Völklingen, n=1063; eigene Erhebung

In allen Fragen, die das Wohnumfeld direkt betreffen, schneidet die Innenstadt im Mittel mit ausreichend ab (Wohnqualität, Sauberkeit, Ortsbild: 4,0). Ebenso schlecht für eine Vermarktung der Innenstadt als Wohnstandort ist die Bewertung der Sozialstruktur („Mischung der Bevölkerung", 4,3) und - als schlechteste Note überhaupt - der Ruf der Innenstadt mit 4,6.

Der Vergleich von Selbstbild (Bewertung durch die Bewohner des Sanierungsgebiets) und Fremdbild (Bewertung durch die Bewohner der anderen Stadtteile) gibt Aufschluss über Vorurteile, die durch gezielte Imagekampagnen abgebaut werden können. Kriterien, die das Wohnen und das Wohnumfeld direkt betreffen, werden von den Innenstadtbewohnern deutlich besser bewertet als von der Gesamtheit der Befragten (Wohnqualität, Sicherheit, Mischung der Bevölkerung). Soziale Infrastruktur und Freizeiteinrichtungen werden hingegen von den direkt Betroffenen negativer eingeschätzt als im Fremdbild. Mit den Einkaufsmöglichkeiten sind die Innenstadtbewohner, die täglich mit den Ladenleerständen konfrontiert werden, unzufriedener als die Besucher, die größtenteils nur wegen des Verbrauchermarktes in die City fahren. Das Parkplatzangebot bewerten die

Anwohner ebenfalls schlechter als die Besucher, die meist nur Kurzzeitparkplätze zum Einkaufen suchen und auch finden. Die Innenstadt leidet damit vor allem darunter, dass sie den Besucher/innen kein ausreichendes Sicherheitsgefühl vermittelt, und den dort Lebenden, dass sie zu wenig Lebensqualität im Freizeitbereich aufweist.

Die Befragungsergebnisse bestätigen Studien, die besagen, dass Ausländer durchschnittlich in schlechter ausgestatteten Wohnungen wohnen, pro Quadratmeter jedoch höhere Mieten zahlen als Deutsche. Unter Schrumpfungsbedingungen wird dieser ethnische Segregationsprozess beschleunigt: Deutsche Haushalte verlassen schlecht ausgestattete Wohnungen, Ausländer ziehen nach, durch die Konzentration erlebt das Quartier eine Imageabwertung und weitere Abwanderungen von Deutschen. In der Innenstadt sind beide Segregationsprozesse parallel seit mehreren Jahren mit zunehmender Dynamik zu beobachten. Ein Indikator hierfür ist die hohe Fluktuation. Trotz der starken Zunahme der Zahl ausländischer Einwohner im Sanierungsgebiet ist seit 2000 auch ein leichter Zuwachs bei der deutschen Bevölkerung zu beobachten. Der Zuzug ins Sanierungsgebiet sowohl der Deutschen wie auch der Ausländer ist von jüngeren, kinderreichen und sozial schwächeren Familien getragen. Entsprechende Angebote für Kinder, Jugendliche und Familien fehlen aber nach Einschätzung der Bürger in der Innenstadt weitgehend.

Um eine Ghettoisierung und Stigmatisierung der betroffenen Quartiere zu vermeiden, werden derzeit Maßnahmen zur besseren Integration von Ausländern in die lokale Sozialstruktur eingeführt. Um die Innenstadt für Familien attraktiver zu gestalten, werden Blöcke entkernt, Aufenthaltsräume umgestaltet und Freiflächen geschaffen. In einem langjährigen Prozess und mit großem Aufwand (Programm Stadtumbau West) wird versucht, der Innenstadt zu neuem Leben zu verhelfen.

Zusammenfassung

Sowohl die altersstrukturellen Verschiebungen als auch Schrumpfungsprozesse werden ganz gravierende Auswirkungen im Saarland haben. Versorgungseinrichtungen wie Post, Bank und Einzelhandel haben sich bereits aus einigen Orten zurückgezogen. Soziale und kulturelle Infrastruktureinrichtungen -altersspezifische und altersneutrale - z. B. für Kinder, Jugendliche und Senioren, das Vereinsleben, die ehrenamtliche Tätigkeit, Sportflächen, Freizeit- und Kultureinrichtungen sowie der Gesundheitsbereich sind betroffen von der sich ändernden Zusammensetzung der Bevölkerung. Der Kulturbereich wird angesichts knapper Kassen in den Kommunen vermutlich vor Finanzierungsproblemen stehen, so dass Prioritätensetzungen und interkommunale Kooperationen notwendig sein dürften, um den Abbau in Grenzen zu halten. Die privaten und öffentlichen sozialen Dienste stehen vor dem großen Problem, neu organisiert, mobilisiert oder reduziert werden zu müssen (BBR 2005). Die bisherigen Strategien zielen auf eine Konzentration von Angeboten in zentralen Orten ab, die die Versorgung in abgelegenen Orten und eine ausreichende Daseinsvorsorge der immobileren Älteren, Kinder und Familien durchaus in Frage stellen können. Im Unterschied zum dünn besiedelten nordostdeutschen Raum sind die Erreichbarkeiten im Saarland jedoch deutlich besser und damit sind auch die Probleme anders gelagert. Hinzu kommt, dass vor allem Städte und einige ländliche Gebiete im östlichen Saarland schrumpfen, während der ländlich geprägte Norden eine Wachstumsregion darstellt.

Im Zentrum der Wahrnehmung beim demographischen Wandel stehen bauliche Strukturen, Leerstände und die Verödung der Ortskerne. Chancen bestehen zugleich in der Dorf- und Stadterneuerung, der Beseitigung städtebaulicher Sünden, geringere Mietpreise und neue Gestaltungsmöglichkeiten. Neue Konzepte für die Naherholung, ein flexibler und besserer ÖPNV sowie neue Dienstleistungsangebote sind weitere positive Effekte. Die wachsende Gruppe der Älteren und Hochbetagten steht häufig im Mittelpunkt der Handlungsstrategien.

Zugleich tragen jedoch die jungen Menschen die Lasten der Globalisierung, der Sozialversicherung und der Engpässe, um ihre Lebensziele zu verwirklichen. In der Bundesrepublik stehen wir wegen des demographischen Wandels vor einer zugespitzten Situation. Um die jungen Menschen an die Region zu binden, müssen attraktive Lebensbedingungen im Land, der Region und in den Kommunen geboten werden. Es herrscht ein Wettbewerb um knappe Ressourcen - das sind junge, produktive Menschen. Auch wenn die älteren Menschen neue Angebote benötigen, wird hier dafür plädiert, im demographischen Wandel die nächste Generation nicht aus den Augen zu verlieren. Wie wichtig es ist, deren Bedürfnisse zu berücksichtigen, hat das Beispiel Völklingen gezeigt. Die Lobby für Kinder und Jugendliche - zumal solche mit Migrationshintergrund - wird vermutlich noch kleiner als sie ohnehin schon ist. Die wahrgenommene Verbesserung der Debattenkultur und Kooperationen mit Bürgern/innen bietet eine Chance für Jüngere und Ältere, die genutzt werden sollte, um den demographischen Wandel abfedern und möglicherweise langsam umkehren zu können.

Literatur

Birg, Herwig (2005): Die ausgefallene Generation. Was die Demographie über unsere Zukunft sagt. München: C.H. Beck

BBR (2005) (Hg.): Anpassungsstrategien für ländliche/periphere Regionen mit starkem Bevölkerungsrückgang in den neuen Ländern. Bonn. Werkstatt: Praxis, Heft 38

BBR (2006) (Hg.): Raumordnungsprognose 2020/2050 - Bevölkerung, private Haushalte, Erwerbspersonen, Wohnungsmarkt. Bonn. Berichte Band 23

Spellerberg, Annette 2005: Wahrnehmung und Auswirkungen des demographischen Wandels in den saarländischen Städten und Gemeinden. Kaiserslautern. Auftrag des Umweltministeriums des Saarlandes

Statistisches Landesamt des Saarlandes 2004: Bevölkerungsprognose für das Saarland 2003 bis 2050. Saarbrücken

Demographischer Wandel und Anpassungsstrategien in strukturschwachen ländlichen Räumen Brandenburgs

(unter besonderer Berücksichtigung des Brandenburger Landkreises Ostprignitz-Ruppin)

Harald Michel und Volker Schulz

Immer wieder flammen erregte öffentliche Diskussionen über die Erfolge des Aufschwungs Ost bzw. der Deutschen Einheit auf. Im Jahr 2004 charakterisierte Bundespräsident Köhler den Stand der deutschen Wiedervereinigung mit den Worten, es gebe „überall in der Republik große Unterschiede in den Lebensverhältnissen. Das geht von Nord nach Süd wie von West nach Ost. Wer sie einebnen will, zementiert den Subventionsstaat und legt der jungen Generation eine untragbare Schuldenlast auf" (Focus Nr. 38 vom 13.09.2004. „Der Präsident spricht Klartext").

Das Infragestellen „gleichwertiger Lebensverhältnisse" wirft zumindest das Problem auf, sich mit entsprechenden Orientierungen des Grundgesetzes der Bundesrepublik (In Artikel 72: „Konkurrierende Gesetzgebung" des Grundgesetzes wird der Begriff „gleichwertige Lebensverhältnisse" konkret verwendet, in Artikel 106 „Verteilung des Steueraufkommens" wird davon gesprochen, „eine Überbelastung des Steuerpflichtigen" zu vermeiden und „die Einheitlichkeit der Lebensverhältnisse im Bundesgebiet" zu wahren, vgl. Grundgesetz für die Bundesrepublik Deutschland 2003, S. 43 bzw. 67) bzw. der Landesverfassung des Landes Brandenburg näher zu beschäftigen. Das Präsidium der Akademie für Raumforschung und Landesplanung hat dazu jüngst ein Diskussionspapier vorgestellt, in dem darauf verwiesen wird, dass „gleichwertige Lebensverhältnisse" ein Richtungsziel seien, etwa wie Gerechtigkeit. „Wir können uns ihm nähern, wir werden es aber nie erreichen. Daher sind alle Formulierungen wie ‚Schaffung gleichwertiger Lebensverhältnisse' (so als könnten wir sie herstellen) oder ‚Sicherung gleichwertiger Lebensverhältnisse' (so als hätten wir sie und müssten sie nur erhalten) irreführend." (Gleichwertige Lebensverhältnisse. Diskussionspapier des Präsidiums der Akademie für Raumforschung und Landeskunde. In: Nachrichten der ARL. Nr. 2/2005).

Bezüglich dieses „Richtungsziels" werden sowohl die gesellschaftspolitische Brisanz wie auch die vielfältigen Folgen und Wirkungen des demographischen Wandels („Demographischer Wandel führt zu sinkender Bevölkerungsdichte in den Regionen mit der niedrigsten Dichte. Das erzeugt Probleme der Tragfähigkeit von Infrastrukturen, überdurchschnittliche Kosten, weitere Wege und befördert so die Abwanderung." Gleichwertige Lebensverhältnisse. Diskussionspapier 2005, S. 3) zwar zunehmend anerkannt, jedoch sehr kontrovers diskutiert und im Wesentlichen bis heute unterschätzt. Der Bund, die Länder und auch die Kommunen werden sich angesichts der kaum zu beeinflussenden demographischen Entwicklung über kurz oder lang verschiedensten Problemfeldern des demographischen Wandels auf der jeweils von ihnen zu verantwortenden Ebenen zu stellen haben. Solche sind bzw. werden z. B. sein:

- Anpassung der sozialen Sicherungssysteme/Gesundheitswesen
- Alterung und Polarisierung in der Gesellschaft
- Alterung und Volkswirtschaft und (für die in diesem Vortrag zu behandelnde Thematik besonders wichtig)
- Alterung und Regionalentwicklung/Verkehr/Infrastruktur/Bildung/ kommunaler Dienstleistungssektor und Pflege.

Wirtschaftliche und soziale Folgen der Alterung zeigen sich regional sehr differenziert. Während einige Regionen Deutschlands auch in naher Zukunft kaum Auswirkungen verspüren werden, läuft dieser Prozess in anderen Gebieten, insbesondere in bestimmten Territorien Ostdeutschlands um so schneller und tiefgreifender ab und hat Auswirkungen auf alle Lebensbereiche: auf Schulen und öffentlichen Nahverkehr, auf das Angebot an Fachkräften, auf Feuerwehr und Rettungsdienste, auf die Einnahmen des Landes u. a. m. Damit erlangen in Städten, Regionen, Landkreisen und Bundesländern, die von solchen Prozessen betroffen sind, entsprechende Anpassungsstrategien für die Gestaltung örtlicher Infrastrukturen, des öffentlichen Personenverkehrs, der Gesundheits- und Bildungseinrichtungen (vor allem Schulbereich) u. a. m. besondere Bedeutung.

Probleme der Bevölkerungsschrumpfung durch massive Abwanderung vor allem junger und qualifizierter Menschen sowie Probleme der Alterung der Bevölkerung konzentrieren sich derzeit noch überwiegend auf die neuen Bundesländer. Damit haben die ostdeutschen Länder eine Vorreiterrolle, wie sich die Gesellschaft auf einen wachsenden Anteil Älterer einstellen kann. Dies gibt den neuen Bundesländern auch gleichzeitig die Chance, innovative Anpassungsstrategien, die in der gesamten Gesellschaft Anwendung finden könnten, zu entwickeln. Insofern können Vorhaben, die nach Modellen, Strategien und Beispiellösungen für demographischen Probleme, insbesondere für die so genannten „Schrumpfungs- und Alterungsprozesse" suchen, sehr schnell übergreifende gesamtgesellschaftliche Bedeutung erlangen – die neuen Bundesländer sind in diesem Sinne demographisches „Innovationsfeld". Voraussetzung dafür ist jedoch eine detaillierte Kenntnisnahme und Analyse auch kleinräumiger demographischer Entwicklungen. *Am Beispiel des Brandenburger Landkreises Ostprignitz-Ruppin (OPR)* soll dafür im Folgenden ein Beitrag geleistet werden.

Die Region Ostprignitz-Ruppin wurde gewählt, weil hier typische Charakteristika einer strukturschwachen Gegend in Ostdeutschland zusammenfallen und hier, da dieses Gebiet bereits seit Mitte der 1990er Jahre vom Institut für angewandte Demographie (IFAD) genauer analysiert wird, eine soziodemographische „Langzeitbeobachtung" möglich ist. Geringe Bevölkerungs- und Siedlungsdichten, kleinteilige Siedlungsstruktur und eine weiträumige Landschaft treffen hier auf relativ große Entfernungen zu überregional bedeutsamen Städten sowie auf seit Jahren unzureichende Erwerbsmöglichkeiten. Durch Geburtenrückgang und Abwanderung verstärken und verfestigen sich diese Merkmale der Siedlungs- und Wirtschaftsstrukturen. Der Landkreis OPR steht stellvertretend für eine Vielzahl von vergleichbaren Gebieten vor allem im Norden und Süden des Landes Brandenburg, d. h. im von der Landespolitik so bezeichneten *„äußeren Entwicklungsraum"*. Um die bisher nur angedeutete Problematik in diesen Gebieten besser nachvollziehen zu können, sollen zunächst wichtige *demographische Grundprozesse des Landes Brandenburg* betrachtet werden, wobei insbesondere die diametral entgegen gesetzten Entwicklungen im *„äußeren Entwicklungsraum" und „engeren Verflechtungsraum"* um die Metropole Berlin besondere Beachtung verdienen. Die Lage des „engeren Verflechtungsraumes" und des „äußeren Entwicklungsraumes" im Land Brandenburg zeigt nachfolgende Abbildung.

Abb. 1: Der engere Verflechtungsraum von Berlin und Brandenburg

1 – Brandenburg/Havel
2 – Potsdam
3 – Frankfurt/Oder
4 – Cottbus

Quelle: Eigene Zusammenstellung

Abb. 2: Bevölkerungsentwicklung im Vergleich zu 1989

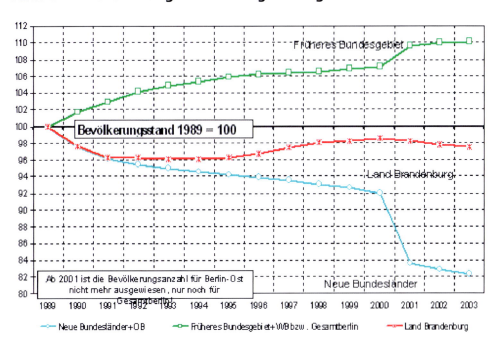

Quelle: Eigene Zusammenstellung, basierend auf Daten des Statistischen Bundesamtes und des LDS Brandenburgs

Ausgangspunkt

Die Bevölkerungsentwicklung in den alten Bundesländern und den neuen Bundesländern vollzieht sich divergent, d. h. vor allem Zunahme der Bevölkerung in den alten Bundesländern von 1989 bis 2003 um 10 % sowie gleichzeitige Abnahme in den neuen Bundesländern um 18 % (1989 = 100 %). Im Jahr 2003 verloren die neuen Länder insgesamt per Saldo 58.400 Personen durch Abwanderung in die alten Bundesländer, 2002 waren es knapp 81.000. Zwischen 1991 und 2003 hat der Osten insgesamt einen Abwanderungsverlust von 848.200 Menschen. Die Zahl der unter 18-Jährigen, die in den Westen zogen, schwankt seit Mitte der 90er Jahre zwischen 23.000 und 30.000 pro Jahr (Pressemitteilung des Statistischen Bundesamtes vom 1. Oktober

2004. Abwanderung von Ost- nach Westdeutschland schwächt sich weiter ab. In: Mitteilungen der Deutschen Gesellschaft für Demographie e.V. – Berlin 2005, Nr. 7.).

Die einheitliche Tendenz in den neuen Bundesländern besteht grundsätzlich in der Abnahme der Bevölkerung, jedoch bildeten die beiden Länder Berlin und Brandenburg bis 2001 hier eine Ausnahme:

Abb. 3: Bevölkerungsentwicklung in den neuen Bundesländern seit 1989

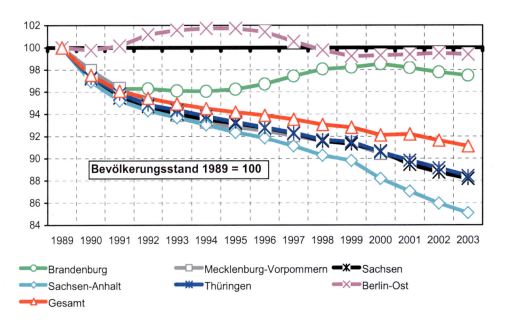

Quelle: Eigene Zusammenstellung, basierend auf Daten des Statistischen Bundesamtes

Es zeigte sich folgendes:

Nahm die Bevölkerungszahl in einem Land zu, nahm sie im anderen ab und umgekehrt. Der hauptsächliche Grund liegt in der engen Verflechtung beider Länder, raumplanerisch erfasst in der Kategorie des „engeren Verflechtungsraumes". Diese spezielle Abwanderung in den engen Umlandbereich der Metropole Berlin („Speckgürtel"), führte zu einer divergenten Bevölkerungsentwicklung.

Abb. 4: Bevölkerungsentwicklung im Vergleich zu 1990

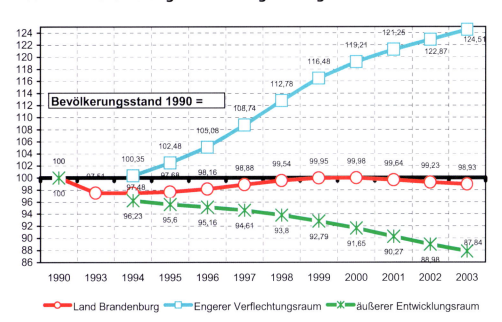

Quelle: Eigene Zusammenstellung, basierend auf Daten des LDS Brandenburgs

Die Bevölkerungsabnahme im „äußeren Entwicklungsraum", zu dem auch der Landkreis OPR gehört, entspricht dem negativen Gesamttrend in den neuen Bundesländern. Entgegengesetzt verläuft die Entwicklung im „engeren Verflechtungsraum" um Berlin mit einer Bevölkerungszunahme von 25 %, das heißt einem Bevölkerungsgewinn von knapp 193.000 (192.844) Einwohnern im Zeitraum von 1990 bis 2003. Da sind fast 13.000 Personen mehr, als die zweit- und drittgrößte Stadt des Landes Brandenburg Cottbus und Brandenburg/Stadt zusammengenommen Einwohner haben (Stand 30.09.2005: Cottbus 105.624, Brandenburg 74.390, Summe: 180.014).

Der Bevölkerungsverlust im „äußeren Entwicklungsraum" betrug im gleichen Zeitraum 220.727 Einwohner. Somit bewahrte das Land Brandenburg in etwa seinen Gesamtbevölkerungsstand von 1990 (bei einem Verlust von einem Prozent). Seit 2001 ist der räumliche Saldo gering und die Gesamtentwicklung wird vom negativen natürlichen Saldo bestimmt – mit der Konsequenz nunmehr auch des Rückgangs der Anzahl der Einwohner des Landes Brandenburg seit Ende 2001.

Grundsätzlich muss festgehalten werden: Die natürlichen und räumlichen Bevölkerungsbewegungen im „engeren Verflechtungsraum" und im „äußeren Entwicklungsraum" entwickeln sich sehr unterschiedlich.

Abb. 5: Salden der natürlichen Bevölkerungsbewegung 1993 bis 2003

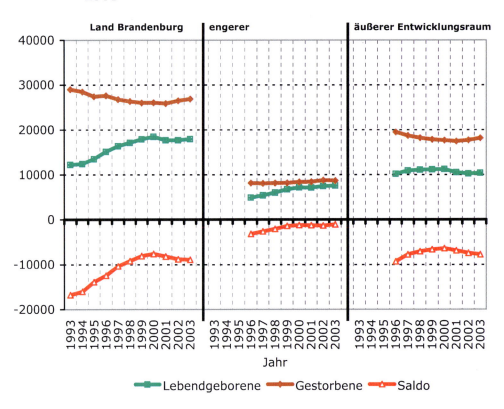

Quelle: Eigene Zusammenstellung, basierend auf Daten des LDS Brandenburgs

Die Abbildung zeigt, dass die Einzelsalden der natürlichen Bevölkerungsbewegung des „engeren Verflechtungsraumes" und des „äußeren Entwicklungsraumes" im negativen Bereich liegen. Allerdings wird die negative Gesamtbilanz wesentlich durch die negative Saldo-Entwicklung im „äußeren Entwicklungsraum" geprägt, die sich seit 2000 zunehmend entwickelt. Ursache dafür ist die Zunahme der Sterblichkeit und der Rückgang der Geburten im „äußeren Entwicklungsraum" seit 2000.

Eine deutlich andere, weit günstigere Entwicklung vollzieht sich im „engeren Verflechtungsraum". Hier zeigt sich eine deutliche Zunahme der Geburtenhäufigkeit. Zwar reicht die Größe noch nicht aus, um den Saldo in den positiven Bereich zu bringen, jedoch ist der positive Trend unübersehbar.

Abb. 6: Salden der Wanderungen insgesamt 1993 bis 2003

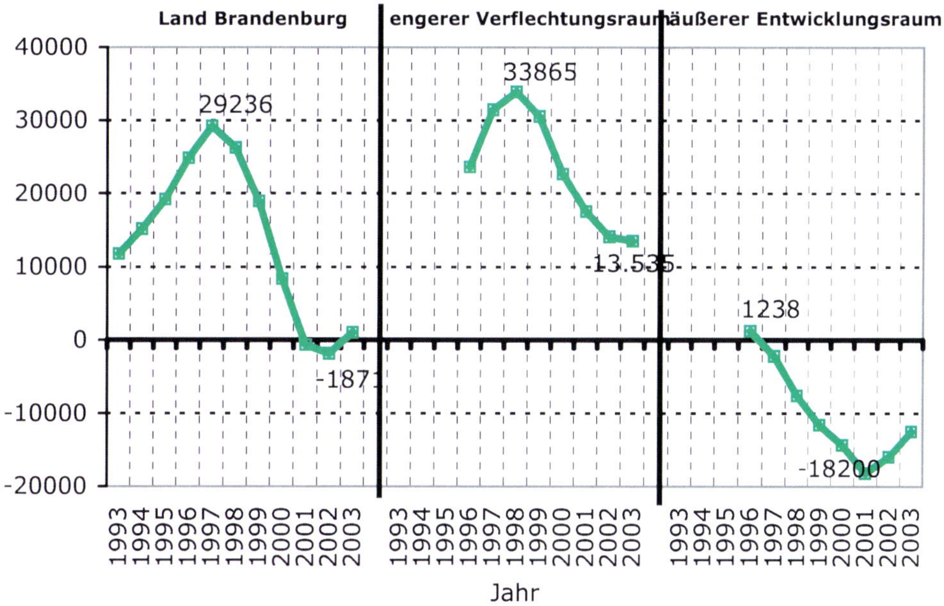

Quelle: Eigene Zusammenstellung, basierend auf Daten des LDS Brandenburgs

Die räumliche Bevölkerungsbewegung im Land Brandenburg ist durch erhebliche Wanderungsgewinne im „engeren Verflechtungsraum" gekennzeichnet. (zwischen 13.535 Einwohnern im Jahre 2003 und dem bisherigen Maximum von 33.865 Einwohnern im Jahr 1998). Entgegengesetzt stellt sich die Entwicklung im „äußeren Entwicklungsraum" dar: Nur 1996 ist hier ein geringer Wanderungsgewinn zu verzeichnen. Seit 1997 zeigen sich zunehmende Wanderungsverluste mit einem bisherigen Maximum von 18.200 Einwohnern im Jahre 2001. In den Jahren 2002/2003 geht der Verlust etwas zurück – verbleibt aber in erheblich negativer Größenordnung.

Die positive Bevölkerungsentwicklung des Landes Brandenburg beruht somit ausschließlich (bis auf 1996) auf den positiven Entwicklungen im „engeren Verflechtungsraum" um die Metropole Berlin. Da Wanderung immer selektiv ist (z. B. Abwanderung jüngerer Jahrgänge und Zuwanderung von Personen mit höherem Einkommen) bleiben die sozialdifferenzierenden Wirkungen auf die betreffenden Räume in erheblichem Umfang erhalten.

Zusammenfassend: Die natürlichen und räumlichen Bevölkerungsbewegungen haben im Land Brandenburg seit Beginn der 1990er Jahre zu wesentlichen strukturellen Veränderungen im Altersaufbau und der Besiedlungsdichte geführt.

Abb. 7: Veränderung der Bevölkerung in Altersjahren im Land Brandenburg 1992 bis 2003

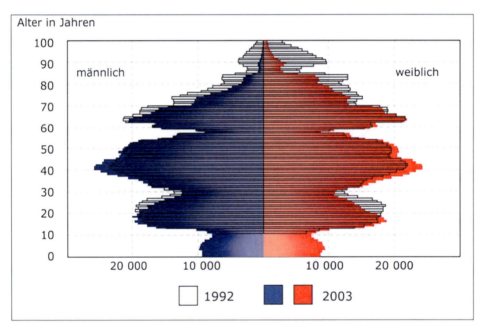

Quelle: Eigene Zusammenstellung, basierend auf Daten des LDS Brandenburgs

Demographischer Wandel ...

Abb. 8: Migrationssalden des Landes Brandenburg nach Landkreisen 2003

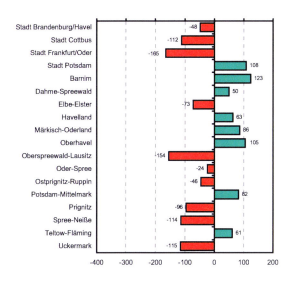

Stadt Brandenburg/Havel		-364
Stadt Cottbus		-1201
Stadt Frankfurt/Oder		-1103
Stadt Potsdam	eVr	1568
Barnim	eVr	2148
Dahme-Spreewald	eVr	794
Elbe-Elster		-911
Havelland	eVr	960
Märkisch-Oderland	eVr	1655
Oberhavel	eVr	2068
Oberspreewald-Lausitz		-2105
Oder-Spree	eVr	-458
Ostprignitz-Ruppin		-505
Potsdam-Mittelmark	eVr	1644
Prignitz		-880
Spree-Neiße		-1606
Teltow-Fläming	eVr	979
Uckermark		-1649

Quelle: Eigene Zusammenstellung, basierend auf Daten des LDS Brandenburgs

Vergleicht man die Bevölkerungsentwicklung Brandenburgs im Zeitraum zwischen 1992 und 2003/2004, so zeigt sich vor allem folgendes:

➢ Die Anzahl der Einwohner unter 20 Jahren sinkt, es kommt zu strukturellen Veränderungen: die Anzahl der Kinder unter 15 Jahren hat sich um ein Drittel reduziert, ihr Anteil an der Bevölkerung fiel von 17 % im Jahr 1995 auf 11 % Ende 2004. Allein in der Altersgruppe 18 bis unter 25 Jahre verlor das Land im Zeitraum von 1990 bis 2004 gut 79.000 Personen (BRANDaktuell – Arbeitsmarkpolitischer Service der LASA Brandenburg GmbH, Nr. 5/2005, S. 6). Besonders dramatisch ist der Rückgang bei der Altersgruppe der 25 bis unter 40 Jährigen. Im Vergleich zu 1995 ist diese Altersgruppe 2004 um ein Fünftel geringer besetzt. Ausbleibende Geburten und Wanderungsverluste führten zur Verringerung der Bevölkerungszahl der 25- bis unter 35-Jährigen um fast 125.000 Personen seit 1995. Bei den 35- bis unter 40-Jährigen waren es rund 9.000 weniger. Somit steht dieses Potential zur Familienbildung im Land Branden-

burg nicht zur Verfügung, wie eine aktuelle Studie des LDS Brandenburg erst kürzlich feststellte.
- ➢ Der Geburtenrückgang seit 1990 wird nur langsam kompensiert.
- ➢ Zuwächse in den Altersgruppen der 40- bis 50-Jährigen.
- ➢ Die Anzahl der Einwohner ab 65 Jahren stieg seit 1995 um 41,7 %, 1995 gehörte jeder siebente Brandenburger diesen Altersgruppen an, 2004 war es jeder fünfte.
- ➢ Das Durchschnittsalter der Landesbevölkerung steigt.
- ➢ Veränderungen der Besiedlungsdichten im „äußeren Entwicklungsraum" und „engeren Verflechtungsraum" um die Metropole Berlin.

Bei einem Vergleich der einzelnen Landkreise des Landes zeigt sich zudem deutlich, dass Landkreise mit einem territorialen Anteil am „engeren Verflechtungsraum" hinsichtlich ihrer Besiedlungsdichte klar gespalten sind, d. h. relativ hohe Besiedlungsdichten in den Räumen bzw. Gemeinden, welche im „engeren Verflechtungsraum" um Berlin liegen (z. B. „engerer Verflechtungsraum insgesamt 224 pro km² , Landkreis Oberhavel: Besiedlungsdichte im „engeren Verflechtungsraum" 231 Einwohner pro km² und im „äußeren Entwicklungsraum" 40 pro km²) und sehr geringe Besiedlungsdichten in Regionen, die sich vollständig im „äußeren Entwicklungsraum" befinden, so etwa in Ostprignitz-Ruppin (43), Prignitz (42) oder Uckermark (46). Die Bevölkerungsprognose des LDS Brandenburg für den Zeitraum 2003 bis 2020 weist bis auf wenige Ausnahmen für alle Gemeinden des Landes, die sich im „äußeren Entwicklungsraum" des Landes befinden einen weiteren Bevölkerungsverlust von über 10 % aus.

Abb. 9: „Verödungsspirale" Landkreis Ostprignitz-Ruppin

**Konsequenz:
Gefahr einer Verödungsspirale**

Veränderung der Altersstruktur

Überalterung besonders der
dünnbesiedelten Landgemeinden
Durchschnittsalter:
1996: 38,1 Jahre   **2010:** 44,2 Jahre

Verödung ganzer Regionen durch Verfall
der Infrastrukturen:
Einschränkungen im ÖPNV, Aufgabe von Schulstandorten, Schließung von Versorgungs-, Dienstleistungs-
und sozialen Betreuungseinrichtungen

Verlust endogener Wachstumspotentiale

Quelle: Eigene Zusammenstellung aus IFAD-Prognose 1996

Betrachtet man in diesem Zusammenhang die den aktuellen Besiedlungsdichten zugrunde liegenden Wanderungsbewegungen aller Kreise des Landes Brandenburg, so ergibt sich ein recht eindeutiges Ergebnis:

Alle Landkreise bzw. kreisfreien Städte mit Anteilen am „engeren Verflechtungsraum" haben hohe Wanderungsgewinne und Kreise bzw. kreisfreie Städte, welche ausschließlich im „äußeren Entwicklungsraum" liegen, verzeichnen Wanderungsverluste

Generell ist es gegenwärtig so, dass sich eine Vielzahl demographischer und daraus resultierender sozialer Probleme in den neuen Bundesländern und so auch im Land Brandenburg in ländlich-peripheren Regionen konzentrieren und sich in ihnen auch potenzieren. Es ist unschwer zu erkennen, dass diese Probleme zum Beispiel aus geringen bzw. schrumpfenden Bevölkerungszahlen, aus der Spezifik wirtschaftlicher Strukturen und des Arbeitsmarktes in ländlichen Räumen und aus mangelnden Infrastrukturen resultieren. Durch kleinräumige Analysen, z. B. anhand des Landkreises Ostprignitz-Ruppin, kann dies bereits seit geraumer Zeit eindeutig nachgewiesen werden. Auch Regionen in anderen ostdeutschen Ländern, die vom IFAD analysiert wurden (wie z. B. der Landkreis Bitterfeld/Wolfen im Land Sachsen-Anhalt), weisen vergleichbare Problemkonstellationen auf. In diesem Zusammenhang formulierte unser Institut auf der Basis kleinräumiger Sozialanalysen und Bevölkerungsprognosen bereits 1995/96 für den Landkreis OPR im Nordwesten des Landes Brandenburg demographische Zusammenhangsfaktoren in der Wirkungsweise einer „Verödungsspirale"(Edition IFAD, Heft 44/1997).

Abb. 10: Vergleich der Bevölkerungsprognosen für Ostprignitz-Ruppin

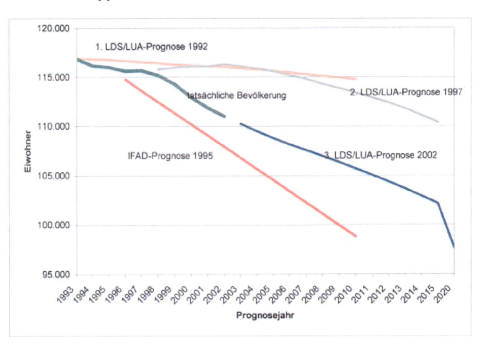

Quelle: Eigene Zusammenstellung IFAD 1996, LDS/LUA 1995, 1999, 2004; Jahreszahlen an den Linien bedeuten Basisjahr

Diese „Verödungsspirale" wird vor allem durch zwei grundlegende miteinander verbundene demographische Prozesse charakterisiert:
- den dramatischen Rückgang der Bevölkerung durch Abwanderung besonders der jüngeren Jahrgänge zwischen 18 bis 25 Jahren und
- einen beispiellosen Fall der Geburtenzahlen (von 1989 bis 1993 um 60 %) bei in etwa gleich bleibender Sterblichkeit.

Unser Beispiellandkreis OPR hat somit seit 1990 mehr als 10 Prozent seiner Bevölkerung verloren und ist wesentlich gealtert (1989: 120.271, 1992: 117.102, 2000: 112.930, Ende 2004: 108.893). Das Durchschnittsalter stieg von etwa 37 auf ca. 42 Jahre. Deutlich ist auch hier, wie im gesamten Land Brandenburg, die Abnahme der Kinderzahl, der Zahl der Jugendlichen und jungen Erwachsenen unter 20 Jahre bzw. die Zunahme der Einwohner ab 65 Jahre auszumachen. Die Anzahl der Einwohner unter 20 Jahre verringerte sich im Landkreis kontinuierlich von 30.860 im Jahre 1992 auf 21.161 im Jahre 2003. Umgekehrt nahm die Zahl der Einwohner ab 65 Jahre von 14.467 im Jahre 1992 auf 19.612 im Jahre 2003 zu.

Diese Prozesse führen insbesondere in solchen sich „entleerenden" ländlich-peripheren Räumen wie Ostprignitz-Ruppin, Prignitz oder der Uckermark zur Überalterung, zumal es in diesen Landkreisen, wie die Landesprognose des LDS Brandenburg zeigt, auch in Zukunft keine nennenswerte Zuwanderung geben wird. Der Einwohnerrückgang führt damit zu Verlusten bei den kommunalen Einnahmen, einerseits in Folge von Steuerausfällen, Ausfällen bei Gebühren und Beiträgen und andererseits durch die an den Einwohnergrößen orientierten Schlüsselzuweisungen von Bund und Ländern. Dies wiederum beschränkt dann die Ausgaben für freiwillige kommunale Aufgaben. Unmittelbar betroffen sind soziale und kulturelle Einrichtungen, deren Vorhaltung nur zum Teil Pflichtaufgaben darstellen usw. „Schrumpfen" und „Alterung" der Bevölkerung kosten Geld, wenn Anpassungsschritte ausbleiben, da sich öffentliche Verwaltungen, Leistungen und Infrastruktur kaum im Gleichklang mit dem Bevölkerungsrückgang reduzieren lassen.

Abb. 11: Einwohner/Arzt-Relationen für Flächenland und Kernstadt sowie Anzahl der Ärzte und Versorgungsgrad in Ostprignitz-Ruppin

Arztgruppen	Einwohner/ Arztrelation für Kernstadt	Einwohner/ Arztrelation für Flächenland	Ärzte im Landkreis OPR	Versorgungsgrad im Landkreis OPR in Prozent
Augenärzte	13.177	25.196	6	136,7
Chirurgen	24.469	48.592	5	219,6
Frauenärzte	6.916	13.697	10	123,8
HNO-Ärzte	16.884	37.794	6	205,0
Hautärzte	20.812	60.026	4	217,0
Kinderärzte	14.188	26.505	7	167,7
Nervenärzte	12.864	46.384	4	167,7
Orthopäden	13.241	31.398	5	141,9
Psychotherapeuten	2.577	23.106	7	146,2
Urologen	26.641	55.159	3	149,6
Hausärzte	1.585	1.474	72	95,9

Quelle: LDS Brandenburg

Die im Rahmen der Analysen des Landkreises OPR durch das IFAD bereits im Jahre 1996 vorgelegte *Prognose der Bevölkerungsentwicklung im Landkreis Ostprignitz-Ruppin bis 2010* (Edition IFAD, Heft 45/ 1997) erwies sich im Vergleich zu anderen Prognosen als realistischer. Der Trend der tatsächlichen Bevölkerungsbewegung wurde weitestgehend treffend vorausgesagt. Die bis 2001 gültigen Prognosen des LDS Brandenburg waren dagegen zu optimistisch. Erst im Jahre 2002 wurde mit der dritten Aktualisierung eine grundlegende Anpassung vorgenommen.

Um einige Konsequenzen des demographischen Wandels regional spezifisch darzustellen und Ansatzpunkte für entsprechende kommunale Anpassungsstrategien aufzuzeigen, soll abschließend auf den Schulbereich und die Gesundheitsversorgung im Landkreis Ostprignitz-Ruppin eingegangen werden.

Das gesamte Schulsystem im Landkreis war und ist direkt von der aktuellen und perspektivischen Geburtenentwicklung in der Region betroffen. Der in allen neuen Bundesländern noch bis mindestens 2010 anhaltende Trend des Sinkens der Schülerzahlen im Primarstufenbereich (und darauf folgend in den Sekundarstufen I und II) führt im Land Brandenburg zu jährlichen Verlusten von über 20 Prozent. Der Landkreis OPR zeigt ein ähnliches Bild wie Brandenburg insgesamt. Der massive Schülereinbruch im Landkreis beginnt 1997 mit einer Verringerung der Gesamtschülerzahl um 2,3 Prozent im Vergleich zum Vorjahr. 2001 gibt es bereits 8,5 Prozent Schüler weniger als im Jahr 2000, das entspricht einem Minus von 1.343 Schülern. Besonders deutlich zeigt sich im Landkreis der Rückgang der Schülerzahlen im Grundschulbereich. 1993 gab es hier noch 7.778 Grundschüler, bis 2002 hat sich diese Zahl halbiert (jährlicher Rückgang über 8 Prozent). Der Anteil der Grundschüler an der gesamten Schülerschaft ist in diesem Zeitraum von 41 auf 26 Prozent zurückgegangen.

Prognosen der langfristigen Entwicklung der Zahl der Grundschüler im Landkreis zeigen, dass die Schülerzahlen weiter einbrechen werden, weil ab 2017 wieder weniger Kinder geboren werden. Für alle Schularten ist hinsichtlich der längerfristigen Entwicklung davon auszugehen, dass es nach bestimmten Stabilisierungsphasen zu einer weiteren Reduzierung der Schülerzahlen kommen wird.

Der Schülerrückgang führt im Landkreis konsequenterweise zu einer verminderten Auslastung der schulischen Infrastruktur. Standortschließungen wurden bereits vorgenommen, da politische Planvorgaben des Landes Brandenburgs (z. B. hinsichtlich der Zügigkeit und Klassenfrequenzen) nicht erfüllt werden konnten. Allein zu Beginn des Schuljahres 2004 konnten ein Viertel der Schulen der Sekundarstufe I des Landkreises keine 7. Klasse eröffnen. Mehrere Gesamtschulteile liefen aus, weil sie seit 2001 keine 7. Klasse mehr eröffnen konnten (in Lindow, Alt Ruppin, Neuruppin, Wusterhausen, Wustrau, Heiligengrabe, Flecken Zechlin). Bereits im Jahr 2000, als der geburtenschwächste Jahrgang von 1993 eingeschult wurde, sind 5 Grundschulen geschlossen worden (in Wittstock, zwei in Neuruppin, in Dreetz und Herzberg).

Deutlich zeigt sich, wie sehr das Schulnetz im Landkreis bereits ausgedünnt ist und welche Einbußen die Bewohner des ländlichen Raumes hinnehmen müssen. Dieser Prozess ist keineswegs abgeschlossen, da mindestens sechs weitere Schließungen bereits beschlossen sind (Gesamtschulteile in Breddin und Walsleben 2006, Gesamtschule in Neuruppin 2007, Sekundarstufe I Gymnasium in Neuruppin 2006, Realschule in Wittstock und Kyritz 2007). Seit 1996 wurden im Landkreis 32 Schulen bzw. Schulteile geschlossen. Die Landespolitik sieht wegen des erheblichen Rückgangs der Schülerzahlen oft keine Alternativen zu Schulschließungen. Allerdings sind diese mit schwer wiegenden Folgen verbunden:

➢ Da es notwendigerweise zu einer Schulkonzentration an bestimmten Standorten kommt, kann die Identifizierung der Bewohner des ländlichen Raumes mit ihren Wohnorten Schaden nehmen, da eine räumliche Entmischung von Wohnen, Freizeit und Schule stattfindet;

➢ Die Vergrößerung der Schuleinzugsbereiche gewährleisten keine wohnortnahe Beschulung mehr;

➢ Die Verlängerung der Schulwege schränkt den Zeitfonds der Kinder ein (der ansonsten für diverse Freizeitaktivitäten, Hausaufgaben usw. verwendet werden könnte) und erhöht das Sicherheitsrisiko z. B. durch den fließenden Verkehr und die oft langen Wege zu den Haltestellen des Schülerverkehrs;

➢ Transportkosten steigen, neue Schülerströme entstehen. Im Landkreis Ostprignitz-Ruppin sind mehr als die Hälfte der Schüler an allgemein bildenden Schulen Fahrschüler. Der Landkreis ist laut Gesetzgebung Träger der Schülerbeförderung. Der Verkehr verkompliziert sich, da längere und neue Wege hinzukommen. Somit steigt sowohl das Gesamtvolumen als auch der Aufwand pro Schüler von Jahr zu Jahr an.

➢ Räume und Gebäude werden frei und Personal wird abgebaut. Nach Auflösung von Schulstätten werden Lehrkräfte entweder entlassen, gehen in Altersteilzeit, in den Vorruhestand oder werden an andere Schulen versetzt. Neueinstellungen gibt es auch im Landkreis Ostprignitz-Ruppin so gut wie keine mehr. So findet auch in dieser Berufsgruppe eine zunehmende Altersverschiebung statt.

Qualitative Effekte aufgrund geringerer Auslastung können sowohl positiv als auch negativ sein. Das Fächerangebot reduziert sich bei rückläufigen Schülerzahlen überproportional, da unter bestimmten Mindestteilnehmerzahlen Kurse nicht stattfinden. Positive Wirkungen könnten allerdings dann erzielt werden, wenn das Personal nicht proportional zur Schülerzahl abgebaut werden würde. Neue pädagogische Konzepte, eine günstigere Lehrer-Schüler-Relation und somit ein gestärktes Vertrauensverhältnis ließen mehr Zeit zur Förderung jedes einzelnen Kindes. Durch entstehende räumliche Überkapazitäten könnten adäquate Fachräume und Gruppenräume eingerichtet werden, die der

Förderung dienen. Darüber hinaus eröffnen sich Möglichkeiten weiterer Nutzung (z. B. Schülercafe usw.).

Schulen sind besonders im ländlichen Raum über ihre reine Bildungs- und Erziehungsfunktion fester Bestandteil des soziokulturellen Lebens, der Attraktivität und oftmals auch der Geschichte eines Ortes oder einer Gemeinde. Dies sollte auch bei rückläufigen Schülerzahlen der Landespolitik Anlass sein, durch entsprechende Anpassungskonzepte und Veränderung der Nutzungsmöglichkeiten, durch Kooperation und Vernetzung der Schulen, durch Erweiterung der Funktionalität, Mehrfach- und Mehrzwecknutzung, durch den Einsatz neuer Medien und neuer Finanzierungsquellen, durch die Veränderung in der Trägerschaft u. a. m. selbst über den Erhalt kleinerer Schulen produktiv nachzudenken. Die bedarfsbedingte Schließung von Schulen reduziert die Attraktivität vieler ländlicher Gemeinden in ohnehin strukturschwachen Räumen. Dies wiederum kann zu weiterer Abwanderung der Bevölkerung führen, damit würde sich die Situation ländlicher Schulen noch weiter verschlechtern.

Anhand einiger Beispiele lassen sich auch Auswirkungen des demographischen Wandels, insbesondere der Alterung, auf die *Gesundheitsversorgung* im Landkreis Ostprignitz-Ruppin umreißen. Die Gesundheitsversorgung ist ein wesentlicher Bereich der sozialen Infrastruktur einer Region und ein wichtiger Standortfaktor, gemessen an den Beschäftigten und der technologischen Entwicklung. Der 2. Bericht der Landesregierung Brandenburg zum demographischen Wandel vom Mai 2005 setzt sich detailliert mit Ursachen und Folgen der Alterung der Wohnbevölkerung auseinander und kommt zu folgendem Schluss: „Erhebliches Gewicht wird die Nachfrage nach Dienstleistungen erlangen, die die Lebensqualität von Senioren erhöhen und ihnen solange wie möglich eine selbstständige Lebensweise ermöglichen. Dazu gehören seniorengerechte Wohnformen sowie Dienstleistungen in den Bereichen Gesundheit und Service, aber auch Finanzen und Versicherungen. Mit diesen demographiebedingten Marktveränderungen wachsen gleichzeitig die Anforderungen an einen frühzeitigen und umfassenden Verbraucherschutz, um einerseits Gesundheit und selbstständige Lebensweise erhalten zu können, aber auch, um die Wirtschaftskraft der künftig Älteren nicht zu gefährden."(Demographischer Wandel in Brandenburg - Erneuerung aus eigener Kraft. Ursachen und Folgen - Strategien und Handlungsfelder - Projekte und Maßnahmen. 2.Bericht der Landesregierung zum demographischen Wandel. Hrsg.: Landesregierung Brandenburg, Staatskanzlei, Potsdam 24. Mai 2005, S. 11).

Nach Angaben des Statistischen Bundesamtes für das Jahr 2002 sind folgende altersstrukturellen Kostenstrukturen für das Gesundheitswesen in Deutschland charakteristisch. Von allen Krankheitskosten entfallen 43 Prozent auf die ältere Generation ab 65 Jahre. Im Landkreis Ostprignitz-Ruppin ist gerade diese Altersgruppe von 1992 bis 2003, wie bereits erwähnt, von gut 14.000 auf knapp 20.000 Einwohner gewachsen.

Hauptfaktoren für die starke Kostenzunahme im Gesundheitswesen sind bekanntermaßen einerseits die demographische Alterung, andererseits aber auch die Fortschritte in der Medizin. Je älter Personen werden, desto höher sind ihre Krankheitsanfälligkeit und der Bedarf an ärztlicher Hilfe. Aber nicht nur das Krankheitsrisiko wächst mit dem Alter, auch die Krankheiten nehmen immer neue Formen an und es kommt zu einer Ausweitung der Multimorbidität (d. h. Auftreten mehrerer Krankheiten, neue Krankheitsbilder). Zusammen mit dem medizinischen Fortschritt erhöhen sich der Behandlungsaufwand und die benötigte Anzahl der Ärzte, die diesem gerecht werden.

Das Gesundheitswesen ist angesichts dieser Entwicklungen gezwungen, sich den aktuellen und perspektivisch zu erwartenden demographischen Gegebenheiten anpassen. Für Brandenburg mit seinen Landkreisen stellt der 2. Demographiebericht der Landesregierung 2005 fest: „Aufgrund der gesunkenen Kinderzahlen werden einerseits weniger Kinderabteilungen gebraucht. Andererseits muss das Behandlungsangebot der Krankenhäuser sich auf die steigende Zahl an alten Menschen einrichten. Dabei müssen auch hoch spezialisierte Leistungen für die ältere Bevölkerung zugänglich bleiben. Das bedeutet, dass die nachlassende Mobilität kranker alter Menschen durch entsprechende Angebote der aufsuchenden Behandlung aber auch durch die Erreichbarkeit von spezialisierten Behandlungszentren kompensiert werden muss." (Demographischer Wandel in Brandenburg - Erneuerung aus eigener Kraft. Ursachen und Folgen - Strategien und Handlungsfelder - Projekte und Maßnahmen. 2.Bericht der Landesregierung zum demographischen Wandel. Hrsg.: Landesregierung Brandenburg, Staatskanzlei, Potsdam 24. Mai 2005, S. 30).

Der ambulanten medizinischen Versorgung kommt hierbei eine besondere Bedeutung zu. Die niedergelassen Ärzte sind für kranke Menschen die erste Anlaufstelle. Mit Hilfe der so genannten „Bedarfsplanung" soll eine flächendeckende medizinische Versorgung sichergestellt und gleichzeitig eine zu hohe Ärztedichte mit zu hohen Kosten verhindert werden. Nach den entsprechenden „Richtlinien" (Richtlinien des Bundesausschusses der Ärzte und Krankenkassen über die Bedarfsplanung sowie die Maßstäbe zur Feststellung von Überversorgung und Unterversorgung in der vertragsärztlichen Versorgung - Bedarfsplanungs-Richtlinien-Ärzte. Veröffentlicht im Bundesanzeiger Nr. 125 vom 10. Juli 2003.) werden unter Berücksichtigung differenzierter Raumtypen die einzuhaltenden Einwohner/Arzt-Relationen vorgegeben. Diese sind in der folgenden Tabelle dargestellt. Der Landkreis Ostprignitz-Ruppin fällt in die Raumkategorie 9, d. h. ein ländlicher Raum mit einer Einwohnerdichte unter 100 Einwohner/km^2. Zum Vergleich sind auch die Bedarfsrelationen der Raumkategorie 1 dargestellt – das sind Kernstädte mit mehr als 100.000 Einwohnern.

Obwohl in den Städten die Einwohnerdichte deutlich höher ist und eine flächendeckende Verkehrsinfrastruktur für eine höhere Mobilität der Bevölkerung sorgt, der Arzt deutlich kürzere Wege für Hausbesuche hat, sind paradoxer Weise weniger Einwohner nötig, um sich als Arzt niederzulassen. Nur bei den Hausärzten (häufig Allgemeinmediziner) werden die langen Wege des Flächenlandes berücksichtigt, hier ist die benötigte Einwohner/Arzt-Relation für ländliche Räume kleiner. Fachärzte im ländlichen Raum sind für mehr als doppelt so viele Patienten verantwortlich als in Städten, Psychotherapeuten sogar für neun mal so viele. Diese Richtlinie als Basis für die Bedarfsplanung bedarf aus regional-demographischer Sicht dringend einer Überarbeitung, da Anpassungen dieser Richtwerte an bekannte demographische Veränderungen bisher nicht wahrgenommen wurden und sich auch die Krankenkassen an diesen Werten orientieren. Somit besteht zurzeit formal kein Ärztemangel im Landkreis. Lediglich der hausärztliche Versorgungsgrad von 95,9 Prozent gestattet Neuzulassungen. Es bleibt festzustellen, dass die absolute Zahl praktizierender Ärzte sehr gering ist. Unterstellt man lediglich die Bedarfsrelationen für Kernstädte, sähen die Versorgungsgrade sehr schlecht aus. Hinzu kommt, dass der medizinische Nachwuchsmangel zu einer Altersverschiebung innerhalb der Ärzteschaft führt. Im Landkreis ist von den praktischen Ärzten (keine Fachausbildung) keiner jünger als 40 Jahre, über 40 Prozent sind älter als 65 Jahre (Landesärztekammer Brandenburg. Berufstätige Ärzte am 31.12.2003 nach Art der Tätigkeit, Anerkennung und Geschlecht vom 08.03.2004). Somit ist der Landkreis, wie auch das Land Brandenburg insgesamt mit dem Problem konfrontiert, dass in den nächsten zehn Jahren 40 Prozent der niedergelassenen Ärzte in den Ruhestand gehen, wie kürzlich die gesundheitspolitische Sprecherin der SPD-Fraktion im Potsdamer Landtag feststellte.

Was lässt sich insgesamt schlussfolgern?

➢ Die steigende Zahl alter Menschen und die höhere Lebenserwartung werden in Zukunft zum Anstieg von Alterskrankheiten führen, durch die sich der Behandlungsaufwand erhöht. Um diesem gerecht zu werden, werden mehr Ärzte gebraucht. Mit der Alterung erhöhen sich auch der Pflegebedarf und damit die Notwendigkeit des personellen Ausbaus der Betreuungsdienste.

➢ Die „Bedarfsplanung" im ambulanten Bereich ist nicht ausreichend auf die regionalen Verhältnisse und demographischen Entwicklungen ausgerichtet.

➢ Nachwuchsmangel und Überalterung der Ärzte werden sich zukünftig verstärkt bemerkbar machen und werden, wenn dem nicht entgegen gesteuert wird, zu einem Qualitätsverlust bzw. zur Beeinträchtigung des gesundheitlichen Zustandes der Bevölkerung besonders in ländlichen Gebieten führen.

➢ Um Defizite auszugleichen und Kosten zu mindern, müssen moderne Techniken der Krankenbehandlung (wie z. B. Telemedizin, elektronische Gesundheitskarte) entwickelt und ausgestaltet werden.

➢ Synergien, z. B. zwischen ambulanter und stationärer medizinischer Behandlung, müssen eingesetzt bzw. erweitert werden.

Der verantwortliche Referatsleiter für demographischen Wandel in der Potsdamer Staatskanzlei erklärte in einem Pressegespräch (Berliner Zeitung 2005): „Angesicht dieser Zahlen..."(gemeint ist der Bevölkerungsrückgang im ländlichen Raum) „...kann das Land eine voll ausgebaute Infrastruktur nicht mehr garantieren. ... Gesundheitseinrichtungen müssten in städtischen Zentren zusammengefasst werden. In Gegenden wie der Prignitz oder der Uckermark wird kaum noch ein Arzt bei Notfällen sofort zur Stellen sein können."

Einige abschließende Bemerkungen:

Die mit der demographischen Alterung und dem Bevölkerungsrückgang verbundenen vielfältigen sozialen, ökonomischen, infrastrukturellen u. a. Folgen stellen auch das Land vor neuartige und komplexe Herausforderungen. Für ein Flächenland, wie Brandenburg, werden diese „neuartigen Herausforderungen an die Politik" durch „veränderte Zusammensetzung und die gefährdete Regeneration der Bevölkerung" vor allem in folgendem gesehen (Demographischer Wandel in Brandenburg - Erneuerung aus eigener Kraft. Ursachen und Folgen - Strategien und Handlungsfelder - Projekte und Maßnahmen. 2.Bericht der Landesregierung zum demographischen Wandel. Hrsg.: Landesregierung Brandenburg, Staatskanzlei, Potsdam 24. Mai 2005, S. 43):

- Geringere Einwohnerzahlen wirken sich negativ auf Wachstumsdynamik und Landeseinnahmen aus. Diese „demographisch bedingten Einnahmeausfälle" verstärken den Konsolidierungsdruck;
- Die Restrukturierung der Infrastruktur (ober- und unterirdisch) macht „erhebliche Aufwendungen" notwendig;
- „Soziale Folgen", die sich beispielsweise in fehlender Alten- und Krankenbetreuung durch Familienmitglieder niederschlagen, müssen durch öffentliche soziale Dienste oder kommerzielle Angebote kompensiert werden;
- Die Schulversorgung macht neue Lehr- und Lernkonzepte erforderlich;
- Abnehmende Besiedlungsdichten, vor allem im ländlichen Raum, werden nahezu „alle Einrichtungen und Maßnahmen der öffentlichen und privaten Daseinsvorsorge" beeinflussen. Um die Grundversorgung in „allen Lebensbereichen sicherzustellen", müssen die zur Verfügung stehenden Ressourcen „unter sozialräumlichen Kriterien" gebündelt und gesteuert werden. Dazu gilt es Modellvorhaben auszuwerten und Forschungsvorhaben entsprechend der realen Bedingungen des Landes Brandenburg umzusetzen.
- Alle Maßnahmen sind mit abnehmenden finanziellen Möglichkeiten „in Einklang zu bringen".

Im Land Brandenburg ist man sich darüber im klaren, dass die prognostizierte Entwicklung der Alterstruktur und weiterer Prozesse des demographischen Wandels, so wie hier am Beispiel des Landkreises Ostprignitz-Ruppin dargestellt wurden, „nur noch in engen Grenzen durch politische Entscheidungen und Maßnahmen beeinflussbar" sind. Sie „müssen als Tatsache hingenommen werden" und man „muss sich schon jetzt auf die mit hoher Wahrscheinlichkeit eintretende Situation durch entsprechende Maßnahmen einstellen". (Demographischer Wandel in Brandenburg - Erneuerung aus eigener Kraft. Ursachen und Folgen - Strategien und Handlungsfelder - Projekte und Maßnahmen. 2. Bericht der Landesregierung zum demographischen Wandel. Hrsg.: Landesregierung Brandenburg, Staatskanzlei, Potsdam 24. Mai 2005, S. 43).

Hierfür ist die Ausarbeitung von regional - differenzierten, aber auch gesamtgesellschaftlichen Anpassungsstrategien erforderlich (Erste Problem- und Erfahrungsberichte liegen bereits vor, die sich mit solchen Anpassungskonzepten beschäftigen (vgl. dazu z. B.: Akademie für Raumforschung und Landesplanung 2003; Gans, Schmitz-Veltin 2004; Demographischer Wandel und Infrastrukturaufbau 2001). Bezogen auf die dargestellten Problemfelder sind für den nicht aufzuhaltenden „Alterungs- und Schrumpfungsprozess" der Bevölkerung Strategien und praktikable Anpassungskonzepte zu entwickeln, die die Kommunen befähigen, auch in Zukunft mit einer sich verkleinernden und alternden Bevölkerung zu leben. Diese Strategien müssen, wie bereits mehrfach betont, auch massive Veränderungen in den kommunalen und territorialen Infrastrukturen berücksichtigen, Mindeststandards formulieren usw. Eine wesentliche Vorraussetzung dafür ist unserer Meinung die Ausarbeitung kleinräumig - differenzierter Analysen der aktuellen und zukünftigen demographischen, sozialen und ökonomischen Entwicklungen in Problemräumen. Als notwendiger Kern derartiger Anpassungskonzepte könnte sich ein System kleinräumiger Bevölkerungsprognosen erweisen.

Literatur

Akademie für Raumforschung und Landesplanung. Arbeitsmaterial: Räumliche Konsequenzen des demographischen Wandels. Teil 1: Schrumpfung – Neue Herausforderungen für die Regionalentwicklung in Sachsen/ Sachsen-Anhalt und Thüringen, Hrsg.: Müller, B.; Siedentop, St., Hannover 2003

Berliner Zeitung vom 26.5.2005, S. 26. „Dorfkneipe im Internet. Demographiebericht: Weil immer weniger Menschen in Randregionen leben, wird sich einiges ändern." (von Martin Klesmann)

Demographischer Wandel in Brandenburg - Erneuerung aus eigener Kraft. Ursachen und Folgen - Strategien und Handlungsfelder - Projekte und Maßnahmen. 2. Bericht der Landesregierung zum demographischen Wandel. Hrsg.: Landesregierung Brandenburg, Staatskanzlei, Potsdam 24. Mai 2005

Demographischer Wandel und Infrastrukturaufbau in Berlin-Brandenburg bis 2010/2015: Herausforderungen für eine strategische Allianz der Länder Berlin und Brandenburg, Gutachten erstellt im Auftrag der Vereinigung der Unternehmensverbände in Berlin und Brandenburg e.V. von Helmut Seitz, Europa-Universität, Frankfurt/Oder, März 2001

Edition IFAD: „Die demographischen Perspektiven des Brandenburger Landkreises Ostprignitz-Ruppin", Heft 45 vom Oktober 1997

Edition IFAD: „Strukturschwäche und Nachhaltigkeit – der Landkreis Ostprignitz-Ruppin", Heft 44 vom November 1997

Focus Nr. 38 vom 13.09.2004. „Der Präsident spricht Klartext"

Gans, P.; Schmitz-Veltin, A.: Demographischer Wandel in ländlichen Gemeinden: Szenarien zu kleinräumigen Auswirkungen der demographischen Entwicklung. Vortrag auf der Jahrestagung der Deutschen Gesellschaft für Demographie am 04. März 2004 in Bielefeld

Gleichwertige Lebensverhältnisse. Diskussionspapier des Präsidiums der Akademie für Raumforschung und Landeskunde. In: Nachrichten der ARL. Nr. 2/2005

Grundgesetz für die Bundesrepublik Deutschland. Textausgabe, Stand 2002, Hrsg. Bundeszentrale für politische Bildung, Bonn 2003

Landesärztekammer Brandenburg. Berufstätige Ärzte am 31.12.2003 nach Art der Tätigkeit, Anerkennung und Geschlecht (vom 08.03.2004)

Müller, U.: Der Osten wird immer älter. Junge Leute zieht es in den Westen – Leere Landschaften kosten Millionen. In: Mitteilungen der Deutschen Gesellschaft für Demographie e.V. – Berlin 2005, Nr.: 7

Pressemitteilung des Statistischen Bundesamtes vom 1.Oktober 2004. Abwanderung von Ost- nach Westdeutschland schwächt sich weiter ab. In: Mitteilungen der Deutschen Gesellschaft für Demographie e.V. – Berlin 2005, Nr. 7

Richtlinien des Bundesausschusses der Ärzte und Krankenkassen über die Bedarfsplanung sowie die Maßstäbe zur Feststellung von Überversorgung und Unterversorgung in der vertragsärztlichen Versorgung (Bedarfsplanungs-Richtlinien-Ärzte). Veröffentlicht im Bundesanzeiger Nr. 125 vom 10. Juli 2003

Kirchen im demographischen Wandel am Beispiel der Landeshauptstadt Stuttgart

Joachim Eicken
(unter Mitwirkung von
Utz Lindemann und Julia Kieninger)

Seit langen Jahren geht die Zahl der Mitglieder in den beiden großen christlichen Volkskirchen zurück. Mit dem Rückgang der Mitgliedszahlen reduziert sich nicht nur die Zahl der sonntäglichen Gottesdienstbesucher oder das Potential an ehrenamtlich tätigen Personen für sozial-caritative Aufgaben, sondern auch Kirchensteuer und Spendenaufkommen. Die Finanzierung der von den Kirchen getragenen Infrastruktur ist damit mehr und mehr gefährdet, obgleich in den aktuell schwierigen wirtschaftlichen Zeiten die kirchlichen Dienste und Einrichtungen verstärkt nachgefragt werden. Aufgrund leerer öffentlicher Kassen kann eine höhere Bezuschussung der bislang von den Kirchen getragenen Aufgaben durch Bund, Land und Kommune kaum erwartet werden.

Nachhaltig wirksame Strategien zur Reduzierung der Ausgaben bzw. Effektivierung der kirchlichen Aufgaben setzen umfassende Kenntnisse über Struktur und Entwicklung der Mitglieder, über Ursachen und Wirkungen des Mitgliederrückganges wie auch über Nachfrage und Finanzbedarf voraus. Allerdings sind die für analytische und prognostische Zwecke erforderlichen Basisdaten zumindest über die Mitgliederstruktur und -entwicklung in den beiden großen Volkskirchen kaum aufbereitet. Mit der Erschließung der kommunalen Einwohnerstatistik nach dem im Melderegister gespeicherten Merkmal „rechtliche Zugehörigkeit zu einer Religionsgesellschaft" kann jedoch die Entwicklung und Struktur der Mitglieder im direkten Vergleich zwischen den beiden christlichen Volkskirchen und im Vergleich zu den Einwohnern, die keiner oder einer sonstigen Religionsgesellschaft angehören, analysiert werden.

In der vorliegenden Untersuchung wird die Entwicklung der Kirchenmitglieder am Beispiel der Landeshauptstadt Stuttgart und über einen

Joachim Eicken

Zeitraum von 1975 – 2005 untersucht. Im Blickpunkt steht dabei der demographische Wandel der Kirchenmitglieder.

Wachsende Aufgaben bei sinkenden Mitgliederzahlen

Der langjährige und kontinuierliche Rückgang der Zahl der Kirchenmitglieder, der demographische Wandel in der Bevölkerung, die anhaltend schwache Konjunktur, die leeren Kassen von Bund, Ländern und Kommunen, aber auch Änderungen in der Steuergesetzgebung, bewirken starke Einnahmeverluste bei den Kirchen. Besonders schwierig ist die Lage der Kirchen in den Großstädten Deutschlands: hier wirkt sich der demographische Wandel besonders stark aus, die sozialen Probleme konzentrieren sich in besonderer Weise und die Bindung der Bevölkerung an die Kirche bzw. Kirchengemeinde ist besonders stark in Auflösung begriffen. So liegt der Anteil der Einwohner, die der evangelischen oder katholischen Kirche angehören, in Großstädten wie München bei 56 Prozent und in Frankfurt sogar nur bei 48 Prozent. Auch Stuttgart, als einer traditionell protestantisch geprägten Großstadt, ist von dem Mitgliederschwund der beiden christlichen Kirchen nicht verschont geblieben: Nur noch 57 Prozent der gemeldeten Einwohner gehören einer der beiden großen christlichen Volkskirchen an. Ein solcher Rückgang hat unmittelbare finanzielle Auswirkungen: So standen in Stuttgart der evangelischen Kirche anstelle von 26,5 Millionen Euro im Jahr 1991 bzw. 30,4 Millionen Euro im Jahr 1993 im Haushaltsjahr 2004 nur noch 21 Millionen Euro an Kirchensteuerzuweisungen zur Verfügung.

Informations- und Planungsgrundlagen der Kirchen

Die beiden großen Volkskirchen üben als „Dienstleistungsunternehmen" zwar höchst wichtige gesellschaftliche Funktionen aus, besitzen jedoch vergleichsweise nur wenige Informationen über ihre Mitglieder bzw. ihre „Kunden". Dies liegt u. a. daran, dass die Kirchensteuer von den Finanzämtern eingezogen wird und die Meldungen über Umzüge, Personenstandsänderungen wie auch Kirchenaustritte im kommunalen Meldewesen verbucht werden. Die Kirchen erhalten davon Mitteilungen und Dateiabzüge, allerdings werden diese Informationsquellen nur bedingt für statistische Zwecke aufbereitet und genutzt.

Eine systematische Aufbereitung und Nutzung von Mitglieder- und Kundendateien ist Voraussetzung, um strategische Informationen über Zusammensetzung und Wandel der Mitglieder bzw. Steuerzahler, aber auch der Nutzer kirchlicher Einrichtungen und Dienstleistungen zu gewinnen. Nur mit solch strategischen Informationen lässt sich in Zeiten schrumpfender finanzieller Ressourcen bei gleichzeitig wachsenden Aufgaben eine Optimierung der kirchlichen Unternehmen und „Tochtergesellschaften" wie auch deren Standorte bzw. Kirchengemeinden erreichen. Der demographische Wandel betrifft die Kirchen in doppelter Weise, da sich die Kirchen auf eine älter werdende auf sozial-caritative Dienste angewiesene Bevölkerung als Nachfrager einstellen muss, gleichzeitig aber der demographische Wandel ein endogener Prozess in den Kirchen selbst darstellt und dieser demographischer Wandel unter den Kirchenmitgliedern deutlich dramatischer verläuft als in der Gesamtbevölkerung.

Seit der Volkszählung 1987 werden auch seitens der Amtlichen Statistik keine statistisch abgesicherten Informationen zur Religionszugehörigkeit im Rahmen amtlicher Erhebungen (z. B. Mikrozensus) mehr erhoben und aufbereitet. Damit kann auch die Amtliche Statistik keine statistisch abgesicherten und wissenschaftlich fundierten Datengrundlagen und Analysen zur Struktur und Entwicklung der Religionszugehörigkeit in Deutschland zur Verfügung stellen.

Kommunale Einwohnerstatistik als Informations- und Planungsgrundlage

Als eine wichtige, bislang jedoch kaum genutzte Daten- und Informationsgrundlage für alle Aufgaben der kommunalen Daseinsvorsorge können die Statistikabzüge der kommunalen Einwohnermelderegister genutzt werden: für die als Körperschaft des öffentlichen Rechts anerkannten Religionsgesellschaften wird bei der Anmeldung eines Einwohners neben den Angaben zu Name, Adresse, Geburtsdatum, Familienstand u. Ä. auch die Zugehörigkeit zu einer öffentlich-rechtlichen Religionsgesellschaft erhoben und fortgeschrieben. Die im Melderegister gespeicherten Daten werden nach § 18 MRRG - in Verbindung mit der Kommunalstatistiksatzung - für statistische Analysen in die landeseinheitlichen, anonymisierten Einwohnerstatistikdateien übernommen. Diese Statistikdateien aus dem Meldewesen beinhalten damit auch das Merkmal „Rechtliche Zugehörigkeit zu einer öffentlich-rechtlichen Religionsgesellschaft" und können so in Kombination mit anderen Merkmalen der Einwohnerstatistik wie zum Beispiel Alter, Geschlecht und/oder Staatsangehörigkeit auf kommunaler Ebene aufbereitet und analysiert werden.

Als evangelisch gelten in Baden-Württemberg Personen, die der evangelischen Landeskirche angehören sowie Angehörige der folgenden Religionsgesellschaften „evangelisch-lutherisch", „evangelisch-reformiert" sowie „französisch-reformiert". Als römisch-katholisch werden nur Angehörige der römisch-katholischen Kirche ausgewiesen. *Eine Differenzierung der Personen, die einer sonstigen oder keiner öffentlichrechtlichen Religionsgesellschaft angehören, nach anderen Religionen, insbesondere Islam, ist nicht möglich.* Da der Islam in Deutschland nicht zu den öffentlich-rechtlichen Religionsgesellschaften gehört, wird für Angehörige des Islams auch keine Kirchensteuer erhoben und somit existiert auch keine Rechtsgrundlage, die „Zugehörigkeit zum Islam" im Melderegister zu speichern und statistisch auszuwerten. Deren Zahl kann nur geschätzt werden.

Entwicklung der Mitgliederzahlen der beiden Volkskirchen

Die Zahl der mit Haupt- oder Nebenwohnsitz in Stuttgart gemeldeten Einwohner ist in den vergangenen Jahrzehnten stark zurückgegangen. Lebten 1975 noch knapp 630 000 wohnberechtigte Einwohner in Stuttgart, so sind es mittlerweile nur noch rund 590 000 Einwohner (-6 %). Als Ursachen dieser in Abbildung 1 dargestellten Entwicklung sind u. a. die konjunkturabhängigen, die politisch bedingten und die wohnungsmarktbezogenen Wanderungsströme, aber auch der seit Ende der 1960er Jahre drastische Geburtenrückgang zu nennen.

Abb. 1: Einwohnerentwicklung in Stuttgart 1975 bis 2005

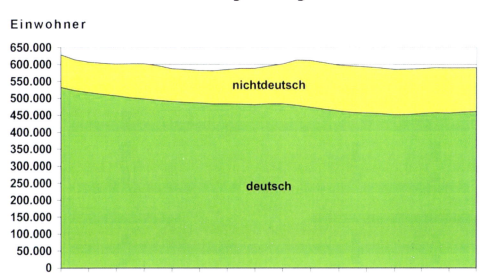

Quelle: eigene Darstellung

Im Jahr 1975 gehörten knapp 50 Prozent der Einwohner der evangelischen und 32 Prozent der römisch-katholischen Kirche an. „Nur" 19 Prozent gehörten einer sonstigen Religionsgesellschaft an oder waren konfessionslos.

Die Entwicklung der Mitgliederzahlen bei den beiden großen christlichen Religionsgesellschaften - ermittelt aus der Zahl der wohnberechtigten Einwohner - verlief in diesem Zeitraum deutlich dramatischer als dies die allgemeine Einwohnerentwicklung erwarten ließe: einen überproportionalen Mitgliederschwund hat die evangelische Kirche zu verzeichnen. Deren Mitgliederzahl ist innerhalb von 30 Jahren um 40 Prozent zurückgegangen. Nicht ganz so dramatisch verlief der Verlust bei der römisch-katholischen Kirche, deren Mitgliederzahl sich „nur" um knapp ein Viertel reduziert hat.

Abb. 2: Einwohner in Stuttgart nach Religionszugehörigkeit 1975

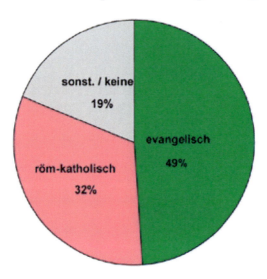

Quelle: eigene Darstellung

Abb. 3: Einwohner in Stuttgart nach Religionszugehörigkeit 2005

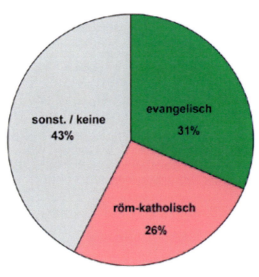

Quelle: eigene Darstellung

Mehr als verdoppelt hat sich in den vergangenen 30 Jahren demgegenüber die Zahl der Personen, die zu keiner der beiden großen christlichen Religionsgesellschaften gehören. So ist dieser Personenkreis mit 43 Prozent inzwischen deutlich größer als der Kreis der Personen, die der römisch-katholischen Kirche angehören (26 Prozent) und auch größer als der Kreis der Personen, die - in der protestantisch geprägten Stadt Stuttgart – Mitglieder der evangelischen Kirche (31 Prozent) sind.

Der Rückgang der Mitgliederzahlen der beiden Kirchen konzentriert sich nicht auf eine bestimmte zeitliche Phase. Abbildung 4 zeigt vielmehr, dass es sich hierbei um einen langjährigen kontinuierlichen Prozess handelt, von dem besonders stark die evangelische Kirche betroffen ist. Auch ist aus der bisherigen Entwicklung eine Tendenz zur Abschwächung oder gar Stagnation des Schrumpfungsprozesses bislang nicht zu erkennen. Selbst in den Jahren 1988 bis 1992, als in Stuttgart eine Einwohnerzunahme zu verzeichnen war, hat sich der Rückgang der Mitgliederzahlen der evangelischen wie auch der römisch-katholischen Kirche kontinuierlich fortgesetzt. Die damalige Zunahme an Einwohnern hat fast ausschließlich eine Erhöhung der Zahl der Personen, die keiner der beiden großen christlichen Religionsgesellschaften zugehören, bewirkt.

Abb. 4: Einwohnerentwicklung nach Religionszugehörigkeit in Stuttgart 1975 bis 2005

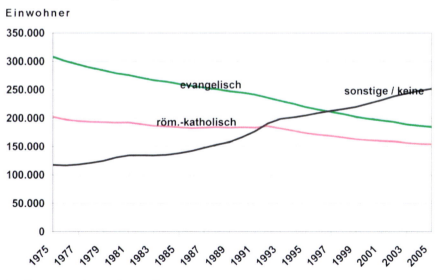

Quelle: eigene Darstellung

Joachim Eicken

Ausländische Einwohner nach Religionszugehörigkeit

Die hohe Zunahme der keiner oder einer sonstigen Religionsgesellschaft angehörenden Personen kann durch die Zunahme ausländischer Einwohner, durch den Zuzug von Einwohnern, die keiner der beiden Volkskirchen angehören – insbesondere aus den neuen Bundesländern wie auch aus osteuropäischen Ländern, aber auch durch eine nachlassende Bindung der Bevölkerung an eine der beiden großen christlichen Volkskirchen erklärt werden. Waren vor 30 Jahren 96 909 ausländische Einwohner in dieser Stadt gemeldet, so hat sich deren Anzahl durch Nachzug von Familienangehörigen, Geburtenüberschuss u. a. gegenüber 1975 auf zwischenzeitlich 129 904 Einwohner und damit um 34 Prozent erhöht. Die Zunahme der Zahl ausländischer Einwohner war mit einer nachhaltigen Veränderung in der Religionszugehörigkeit verbunden. Gehörten im Jahr 1975 noch jeweils knapp die Hälfte dieser ausländischen Einwohner der katholischen Kirche an bzw. keiner der beiden christlichen Volkskirchen, so hat sich durch einen deutlichen Wanderungsgewinn an ausländischen Einwohnern, die aus moslemisch geprägten Ländern (insb. aus der Türkei) stammen wie aber auch durch einen Geburtenüberschuss bei dieser Bevölkerungsgruppe die Zahl der ausländischen Einwohner ohne Bindung an eine der beiden christlichen Volkskirchen nahezu verdoppelt. Gleichzeitig ist die Zahl der ausländischen Einwohner, die der römisch-katholischen Kirche angehören, insb. durch Rückwanderung in ihre Heimatländer (insb. Spanien, Italien, Kroatien) um knapp 20 Prozent gesunken. Inzwischen gehören mehr als zwei Drittel aller ausländischen Einwohnern einer sonstigen oder keiner (christlichen) Religionsgesellschaft an.

Komponenten der Mitgliederentwicklung

Die veränderte Zusammensetzung der Stuttgarter Einwohner nach ihrer Religionszugehörigkeit ist vielschichtig und die Veränderung dieser Zusammensetzung kann nicht allein mit der Zunahme ausländischer Einwohner erklärt werden. Im Folgenden sollen am Beispiel der evangelischen Kirche drei Komponentenpaare der Mitgliederentwicklung aufgezeigt und quantifiziert werden:

So wird die Mitgliederentwicklung bestimmt durch folgende Komponentenpaare:

Kirchen im demographischen Wandel...

- Taufen und Beerdigungen („natürliche Komponente")
- Zuzüge und Wegzüge („räumliche Komponente")
- Aufnahmen und Austritte („verhaltensbezogene Komponente")

Zu dem Gesamtrückgang in Höhe von 45 500 Mitgliedern im Zeitraum 1993 – 2005 (eine längere Zeitreihe liegt leider nicht vor) tragen alle drei Komponentenpaare durch ein negatives Saldo bei.

So sind im Zeitraum 1993 – 2005 insgesamt 21 000 Mitglieder aus der evangelischen Kirche ausgetreten aber nur 3 500 neue Mitglieder konnten gewonnen werden, so dass sich ein negatives Aus- Eintrittssaldo in Höhe von 17 500 Mitgliedern ergibt.

Abb. 5: Komponenten der Mitgliederentwicklung in der evangelischen Kirche 1993 – 2005

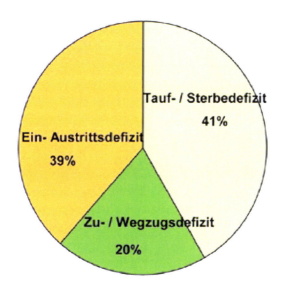

Quelle: eigene Darstellung

Im genannten Zeitraum ist auch ein deutlicher Sterbe-/Beerdigungsüberschuss zu konstatieren: Zu berücksichtigen ist dabei allerdings, dass die Zahl der Taufen und Beerdigungen bzw. Sterbefälle von den Kirchen nicht nach dem Wohnortprinzip erhoben bzw. aufbereitet werden (kirchliche Bestattungen und Taufen sind nicht an den Wohnort gebunden). Gleichwohl lässt sich aus den vorliegenden Zahlen ermitteln, dass in der evangelischen Kirche insgesamt 17 500 evangelische Einwohner mehr verstorben sind worden als getauft wurden. Der durch Sterbefälle ausgelöste Mitgliederschwund wird infolge des Geburtenrückganges bei gleichzeitig verändertem Taufverhalten also nicht durch eine ähnlich hohe Zahl an Taufen kompensiert.

Im Zeitraum 1993 bis 2005 sind per Saldo insgesamt 17 000 Einwohner aus Stuttgart abgewandert. Wird dieser Wanderungsverlust differenziert nach der Religionszugehörigkeit, so zeigt sich, dass bei der evangelischen Bevölkerung in diesem Zeitraum ein Wanderungsverlust von 9 000 Einwohnern, bei der katholische Bevölkerung ein Wanderungsverlust von 8 500 Einwohnern zu verzeichnen ist, während die Wanderungsbilanz der Einwohner, die keiner oder einer sonstigen Religionsgesellschaft angehören in diesem Zeitraum ausgeglichen ist. Damit verstärkt das Wanderungsverhalten den ohnehin vorhandenen Erosionsprozess in den beiden Volkskirchen infolge von Austritten und negativer Tauf-/Beerdigungsbilanz.

Dies bedeutet, dass der Rückgang der Kirchenmitglieder in der evangelischen Kirche nicht allein und nicht primär auf Austritte sondern in ähnlich hohem Umfang auch auf einen negativen Tauf- und Beerdigungssaldo sowie auf einem negativen Wanderungsverhalten zurückzuführen ist. Die Ein-Austrittsbilanz erklärt im Zeitraum 1993 – 2004 39 Prozent, die Tauf-Beerdigungssbilanz 41 Prozent und die Wanderungsbilanz 20 Prozent des Mitgliederrückgangs in der evangelischen Kirche Stuttgart.

Für die römisch-katholische Kirche liegen zur Zeit keine exakten Daten über die Zahl der Taufen und Eintritte vor, so dass eine analoge Quantifizierung der Komponenten zur Mitgliederentwicklung dieser Kirche nicht durchgeführt werden kann.

Exkurs:
Austritte aus der evangelischen und römisch-katholischen Kirche nach Alter

Über die Struktur der aus der Kirche ausgetretenen Mitglieder lagen bisher keine fundierten Informationen vor. Im Rahmen der Untersuchungen des Statistischen Amtes zur Entwicklung der Religionszugehörigkeit in Stuttgart wurde erstmals durch einen Bestandsvergleich auf der Basis anonymisierter Einzeldatenbestände die Änderung der Religionszugehörigkeit der Einwohner nachvollzogen. Zwar werden bei einem solchen Bestandsvergleich die Austritte der Personen erfasst, die im gleichen Jahr aus der Stadt wegziehen, dennoch können durch diesen Bestandsvergleich bereits wichtige Hinweise gewonnen werden, in welchen Altersjahren eine besonders hohe Bereitschaft in der Bevölkerung besteht, die Kirche zu verlassen. Die Ergebnisse zeigen, dass die meisten Austritte von Männern und Frauen im Alter zwischen 20 und 40 Jahren durchgeführt werden, wobei ein deutlicher Männerüberschuss zu konstatieren ist. Im Alter zwischen 50 und 60 Jahren reduziert sich das Austrittsvolumen stark allerdings überwiegen unter den Einwohnern die in diesem Alter die Kirche verlassen in leichtem aber dennoch signifikantem Umfang die Frauen. Diese Beobachtung gilt dabei für die evangelische Kirche wie auch für die römisch-katholische Kirche.

Um die unterschiedliche Besetzung der einzelnen Altersjahre (vgl. Alterspyramide) auszuklammern und Aussagen über die Austrittswahrscheinlichkeit zu ermöglichen, werden pro Jahr die altersspezifischen Austritte aus einer Kirche in Relation zum Mitgliederbestand der jeweiligen Kirche gesetzt. Die in Abbildung 6 wider gegebene Austrittsziffer zeigt, wie hoch der Anteil der evangelischen bzw. der römisch-katholischen Einwohner ist, die in einem bestimmten Altersjahr „ihre" Kirche verlassen. Dabei zeigt sich, dass die höchste Austrittsbereitschaft in der evangelischen wie auch in der römisch-katholischen Kirche bei den 24 – 36-jährigen Mitgliedern liegt: In dieser Altersgruppe muss von einem jährlichen Verlust in der evangelischen Kirche in Höhe von 1,5 bis 2,3 Prozent pro Jahr ausgegangen werden. Die Austrittsbereitschaft in der römisch-katholischen Kirche ist strukturell sehr ähnlich, allerdings liegt das Niveau der Austrittsbereitschaft in der besonders austrittsbereiten Altersgruppe der 24 – 36-Jährigen zwischen 1,0 und 1,5 Prozent. In beiden Kirchen kann eine nennenswerte Austrittsbereitschaft bei den über 60-Jährigen nicht mehr festgestellt werden.

Abb. 6: Altersspezifische Austrittsquoten aus der evangelischen und römisch-katholischen Kirche in Stuttgart 1993 – 2005 (ohne 1999)

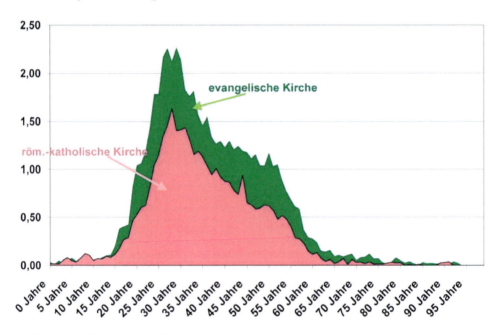

Quelle: eigene Darstellung

Altersstruktur der Stuttgarter Einwohner nach der Religionszugehörigkeit

In Abbildung 7 wird in Form einer Pyramidengrafik die zahlenmäßige Besetzung der einzelnen Altersjahre in Stuttgart im Jahr 1975 (linke Hälfte der Pyramidengrafik) bzw. 2005 (rechte Hälfte der Pyramidengrafik) dargestellt. Der durch die Balkenlänge bestimmte äußere Kurvenverlauf dieser Bevölkerungspyramide zeigt mit seinen prägnanten Konturen den Altersaufbau der Bevölkerung zum jeweiligen Jahr. Im Jahr 2005 weist der Altersaufbau der Einwohner eine schmale Basis auf, die bereits mehr als 20 Altersjahre umfasst. Dass die schmale Basis der

Kirchen im demographischen Wandel...

Bevölkerungspyramide des Jahres 2005 nicht bereits (mehr als) 30 Altersjahre umfasst (der Geburtenrückgang setzte Ende der 60er-/Anfang der 70er- Jahre ein), ist auf die Bedeutung Stuttgarts als Ausbildungs- und Arbeitsplatz und den damit verbundenen altersspezifischen Wanderungsgewinn Stuttgarts bei den 20 – 30-Jährigen zurückzuführen.

Abb. 7: Altersaufbau der Einwohner in Stuttgart 1975 / 2005 nach Religionszugehörigkeit

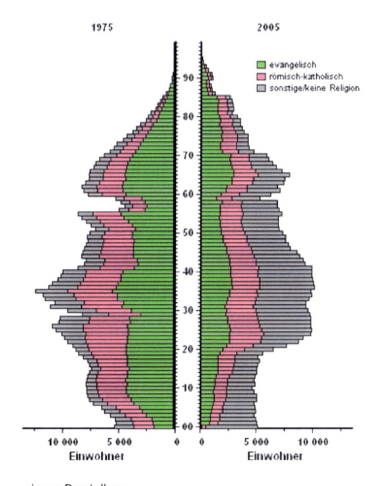

Quelle: eigene Darstellung

Die abgebildete Bevölkerungspyramide ist nach der Zugehörigkeit zu einer Religionsgesellschaft differenziert. Sie zeigt deutlich, dass sich insbesondere die Zahl der Personen, die keiner oder einer sonstigen rechtlichen Religionsgesellschaft angehören, in den letzten 30 Jahren in allen Altersjahren deutlich erhöht hat. Während 1975 die graphische Darstellung des Altersaufbaus dieses Personenkreises einem schmalen Band gleicht, zeichnet er inzwischen bereits den Altersaufbau der Einwohner mit all seinen Einschnitten und Ausbuchtungen sehr deutlich nach. An der Basis ist zu erkennen, dass der Anteil der getauften Säuglinge abgenommen hat, bei Kindern und Jugendlichen findet eine Verschiebung der Taufe kontinuierlich bis zum 10. (Kommunion) bzw. 14. Lebensjahr (Konfirmation) statt. Die Bedeutung der Taufe für Kinder und Jugendliche hat insgesamt gegenüber 1975 deutlich abgenommen. Dies bedeutet, dass die Kirche nicht nur durch Kirchenaustritte, sondern auch durch „Nicht-Eintritte" - und damit indirekt - Mitglieder verliert.

Veränderung der Altersstruktur der Kirchenmitglieder

Die Veränderungen spiegeln sich deutlich in der Altersstruktur der Kirchenmitglieder wider: Die Anzahl der Kinder und Jugendlichen unter 18 Jahren in der evangelischen Kirche ist von 62 464 im Jahr 1975 auf 23 062 gesunken, in der katholischen Kirche hat sich die entsprechende Anzahl von 42 629 auf 18 980 Kinder und Jugendliche reduziert. Dies bedeutet einen Rückgang an Kindern und Jugendlichen in der evangelischen Kirche um 63 Prozent. Mit einem Rückgang von 56 Prozent ist dieser Erosionsprozess in der röm.-katholischen Kirche nur unwesentlich geringer ausgeprägt als in der evangelischen Kirche. Die Anzahl der Senioren ist in der evangelischen Kirche zwar ebenfalls gesunken (- 11 Prozent), in der katholischen Kirche allerdings ist die Zahl der Senioren um über ein Drittel gestiegen. Diese in dieser Altersgruppe so unterschiedliche Entwicklung ist im Wesentlichen darauf zurückzuführen, dass in der traditionell protestantischen Stadt Stuttgart in der Vergangenheit die Zahl der „alteingesessenen" katholischen Einwohner deutlich unterrepräsentiert war und die nach dem Krieg nach Stuttgart zugezogene (damals junge) römisch-katholische Bevölkerung nun verstärkt in das Alter der Senioren, und dabei inzwischen bereits in das Alter der Hochbetagten hineingewachsen ist.

Abb. 8: Veränderung der Altersstruktur nach Religionszugehörigkeit in Stuttgart 1975 – 2005

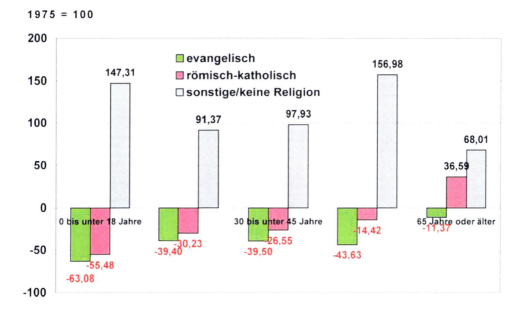

Quelle: eigene Darstellung

Dies bedeutet, dass die beiden Kirchen einem starken Alterungsprozess ihrer Mitglieder ausgesetzt sind, der durch einen überproportionalen Verlust bei Kindern und Jugendlichen bei gleichzeitigem Anstieg der Senioren (römisch-katholische Kirche) zumindest aber bei geringem Verlust in der evangelischen Kirche hervorgerufen ist. Demgegenüber ist bei Einwohnern mit einer sonstigen bzw. keiner Religionszugehörigkeit in allen Altersgruppen eine zum Teil extrem hohe Zunahme zu verzeichnen. So hat sich die Anzahl der Kinder und Jugendlichen ohne Zugehörigkeit zu einer öffentlich-rechtlichen Religionsgesellschaft mehr als verdoppelt. Mit 48 852 Kindern und Jugendlichen ist deren Zahl inzwischen höher als die Zahl der Kinder und Jugendlichen der beiden großen christlichen Kirchen.

Abb. 9: Durchschnittsalter der Einwohner nach Religionszugehörigkeit in Stuttgart 1975 und 2005

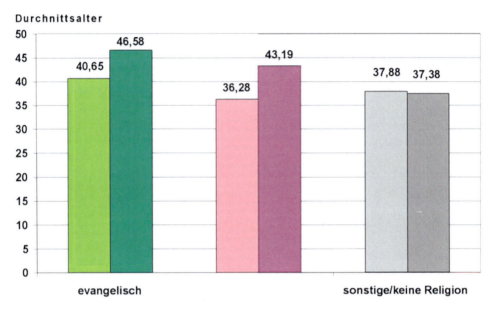

Quelle: eigene Darstellung

Lag das Durchschnittsalter in der evangelischen Kirche im Jahr 1975 noch bei 40,6 Jahren, und damit nur leicht über dem Durchschnittsalter der Einwohner in Stuttgart insgesamt, so sind deren Mitglieder in den vergangenen 30 Jahren doppelt so stark gealtert wie die Einwohner in Stuttgart insgesamt. Das Durchschnittsalter beträgt heute bei der evangelischen Bevölkerung 46,6 Jahre. In ähnlichem Umfang ist auch das Durchschnittsalter der katholischen Bevölkerung gestiegen: Nicht mehr 36,3 Jahre, sondern inzwischen 43,2 Jahre beträgt das Durchschnittsalter in der römisch-katholischen Kirche. Bei den Einwohnern, die keiner oder einer sonstigen Religionsgesellschaft angehören, hat sich demgegenüber das Durchschnittsalter von 37,9 Jahren auf 37,4 Jahre leicht verjüngt. Der unter anderem durch Seniorisierung gekennzeichnete demographische Wandel der Bevölkerung ist damit zumindest in Stuttgart – vergleichbare Werte für die Kirchen in Deutschland oder für andere Städte liegen nicht bzw. zur Zeit noch nicht zur Verfügung – unter den Kirchenmitgliedern doppelt so stark ausgeprägt wie in der Gesamtbevölkerung.

Altersspezifische Religionszugehörigkeit

Um feststellen zu können, bei welchen Bevölkerungsgruppen in den vergangenen 30 Jahren sich die Kirchenbindung besonders verändert hat, werden im Folgenden altersspezifische Religionszugehörigkeitsquoten berechnet. Damit können Gesetzmäßigkeiten in der Kirchenbindung nachgewiesen und verdeutlicht werden. Daraus können wichtige Hinweise abgeleitet werden, in welchem Umfang sich die Kirchenbindung der Bevölkerung weiter auflöst und mit welcher weiteren Entwicklung in der Entwicklung der Kirchenmitglieder gerechnet werden muss.

Evangelische Kirche

Die altersspezifischen Zugehörigkeitsquoten der evangelischen Kirche weisen im Jahr 1975 bei den Säuglingen bis hin zu den Senioren vergleichsweise geringfügige Schwankungen auf. Der Anteil der evangelischen Einwohner in jedem Altersjahr liegt in der Regel zwischen 55 und 60 Prozent. Lediglich ab dem Seniorenalter steigt dieser Zugehörigkeitsanteil bis auf ca. 85 Prozent. Der „Anstieg" kann aber keinesfalls mit einer zunehmenden Beitritts- bzw. Konvertierungsbereitschaft erklärt werden. Die hohen Quoten bei Hochbetagten sind vielmehr Hinweis auf die „alt eingesessene", traditionell evangelische Stuttgarter Bevölkerung, die sich im Jahr 1975 im Seniorenalter befand.

Abb. 10: Altersspezifische Zugehörigkeit der Einwohner zur evangelischen Kirche in Stuttgart 1975 und 2005

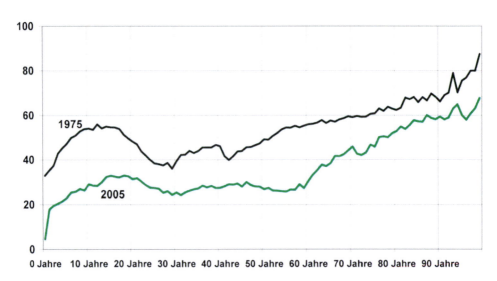

Quelle: eigene Darstellung

Ganz anders 2005:

Die Zugehörigkeitsquote bei den Säuglingen beginnt auf sehr geringem Niveau, steigt jedoch dann zunächst stark bis zum Konfirmationsalter. In diesem Alter sind 35 Prozent aller Jugendlichen in Stuttgart evangelisch. Kurz nach dem Erreichen der Volljährigkeit sinkt dieser Wert allerdings wieder kontinuierlich bis zu den 50- bis unter 55-Jährigen. In diesen Altersjahren ist aktuell die geringste Bindung zur evangelischen Kirche zu finden. Dieser Anteil steigt in den höheren Altersjahren weitgehend kontinuierlich bis in die höchsten Altersjahre hinein auf einen maximalen Wert von 60 – 65 Prozent an.

Aber auch im Jahr 2005 darf aus dieser Darstellung nicht geschlossen werden, dass bei 55-Jährigen und älteren Einwohnern ein mit dem Alter steigender „Wiedereintritt" in die evangelische Kirche stattfindet. Vielmehr spiegeln sich die im Jahr 1975 – aus heutiger Sicht - vergleichsweise hohen Werte der damals 30 Jahre jüngeren Bevölkerung wider.

Eine so hohe Bindung der Einwohner an die Evangelische Kirche wie 1975 kann jedoch nicht mehr nachgewiesen werden: Die überwiegend

Kirchen im demographischen Wandel...

evangelisch geprägte Seniorengeneration des Jahres 1975 ist zwischenzeitlich verstorben, Einwohner ohne Bindung an die evangelische Kirche sind in das Seniorenalter „hineingealtert".

Generell liegt im Jahr 2005 in jedem Altersjahr der Anteil der Einwohner, die der evangelischen Kirche angehören, um 10 – 25 Prozentpunkte niedriger als 1975.

Katholische Kirche

Die altersspezifische Zugehörigkeit zur römisch-katholischen Kirche zeigt zwar, dass im Jahr 2005 auch hier die Säuglingstaufe nicht mehr in dem Ausmaß wie noch vor 30 Jahren praktiziert wird. Der altersspezifische Niveauunterschied zwischen der Zugehörigkeitsquote 1975 und 2005 ist aber deutlich geringer ausgeprägt in als in der evangelischen Kirche. Auffallend ist besonders, dass bei den über 65-Jährigen heute die Zugehörigkeitsanteile höher sind, als noch vor 30 Jahren.

Abb. 11: Altersspezifische Zugehörigkeit der Einwohner zur römisch-katholischen Kirche in Stuttgart 1975 und 2005

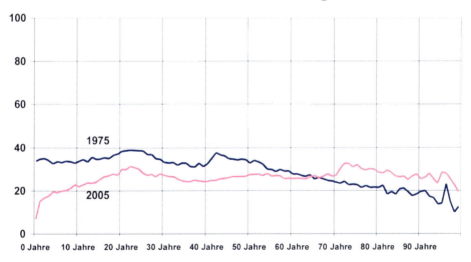

Quelle: eigene Darstellung

Die hohe Zunahme der Zugehörigkeitsanteile bei den heute 70- bis 72-Jährigen spiegelt die bereits im Jahr 1975 erkennbare höhere Zugehörigkeitsquote bei den damals 40- bis 42-Jährigen wider. Der „Anstieg" der Zugehörigkeit zur römisch-katholischen Kirche in dieser Altersgruppe ist also durch Alterung dieser Jahrgänge begründet.

Mitglieder einer sonstigen oder keiner Religionsgesellschaft

Schwankte der Anteil der keiner oder einer sonstigen Religionsgesellschaft zugehörenden Einwohner Stuttgarts in den einzelnen Altersjahren im Jahr 1975 noch zwischen 10 Prozent bei den 14-Jährigen und knapp 20 Prozent bei den 70-Jährigen, so hat sich das Kurvenbild insbesondere bei den unter 70-Jährigen völlig verändert. Der Anteil der Kinder und der Jugendlichen, die keiner der beiden großen Religionsgesellschaften angehören, sinkt von 90 Prozent bei Kleinstkindern auf 30 Prozent bei den Jugendlichen im Alter von 18 Jahren. Der Anteil steigt auf einen Wert von circa 40 Prozent bei den 35- bis- 60-Jährigen. Er sinkt stark bei den Hochbetagten auf einen Wert von 10 bis 15 Prozent.

Abb. 12: Altersspezifische Zugehörigkeit der Einwohner, die keiner oder einer sonstigen Religionsgesellschaft angehören

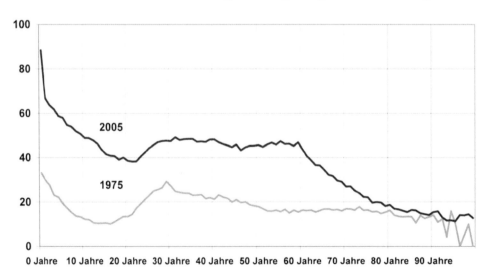

Quelle: eigene Darstellung

Die Gegenüberstellung der Religionszugehörigkeitsquoten zeigt deutlich, dass die „Entfremdung" von einer der beiden christlichen Kirchen grundsätzlich in allen Altersjahren vorhanden ist und dabei in der evangelischen Kirche deutlich stärker ausgeprägt ist als in der katholischen Kirche.

Der altersspezifische Rückgang kann aber nicht zu einem altersspezifischen Entfremdungskoeffizienten umgerechnet werden, der als Basis für eine nach Alter und Religionszugehörigkeit differenzierten Prognose der Stuttgarter Bevölkerung heranzuziehen wäre. Wie die altersspezifischen Religionszugehörigkeitsquoten insbesondere der katholischen Bevölkerung zeigen, sind jahrgangspezifische Sondereffekte zu berücksichtigen, wenn z. B. durch besonderes Wanderungsverhalten der Bevölkerung (verstärkter Zuzug von jüngerer katholischer Bevölkerung in das bis dato evangelisch geprägte Stuttgart nach dem Zweiten Weltkrieg und Alterung dieser nach Stuttgart zugezogenen Bevölkerungsgruppe) die Zusammensetzung der Bevölkerung nachhaltig beeinflusst ist.

Dies bedeutet, dass aus einer Erhöhung der Religionszugehörigkeitsquote und einer u. U. verbundenen Erhöhung der Mitgliederzahlen in einem bestimmten Altersjahr oder Altersgruppe nicht auf eine generelle Zunahme der Zugehörigkeit zu einer bestimmten Kirche geschlossen werden darf, sondern (lediglich) eine jahrgangs- (kohorten-)spezifische, in der Regel historisch bedingte und damit der Alterung unterworfenen Sonderentwicklung widerspiegelt. Eine Prognose der Kirchenzugehörigkeit setzt damit einen kohortenspezifischen Prognoseansatz voraus.

Abb. 13: Veränderung der altersspezifischen Zugehörigkeit der Einwohner zur Evangelischen Kirche in Stuttgart 1975 – 2025

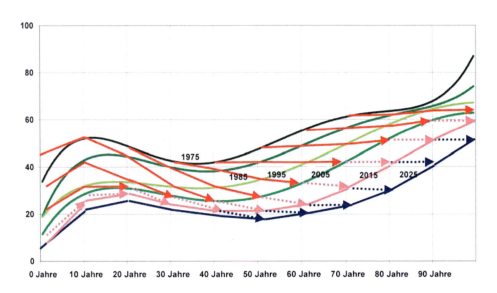

Quelle: eigene Darstellung

Ausblick

Die beiden christlichen Volkskirchen haben in den vergangenen 30 Jahren einen erheblichen Mitgliederschwund zu verzeichnen. Dabei ist der jährliche Mitgliederschwund in der evangelischen Kirche mit durchschnittlich 1,3 Prozent deutlich stärker ausgeprägt als in der römisch-katholischen Kirche, die in den vergangenen 30 Jahren pro Jahr im Durchschnitt 0,8 Prozent Ihrer Mitglieder verloren hat. In beiden Kirchen gleich ist die Alterung ihrer Mitglieder, denn diese Alterung liegt doppelt so hoch wie unter der Einwohnerschaft Stuttgarts insgesamt.

Die „Entkirchlichung" der Stuttgarter Einwohnerschaft resultiert nicht allein aus dem Austritt aus der Kirche als einer bewussten Entscheidung bisheriger Kirchenmitglieder, sondern auch aus einer für die beiden christlichen Volkskirchen negativen Wanderungsbilanz wie auch auf einer negativen Tauf-/Beerdigungsbilanz. Dabei wird das ohnehin durch den

Geburtenrückgang verursachte Kinderdefizit verstärkt durch ein verändertes Taufverhalten, da die traditionelle Säuglingstaufe immer seltener praktiziert wird. Gleichzeitig aber stirbt die Generation der Senioren aus, die sich stark an eine der beiden Kirchen – in Stuttgart überwiegend der evangelischen Kirche – gebunden fühlen bzw. gebunden fühlten und für die ein Austritt aus der Kirche niemals denkbar gewesen wäre. Die negative Ein-Austrittsbilanz bildet damit nur einen Grund des rasanten Erosionsprozesses insbesondere in der evangelischen Kirche. Selbst wenn die Zahl der Austritte abnehmen würde und gleichzeitig die Zahl der Eintritte zunehmen würde, würde der Erosionsprozess nur unwesentlich verringert werden, da die negative Wanderungsbilanz insbesondere aber die negative Tauf-Beerdigungsbilanz in erheblichem Umfang den Rückgang der Kirchenmitglieder in der evangelischen Kirche bestimmen.

Somit ist aus der bisherigen Entwicklung ein Ende des Schrumpfungsprozesses bislang nicht erkennbar, zumal der Schrumpfungsprozess nicht auf eine einzelne Ursache (z. B. Austritt) zurückgeführt werden kann. Selbst bei reduziertem Austrittsverhalten (was jedoch aufgrund der zu erwartenden Mehrbelastungen der Bevölkerung infolge der Steuererhöhungen nicht zu erwarten ist; vielmehr wird die Erhöhung der Mehrwertsteuer dazu beitragen, dass in verstärktem Umfang kirchensteuerpflichtige Einwohner diese Steuererhöhung durch Austritt aus der Kirche kompensieren werden) können die weiteren überwiegend demographisch bedingten Ursachen zu einem u. U. sich sogar noch verstärkendem Rückgang der evangelischen wie auch römisch-katholischen Bevölkerung führen.

Um die Dimensionen der künftigen Entwicklung abschätzen zu können, ist vorgesehen, die Entwicklung der Kirchenmitglieder in Zahl und Struktur für den Zeitraum bis 2015 zu prognostizieren.

Überlegungen zu Kosten einer älter werdenden Gesellschaft in Deutschland

Karl Schwarz

Veranlassung sind Modellrechnungen zur Bevölkerungsentwicklung in der Bundesrepublik Deutschland, welche das Statistische Bundesamt unter dem Titel "Bevölkerung Deutschlands bis 2050 - Ergebnis der 10. koordinierten Bevölkerungsvorausberechnung" vorgelegt hat. Nach drei großen Altersgruppen werden folgende Ergebnisse für Deutschland ausgewiesen:[1]

Tab. 1: Bevölkerungsprognose nach Altersgruppen

Jahr	Bevölkerung nach Altersjahren in 1.000			
	unter 20	20 bis 64	65 und älter	zusammen
	– Zuwanderungssaldo der Ausländer – Jährlich 200.000			
2000	17.260	51.115	14.066	82.440
2010	15.524	50.953	16.589	83.066
2030	13.927	45.678	21.615	81.220
2050	12.094	40.783	22.240	75.113

Quelle: Statistisches Bundesamt, 10. koordinierte Bevölkerungsvorausberechnung

---

© Deutsche Gesellschaft für Demographie
In: R. Scholz; H. Bucher (Hrsg.): Alterung im Raum. Schriftenreihe der DGD, Bd. 2, Norderstedt 2007: BoD

Dazu werden folgende "Belastungsquotienten" ausgewiesen:

Tab. 2: Relationen zwischen den aktiven (20 – 64-Jährige) und den nicht-aktiven Altersgruppen (0 – 19-Jährige und über 65-Jährige)

Jahr	Auf 100 20- bis 64-Jährige kommen:		
	unter 20-Jährige	65-Jährige und Ältere	zusammen
2000	33,8	27,5	61,3
2050	29,7	54,5	84,2

Quelle: Statistisches Bundesamt, 10. koordinierte Bevölkerungsvorausberechnung

Schlussfolgerung: Die "Belastung" der Personen im Erwerbsalter zur Sicherung der Existenzmittel der Älteren wird sich wegen der Alterung der Bevölkerung auch bei einem Zuwanderungsüberschuss von jährlich 200.000 verdoppeln. Die zu erwartende "Entlastung" durch weniger Aufwand für Kinder und Jugendliche wirkt dem kaum entgegen.

Die Aussage ist ohne Zweifel richtig, aber, grob, undifferenziert. Sie wird daher nicht selten angefochten. Wir wollen uns zunächst damit auseinandersetzen.

Geldwirtschaftlich leben wir von dem, was die Erwerbstätigen erarbeiten, also von deren Lohn oder Gehalt, oder – bei den Selbständigen – von deren Gewinn[2]. Die Verteilung an die Nichterwerbstätigen im Haushalt, wie nicht verdienende Kinder und andere Familienangehörige, wie z. B. die nur im Haushalt tätige Ehefrau, geschieht aus der Familienkasse. Weiteren Nichterwerbstätigen wie Arbeitslosen, Sozialhilfeempfängern, Rentnern und Pensionären, Pflegebedürftigen und Kranken ist der Lebensunterhalt durch Beiträge und Steuern der Erwerbstätigen und Vermögenden garantiert[3]. Zwar bezahlen auch die Nichtverdiener Steuern und Beiträge, wie z. B. die Mehrwertsteuer beim Einkauf im Laden, die Mineralölsteuer an der Tankstelle oder den Krankenversicherungsbeitrag der Rentner. Sie tun das aber mit dem Geld, das sie von den Verdienern durch Einkommensumverteilung erhalten. Die Sozialversicherungsbeiträge der Arbeitgeber – in gleicher Höhe wie die der Arbeitnehmer – sind eigentlich Lohn- und Gehaltsbestandteil und damit für diese Kostenbestandteile. Der Bürger bezahlt dafür mit höheren Marktpreisen. Hinter den Kapitaleinkommen verbirgt sich die Leistung der an ihrer Erwirtschaftung Beteiligten. Es gilt die Mackenroth'sche These, nach der alles, was in einer (geschlossenen d. Verf.) Volkswirtschaft in einer Periode verbraucht wird, der Arbeitsleistung ihrer Erwerbstätigen zu verdanken ist, deren Arbeitsertrag allerdings in hohem Maße durch Beiträge und Steuern umverteilt wird.

Bei dieser Sachlage ist es sinnvoll, die Zahl der noch nicht Erwerbstätigen (fast alle unter 20-Jährigen) und der nicht mehr Erwerbstätigen (fast alle über 64-Jährigen) sowie der übrigen Nichterwerbstätigen nicht auf die Bevölkerung im Erwerbsalter, sondern auf die Erwerbstätigen zu beziehen, von denen wenige noch keine 20 und noch weniger schon über 64 Jahre alt sind. Im Jahr 1999, von dem wir hier mit unseren Annahmen über die Erwerbsbeteiligung ausgehen, waren das nur 5 %. Gemessen an der Zahl aller 20- bis 64-Jährigen gab es 68 % Erwerbstätige. Weitere 7,4 % waren erwerbslos, was für die Personen im Erwerbsalter 76 % Erwerbspersonen ergibt[4].

Von diesem Prozentsatz gehen Viele mit der Vorstellung aus, dass im Zuge des erwarteten Bevölkerungsrückgangs, und damit auch der Bevölkerung im Erwerbsalter, die Arbeitslosigkeit trotz Globalisierung so gut wie verschwinden könnte. Schon jetzt sei gesagt, dass eine Zunahme der Erwerbsquoten der jüngsten Männer und Frauen recht unwahrscheinlich ist, weil zukünftig vermehrt Arbeitskräfte mit qualifizierter Ausbildung nachgefragt werden dürften. Die Frauenerwerbstätigkeit ist bei den 25- bis 50-Jährigen mit fast 80 % schon jetzt hoch. Fast die Hälfte der erwerbstätigen Frauen ist allerdings nicht voll-, sondern teilzeitbeschäftigt, mit entsprechend geringer Bezahlung.

Ausgangslage

Im Jahr 2000 kamen in Deutschland auf 100 Verdiener 49 Kinder und Jugendliche unter 20 Jahren. Die Geldverdiener müssen – außer für sich selber – durch ihre Sozialversicherungsbeiträge, durch Steuern und in bar – auch für alle nichtverdienenden Erwachsenen über 19 Jahre sorgen, deren Zahl im Jahr 2000 1,4 Millionen nicht mehr erwerbstätige Ältere von 65 und mehr Jahren und 16 Millionen 20- bis 64-Jährige ohne selbstverdientes Geld betrug. Je 100 Erwerbstätige ergibt das für Deutschland im Jahr 2000 85 auf das Einkommen anderer angewiesene Erwachsene. Zusammengenommen betrug 2000 die Zahl der Nichtverdiener 47 Millionen und die der Verdiener 35 Millionen. Das mag manchem abenteuerlich erscheinen, entspricht aber der Tatsache, dass in Deutschland der Anteil aller Erwerbstätigen an der Gesamtbevölkerung von über 82 Millionen nur 44 % beträgt.

Einzelheiten sind der Tabelle 3 zu entnehmen. Es zeigt sich, in welch ungeheurem Umfang in der Volkswirtschaft Umverteilungen stattfinden müssen, damit neben den Verdienern auch die übrige Gesellschaft existieren kann. Die Ergebnisse sind nicht neu; denn schon vor 100 Jahren lag der Bevölkerungsanteil der Verdiener nur zwischen 40 und 50 %. Damals betrug der Bevölkerungsanteil der noch nicht 20-Jährigen allerdings rund 45 %, verglichen mit nur noch 21 % heute, und der Anteil der über 65-Jährigen 5 %, statt jetzt 16 %. D. h. die "Belastungen" der Verdiener haben sich durch Geburten- und Sterblichkeitsrückgang radikal von den Kindern zu den Älteren verschoben.

Weitere Entwicklung

Danach ist vor allem nach dem Jahr 2015, wenn die starken Geburtsjahrgänge der 60er Jahre des vergangenen Jahrhunderts aus dem Erwerbsleben ausscheiden und nur noch schwache Geburtsjahrgänge aus der Zeit danach immer noch nachrücken, bis 2050 mit einer Abnahme des Erwerbspotentials um 40 % zu rechnen, wenn bis dahin keine Zuwanderung erfolgt. Aber selbst bei einem jährlichen Zuwanderungsüberschuss von 200.000 würde die Abnahme bis zum Jahr 2030 über 10 und bis zum Jahr 2050 über 20 % betragen.

Zugleich ist von einer Alterung des Erwerbspotentials auszugehen.

Im Jahr 2000 mussten 100 Verdiener ihr Einkommen mit 134 Nichtverdienern teilen (Tab. 3). Davon sind 49 Kinder und Jugendliche, 45 20- bis 64-jährige weitere Nichtverdiener und 40 im Rentenalter. Das mag manchem unwahrscheinlich vorkommen. Wer als lediger männlicher Facharbeiter im Produzierenden Gewerbe im Jahr 1999 auf seine Lohnabrechnung schaute, wird aber festgestellt haben, dass er von seinem Bruttolohn 22 % Lohnsteuer und 21 % Sozialversicherungsbeiträge zu zahlen hatte, so dass als auszahlbarer Nettolohn nur noch 57,6 % übrigblieben[5]. Dazu kamen 21 % in den Preisen steckende Sozialversicherungsbeiträge des Arbeitgebers und zahlreiche Beträge aus indirekten Steuern, von denen er allenfalls etwas ahnen konnte. Sein wöchentlicher Nettolohn betrug DM 674. War er verheiratet mit zwei Kindern, und konnte seine Frau wegen der Kinderbetreuung nicht mitverdienen, kam er - einschließlich Kindergeld - für vier Personen auf wöchentlich DM 928 netto. Gerade deshalb dürften heute und in Zukunft vermehrt Menschen auf Heirat und Kinder verzichten. Sie lohnen sich nicht.

Die kollektiven "Belastungen" durch Kinderkosten werden sich in Zukunft vermindern, wenn, wie jetzt, von einer Generation auf die nächste etwa ein Drittel des Nachwuchses fehlt. Bis zum Jahr 2050 würde sich bei der heutigen Geburtenhäufigkeit die Zahl der noch nicht 20-Jährigen auch bei Zuwanderung um 30 % vermindert haben.

Entsprechend den Annahmen ist bis dahin – wie gesagt – auch eine Abnahme der Zahl der Erwerbstätigen zu erwarten. Das bedeutet bei heutigem Umfang der Erwerbstätigkeit und Erwerbslosigkeit eine Verminderung der "Belastung" der Verdiener durch Kinder und Jugendliche von 49 auf 43 je 100. Als Folge der Alterung radikal von 40 auf 79 zunehmen würde jedoch, auch bei Zuwanderung die "Belastung" durch über 64-Jährige von 40 auf 79 je 100 Verdiener. Im Ganzen würden in 50 Jahren 100 Verdiener 167, statt 134 heute, Nichtverdiener zu versorgen haben.

Eine besonders große Zunahme der Belastungen ist aus der Entwicklung der Rentenversicherungsausgaben und der Ausgaben für Ruhestandsbeamte zu erwarten. In welchem Umfang das die Beitragszahler merken werden, hängt neben dem Leistungsniveau davon ab, ob die Politik weiter verfolgt wird, diese Ausgaben immer mehr durch Steuern und Privatversicherung zu decken. In der Rentenversicherung ist ersteres schon heute zu einem Drittel der Fall, wenn man die Kosten der Knappschaft und die Altersversorgung der Landwirte dazu rechnet.

Im Zusammenhang mit der aus Zuwanderung erhofften Entlastung wird sehr häufig vergessen oder gar unterschlagen, dass Einwanderer i. d. R. nichterwerbstätige Familienangehörige mitbringen oder nach dem Zuzug heiraten und Kinder bekommen. Noch häufiger wird übersehen, dass auch Einwanderer mit der Zeit alt werden. Selbst wenn man sie dann abschieben könnte, würden sie ihre Sozialversicherungsansprüche mitnehmen. Im Jahr 2002 wurden für 1,2 Millionen Ausländer Renten ins Ausland transferiert[6].

Es ist somit eine Illusion, aus der Zuwanderung von Ausländern eine entscheidende Wende der Lage zu erwarten, die sich aus dem Rückgang der Kinderzahl und der steigenden Lebenserwartung ergibt. Man hat das lange nicht eingesehen.

Gelingt es, die Erwerbslosigkeit schnell zu beseitigen oder wenigstens zu halbieren, sind im Altersversorgungsbereich geringere "Belastungen" zu erwarten. Das ist sehr gut aus der Tabelle 3 abzulesen.

Zu den Kosten der Nachwuchssicherung

Bisher hatte vor allem die Frage beschäftigt, was es bedeutet, die Kosten der Alterung der Bevölkerung zu finanzieren. Dazu wurde ein Bevölkerungsentwicklungsmodell verwendet, bei dem die angenommene Geburtenhäufigkeit von ca. 140 Kindern je 100 Frauen nach abgeschlossener Empfängnis- und Gebärfähigkeit unverändert bleibt. Damit wollen wir uns aber bei unserer Zukunftsbetrachtung schon deshalb nicht zufrieden geben, weil sie, je länger je mehr, entweder zu einem katastrophalen Bevölkerungsrückgang und (oder) zu einer Lage wie in einem Vielvölkerstatt führen muss. Stattdessen gehen wir jetzt von einem Modell aus, bei dem unterstellt ist, dass Jahr für Jahr gerade so viele Kinder geboren werden, wie (langfristig) zur Erhaltung des Bevölkerungsstandes ohne Zuwanderung gerade ausreichen. Dazu genügen, je 100 Frauen im Lebensablauf, nicht ganz 210 Kinder, eine Zahl, die in Deutschland zuletzt um 1960 registriert wurde. Gehen wir weiter von den geschätzten Sterblichkeitsverhältnissen im Jahr 2050 aus, so erhalten wir folgende Relationen einer stationären Bevölkerung mit der Zuwachsrate Null:

Tab. 3: „Belastungsquotienten" 2001-2050 bei unterschiedlichen Annahmen über die Arbeitslosigkeit und einem jährlichen Zuwanderungsüberschuss von 200.000 Ausländern

Jahr	Arbeits-losigkeit[1]	Nichtverdiener -19	20-64	65+	Verdiener	zusammen
		Anzahl in 1.000				
2000	A	17.260	12.370	14.066	38.745	82.440
	B	17.260	14.103	14.066	37.001	82.440
	C	17.260	15.856	14.066	35.258	82.440
2010	A	15.524	12.331	16.589	38.622	83.066
	B	15.524	14.069	16.589	36.884	83.066
	C	15.524	15.807	16.589	35.146	83.066
2030	A	13.927	11.054	21.589	34.650	81.220
	B	13.927	12.638	21.589	33.066	81.220
	C	13.927	14.196	21.589	31.508	81.220
2050	A	12.094	9.869	22.240	30.914	75.117
	B	12.094	11.260	22.240	29.523	75.117
	C	12.094	12.651	22.240	28.132	75.117

Jahr	Arbeits-losigkeit[1]	Nichtverdiener -19	20-64	65+	zusammen
		je 100 Verdiener			
2000	A	45	32	36	113
	B	47	38	38	123
	C	49	45	40	134
2010	A	40	32	43	115
	B	42	38	45	125
	C	44	45	47	136
2030	A	40	32	62	134
	B	42	38	65	145
	C	44	45	69	158
2050	A	39	32	72	143
	B	41	38	75	154
	C	43	45	79	167

[1] Vollbeschäftigung aller Erwerbspersonen = A; 4,5 % Arbeitslose = B; 9 % Arbeitslose unter den Erwerbspersonen = C.

Quelle: Statistisches Bundesamt und eigene Berechnungen

Je 100 Verdiener würden sich bei Vollbeschäftigung und 2,1 Kindern folgende Relationen ergeben:

Tab. 4: Relationen der Altersgruppen je 15 – 64-Jährige und je Verdiener

Alter in Jahren	Prozent	Je 100 15- bis 64-Jährige	Je 100 Verdiener
- 19	23	50	65
20 - 64	46	-	31
65+	31	67	89
Zusammen	100	117	185

Quelle: Statistisches Bundesamt

Offensichtlich hängen die hohen „Belastungsquotienten" für Kinder und Jugendliche beim Modell 2,1 Kinder, verglichen mit den Angaben der Tabelle 3 einfach damit zusammen, dass eine Zunahme der Kinderzahl von 1,4 auf 2,1 auch die „Belastungen" durch Kinder um ca. 50 % erhöht.

Sie wären beim „Bestandserhaltungsmodell 2,1 Kinder" also weit höher als beim gegenwärtigen generativen Verhalten.

Die Lektion hieraus ist sehr einfach: Nicht nur alte Leute, auch Kinder kosten Geld. Wollen wir nicht in einer demographischen Katastrophe enden, müssen die Verdiener also weit mehr als bisher Einkommensteile für Kindergeld, Kinderbetreuung, Erziehung, Schule, Ausbildungsförderung, häusliche Kinderkosten usw. ausgeben als bisher. Somit müssten in erster Linie diejenigen zur Kasse gebeten werden, die auf Kinder gern, oder auch ungern, verzichten.

Der Autor erinnert sich an dieser Stelle an ein Mitternachtsgespräch mit einem Bundesminister vor 35 Jahren, der aus einer bäuerlichen Familie kam, wo man meinte: Der Bauer muss für sich und seine Frau sorgen, aber auch für die noch lebenden Alten und schließlich für seine Kinder, damit es ihm später nicht schlechter geht als heute.

Diskussion

Es drängt sich die Frage auf, wie die wachsenden Belastungsprobleme, die niemand ernstlich bestreiten kann, gelöst werden könnten. Dazu wollen wir uns abschließend in Stichworten, mit Schwergewicht auf der Alterssicherung (Renten-, Kranken- und Pflegeversicherung) äußern:

1. Verminderung der Arbeitslosigkeit oder gar Vollbeschäftigung könnten einen besonders großen Beitrag zur Lösung der finanziellen Probleme der sozialen Sicherungssysteme leisten; denn sie vergrößern die Zahl der Verdiener und vermindern zugleich die Zahl der Leistungsempfänger. In welchem Umfang das möglich ist, wird sehr davon abhängen, ob die Einheimischen die von der Wirtschaft benötigte Qualifikation haben. Das gilt noch mehr für die zu erwartenden weiteren Zuwanderer.

2. Weitere Überlegungen zur "Lastenverminderung" kreisen um die Frage der Erhöhung der Wochen- und Lebensarbeitszeit. Seit 1970 ist in Westdeutschland die durchschnittliche Wochenarbeitszeit der Männer von 45 auf 41 Wochenstunden und die der Frauen von 39 auf 29 Stunden zurückgegangen. Fast die Hälfte der erwerbstätigen Frauen arbeitet Teilzeit mit wenigen Stunden. Eine Reduzierung der Teilzeitbeschäftigung erscheint möglich, wenn gleichzeitig eine bedeutende Verbesserung der institutionellen Kinderbetreuung, vor allem in Kinderkrippen und Ganztagsschulen, stattfindet. Die hohen Kosten dafür wären selbstverständlich wiederum von den Erwerbstätigen aufzubringen. Ohne den Ausbau der Kinderbetreuungseinrichtungen würden die Frauen bei verlängerter Wochen- und Lebensarbeitszeit wahrscheinlich noch weniger Kinder bekommen als schon jetzt. Das gleiche gilt noch mehr für die Eingliederung bisher nicht erwerbstätiger Frauen in den Arbeitsmarkt. Überdies ist dieses Reservoir nicht mehr groß; denn zwischen dem 25. und 50. Lebensjahr beträgt die Erwerbsquote der Frauen schon jetzt 75 und mehr Prozent. Eine Zunahme der Erwerbsbeteiligung der jungen Frauen wäre nicht erwünscht, weil Deutschland in Zukunft noch mehr als heute auf einen gut ausgebildeten Nachwuchs angewiesen ist. Im Ganzen handelt es sich also um einen recht begrenzten Handlungsspielraum.

Wir werden es uns in Zukunft allerdings kaum mehr leisten können, schon ab dem 55. oder 60. Lebensjahr andere für uns arbeiten zu lassen und damit die Zeiten des Ruhestandes zu verlängern. Hierzu ein Zahlenbeispiel für die Verlängerung der Lebensarbeitszeit der Männer:

Nach den Erwerbsquoten 1999 beträgt ihre Lebensarbeitszeit 39,4 Jahre. Geht man ab dem 50. Lebensjahr jedoch von den Erwerbsquoten 1967 aus, kommt man auf durchschnittlich 42,4 Jahre. Entsprechend würde sich die Zeit des Ruhestandes um drei Jahre vermindern.

3. Weiter ist eine Senkung des Leistungsniveaus der Umverteilungssysteme denkbar. Grenzen sind allerdings da gezogen, wo daraus ein Abgleiten in die Sozialhilfe entstehen könnte; denn auch diese muss von den Erwerbstätigen erwirtschaftet werden.

Wie man es dreht und wendet, jedes Umverteilungssystem hat nicht nur Nehmer, sondern braucht auch Geber. Nach beiden Seiten Gerechtigkeit zu üben ist schwierig und führt wegen der Verschiedenheit der Interessen und Gerechtigkeitsvorstellungen leicht zu Streit. Auf jeden Fall werden alle lernen müssen, bescheidener zu werden, als wir es heute sind.

Niemand sollte sich der Illusion hingeben, es könne so weitergehen wie bisher, oder wir könnten alle an der Wohlstandssteigerung teilnehmen. Als einzige Hoffnung bleibt, die Verdiener könnten, wie schon bisher, bei gesteigerten Realeinkommen, mehr an die Alten und für Kinder abgeben, als sie bisher gewohnt waren, also weit mehr als bisher, auf die erwartete weitere Wohlstandssteigerung zugunsten von Kindern und der Älteren, zu verzichten. Wollen wir das?

Anmerkungen

[1] Sommer, Bettina: Entwicklung der Bevölkerung bis 2050. In: Wirtschaft und Statistik, 1/2001: 22f. Dort sind auch Einzelheiten der Annahmen nachzulesen

[2] Uns beschäftigen hier nur Geldströme. Die sehr hohe gesamtwirtschaftliche und gesellschaftliche Bedeutung der unbezahlten Leistungen bei der Kindererziehung, im Haushalt, bei der Pflege, im Ehrenamt etc. werden selbstverständlich nicht übersehen

[3] Es ist bewusst eine vereinfachte Darstellung gewählt

[4] In Bezug auf die Daten zur Erwerbstätigkeit halten wir uns an die vom Statistischen Bundesamt veröffentlichten Daten des Mikrozensus. Der Begriff "Erwerbslose", der alle Arbeitssuchenden umfasst, weicht vom Begriff "Arbeitslose" der Bundesanstalt für Arbeit geringfügig ab. Als Erwerbstätige gelten auch alle geringfügig gegen Entgelt Beschäftigte

[5] Bundesministerium für Arbeit und Sozialordnung, Statistisches Taschenbuch, 2001:14f

[6] VDR-Statistik, Band 132, Rentenbestand am 31.12.1999

Karl Schwarz

Zusammenfassung

In jeder Gesellschaft finden in großem Maßstab Umverteilungen der Wertschöpfungsergebnisse statt; im Rahmen der hauswirtschaftlichen Produktion bargeldlos zwischen den Haushaltsmitgliedern und im Rahmen der Geldwirtschaft zwischen den Verdienern und Nichtverdienern, wie Kindern, Auszubildenden, Arbeitslosen, Kranken, Pflegebedürftigen, alten Menschen usw. aus der Haushaltskasse, durch Beiträge zu den sozialen Sicherungssystemen und durch direkte und indirekte Steuern. Der gewaltige Umfang der Umverteilung geht z. B. daraus hervor, dass in Deutschland nur 44 % der Bevölkerung durch Erwerbstätigkeit Geld verdienen und die übrigen auf dieses Einkommen mit angewiesen sind. Oder ein anderes Beispiel: Ein männlicher Facharbeiter im produzierenden Gewerbe hatte 1998 im früheren Bundesgebiet als Lediger einen Wochenlohn von durchschnittlich 1.142 DM und bekam davon 21,5 % Lohnsteuer und 21,1 % Sozialversicherungsbeiträge abgezogen, so dass ihm nur noch 656,50 DM verblieben. Ohne dass er es recht merkte, bezahlte er davon noch laufend Mehrwertsteuer im Ladengeschäft oder Restaurant oder an der Tankstelle usw.

Der vorliegende Beitrag ist der Versuch, zu zeigen, wie sich diese und andere finanzielle Belastungen tendenziell weiter entwickeln werden, wenn man den Ergebnissen von Bevölkerungsvorausrechnungen bis zum Jahre 2050 folgt. Das wurde schon fast immer in der Weise versucht, dass man die Zahlen der Kinder und Jugendlichen sowie die Zahlen der nicht mehr Erwerbstätigen auf die Bevölkerung im Erwerbsalter von 15 oder 20 bis 60 oder 65 Jahren bezog und die Entwicklung dieser "Belastungsquotienten" kommentierte. Diese relativ rohe Methode wird hier in Bezug auf die Verdiener durch Rückgriff auf die Zahl der zu erwartenden Erwerbstätigen, ausgehend von der Erwerbsbeteiligung im Jahr 1999, ersetzt. Dabei wird auch unterstellt, dass allmählich Vollbeschäftigung erreicht werden könnte. Eine Alternativrechnung geht davon aus, dass es auch noch im Jahre 2050 9 % Erwerbslose geben wird. Die Hauptergebnisse können wie folgt zusammengefasst werden:

- In Bezug auf die Ausgaben für Kinder und im Bildungsbereich sind in den kommenden 50 Jahren auch bei Zuwanderung finanzielle Entlastungen zu erwarten. Das gilt langfristig selbst dann, wenn sich der Besuch weiterführender Schulen weiter verstärken sollte. Wegen des niedrigen Geburtenniveaus wird sich nämlich der Bevölkerungsanteil der noch nicht 20-Jährigen langfristig um etwa ein Drittel vermindern.

- Wegen der starken Zunahme der Zahl der über 65-Jährigen bei gleichzeitig starker Abnahme der Zahl der Personen im Erwerbsalter ist damit zu rechnen, dass sich die Belastungen der Beitrags- und Steuerzahler mit Kosten für den Lebensunterhalt sowie die Gesundheit und Pflege der Ältesten allmählich mehr als verdoppeln werden. Dabei ist es im Prinzip gleichgültig, ob die Kosten durch Beiträge, durch Steuern oder durch Sparen aufgebracht werden.

- Alle "Belastungen" zusammengenommen ist bei den heutigen Regelungen für "Geber" und "Nehmer" und für den theoretischen Fall der Vollbeschäftigung mit einer relativ mäßigen Zunahme der Gesamtbelastung zu rechnen. Bleibt es dagegen bei der heutigen Erwerbslosenquote, steigt die "Belastung" von 134 auf 167 Nichtverdiener je 100 Verdiener bis zum Jahr 2050, statt auf nur 143. Das zeigt die große Bedeutung der Vollbeschäftigung für das Belastungsniveau. Ziemlich unberührt bleibt hiervon jedoch die "Belastung" durch die Alterung der Bevölkerung, die sich auf jeden Fall verdoppeln wird.

- Sollen die Beitragssätze und Steuerverpflichtungen der Verdiener nicht unerträglich steigen und die Versorgungsleistungen für die Älteren nicht unvertretbar sinken, ergibt sich – auch im Hinblick auf das abnehmende Erwerbspotential – die Notwendigkeit, die Wochenarbeitszeit, die Jahresarbeitszeit, die Lebensarbeitszeit oder alle drei auszudehnen. Letzteres hätte den doppelten Effekt kürzerer Altersversorgungslaufzeiten. Wichtigstes Nahziel müsste die Erreichung von Vollbeschäftigung in Verbindung mit Rücknahme der meisten Vorruhestandsregelungen sein. Es müsste ferner erreicht werden, dass durch unqualifizierte Einwanderer und ihre Familien keine neue Arbeitslosigkeit entsteht.

- Schließlich müssten, worüber kaum gesprochen wird, die Menschen bereit sein, neben den steigenden Kosten für die Alten, den Familienlasten- und Leistungsausgleich zu verbessern und neu den Wert der Familie zu entdecken, ohne die es keine Verminderung des Geburtendefizits geben wird. Gelingt auch das nicht, entspräche das einer demographischen Kapitulation.

Die Visualisierung des demographischen Wandels mit dem Pyramidengrafikprogramm GIZEH

Joachim Eicken
(unter Mitwirkung von
Utz Lindemann und Günter Schulenburg)

Zur laufenden Beobachtung der Bevölkerungsentwicklung ist die grafische Darstellung der demographischen Strukturen und Prozesse unverzichtbar. Mit der visuellen Darstellung werden unterschiedliche Strukturen zu einem Zeitpunkt ebenso wie unterschiedliche Entwicklungen im Zeitverlauf leicht darstellbar und für den Nutzer, der sich nicht mit langen Zahlenkolonnen beschäftigen kann und will, auf einen Blick verständlich. So werden Kreisdiagramme, Balkendiagramme und Liniendiagramme in fast allen mit statistischen Daten beschreibbaren Beobachtungsbereichen zur grafischen Darstellung von Ergebnissen eingesetzt. In der Bevölkerungsstatistik hat sich die Pyramidengrafik als eine Sonderform der Balkendiagrammgrafik etabliert. Der bisher hohe Aufwand, Pyramidengrafiken aus beliebigen Datenquellen flexibel und für unterschiedliche Fragestellungen erstellen und automatisch beschriften zu können, bewirkte, dass diese Grafikform trotz ihres hohen Informationswertes nur selten eingesetzt wird. Mit dem im Rahmen des KOSIS-Gemeinschaftsprojektes DUVA (www.duva.de) entwickelten PC-Programm GIZEH steht ein komfortables Instrument zur Verfügung, das den Benutzer menügeführt bei der Erstellung von Bevölkerungspyramiden unterstützt. Bevölkerungspyramiden können mit GIZEH schnell und flexibel gestaltet werden und eröffnen somit dem Nutzer leicht neue Sichtweisen auf soziodemographische Strukturen und Prozesse.

© Deutsche Gesellschaft für Demographie
In: R. Scholz; H. Bucher (Hrsg.): Alterung im Raum. Schriftenreihe der DGD, Bd. 2, Norderstedt 2007: BoD

1. Grundstruktur und Aussagekraft einer Bevölkerungspyramide

Aus den Untergliederungen ("Ausprägungen") der Merkmale *Alter* und *Geschlecht* - als den beiden wichtigsten natürlichen Gliederungskriterien einer Bevölkerung - wird die „klassische" Grundform der Bevölkerungspyramide aufgebaut. Dabei wird die Altersstruktur der Bevölkerung in der Regel nach 100 Altersjahren als Y-Achse dargestellt. Die Häufigkeiten der jeweiligen Altersjahre werden als Balken über die X-Achse angegeben. Zur „Pyramide" wird diese Balkengrafik, wenn die beiden Ausprägungen des Merkmals *Geschlecht* - also *weiblich* und *männlich* und auf der rechten bzw. linken Seite der Y-Achse angeordnet werden. Das Merkmal *Geschlecht* übernimmt damit die Funktion des „trennenden Merkmals". Die Länge der jeweiligen Balken entspricht der Anzahl der Personen im jeweiligen Altersjahr.

Beispielhaft seien an dieser Stelle die Bevölkerungsdaten der Stadt Braunschweig aus dem Jahre 1900 als Pyramidengrafik dargestellt: Sie zeigt die „klassische" Pyramidenform. Hohe Geburtenraten führten damals zu einer breiten Basis der Pyramide, während die hohe Mortalität für relativ frühes und spitzes Zulaufen der Pyramide in den alten Altersgruppen sorgt.

Abb. 1: Bevölkerungspyramide Braunschweig 1900

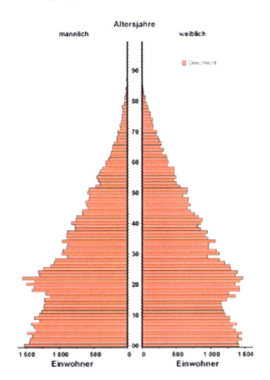

Quelle: Landeshauptstadt Stuttgart, Statistisches Amt

Aktuell besitzen Bevölkerungspyramiden in Deutschland keine Ähnlichkeit mehr mit dieser klassischen Form. Vielmehr gleicht die grafische Darstellung des Altersaufbaus in Deutschland eher einem an der Basis kahlen und in den oberen Bereichen zerzausten Baum. Die Bevölkerungspyramide der Bundesrepublik Deutschland (2004) veranschaulicht, dass Personen im unteren Bereich der Pyramide, die Altersjahre unter 15 Jahre, zahlenmäßig fast identisch besetzt sind wie die überlebenden Personen im Alter zwischen 70 und 85 Jahre. Die grafische Darstellung des Altersaufbaus der Bevölkerung zeigt zudem tiefe Einschnitte bei den 59- bis 60-Jährigen und den 85- bis unter 90-Jährigen. Die unter 5-Jährigen sind etwa nur noch halb so stark besetzt sind wie die Mitte der 60er Jahre geborenen „geburtenstarken" Jahrgänge, den heute etwa 40-Jährigen.

Abb. 2: Bevölkerungspyramide der Bundesrepublik Deutschland 2004

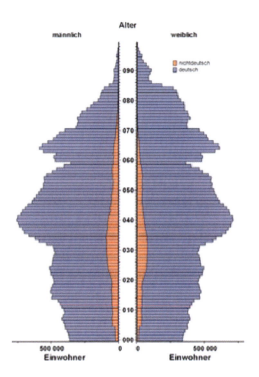

Quelle: Landeshauptstadt Stuttgart, Statistisches Amt

Aus der Gestalt einer Pyramide lassen sich historische wie künftige Entwicklungen ablesen

Die Bevölkerungspyramide macht aber nicht nur den Altersaufbau zu einem bestimmten Zeitpunkt sichtbar. So spiegeln sich in dem aktuellen Altersaufbau auch vergangene Entwicklungen und Ereignisse wider. Kriegseinwirkungen, Veränderungen des generativen Verhaltes, medizinischer Fortschritt aber auch Wanderungsbewegungen - und hierbei insbesondere Zuwanderungen aus dem Ausland (Migration) - haben in Deutschland wie auch in den andern hochindustrialisierten Ländern die Grundform der Pyramide verändert: Noch heute lassen sich aus der Bevölkerungspyramide der Bundesrepublik die Geburtenausfälle und die

Kriegsverluste des Ersten und des Zweiten Weltkrieges erkennen. Deutlich erkennbar ist auch der „Geburtenberg" der 60er Jahre, also bei den heute 35 – 45-Jährigen. Diesem Geburtenberg folgt - sichtbar in den nur schwach besetzten Altersjahren an der Basis der „Pyramide" - ein deutlicher Geburtenrückgang – die Auswirkungen des „Pillenknicks". Da die Bevölkerung in Altersjahren nach dem „Pillenknick" das Geburtenaufkommen der nächsten Jahre bestimmen, ist bereits aus der Grafik zu erkennen, dass - bei konstanter Geburtenrate - nicht mit einer Verbreiterung der Basis, sondern vielmehr mit einer weiteren Verschmälerung gerechnet werden muss. Die Bevölkerungspyramide visualisiert also auch künftige Entwicklungen in einer Gesellschaft.

2. GIZEH eröffnet damit neue Sichtweisen auf Bevölkerungsstrukturen

Der hohe Aufwand zur Erstellung einer Pyramidengrafik bewirkte, dass der inhaltliche Aufbau einer Bevölkerungspyramide nur selten abgewandelt wurde und diese Grafikform kaum für die Datenanalyse eingesetzt wurde. Mit dem Pyramidenprogramm GIZEH minimiert sich der Aufwand für die Erzeugung und inhaltliche Abwandlung von Pyramiden bis auf die Menüführung des Programms. Durch die „Menüführung mit der Maus" werden neue Sichtweisen auf umfassende Datenbestände zur Bevölkerungsstruktur und Bevölkerungsentwicklung ermöglicht. Im Folgenden soll die Funktionalität von GIZEH für die Erzeugung und Gestaltung von Pyramidengrafiken verdeutlicht werden.

Mit GIZEH kann der Aufbau von Bevölkerungspyramiden variiert werden

Es versteht sich von selbst, dass mit dem Pyramidengrafikprogramm GIZEH nach dem Alter differenzierte „klassische" Pyramiden mit dem Geschlecht als „trennendes Merkmal" erstellt werden können. Bei GIZEH ist die Altergliederung der Y-Achse nicht vom Programm vorgegeben sondern ausschließlich von der jeweiligen Datenlage abhängig. So können die Bevölkerungspyramiden nach Altersjahren, beliebigen Altersgruppen oder auch Geburtsjahrgängen gegliedert bzw. aufgebaut werden.

Der Informationsgewinn einer Bevölkerungspyramide erhöht sich, wenn die rechte und linke Seite der Pyramide gegenseitig gespiegelt wird. So wird auch die gebräuchliche Spiegelung der beiden Pyramidenhälften an der Y-Achse von GIZEH unterstützt: Die sich nicht überlagernden Balkenbereiche erhalten automatisch andere Signaturen. Diese Balkenbereiche stellen den Überschuss bzw. das Defizit der jeweiligen Ausprägungskombination (männlich bzw. weiblich im jeweiligen Altersjahr) dar. Geschlechtsspezifische Unterschiede in der Altersstruktur der beiden rechts und links der Y-Achse dargestellten Merkmalsausprägungen können damit selbst bei einer Altersdifferenzierung von 100 Altersjahren leicht erfasst werden.

Abb. 3: Grundstruktur einer Bevölkerungspyramide mit Spiegelung an der Y-Achse (Stuttgart 31.12.2005)

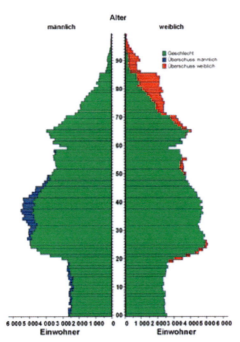

Quelle: Landeshauptstadt Stuttgart, Statistisches Amt

Die besonderen Möglichkeiten von GIZEH bestehen nun darin, dass die sachliche, zeitliche oder räumliche Differenzierung einer nach Alter gegliederten Datei zum Bevölkerungsbestand (z. B. Zeitreihe zum Bevölkerungsbestand über mehrere Jahre nach Alter, Geschlecht, Staatsangehörigkeit, Religionszugehörigkeit, Familienstand) jeweils für sich zur Konstruktion der Pyramide herangezogen werden kann.

Die Inhalte einer Bevölkerungspyramide können damit – abhängig von der Datenlage und der Fragestellung - beliebig und ohne Mehraufwand bei der Generierung variiert und damit besser verdeutlicht werden, da ein unmittelbarer visueller Vergleich ermöglicht wird. Während also üblicherweise das Merkmal *Geschlecht* mit seinen Ausprägungen *„männlich"* und *„weiblich"* als trennendes Merkmal zur Gestaltung einer Pyramide herangezogen wird, kann mit GIZEH per Mausklick und damit ohne jeglichen Mehraufwand jedes zur sachlichen, räumlichen und zeitlichen Differenzierung vorhandene Merkmal zur Konstruktion der Pyramidengrafik herangezogen werden: so können z. B. aus einer nach Jahren gegliederten Datei zum Bevölkerungsbestand zwei unterschiedliche Jahre selektiert und als trennendes Merkmal definiert werden. Bei einem solchen Pyramidenaufbau wird die Alterung der Bevölkerung innerhalb des gewählten Zeitraumes unmittelbar sichtbar, denn die Bevölkerung in einem bestimmten Altersjahr im Jahr 1975 auf der linken Pyramidenhälfte entspricht dem um die Zeitdifferenz - also um 30 Jahre - höheren Altersjahr im Jahr 2005 auf der rechten Pyramidenhälfte. Deutlich lässt sich so z. B. das Durchaltern der typischen Anomalien des Altersaufbaus verfolgen. So sind die Geburtenausfälle des ersten Weltkrieges - erkennbar im Jahr 1975 in den Altersjahren um 57 Jahre und im Jahr 2005 in den Altersjahren um 87 Jahre - oder auch die Geburtenausfälle nach dem zweiten Weltkrieg - insbesondere Jahrgang 1945 sichtbar im Jahr 1975 im Altersjahr 30 Jahre und im Jahr 2005 im Altersjahr um 60 Jahre – abzulesen.

Abb. 4: Bevölkerungspyramide mit zwei Zeitständen als trennendem Merkmal

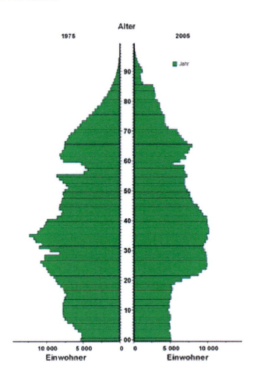

Quelle: Landeshauptstadt Stuttgart, Statistisches Amt

Abb. 5: Gespiegelte Bevölkerungspyramide mit zwei Zeitständen als trennendem Merkmal

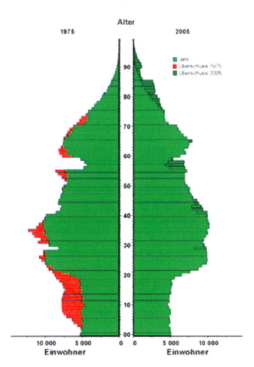

Quelle: Landeshauptstadt Stuttgart, Statistisches Amt

Selbstverständlich kann auch diese Pyramide gespiegelt werden. Eine gespiegelte Bevölkerungspyramide, die – anstelle des Geschlechtes als trennendes Merkmal – das Merkmal: Zeitbezug mit zwei Ausprägungen: 1975 und 2005 als trennendes Merkmal aufweist, zeigt neben der Alterung aber auch noch, wie sich die Zahl der einem bestimmten Altersjahr zugehörenden Bevölkerung innerhalb des definierten Zeitraumes verändert hat. Es wird auf einen Blick erkennbar, welche Altersjahre sich in ihrer Besetzung in einem bestimmten Zeitraum zahlenmäßig vergrößert oder verkleinert haben. So verdeutlicht der rote Bereich auf der linken Hälfte der Pyramide den Überschuss pro Altersjahr im Jahr 1975 und der dunkelgrüne Bereich auf der rechten Hälfte der Pyramide den Überschuss pro Altersjahr im Jahr 2005. Die farbliche Gestaltung der entsprechenden Balkenbereiche ist über einen gesonderten Dialog frei wählbar.

GIZEH ermöglicht eine weitere Differenzierung des Pyramidenaufbaus

Mit GIZEH ist auch eine weitere Differenzierung der x-Achse, die zunächst nur zur Darstellung des trennenden Merkmals herangezogen wird, möglich. Als ein solches „differenzierendes Merkmal" wird meist das Merkmal *Staatsangehörigkeit* mit den beiden Ausprägungen *deutsch / nicht-deutsch* herangezogen. Im Kern der Pyramide wird dabei die Balkenlänge pro Altersjahr durch die Anzahl der nicht-deutschen Bevölkerung bestimmt, daran anschließend die Anzahl der deutschen Bevölkerung pro Altersjahr. Die Gesamtlänge der Balken pro Altersjahr entspricht der Gesamtzahl der in einem bestimmten Altersjahr befindlichen Bevölkerung und zwar differenziert nach den Ausprägungen des trennenden Merkmals, also in der Regel auf der linken Pyramidenhälfte der weiblichen Bevölkerung und auf der rechten Hälfte der Pyramide der männlichen Bevölkerung. Je nach Datenlage sind für die Differenzierung der X-Achse aber auch andere (soziodemographische) Merkmale einsetzbar wie z. B. die Merkmale *Familienstand* oder *Religionszugehörigkeit*. So ergibt eine Darstellung des Bevölkerungsaufbaus nach den Merkmalen *Geschlecht* und *Familienstand* ergänzend eine innere Untergliederung der X-Achse in vier verschiedene Balkenabschnitte, wobei jeder Balkenabschnitt eine Ausprägung des Merkmals *Familienstand (ledig, verheiratet, geschieden, verwitwet)* repräsentiert. Jeder Balkenabschnitt wird automatisch farbig unterlegt. In einem gesonderten Dialog sind die jeweiligen Farbeinstellungen jedoch auch frei wählbar.

Die Pyramidengrafik bleibt übersichtlich, da der Familienstand stark vom Alter abhängig ist. So sind – bezogen auf das Jahr 2005 - in der Regel alle Einwohner unter 18 ledig, anschließend erscheint und verbreitert sich der Familienstand der Verheirateten zulasten der Ledigen, die Geschiedenen werden in der Pyramidengrafik ab dem 25. Altersjahr erkennbar und die Bedeutung der Verwitweten steigt mit zunehmendem Alter bei gleichzeitigem Rückgang der Verheirateten. Eine so aufgebaute Pyramidengrafik mit dem Merkmal *Geschlecht* als trennendem Merkmal zeigt aktuelle geschlechtsspezifische Unterschiede im Familienstand und spiegelt im Wesentlichen die Lebenszyklusphasen wider.

Interessant wird die Darstellung, wenn anstelle des Merkmals *Geschlecht* das Merkmal *Zeitbezug* als trennendes Merkmal zur Pyramidenkonstruktion gewählt wird und das Merkmal *Familienstand* nach zwei unterschiedlichen Zeitständen dargestellt wird. Die inhaltlich Abwandlung der gewohnten Bevölkerungspyramide zeigt nun auf einen Blick den im wesentlichen durch Verhaltensänderungen ausgelösten Wandel im Familienstand zwischen den beiden ausgewählten Zeitständen 1975 und 2005.

Abb. 6: **Bevölkerungspyramide mit zwei Zeitständen als trennendem Merkmal und Familienstand als differenzierendem Merkmal**

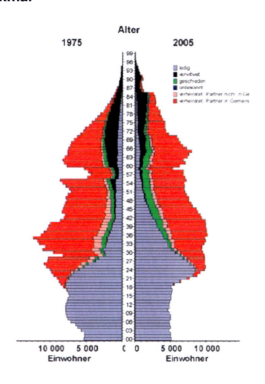

Quelle: Landeshauptstadt Stuttgart, Statistisches Amt

Der Alterungsprozess der Bevölkerung kann als Animation visualisiert werden.

Das Pyramidenprogramm GIZEH ermöglicht auch eine Visualisierung von Veränderungsprozessen: neben der für die Altersgliederung erforderlichen Y-Achse und der zur inhaltlichen Differenzierung erforderlichen X-Achse („trennendes Merkmal") kann in GIZEH auch eine „virtuelle" Z-Achse belegt werden. So kann auf dieser Z-Achse z. B. das Merkmal *Zeitbezug* nach Berichtsjahren und - falls verfügbar auch nach Prognosejahren - angeordnet werden. Die einzelnen erzeugten Pyramidengrafiken sind „hintereinander" in der Reihenfolge der vorgegebenen Ausprägungen angeordnet. Die in der Statistik gebräuchliche Methode der „Zeitreihenanalyse" wird mit dieser Darstellungsweise „belebt". Damit besteht die Möglichkeit, mehrere Pyramidengrafiken nicht nur gleichzeitig zu erzeugen, sondern auch – auf Knopfdruck - die erzeugten Pyramidengrafiken als Animation mit einer frei wählbaren Geschwindigkeit ablaufen und auch kontinuierlich wiederholen zu lassen. Die Alterung einer Bevölkerung in einem bestimmten Zeitraum wird damit als eine Art „Daumenkino" visualisiert, die Pyramidengrafik geht damit von einer statischen, bildbezogenen zu einer dynamischen, trickfilmartigen Visualisierung von Strukturen und Prozessen über.

Auch wenn diese Form der Grafik nur noch bedingt in Papierform weitergegeben werden kann, so werden durch solche Animationen neue, überaus interessante Impulse zur Informationsvermittlung komplexer Sachverhalte und Entwicklungen gegeben. Der besondere Vorteil von GIZEH liegt darin, dass nicht jede Pyramidengrafik gesondert erzeugt und diese erzeugten Pyramiden dann in einem anderen Programm miteinander verknüpft werden müssen. Für die Erzeugung einer Vielzahl identisch aufgebauter und sich nur im Zeitbezug unterscheidender Pyramidengrafiken einschließlich deren Ablaufs als Animation ist lediglich ein Mausklick in der Menüführung erforderlich.

Abb. 7: GIZEH Bearbeitungsfenster

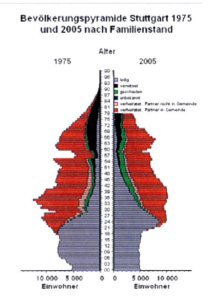

Quelle: Landeshauptstadt Stuttgart, Statistisches Amt

Wie bereits die X-Achse und die Y-Achse ist in dem Pyramidenprogramm GIZEH auch die Z-Achse frei mit den zur Verfügung stehenden Merkmalen belegbar. Dies eröffnet dem Anwender die Möglichkeit, auch andere Merkmale zur Definition der Y-Achse und damit zur Konstruktion der Pyramidenanimation zu verwenden. So eignet sich durchaus auch der Raumbezug mit den zur Verfügung stehenden Ausprägungen (z. B. die städtischen Teilräume) auf der Z-Achse dargestellt zu werden. In diesem Fall würden die Pyramidengrafiken für alle städtischen Teilräume in einem einzigen Produktionslauf erzeugt.

Eine neue bislang eher ungewohnte Sichtweise auf die Veränderung der Altersstruktur der Bevölkerung ergibt sich, wenn das in der klassischen Bevölkerungspyramide auf der Y-Achse angeordnete Merkmal *Altersgliederung in Jahren* auf der Z-Achse angeordnet wird und das in der Regel zum Aufbau der Z-Achse genutzte Merkmal *Zeitbezug* auf die Y-Achse gelegt wird. In einer solchen Konstruktion einer Pyramidenanimation werden – bei 100 Altersjahren in der Z-Achse - per Mausklick 100 Pyramiden erzeugt, wobei jede Pyramide die Veränderung eines einzigen Altersjahres beschreibt. Per Animationsschieber kann dann die zeitliche Entwicklung ausgewählter Jahrgänge veranschaulicht werden. Die Beispielspyramide zeigt als Auswahl den Entwicklungsgang der 6-Jährigen von 1975 bis 2030. Da auch in diesem Fall die sachliche Differenzierung auf der X-Achse beliebig wählbar bzw. lediglich von dem zur Verfügung stehenden Datenbestand abhängig ist, stellen diese grafischen Darstellungen neue Möglichkeiten für soziodemographische Analysen dar. Deutlich sind ab dem Jahr 2006 bei den Schulanfängern die Auswirkungen der „Optionseinbürgerungen" erkennbar, die zu einer Halbierung der Zahl der Kinder mit ausländischer Staatsangehörigkeit führen.

Abb. 8: Einschulungsjahrgänge im Zeitvergleich 1975 – 2030 (ab 2002: Ergebnisse der Bevölkerungsprognose)

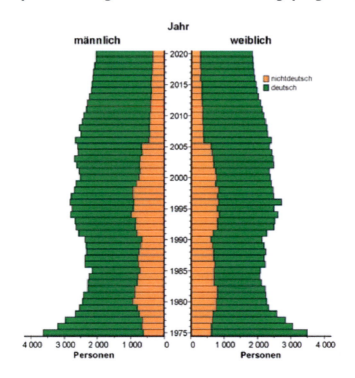

Quelle: Landeshauptstadt Stuttgart, Statistisches Amt

Joachim Eicken

Aus der Möglichkeit, die Z-Achse zur Pyramidengestaltung nutzen zu können, ergibt sich eine weitere Funktionalität von GIZEH. So ist es möglich, zwei beliebige, auf der Z-Achse angeordnete Pyramiden mit einander zu vergleichen und die Differenzen (Überschuss / Defizit) farbig hervor zu heben. Eine typische Anwendung ist der Vergleich der Bevölkerungszahl zwischen dem Anfangs- und Endjahr einer Prognose. Wird so z. B. die Bevölkerungspyramide von 2000 mit der Bevölkerungspyramide von 2010 grafisch überlagert, so zeigen die eingefärbten Bereiche die absoluten Zunahmen und Verluste des jeweiligen Altersjahres an. Die Bevölkerungsveränderungen pro Altersjahr im Zeitraum 2000 bis 2020 werden unmittelbar aus einer Pyramidengrafik erkennbar. Welche Pyramiden überlagert dargestellt werden sollen, kann in Auswahlfenstern gesteuert werden.

Abb. 9: Bevölkerungspyramide mit Zeitbezug und Überlagerung der Pyramide 2000 mit der Pyramide 2020

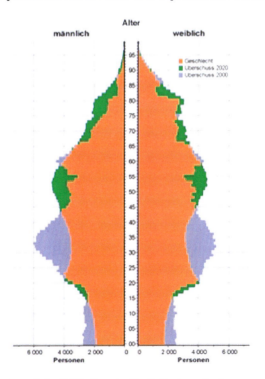

Quelle: Landeshauptstadt Stuttgart, Statistisches Amt

Auch die Erzeugung von normierten Pyramiden ist möglich

Besondere Vergleichsmöglichkeiten ergeben sich dadurch, dass sich mit GIZEH nicht nur die Anzahl der Personen pro Altersjahr darstellen lassen, sondern per Mausklick auch die entsprechenden Prozentanteile erzeugt und dargestellt werden können. Mit solchen „normierten" Darstellungen können Strukturunterschiede ohne besonderen Aufwand noch anschaulicher verdeutlicht werden, und dies sogar, wenn die zu vergleichenden Teilmengen stark variierende Besetzungszahlen aufweisen, also unterschiedlich groß sind. Dabei stehen in einem gesonderten Dialog von GIZEH drei unterschiedliche Möglichkeiten zur Prozentuierung zur Verfügung.

- **Normierung der gesamten Pyramide**

Die erste Möglichkeit zur Normierung besteht darin, die in einer Pyramidengrafik dargestellte Bevölkerung insgesamt in Prozent darzustellen. Als Bezugsgröße für die Prozentuierung dient in diesem Fall die Gesamtbevölkerung wie sie der jeweils ausgewählten Pyramide zugrunde liegt. In diesem Fall ergibt die Summe aller in der Pyramidengrafik enthaltenen Ausprägungskombinationen (z. B. der beiden Merkmale *Alter* und *Geschlecht*) 100 Prozent. Auf der X-Achse sind nicht mehr die absolute Werte, sondern die prozentualen Anteile eines jeden Altersjahres dargestellt. Bei 100 Altersjahren und einer Aufteilung nach dem Geschlecht als trennendes Merkmal liegt in der Regel kein Anteil eines nach Altersjahren und Geschlecht differenzierter Bevölkerungsbestandes über 1 Prozent.

Durch eine solche auf der Gesamtsumme einer Pyramide basierenden Normierung wird die Altersstruktur unterschiedlich großer Bevölkerungsgruppen unmittelbar miteinander vergleichbar. Ein solcher Vergleich wird mit dem Pyramidenprogramm GIZEH dadurch unterstützt, dass zwei auf der Z-Achse liegende Pyramiden ausgewählt und gegenseitig überlagert werden können. Gedanklich entspricht dies einer „Spiegelung an der X-Achse".

Als Besonderheit bietet GIZEH zusätzlich den Vergleich einer als Pyramide dargestellten Teilmenge mit der Summe aller Teilmengen, wobei die Summe intern ermittelt wird. So lassen sich bequem die Strukturen von Teilräumen mit der Struktur des Gesamtraumes vergleichen.

Joachim Eicken

Abb. 10:   Normierte Bevölkerungspyramide eines Teilraumes mit Überlagerung der normierten Bevölkerungspyramide des Gesamtraumes

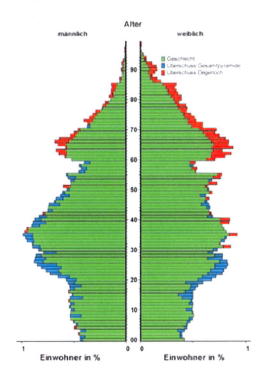

Quelle: Landeshauptstadt Stuttgart, Statistisches Amt

- **Normierung der Ausprägungen des trennenden Merkmals**

Die Normierung eignet sich aber nicht nur dazu, um die Altersstrukturen zweier unterschiedlicher Bevölkerungspyramiden vergleichbar zu machen, sondern kann auch eingesetzt werden, um innerhalb einer einzigen Bevölkerungspyramide die beiden Ausprägungen des trennenden Merkmals strukturell zu vergleichen. Basiert eine Spiegelung der beiden Ausprägungen des trennenden Merkmals auf den absoluten Werten (der jeweiligen Ausprägungskombination), so wird auch der Überschuss bzw. das Defizit in absoluten Werten wiedergegeben. Differieren die Besetzungszahlen der beiden Pyramidenhälften stark, so

Die Visualisierung des demographischen Wandels ...

werden die strukturellen Unterschiede nicht sichtbar. Um die strukturellen Unterschiede herauszuarbeiten, müssen beide Pyramidenhälften je für sich „normiert" werden, d. h. der Altersaufbau der beiden zu vergleichenden Pyramidenhälften muss jeweils gleich 100 Prozent gesetzt werden. In der Beispielpyramide sind bei den Migranten der noch geringe Anteil der „älteren" Menschen und der höhere Anteil der Erwerbsfähigen im Vergleich zur einheimischen Bevölkerung erkennbar. In den unteren vier Altersjahren zeigen sich die Auswirkungen des geänderten Staatsangehörigkeitsrechtes.

Abb. 11: Nach Ausprägungen des trennenden Merkmals (D / A) normierte und gespiegelte Bevölkerungspyramide

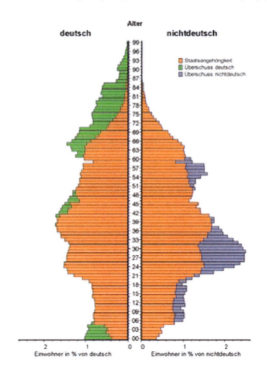

Quelle: Landeshauptstadt Stuttgart, Statistisches Amt

- **Normierung der einzelnen Ausprägungskombinationen**

Das Pyramidenprogramm GIZEH bietet neben diesen beiden erläuterten Normierungen noch eine weitere Möglichkeit, deren Einsatz sich dann anbietet, wenn der innere Aufbau einer Pyramide durch ein differenzierendes Merkmal auf der X-Achse weiter untergliedert ist und ein Zusammenhang zwischen dem Alter und dem differenzierenden Merkmal vermutet wird, bzw. dieser Zusammenhang dargestellt werden soll.

Bei einer absoluten Darstellung lässt sich in einer Pyramidengrafik mit einem trennenden Merkmal (z. B. *Zeitbezug*) und einem differenzierenden Merkmal (z. B. *Zugehörigkeit zu einer rechtlichen Religionsgesellschaft*) der Zusammenhang aufgrund der stark schwankenden Besetzungszahlen in den Altersjahren nur schwer ablesen. So ist auf den ersten Blick nicht zu erkennen, ob und wie stark z. b. der Anteil der jeweiligen Religionsgesellschaft in den einzelnen Altersjahren schwankt und wie sich im Vergleich zwischen den beiden Jahren 1975 und 2005 diese Anteile in den einzelnen Altersjahren verändert haben. Um die Altersabhängigkeit des differenzierenden Merkmals visualisieren zu können, lassen sich mit GIZEH per Mausklick anstelle der Absolutwerte pro Altersjahr die jeweiligen Anteile des differenzierenden Merkmals *Religionsgesellschaft* mit seinen Ausprägungen pro Altersjahr darstellen. In dieser Normierung entspricht jedes Altersjahr und zwar auf der linken wie auf der rechten Pyramidenhälfte jeweils 100 Prozent. Aus der Unterteilung der Balken sind pro Berichtsjahr, Altersjahr und – in diesem Beispiel getrennt nach den Ausprägungen des Merkmals *Religionszugehörigkeit* – die jeweiligen Anteile der evangelischen, der römisch-katholischen Bevölkerung sowie der Einwohner, die sonstigen Religionsgesellschaften oder rechtlich keiner Religionsgesellschaft angehören, unmittelbar aus der abgewandelten Pyramidengrafik ablesbar. Die Altersabhängigkeit der Religionszugehörigkeit wird deutlich erkennbar. Durch die Gegenüberstellung der beiden Jahre 1975 und 2005 wird zudem die Veränderung dieser Religionszugehörigkeit visualisiert. GIZEH bietet bei allen Funktionalitäten die Möglichkeit, nach weiteren Merkmalsausprägungen zu selektieren und diese Darstellung z. B. nur für die deutsche Bevölkerung zu erzeugen.

Abb. 12: Normierte Bevölkerungspyramide mit Einwohnern nach rechtlicher Zugehörigkeit zu einer Religionsgesellschaft in Prozent des jeweiligen Altersjahres

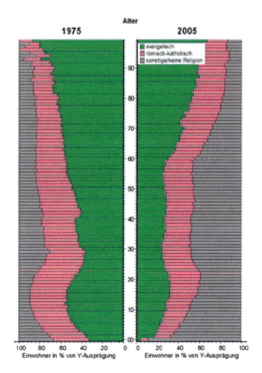

Quelle: Landeshauptstadt Stuttgart, Statistisches Amt

Strukturvergleiche zwischen zwei auf der X-Achse differenzierten Merkmalen

In der Standardform werden neben dem trennenden Merkmal, dem Geschlecht, die einzelnen Ausprägungen des auf der X-Achse dargestellten Merkmals, z. B. der Staatsangehörigkeit, additiv dargestellt. In dieser Form der Darstellung sind nur die Struktur der ersten Ausprägung und die Struktur der Summe der Ausprägungen ablesbar; die Struktur der folgenden Ausprägungen geht verloren. Sollen nun aber die Strukturen einzelner Ausprägungen direkt mit einander verglichen werden, dürfen sie nicht additiv aneinander gereiht werden, sondern jede X-Achsenausprägung muss an der Y-Achse beginnend abgetragen werden. Gedanklich ist dies eine Überlagerung von zwei Pyramiden, wobei im dargestellten Beispiel, eine Pyramide den Altersaufbau der Deutschen und die zweite Pyramide den Altersaufbau der Ausländer abbildet. Im Beispiel sind die 100 Altersjahre zusätzlich zu 20 5er Altersgruppen zusammengefasst. Ohne Berücksichtigung des Geschlechts kann man diesen Vergleich auch erreichen, indem man die Staatsangehörigkeit als trennendes Merkmal einsetzt und an der Y-Achse spiegelt.

Abb. 13: Bevölkerungspyramide mit paralleler Anordnung der x-Achsen-Ausprägungen

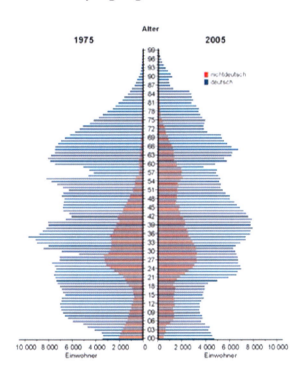

Quelle: Landeshauptstadt Stuttgart, Statistisches Amt

3. Pyramidengrafiken eignen sich auch zur graphischen Darstellung anderer Datenquellen mit Altersangaben

Als Datenquellen für Pyramidengrafiken dienen nicht nur Bevölkerungsdaten, die in der für Pyramidendarstellungen erforderlichen Differenzierung nach (100) Einzeljahren, in der Regel aus der kommunalen Einwohnerstatistik oder aus der amtlichen Statistik z. B. aus der Volkszählung oder dem Mikrozensus stammen, sondern auch andere Datenquellen, in denen der Merkmalsträger differenziert ist.

So kann durch Bevölkerungspyramiden nicht nur die Altersstruktur des Bevölkerungsbestandes und seine Veränderung durch einen Bestandsvergleich visualisiert werden, sondern auch die Altersstruktur der Bevölkerungsbewegungen, insbesondere der durch Zu- und Wegzüge bestimmten Wanderungen. Bei Anordnung der beiden Bewegungsrichtungen *Zuzug* bzw. *Wegzug* auf die linke bzw. rechte Seite der Grafik wird mit zusätzlicher Spiegelung der beiden Grafikhälften der wanderungsbedingte Saldo in den einzelnen Altersjahren sichtbar. Da Wanderungen altersspezifisch verlaufen und nicht dem Altersaufbau der Gesamtbevölkerung entsprechen, können durch diese Grafikform die Wirkungen von Weg- und Zuzügen auf die Altersstruktur der Bestandsbevölkerung dargestellt werden.

Joachim Eicken

Abb. 14: Gespiegelte Bevölkerungspyramide nach Wanderungsbewegungen (Zu- und Fortzüge)

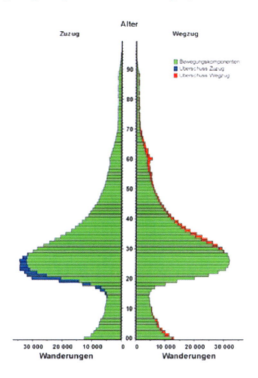

Quelle: Landeshauptstadt Stuttgart, Statistisches Amt

Inhaltlich eng verknüpft mit den Einwohnerdaten sind die Haushalte, die aus den Einwohnerdaten mit einem gesonderten Verfahren generiert werden können. So können die Haushalte nach Altersstruktur der Haushaltsvorstände, nach der Größe des Haushalts oder auch nach den Lebenszyklusphasen dargestellt werden. In der Beispielpyramide werden mit den Zeitständen 1993 und 2005 als trennendes Merkmal die Haushaltsgrößen dieser Jahre gegenübergestellt. Es wird erkennbar, in welchem Umfang sich die Haushaltsstrukturen in dem genannten Zeitraum verändert haben. Um die Veränderung bei den Einpersonenhaushalten noch transparenter darzustellen, wurden diese ergänzend selektiert und am trennenden Merkmal gespiegelt.

Die Visualisierung des demographischen Wandels ...

Abb. 15: gespiegelte Haushaltepyramide 1992 / 2005

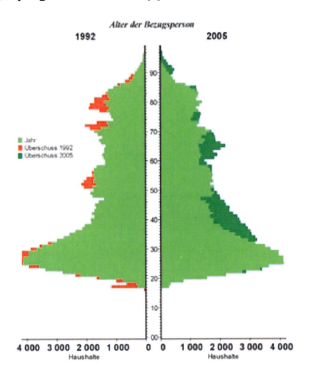

Quelle: Landeshauptstadt Stuttgart, Statistisches Amt

Als weiteres Beispiel für die Einsatzmöglichkeiten des Pyramidenprogramms GIZEH sei die, insbesondere für Stadt- und Verkehrsplanung bedeutsame Datenquelle *Kraftfahrzeugwesen* der örtlichen Kfz-Zulassungsstellen genannt, die nicht nur Informationen über die Altersstruktur der Kraftfahrzeuge, sondern auch Altersangaben der Kraftfahrzeughalter beinhaltet. Da die Motorisierung auch und gerade von dem Alter der Bevölkerung abhängt, lässt sich mit der Pyramidengrafik die Altersstruktur der Kfz-Halter und der vom Alter und ggf. weiteren differenzierenden Merkmalen (zur demographischen Struktur wie auch zu Struktur und Alter der Fahrzeuge) abhängige Motorisierungsgrad der Bevölkerung visualisieren.

Die Personaldateien von öffentlichen Verwaltungen bilden ebenso eine wichtige Datenbasis, um steuerungsrelevante Informationen über den Altersaufbau der in den jeweiligen Verwaltungen Beschäftigten zu erhalten. Es bietet sich an, auch die Beschäftigtenstruktur nach Alter, Geschlecht und Beschäftigungsart in Pyramidengrafiken umzusetzen und so die Altersstruktur der Beschäftigten optisch darzustellen. Dem Einsatz von GIZEH sind damit kaum Grenzen gesetzt.

Abb. 16: Gespiegelte KFZ-Halterpyramide 1992 und 2004

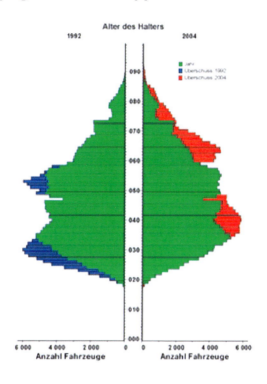

Quelle: Landeshauptstadt Stuttgart, Statistisches Amt

4. Gestaltung der Pyramide und Funktionen zur Ausgabe

Das Programm GIZEH 2000 bietet eine Vielfalt an Funktionen zur formalen Gestaltung einer Pyramide. So sei nur in wenigen Stichworten darauf hingewiesen, dass die Pyramidengrafik umrandet und / oder mit einem Gitternetz versehen werden kann, die Breite und farbliche Gestaltung der Balken verändert, die aus den Anweisungen zur Generierung einer Pyramide automatisch erzeugte Überschrift in Text und Schriftart verändert, und die ebenfalls automatisch generierte Legende gelöscht oder ihre Position verschoben werden kann. Analog zur Balkenbreite und damit zur Höhe der Pyramide ist auch die Achsenlänge der Balken skalierbar.

Eine formale Gestaltung kann als Vorlagendatei abgespeichert werden und diese Konfiguration kann bei den folgenden Pyramidengenerierungen wieder aufgerufen werden, so dass nicht bei jeder Pyramidengenerierung die individuelle formale Gestaltung erneut erarbeitet werden muss.

Jede erzeugte Pyramide lässt sich in unterschiedlichen Formaten ausdrucken, wobei als Druckausgabe auch ein „PDF - Drucker" eingetragen werden kann. Die fertige Pyramide kann für die Weiterverarbeitung im „EMF –Format" (Enhanced Windows Metafile) abgespeichert werden.

Alle bei einer Pyramidengenerierung verarbeiteten Werte können als EXCEL – Tabelle ausgegeben werden. Bei einer unmittelbaren Anbindung von EXCEL an GIZEH öffnet sich auf Mausklick EXCEL automatisch mit der zu der erzeugten Pyramidengrafik generierten EXCEL - Tabelle. Analog zur Pyramidengrafik ist auch diese EXCEL - Tabelle automatisch umfassend beschriftet und weist auf die bei der Erzeugung einer Pyramide ggf. gesetzten Filterbedingungen hin. Darüber hinaus beinhalten die Ausgabetabellen das Durchschnittsalter der jeweiligen Bevölkerungsgruppe. Die Berechnung des Durchschnittsalters setzt allerdings voraus, dass die Altergliederung in Form von Altersjahren vorliegt.

5. Pyramidenprogramm GIZEH nutzt klartextbezogene Beschreibungen des Informationsmanagementsystems DUVA

Das Pyramidenprogramm GIZEH setzt auf sogenannten Makrodateien auf. Makrodateien sind mehrdimensionale Datenquader, in denen die Aggregatdaten von Erhebungsobjekten nach unterschiedlichen Merkmalen aufgespannt sind. Eine mit GIZEH weiterzuverarbeitende Makrodatei kann aus mehreren Merkmalsachsen bestehen, sie muss jedoch mindest eine Merkmalsachse zur Altersgliederung mit 100 Altersjahren und zusätzlich eine Merkmalsachse mit mindestens zwei Ausprägungen aufweisen. Beispiele solcher für die Erzeugung von Bevölkerungspyramiden geeigneten Makrodateien sind die Aggregatdaten von Einwohnern differenziert nach den Merkmalen *Alter in 100 Altersjahren* und *Geschlecht* mit den beiden Ausprägungen. Enthalten die Datenquader noch die Merkmale *Staatsangehörigkeit, Familienstand* oder *Religionszugehörigkeit,* steigen die Analysemöglichkeiten deutlich.

Um das Programm einsetzen zu können, ist neben der üblicherweise erforderlichen Datendatei auch eine Beschreibungsdatei erforderlich, in der sämtliche Beschreibungsinformationen (Metadaten) zur jeweiligen Datendatei enthalten sind. Zu den Beschreibungsinformationen zählen dabei die Bezeichnung des Raumbezuges, des Zeitbezuges, die Bezeichnung des Merkmalsträgers (z. B. Einwohner), die Bezeichnung der Merkmale (z. B. *Alter, Geschlecht, Staatsangehörigkeit,*...), die Bezeichnung der zu den Merkmalen zugehörigen Schlüsseltabellen (z. B. *Alter in Jahren, Geschlecht, Staatsangehörigkeit,*...) und der zu den Schlüsseltabellen zugehörigen Ausprägungen (z. B. *unter 1 Jahr, 1 bis unter 2 Jahre,... weiblich, männlich, deutsch, nichtdeutsch,...*). Diese Metadatendatei wird in GIZEH direkt zur Menüführung bei der Erzeugung einer Bevölkerungspyramide verwendet. Sie wird dabei auch zur automatischen Beschriftung der erzeugten Pyramide genutzt, so dass die erzeugte Pyramide fehlerfrei beschriftet wird. Selektionen, Gruppierungen und andere Auswahlkriterien werden bei der Legendenbeschriftung berücksichtigt.

Die zur Menüführung erforderlichen Metadaten werden im Rahmen des Informations- und Produktionssystems DUVA bereits bei der Erzeugung von Makrodateien generiert. Die volle Funktionalität, Variabilität und Effektivität wird bei direkter Anbindung an das Informationsmanagementsystem DUVA erzielt.

6. Fazit

Mit der vorliegenden aktuellen Version von GIZEH steht ein sehr komfortables Programm zur Erzeugung von Pyramidengrafiken zur Verfügung. Die Generierung von Einzelpyramiden aber auch von animierten Vergleichspyramiden (Zeitreihen / Vergleich von Raumeinheiten) mit GIZEH erfordert keine Programmierkenntnisse. Der Einarbeitungsaufwand in das Programm ist wegen der klartextbezogenen Menüführung gering. Die automatische Beschriftung der Pyramidengrafiken ist gewährleistet, so dass die erzeugten Pyramiden nicht nachbearbeitet werden müssen. Die Texte der Beschriftung für die erzeugte Pyramidengrafik werden aus der Metadatendatei übernommen und sind abhängig von der Auswahl bei der menügeführten Gestaltung.

Durch die Möglichkeit aus einer Makrodatei unterschiedliche Pyramidengrafiken in einem Bruchteil der bisherigen Bearbeitungszeit erzeugen zu können, kann diese Grafikform die ihr eigentlich gebührende Stellung bei der Visualisierung, aber auch bei der Analyse von demographischen Strukturen und Entwicklungen einnehmen.

Kurzlebensläufe und Kontaktadressen der Autoren

Karl Martin Born, Priv.-Doz. Dr., geb. 1964 in Marburg, Studium: Geographie Georg-August-Universität Göttingen, 1992-1994 wiss. Mitarbeiter, Seminar für Wirtschafts- und Sozialgeschichte Georg-August-Universität Göttingen; 1994-2001 Research Fellow am Department of Geographical Sciences und Department of Political Sciences der University of Plymouth, seit 2001 wiss. Assistent am Institut für Geographische Wissenschaften der Freien Universität Berlin, Arbeitsgebiete: Ländliche Räume in Deutschland; demographische Entwicklung, infrastrukturelle Ausstattung und Anpassungsstrategien von Akteuren und Betroffenen; Rechtsgeographie.
E-Mail: kmborn@geog.fu-berlin.de

Hansjörg Bucher, Dr.rer.pol., Wissenschaftlicher Oberrat, geb. 1946 in Mannheim, Studium: Volkswirtschaft und Statistik an den Universitäten Mannheim (Diplom) und Münster (Promotion), 1971-1977 wiss. Mitarbeiter, Institut für Siedlungs- und Wohnungswesen an der Universität Münster; seit 1980 Bundesforschungsanstalt für Landeskunde und Raumordnung bzw. Bundesamt für Bauwesen und Raumordnung, Arbeitsgebiete: Demographie, Mobilität, Prognosen, räumliche Entwicklung.
E-Mail: hansjoerg.bucher@bbr.bund.de

Joachim Eicken, Dipl.-Geograf, geb. 1949 in Bad Tölz, Studium am Geografischen Institut der Universität Würzburg (1970-1975), Aufbaustudium Regionalwissenschaft an der Universität Karlsruhe (1975-1977), 1977-1985 wiss. Mitarbeiter, seit 1985 Abteilungsleiter im Statistischen Amt der Landeshauptstadt Stuttgart, Arbeitsgebiete: Wohnungsmarkt, Demografie, Tourismus, Umfragen, Statistische Informationssysteme, Vorbereitung Zensus2011.
E-Mail: Joachim.Eicken@stuttgart.de

Prof. Dr. Paul Gans, geb. 1951 in Ludwigshafen am Rhein; Studium: Mathematik und Geographie an der Universität Mannheim; Berufliche Laufbahn: Zweites Staatsexamen für das Lehramt an Gymnasien in Speyer, Dezember 1979; Seit 1980 an wiss. Einrichtungen tätig: Geographisches Institut der Univ. Kiel (Promotion, Habilitation) und der Universität Hamburg (Vertretungsprofessur für Wirtschaftsgeographie), Leibniz-Institut für Länderkunde Leipzig, Inhaber des Lehrstuhls für Anthropogeographie an der Universität Erfurt; seit 1996 Inhaber des Lehrstuhls für Wirtschaftsgeographie an der Univ. Mannheim, Abt. für Volkswirtschaftslehre;

Forschungsschwerpunkte: Bevölkerungs- und Stadtforschung; Lateinamerika, Indien, Deutschland und Europäische Union.
E-Mail: paulgans@rumms.uni-mannheim.de

Hans-Peter Gatzweiler, Dr., geb. 1947 in Zülpich-Niederelvenich. Studium: Geographie, Städtebau, Statistik Rheinische Friedrich-Wilhelms-Universität zu Bonn, 1972-1974 wiss. Mitarbeiter Bundesforschungsanstalt für Landeskunde und Raumordnung (BfLR), 1975-1985 Referatsleiter Laufende Raumbeobachtung, seit 1986 Abteilungsleiter in der BfLR, seit 1998 BBR (Bundesamt für Bauwesen und Raumordnung), Arbeitsgebiete: Räumliche Informationssysteme, Analysen und Prognosen zur Raum- und Stadtentwicklung, Politikberatung Raumordnung und Stadtentwicklungspolitik.
E-Mail: hans-peter.gatzweiler@bbr.bund.de

Elke Goltz, Dr., geb. 1967 in Berlin, Studium: Geographie und Mathematik in Potsdam; 1991-1993 Referentin für Landes- und Regionalplanung, Land Brandenburg; 1993-2003 wiss. Mitarbeiterin, Institut für Geographie und Lehrstuhl f. Methoden der emp. Sozialforschung Universität Potsdam; 2004-2006 Dozentin, Institut für Geograph. Wissenschaften FU Berlin; 2006-2007 Bauhaus-Universität Weimar, Raumplanung und Raumforschung; Arbeitsgebiete: Ländliche Räume, Mobilität älterer Menschen, Regionalentwicklung in Deutschland; seit 2007 Helmut-Schmidt-Universität, Universität der Bundeswehr Hamburg, Fakultät für Geistes- und Sozialwissenschaften
E-Mail:goltz@hsu-hh.de

Harald Michel, Dipl. Soziologe, Dr., 1984-1991 wiss. Assistent Humboldt-Universität zu Berlin; seit 1992 Leiter des Instituts für Angewandte Demographie Berlin-Brandenburg (IFAD) Arbeitsfelder: Demographie (soziodemographischer Wandel - Geburtenrückgang, Familienbildung, Migration; historische Demographie; Dogmengeschichte der Demographie); Stadt- und Regionalsoziologie.
E-Mail: ifad@ifad.b.shuttle.de

Jörg Pohlan, Dr., geb. 1962 in Bremen. Studium: Geographie, Wirtschaftswissenschaft und Sozialwissenschaft in Gießen, London und Bremen. 1992-1996 wiss. Mitarbeiter an der Universität Bremen, 1997 und 1998 am Institut für Agrarentwicklung in Mittel- und Osteuropa in Halle (Saale); seit 1999 Oberingenieur an der TUHH, Institut Stadt- und Regionalökonomie und -soziologie, 2006 übergewechselt an die Hafen

City Universität Hamburg. Arbeitsgebiete: Sozialökonomischer Strukturwandel von Stadtregionen; Suburbanisierung; Kommunale Finanzen.
E-Mail: joerg.pohlan@hcu-hamburg.de

Frank Schröter, Dr., geb. 1961 in Gelsenkirchen, Studium: Raumplanung Universität Dortmund, seit 1987 wiss. Mitarbeiter, Institut für Verkehr und Stadtbauwesen - TU Braunschweig, Arbeitsgebiete: Auswirkungen des demografischen Wandels, Stadt- und Regionalplanung, Ökologisch orientierte Bauleitplanung, Wirkungsanalysen in der Verkehrsplanung.
E-Mail: f.schroeter@tu-braunschweig.de

Claus Schlömer, geb. 1968 in Köln, Studium: Geographie Universität Köln, seit 1998 Mitarbeiter im Bundesamt für Bauwesen und Raumordnung (BBR) Bonn, Arbeitsgebiete: Demographische Modellrechnungen, Regionale Demographische Entwicklung, Binnenwanderung in Deutschland.
E-Mail: claus.schloemer@bbr.bund.de

Rembrandt Scholz, Dr., geb. 1953 in Berlin, Studium: Mathematik Humboldt-Universität zu Berlin, 1977-1998 wiss. Mitarbeiter, Institut für Sozialmedizin und Epidemiologie Humboldt-Universität (Charité); 1998-2000 wiss. Assistent Universität Rostock, Lehrstuhl Demografie, 2000 -2006 Max-Planck-Institut für demografische Forschung Rostock, seit 2006 Rostocker Zentrum zur Erforschung des demografischen Wandels, Arbeitsgebiete: Medizinische Demografie, Lebensverlängerung und Mortalitätsanalyse in Deutschland.
E-Mail: scholz@demogr.mpg.de

Volker Schulz, Diplom-Philosoph, Dr. phil., geb. 1954, Studium der Soziologie und Philosophie 1977-1982 an der Universität Leipzig, ab 1982 wissenschaftlicher Assistent am Forschungsbereich „Lebensweise" der Akademie für Gesellschaftswissenschaften Berlin, 1987 Promotion, danach wiss. Oberassistent, seit 1991 wiss. Mitarbeiter am Institut für angewandte Demographie Berlin (IFAD) Arbeitsfelder: Lebenslagen, Lebensbedingungen und Bevölkerungsentwicklung in den neuen Bundesländern, soziale Problemgruppen in urbanen Ballungsgebieten, Lebensweise und Bevölkerung in strukturschwachen Regionen, demographischer Wandel und gesellschaftspolitische Konsequenzen, historische Demographie (Sozialhygiene in Deutschland und Sowjetrussland):
E-Mail: ifad@ifad.b.shuttle.de

Doreen Schwarz, Dipl.-Kffr., geb. 1979, 1998-2004 Studium der Betriebswirtschaftslehre an der Technischen Universität Dresden, seit 2004 wiss. Mitarbeiterin an der Brandenburgischen Technischen Universität Cottbus/ Lehrstuhl für Organisation, Personalmanagement und Unternehmensführung, Forschungsschwerpunkte: Personalmanagement, demografische Entwicklung, Methodik der systemdynamischen Simulation; 2004 Forschungsaufenthalt an der University of Bergen / Norwegen zur Erlangung der Grundkenntnisse in „System Dynamics".
E-Mail: doreen.schwarz@tu-cottbus.de

Karl Schwarz, Prof., geb. 1917 in Ludwigshafen, 1947-1949 Studium der Wirtschaftswissenschaften an der Universität Mainz, 1950-1953 Hauptreferent für Bevölkerungsstatistik beim Statistischen Landesamt Rheinland-Pfalz in Bad Ems; 1953-1979 beim Statistischen Bundesamt in Wiesbaden, seit 1968 Abteilungsleiter Bevölkerungsstatistik, 1966-1979 Vertreter des Bundeswahlleiters, 1979-1982 Direktor des Bundesinstituts für Bevölkerungsforschung, 1980-1995 Lehrbeauftragter an den Universitäten Mainz und Bamberg, ab 1985 Professor für Bevölkerungswissenschaft an der Universität Bamberg.

Annette Spellerberg, Dr., Studium: Soziologie, Psychologie und Politologie an der FU Berlin, 2000-2002: Wiss. Assistentin an der Universität Bamberg im Bereich Familienforschung. 1998-99: Fellow am Center for Advanced Study in the Behavioral Sciences, Stanford (USA); 1990-1995 wiss. Mitarbeiterin am Wissenschaftszentrum Berlin für Sozialforschung (WZB), seit 2002 Juniorprofessorin für Stadtsoziologie, FB ARUBI, TU Kaiserslautern, Schwerpunkte: Stadt- und Regionalsoziologie, Lebensstilforschung, Sozialstrukturanalyse, Frauenforschung.
E-Mail: spellerb@rhrk.uni-kl.de

Frank Swiaczny, Dipl.-Geogr., geb. 1967, Studium: Geographie, Politik und Geschichte Universität Mannheim, 1995-2002 verschiedenen Funktionen an der Universität Mannheim, zuletzt wiss. Mitarbeiter Geographischen Institut, seit 2002 Wiss. Mitarbeiter, Bundesinstitut für Bevölkerungsforschung und Redakteur Zeitschrift für Bevölkerungswissenschaft, Arbeitsgebiete: Weltbevölkerung und Migration, Bevölkerungsgeographie, Geographische Methoden und GIS.
E-mail: frank.swiaczny@destatis.de

Lars Weber, Dipl.-Kfm., geb. 1976, 1997-2003 Studium der Betriebswirtschaftslehre an der Technischen Universität Dresden, seit 2003 wiss. Mitarbeiter am Lehrstuhl für Volkswirtschaftslehre / Makroökonomik der Brandenburgischen Technischen Universität Cottbus, Forschungsschwerpunkte: Wirtschaftspolitik, Wachstum, Demographie, Simulationsmethoden, Forschungsaufenthalte am Worcester Polytechnic Institute, USA 2005 und an der University of Bergen, Norwegen 2004 und 2005.
E-Mail: lars.weber@tu-cottbus.de

Jürgen Wixforth, Dipl.-Ing., geb. 1975. 1996-2002 - Studium: Raumplanung an der Universität Dortmund. 2002-2006 - Wissenschaftlicher Mitarbeiter: Institut für Stadt- und Regionalökonomie/-soziologie des Departments Stadtplanung der HafenCity Universität Hamburg / Technische Universität Hamburg-Harburg, Arbeitsgebiete: Fiskalische Effekte der Suburbanisierung, Demografie und kommunale Finanzen. Seit 2007 - Finanzreferent: Zentrale Datenstelle der Landesfinanzminister, Arbeitsgebiete: Finanzwirtschaft und -politik, Haushaltswesen, Statistik.
E-Mail: juergen.wixforth@zdl-berlin.de